中级财务会计

INTERMEDIATE FINANCIAL ACCOUNTING

主编 毕茜 李宁 廖方楠 张列柯

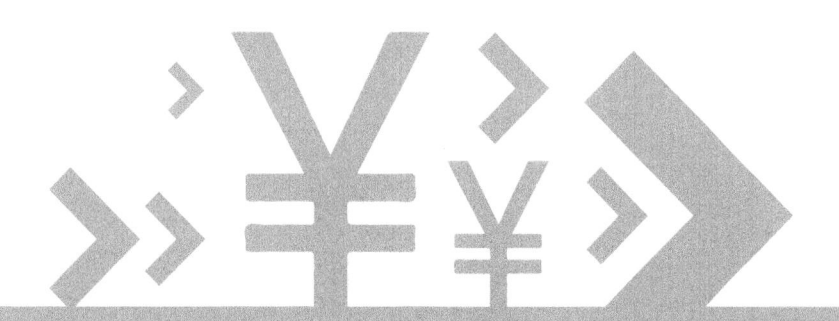

科学出版社
北京

内 容 简 介

本书以最新的国际会计准则和我国最新企业会计准则为依据,结合工商企业的会计实务,注重财务会计的基本理论阐述和具体会计事项的处理,较为全面地介绍了企业会计核算的理论与方法。本书主要介绍了财务会计的基本理论,资产、负债、所有者权益、收入、费用和利润的确认、计量和记录,以及财务报告的编制等。全书增加了"知识链接"栏目,以二维码的形式加入知识点,使教材更加立体化,同时扩展了教学资源;以二维码的形式加入参考答案,便于学生自学。

本书可作为经济管理类各专业的会计课程学习用书,也可作为广大会计实务工作者学习财务会计知识的参考用书。

图书在版编目（CIP）数据

中级财务会计/毕茜等主编. —北京：科学出版社，2024.4
ISBN 978-7-03-071588-3

Ⅰ.①中⋯　Ⅱ.①毕⋯　Ⅲ.①财务会计　Ⅳ.①F234.4

中国版本图书馆 CIP 数据核字（2022）第 029268 号

责任编辑：方小丽 / 责任校对：贾娜娜
责任印制：张　伟 / 封面设计：蓝正设计

科 学 出 版 社 出版
北京东黄城根北街 16 号
邮政编码：100717
http://www.sciencep.com

北京九州迅驰传媒文化有限公司印刷
科学出版社发行　各地新华书店经销

*

2024 年 4 月第　一　版　　开本：787×1092　1/16
2024 年 4 月第一次印刷　　印张：22 1/2
字数：534 000

定价：58.00 元
（如有印装质量问题，我社负责调换）

前 言

党的二十大报告指出："我们要坚持教育优先发展、科技自立自强、人才引领驱动，加快建设教育强国、科技强国、人才强国，坚持为党育人、为国育才，全面提高人才自主培养质量，着力造就拔尖创新人才，聚天下英才而用之。"教材是教学内容的主要载体，是教学的重要依据、培养人才的重要保障。在优秀教材的编写道路上，我们一直在努力。

《中级财务会计》教材根据我国财政部最新发布的企业会计准则、企业会计准则应用指南以及其后陆续发布的企业会计准则解释等有关规定精神编写而成。

《中级财务会计》是在过去财务会计教材的基础上，吸收了近几年国内外优秀财务会计教材的精华，结合中国国情编写而成。其具有以下特点：第一，以会计的基本理论为基础。本书改变了以往财务会计教材只是具体解释会计制度的做法，而是以会计理论为基础，着重论述了各会计要素确认、计量的基本原则，从理论上讲清楚各项业务的处理方法，使学生不但"知其然"，而且"知其所以然"。第二，注重理论联系实际。本书很好地处理了会计理论与中国实际相结合的问题。各章的复习思考题主要以我国上市公司的会计实务为基础，并结合中国的具体会计准则加以说明。第三，全书体系完整、结构合理。全书包括了财务会计基本理论，六大要素的确认、计量和记录以及财务报告三大部分，构成中级财务会计的完整体系；对每一个会计要素的相关内容均从其定义入手，到确认再到计量和记录，最后以其报表列报结束。第四，内容充实、重点突出、举例适当。重点体现了资产负债观的思想，突出了财务报告的重要性；突出了资产、负债和所有者权益在财务报表中的列报。第五，形式多样。全书增加了"知识链接"栏目，以二维码的形式加入知识点，使教材更加立体化，同时扩展了教学资源；以二维码的形式加入参考答案，便于学生自学。

本教材由西南大学经济管理学院具有多年会计教学和实践经验的几位教师共同编写，具体分工情况是，毕茜教授编写第一章、第四章和第五章，李宁老师编写第十章、第十一章和第十二章，张列柯老师编写第六章和第九章，廖方楠老师编写第二章、第三章、第七章和第八章，由毕茜、李宁、廖方楠和张列柯负责全书的总撰定稿。

本教材的编写和出版，除了感谢作者的通力合作外，还要感谢科学出版社的大力支持，同时还要感谢本书的参考文献的作者！虽然我们尽了最大的努力，但本教材还会存在很多不足，恳请读者提出批评、建议，以便我们进一步修订，使之更加完善适用。

编 者
2024 年 2 月

目 录

第一章 总论 1

第一节 财务会计及其特点 1
第二节 财务会计的目标 2
第三节 会计的基本假设与记账基础 4
第四节 会计确认与计量 6
第五节 会计要素 10
第六节 财务会计信息的质量要求 16
复习思考题 18
复习思考题参考答案 19

第二章 货币资金 20

第一节 货币资金概述 20
第二节 现金 22
第三节 银行存款 27
第四节 其他货币资金 37
第五节 货币资金在财务报表中的列报 41
复习思考题 41
复习思考题参考答案 41

第三章 存货 42

第一节 存货概述 42
第二节 存货的初始计量 45

第三节	发出存货的计量	54
第四节	存货的计划成本法	63
第五节	存货的期末计量	68
第六节	存货的清查	76
第七节	存货在财务报表中的列报	77

复习思考题 78
复习思考题参考答案 78

第四章

金融资产 79

第一节	金融资产概述	79
第二节	交易性金融资产	82
第三节	债权投资	85
第四节	应收款项	89
第五节	其他金融工具投资	97
第六节	金融资产减值	104
第七节	金融资产在财务报表中的列报	111

复习思考题 112
复习思考题参考答案 112

第五章

长期股权投资 113

第一节	长期股权投资概述	113
第二节	长期股权投资的初始计量	115
第三节	长期股权投资的后续计量	122
第四节	长期股权投资的处置	130
第五节	长期股权投资在财务报表中的列报	131

复习思考题 132
复习思考题参考答案 132

第六章

固定资产 133

第一节	固定资产概述	133
第二节	固定资产的初始计量	137
第三节	固定资产的后续计量	146

第四节　固定资产处置与盘亏 ········ 162
第五节　固定资产在财务报告中的列报 ········ 168
复习思考题 ········ 169
复习思考题参考答案 ········ 169

第七章

无形资产 ········ 170

第一节　无形资产概述 ········ 170
第二节　无形资产的初始计量 ········ 174
第三节　无形资产的后续计量 ········ 180
第四节　无形资产的处置 ········ 184
第五节　无形资产期末计价 ········ 186
第六节　无形资产在财务报表中的列报 ········ 187
复习思考题 ········ 188
复习思考题参考答案 ········ 188

第八章

投资性房地产 ········ 189

第一节　投资性房地产概述 ········ 189
第二节　投资性房地产的确认和初始计量 ········ 191
第三节　投资性房地产的后续支出和计量 ········ 192
第四节　投资性房地产的转换 ········ 196
第五节　投资性房地产的处置 ········ 201
第六节　投资性房地产在财务报表中的列报 ········ 203
复习思考题 ········ 203
复习思考题参考答案 ········ 203

第九章

负债 ········ 204

第一节　负债概述 ········ 204
第二节　流动负债 ········ 206
第三节　非流动负债 ········ 228
第四节　负债在财务报表中的列报 ········ 241
复习思考题 ········ 242
复习思考题参考答案 ········ 243

第十章 所有者权益 ································· 244

第一节 所有者权益概述 ································ 244
第二节 实收资本与其他权益工具 ························ 246
第三节 资本公积与其他综合收益 ························ 250
第四节 留存收益 ···································· 253
第五节 所有者权益在财务报表中的列报 ·················· 259
复习思考题 ·· 260
复习思考题参考答案 ································· 260

第十一章 收入、费用与利润 ··························· 261

第一节 收入 ······································· 261
第二节 费用 ······································· 290
第三节 利润 ······································· 300
第四节 所得税 ····································· 307
复习思考题 ·· 309
复习思考题参考答案 ································· 310

第十二章 财务报告 ································· 311

第一节 财务报告概述 ································ 311
第二节 资产负债表 ·································· 313
第三节 利润表与综合收益表 ··························· 323
第四节 现金流量表 ·································· 330
第五节 所有者权益变动表 ····························· 342
第六节 财务报表附注 ································ 346
复习思考题 ·· 350
复习思考题参考答案 ································· 350

参考文献 ··· 351

第一章

总 论

【学习目标】 通过对本章的学习,了解企业会计准则产生与发展的基本背景;理解财务会计的目的和财务报告目标;掌握会计基本假设、会计确认与计量、会计要素以及会计信息质量特征等财务会计概念框架的主要内容。

第一节 财务会计及其特点

一、财务会计

会计是以货币为主要计量单位,反映和监督一个单位经济活动的一种经济管理工作。财务会计是企业会计的一个分支,它是运用专门的会计核算方法,遵循现行会计规范,对企业资金运动进行核算和监督,旨在为外部会计信息使用者提供对决策有用的会计信息的一个会计信息系统。

上述财务会计概念中,财务会计运用的核算方法包括账户设置、复式记账、会计凭证填制与审核、账簿设置与登记、成本计算、财产清查和会计报表编制等专门的会计方法;会计规范是指财务会计必须遵从的、在国际和国内会计业界获得高度认同的会计理念、会计法律、会计准则等;对企业资金运动进行核算和监督是会计的两大基本职能;会计是一个提供信息的系统,财务会计是一个提供企业财务信息的子系统。

二、财务会计的特点

现代会计主要包括财务会计和管理会计两大分支。与企业内部的管理会计相比,财务会计具有以下特点。

1. 财务会计主要向外部信息使用者报告财务信息

财务会计不同于管理会计的特征之一是向企业的投资者、债权人等主要外部信息使用者报告有关企业的财务状况、经营成果及现金流量等财务信息,因此,财务会计又称为对外报告会计。

2. 财务会计的工作程序受到会计规范的严格约束

除会计理念外,会计规范具体是指国家管理和规范企业财务会计工作的法律、行政规章、会计准则和会计制度。财务会计在核算工作中必须严格遵循现行会计规范的规定，以保证会计信息的质量，满足信息使用者的决策需要。

3. 财务会计提供的信息主要是历史信息

财务会计信息是依据企业已经完成的交易、事项和情况所提供的原始单据进行加工的，所以，提供的会计信息主要是企业过去和现在的经济活动情况及其结果的会计信息。

4. 财务会计信息的加工方法仍然采用较为成熟的传统会计方法

传统会计方法的特点主要表现在：会计反映依据复式簿记系统；收入与费用的确认以权责发生制为基础；会计计量属性以历史成本为主。

第二节 财务会计的目标

财务会计是对外的会计，主要承担对外提供财务会计信息的责任，财务会计的目标通常也称为财务报告目标。

一、财务报告目标

财务报告目标是指在一定的环境中，人们希望通过会计活动达到的结果，或者说是财务会计信息系统要达到的目的和要求。财务报告目标是财务会计理论体系的逻辑起点，用于指导理论体系其他部分的研究，并作为整个会计理论体系的基石。财务报告目标主要解决三个问题：第一，向谁提供会计信息；第二，提供什么样的会计信息；第三，如何提供会计信息。

关于财务会计目标，会计理论界存在两种观点：一是财务报告目标的受托责任观；二是财务报告目标的决策有用观。报告受托责任信息的目标源于所有权与经营权的分离。当所有者将资源直接委托给经营者，或者在股东不太分散情况下，股东将自己所有的资源委托给企业管理层经营，按照两权分离原则，股东一般不能参与经营，因此委托人要求公司管理层必须向所有者报告受托资源的管理和使用情况，即反映企业管理层受托责任的履行情况，以有助于评价企业的经营管理责任和资源使用的有效性。

报告决策有用会计信息的会计目标产生于比较成熟的资本市场条件，股东分散使得企业管理层不可能直接向特定的委托人报告受托责任信息，因而财务报告主要是为了满足外部报告使用者的信息需要，提供决策有用信息，从而有助于财务报告使用者作出经济决策。财务报告目标的受托责任观和决策有用观各有侧重，两者之间并不是矛盾的，各国的财务目标的区别主要与企业发展和外部环境变化有关。美国等资本市场成熟的发达国家通常以提供决策有用信息作为会计目标；发展中国家还存在将资源直接委托给企业管理层经营的情况，同时资本市场也还处于发展初期，因而多采用报告决策有用和受托责任双重信息作为会计目标，我国兼顾了决策有用观和受托责任观。国际会计准则理事会为兼顾发达国家和发展中国家的共同利益，也采用双目标。

我国《企业会计准则——基本准则》明确指出：财务会计报告的目标是向财务会计报告使用者提供与企业财务状况、经营成果和现金流量等有关的会计信息，反映企业管理层受托责任履行情况，有助于财务会计报告使用者作出经济决策。

为达到财务报告的目标，财务报告应该提供如下主要信息。

第一，提供有助于评估企业产生现金的能力及其产生时间的信息。

第二，提供企业拥有或控制的经济资源、资产结构，以及经济资源要求权及其变化等财务状况的信息。

第三，提供企业经营业绩和获利能力的信息。

二、财务报告的使用者

一个企业必须发布各种信息，以满足信息使用者的需求。财务会计报告使用者包括企业外部的投资者、债权人、政府有关部门和社会公众等；企业内部的管理层和员工。

1. 企业的投资者

企业的投资者包括现实的投资者和潜在的投资者。在经营权与所有权分离的情况下，企业投资人最为关心的是投资带来的回报。他们需要利用会计信息进行重要的决策，如企业管理层是否实现了企业的目标、经营成果怎样、企业的利润分配政策，以此决定对企业增加投资、保持原有投资，或是减少对企业的投资（如出售股票）。

2. 企业的债权人

贷款给企业，即成为企业的债权人。债权人最为关心的是企业偿还债务的能力。债权人需要的信息主要是：企业的财力是否充裕、是否足以偿还债务、企业的获利情况怎样，以此决定是继续保持对企业的贷款，还是减少对企业的贷款，或是增加对企业的贷款。

3. 政府部门

政府部门包括财税部门、审计部门、证券监管部门或上级主管部门，其代表国家或公众利益对企业财务信息的真实性实施监督，对国有企业履行受托责任进行考核。企业还有义务向政府管理部门提供宏观调控所需要的会计信息。

4. 社会公众

社会公众也关注企业的有关情况，如企业的产品安全，特别是对所在地经济做出的贡献或造成的损害，如增加就业岗位、刺激消费、提供社区服务，对社会公益事业提供资助；或是废渣、废水、废气等污染排放。

5. 企业的管理层

企业的管理层指董事会、总经理、部门经理、厂长等主要受托经营者，需要利用会计信息来加强或改善企业的经营管理，以便提高经营业绩，保证企业持续发展。同时也需要通过提供会计信息，向委托人报告其履行受托责任的情况。

6. 企业的员工

企业的员工关心企业的发展和职业的稳定，关心企业的盈利及其对薪酬与福利的影响，也需要利用财务信息来决定自身就业。

需要说明的是，财务报告提供的信息是有限制的，为信息使用者通用。通用财务报告仅提供现实和潜在的投资者、债权人等主要的信息使用者所需的大部分财务信息；不提供也不可能提供主要信息使用者所需的全部信息。对财务报告通用信息的再加工，可以满足不同信息使用者的特殊目的信息需求。

第三节 会计的基本假设与记账基础

一、会计基本假设

面对变化不定的经济环境，要做好会计核算工作，就不得不做出一些合理的假设，对会计核算的对象及其环境做出一些基本规定，即提出会计基本假设。

会计基本假设是人们通过长期的会计实践逐渐认识和总结而形成的，是对客观环境做出的合乎事理的推断。会计基本假设规定了会计核算工作得以正常进行的一些基本条件，是选择会计方法的重要依据。会计基本假设包括会计主体、持续经营、会计分期和货币计量。

（一）会计主体

会计主体是指会计为之服务的特定单位。要开展会计工作，首先要明确会计主体，明确会计人员的立足点，解决为谁记账、算账的问题。从理论上讲，会计主体的规模并无统一的标准，会计主体可以是一个独立的企业，可以是企业的某一特定部分，也可以是若干个企业通过控股关系组成的集团公司，还可以是一个非营利组织。

会计主体假设规定了会计核算的空间范围。会计主体假设认为，每一个会计主体都是独立于其所有者或其他会计主体的，会计只是确认、计量和报告特定会计主体的经营和财务活动的结果。《企业会计准则——基本准则》中也指出企业应当对其本身发生的交易或者事项进行会计确认、计量和报告。对于企业会计而言，这一假设包含三个方面的含义：第一，会计核算的只应是企业本身发生的交易或事项；第二，应将本企业的交易或事项与其他单位的交易或事项相区别；第三，应将本企业的交易或事项与所有者的交易或事项相区别。

会计主体与法律主体是有区别的。一般来说，法律主体必然是会计主体，但是会计主体却不一定是法律主体。会计主体可以是由多个法律主体构成，如母子公司组成的集团公司；某一法律主体也可以拆分为多个会计主体，如总分公司、企业以车间为核算单位。

（二）持续经营

持续经营是指作为会计主体的企业，其生产经营活动将按照既定的目标持续下去，在可以预见的将来，不会面临破产、清算。《企业会计准则——基本准则》规定：企业会计确认、计量和报告应当以持续经营为前提。在持续经营前提下，企业所有的资产将按照预定的目标在正常的经营过程中被消耗或出售，按照既定的合约条件清偿债务，会计人员可以在此基础上选择会计原则和会计方法。

财务会计的一系列方法都是以会计主体的持续经营为前提的。例如，只有在持续经营的前提下，企业的资产才能按历史成本计价，设备等固定资产才能按照购置时的实际成本和使用期限进行系统合理的分摊；商业信用才可能建立，企业才可能在银行融通资金。持续经营也是会计分期的前提。如果判断企业不具备持续经营的前提条件，或者企业已进入破产清算程序，终止经营，应当按照终止经营假设，将全部资产按现值反映并按法律规定的偿债顺序清偿债务。

（三）会计分期

会计分期是指将一个企业持续经营的生产经营活动划分为一个个连续的、间隔相同的期间。持续经营的企业在可以预见的未来不会面临破产清算，但企业不能等到结束经营活动时才结算和编制财务会计报告。为了定期反映企业的经营成果和财务状况，向有关各方提供财务会计信息，需要划分会计期间，即人为地把持续不断的生产经营活动，划分为较短的经营期间（月、季、半年、一年等）。会计期间通常为一年，称为会计年度。《企业会计准则——基本准则》规定：企业应当划分会计期间，分期结算账目和编制财务会计报告。会计期间分为年度和中期。中期是指短于一个完整的会计年度的报告期间，如月份、季度、半年等。我国企业的会计年度起讫日期为公历的年初至年末。

会计分期假设规定了会计核算的时间范围。会计分期的目的在于及时地向会计信息使用者提供会计信息。明确会计分期意义重大，有了会计分期，才产生了当期与以前期间、以后期间的区别，才产生了权责发生制和收付实现制记账基础的选择，进而出现了预收、预付、折旧、摊销等会计处理方法。

（四）货币计量

货币计量是指企业在会计核算过程中采用货币计量单位，来进行日常记录、编制会计报表，反映会计主体的生产经营活动。因为货币具有一般等价物的功能，从而可以将不同实物形态的资产、不同性质的劳务等汇总计算加以表达。当然，会计核算除了以货币为主要计量单位外，还可以采用实物单位等作为辅助计量单位。

需要注意的是，货币计量这一前提又认为货币本身的价值是稳定不变的；即使有所变动，也是微不足道的，不会给会计的计量和会计信息质量带来太大的影响。但是，在通货膨胀期间，会计所具有的这种特征遭受了严重的挑战，因为物价的持续上涨，币值下降，货币所代表的购买力大打折扣，由此企业的会计报表所陈报的信息的质量就令人怀疑。针对财务会计报告要反映通货膨胀的影响的客观要求，催生了通货膨胀会计。

二、会计记账基础

记账基础是指会计确认的时间标准，解决的主要问题是何时确认收入、费用等会计要素。会计核算的记账基础有权责发生制和收付实现制两种。我国《企业会计准则——基本准则》规定，企业应当以权责发生制为基础进行会计确认、计量和报告。

（一）权责发生制

权责发生制是指以收款的权利和付款的责任的实际发生时间作为收入和费用的确认时间或归属期间标准的一种记账基础。权责发生制基础要求，凡是当期已经实现的收入和已经发生或应当承担的费用，不论款项是否收付，都应当作为当期的收入和费用；凡是不属于当期的收入和费用，即使款项已在当期收付，也不应当作为当期的收入和费用。

企业会计核算采用权责发生制为记账基础（或称确认基础），能较为合理地计算每一个会计期间的损益，较为可靠地反映企业管理当局对资源经营的受托责任。我国企业会计的确认、计量和报告应当以权责发生制为基础；行政事业单位财务会计和民间非营利组织会计采用权责发生制。

（二）收付实现制

收付实现制是与权责发生制相对应的一种记账基础，它是以现金的实际收到或支付作为确认收入和费用的依据。我国的行政事业单位预算会计通常采用收付实现制。

会计记账基础的选择受到会计目标的约束。不同会计信息使用者对会计信息的需求不同，就意味着他们对何种确认基础上的会计信息的偏好有所不同。财务会计在确认方面对传统会计的继承，主要表现在财务会计的确认基础是权责发生制和收付实现制相结合。企业以权责发生制为基础进行会计确认和计量，而报告则采用权责发生制与收付实现制相结合的方式。例如，资产负债表和利润表是以权责发生制为基础编制的，而现金流量表的编制则需要把权责发生制转换为收付实现制。

第四节　会计确认与计量

财务会计的工作程序包括确认、计量、记录和报告，其中，会计确认与计量是财务会计的重要内容。

一、会计确认

（一）会计确认的内涵

"确认是指把一个事项作为一项资产、负债、收入或费用等会计要素正式加以记录和列入财务会计报表的过程。"[①] 会计确认包括用文字和金额来描述一个项目，并将其金额计入财务报表的合计数之内。对于资产和负债的确认而言，会计确认不仅包括对资产和负债取得时的记录，还包括对这些项目事后的发生变动或清除的确认。

在会计实务中，会计确认分为初次确认和再次确认两个基本环节。

---

① 美国财务会计准则委员会发布的第5号财务会计概念公告《企业财务报表的确认和计量》中对确认的定义。

（1）初次确认。初次确认是指将一个项目作为会计要素记录的过程。原始经济信息的载体是伴随经济业务的发生而填制或取得的各种原始凭证。初次确认要依据会计目标或会计核算的要求，从审核各种原始凭证开始，通过对各种原始凭证上记载的经济业务的种类、执行单位、经手人、时间、地点，以及业务的数量、单价和金额等内容进行具体的识别、判断和选择，从中接收有用的原始经济信息，按预定的账户进行分类，运用复式记账法填制记账凭证，并登记有关账簿。由此可见，初次确认实际上是将原始经济信息转化为账簿资料形式的会计信息的过程。

（2）再次确认。再次确认是对会计核算系统输出的会计信息进行的确认。企业经济活动产生的大量经济信息，经过初次确认转化为账簿资料形式的会计信息。但账簿资料形式的会计信息尚不能满足会计信息使用者的需要。为了满足会计信息使用者的需要，还必须对账簿资料形式的会计信息继续进行加工、浓缩、提炼，或加以扩充、重新归类、汇总、组合，编制成为财务报表，这就是再次确认。再次确认主要解决会计账簿中哪些信息应当列入财务报表，或者在财务报表上应揭示多少会计信息和何种会计信息等问题。

值得注意的是，对一些比较特殊的交易和事项，在初次确认后，可能会因为不再符合确认标准而进行终止确认。例如，金融工具的终止确认，是指将金融资产或金融负债从企业的账户和资产负债表内予以转销（当金融负债的现时义务全部或部分已经解除，已不再符合金融负债确认条件，即可终止确认该金融负债或其一部分）。

确认的最终目标是要进入财务报表，从而对报表的合计数产生影响。凡是经确认纳入财务会计系统处理的交易或事项，经过加工，最终都要以财务报表项目的形式予以列报。

（二）会计确认的标准

会计确认的基本问题是根据什么标准进行确认，或者说符合报表要素的经济事项根据什么条件加以确认，美国财务会计准则委员会（Financial Accounting Standards Board，FASB）发布的《财务会计概念框架第五辑》公告为此提出了四条基本确认标准。

（1）可定义性，即应予确认的项目必须符合某个财务报表要素的定义。

（2）可计量性，即应予确认的项目应具有一个相关的计量属性，足以充分可靠地予以计量。

（3）相关性，即项目有关的信息应与会计信息使用者的决策相关。

（4）可靠性，即信息应如实反映、可验证和不偏不倚。

一般而言，一个经济事项必须同时符合这四条基本确认标准才能予以确认。当然具体的报表要素确认还有各自的确认标准。例如，我国《企业会计准则——基本准则》就分别规定了资产、负债、收入、费用等要素的具体确认标准。

（三）会计确认的基础

会计确认是将某一项目从正式纳入会计系统（记录）到列入财务报表的过程，主要涉及三个问题：第一，是否应该确认；第二，如何确认；第三，何时确认。确认标准可以解决是否应该确认的问题；财务会计的核算方法可以指导会计人员实施会计确认；何时确认实际上是一个会计确认基础选择问题，可供选择的确认基础包括权责发生制和收付实现制。按照我国《企业会计准则——基本准则》的规定，企业财务会计的确认基础应该选择权责发生制。

二、会计计量

会计确认与会计计量密不可分，会计计量是财务会计的基本特征。财务会计信息是一种定量化信息，资产、负债、所有者权益、收入、费用等会计要素，都要经过计量才能在财务会计中得到反映，因此，计量在财务会计理论和方法中占有重要地位。会计学家井尻雄士认为，会计计量是会计系统的核心职能。会计计量主要是由计量属性和计量单位两个方面的内容组成，它们之间的不同组合形成了不同的计量模式。

（一）会计计量定义

美国财务会计准则委员会认为：财务报表是关于企业的经济资源、转移资源的义务以及这些资源的投入、产出或变动的数量表现。井尻雄士进一步明确指出，会计计量就是以数量关系来确定物品或事项之间的内在数量关系，而把数额分配给具体事项的过程。美国学者史蒂文斯（S. S. Stevens）的计量理论被广泛引用，他认为，计量是根据特定规则把数额分配给物体或事项的过程。

（二）计量属性

我国《企业会计准则——基本准则》规定：企业在将符合确认条件的会计要素登记入账并列报于会计报表及其附注（又称财务报表）时，应当按照规定的会计计量属性进行计量，确定其金额。会计计量属性主要包括：历史成本、重置成本、可变现净值、现值、公允价值。

1. 历史成本

历史成本就是取得或制造某项财产物资时所实际支付的现金或者其他等价物，是取得时点的实际成本。在历史成本计量下，资产按照购置时支付的现金或者现金等价物的金额，或者按照购置资产时所付出的对价的公允价值计量。负债按照因承担现时义务而实际收到的款项或者资产的金额，或者承担现时义务的合同金额，或者按照日常活动中为偿还负债预期需要支付的现金或者现金等价物的金额计量。

2. 重置成本

重置成本又称现行成本，是指按照当前市场条件，重新取得同样一项资产所需支付的现金或现金等价物金额。在重置成本计量下，资产按照现在购买相同或者相似资产所需支付的现金或者现金等价物的金额计量。负债按照现在偿付该项债务所需支付的现金或者现金等价物的金额计量。

3. 可变现净值

可变现净值是指在正常生产经营过程中，以预计售价减去进一步加工成本和销售所必需的预计税金、费用后的净值。在可变现净值计量下，资产按照其正常对外销售所能收到现金或者现金等价物的金额扣减该资产至完工时估计将要发生的成本、估计的销售费用以及相关税费后的金额计量。

4. 现值

现值是指对未来现金流量以恰当的折现率进行折现后的价值，是考虑货币时间价值因素等的一种计量属性。在现值计量下，资产按照预计从其持续使用和最终处置中所产生的未来净现金流入量的折现金额计量。负债按照预计期限内需要偿还的未来净现金流出量的折现金额计量。

5. 公允价值

在公允价值计量下，资产和负债按照市场参与者在计量日发生的有序交易中，出售资产所能收到或者转移负债所需支付的价格计量。

市场参与者是指在相关资产或负债的主要市场（或最有利市场）中，同时具备下列特征的买方和卖方：①市场参与者应当相互独立，不存在《企业会计准则第 36 号——关联方披露》所述的关联方关系；②市场参与者应当熟悉情况，能够根据可取得的信息对相关资产或负债以及交易具备合理认知；③市场参与者应当有能力并自愿进行相关资产或负债的交易。

有序交易是指在计量日前一段时期内相关资产或负债具有惯常市场活动的交易。清算等被迫交易不属于有序交易。

我国《企业会计准则——基本准则》强调，企业在对会计要素进行计量时，一般应当采用历史成本，采用重置成本、可变现净值、现值、公允价值计量的，应当保证所确定的会计要素金额能够取得并可靠计量。

知识链接	知识链接
(QR code)	(QR code)

（三）各计量属性之间的关系

在各会计要素计量属性中，历史成本通常反映的是资产或者负债过去的价值，而重置成本、可变现净值、现值、公允价值通常反映的是资产或者负债的现时成本或者现时价值，是与历史成本相对应的计量属性。当然，这种关系并不是完全绝对的，当前环境下某项资产和负债的历史成本很有可能是过去环境下该项资产或者负债的公允价值，当前环境下的某项资产或者负债的公允价值很有可能成为未来环境中该项资产或者负债的历史成本。

（四）计量单位

会计计量是以货币作为主要计量尺度。作为一种计量尺度，要求其必须要有自身度量上的统一性，即要求货币单位统一、可比或者它的度量单位在不同时期保持稳定。货币的度量单位就是它的购买力，实际的货币购买力是经常变动的。从理论上讲，财务会计至少可以采用两种形式的货币单位。

（1）名义货币，即未调整不同时期货币购买力的货币单位。名义货币单位的购买力是会发生变动的。根据币值稳定假设，一方面，财务会计忽略货币单位（购买力）的变动；另一方面，当货币的购买力发生变动（通货膨胀或紧缩）的幅度较小或在一定时期内可以相互抵销时，名义货币单位还是相对稳定的。如此一来，根据名义货币单位计量和编制的会计报表，较之其他计量单位，更为简便，也相对可靠。因此，它在传统的会计计量中长期普遍地被人们使用。

（2）一般购买力单位，即以各国货币的一般购买力或实际交换比率作为计量单位。它是指以一定时日的货币购买力（以一般物价指数近似地表示），调整或折算不同时期的名义货币单位，从而使不同时期的货币保持在不变的基础上，因此又称不变货币单位。货币购买力变动采用一般物价指数来衡量。

现行财务会计实务基本上还是采用名义货币单位，即未调整不同时期货币购买力的货币单位。但是，当物价上涨时，货币的购买力将下降；当物价下跌时，货币的购买力将上升。这样，基于不同时日名义货币单位的计量是缺乏可比基础的，就不能不考虑采用一般购买力单位的必要性和可能性。我国企业会计准则以及会计实务仍然采用名义货币单位，暂未考虑一般购买力单位。

（五）计量模式

计量属性与计量单位组合，形成不同的计量模式。根据前面所讲的五种计量属性和两种货币计量单位，对计量对象进行计量时就形成了10种以上会计计量模式。

（1）以名义货币单位与不同计量属性组合：历史成本&名义货币、重置成本&名义货币、可变现净值&名义货币、现值&名义货币、公允价值&名义货币。

（2）以不变购买力单位与不同计量属性组合：历史成本&不变购买力、重置成本&不变购买力、可变现净值&不变购买力、现值&不变购买力、公允价值&不变购买力。

在会计实务中，通常主要是以历史成本&名义货币计量模式为基础，同时兼容其他几种计量模式。

第五节 会计要素

为了实现财务报告的目标，需要对企业发生的、能够以货币计量的经济活动内容进行适当的分类。企业会计所要反映的经济活动内容的基本分类项目，称为财务会计的基本要素（简称会计要素）。企业应当按照交易或者事项的经济特征确定会计要素。我国《企业会计准则——基本准则》将会计要素分为资产、负债、所有者权益、收入、费用和利润六类。其中，资产、负债、所有者权益侧重于反映企业的财务状况，因此又被称为反映财务状况的要素或资产负债表要素；收入、费用和利润侧重于反映企业的经营成果，因此又被称为反映经营成果的要素或利润表要素。

一、资产

（一）资产的定义及特征

资产是指企业过去的交易或者事项形成的、由企业拥有或者控制的、预期会给企业带来经济利益的资源。

根据资产的定义，资产具有以下三个特征。

（1）企业过去的交易或者事项形成的。也就是说，资产必须是现实的资产，而不是预期的资产，是由过去已经发生的交易或事项产生的结果。

（2）资产是由企业拥有或者控制的经济资源。一项资源作为企业的资产，应当由企业拥有或者控制，具体是指企业享有某项资源的所有权，或者虽然不享有某项资源的所有权，但该资源能被企业所控制。

（3）预期会给企业带来经济利益。这是资产最重要的特征，预期会给企业带来经济利益是指直接或者间接导致现金和现金等价物流入企业的潜力。

（二）资产的确认条件

将一项资源确认为企业的资产，除了需要符合资产的定义外，还应同时满足以下两个条件。

（1）与该资源有关的经济利益很可能流入企业。该确认条件源自资产的实质是预期能给企业带来经济利益。

（2）该资源的成本或者价值能够可靠地计量。财务会计系统是一个确认、计量和报告系统，其中计量起着关键性作用，可计量性是所有会计要素确认的重要条件，当然，资产的确认也不例外。只有当资源的成本或价值能够可靠计量时，资产才能予以确认。

（三）资产的分类

企业的资产有多种分类方法，其中一种最常见也是最重要的分类方法就是把资产按其流动性分为流动资产和非流动资产。

流动资产是指在一年或长于一年的一个正常营业周期内变现、耗用或出售，或者主要为交易目的而持有的资产。企业的流动资产包括货币资金、交易性金融资产、应收票据、应收账款、预付账款、其他应收款和存货等。

非流动资产也称长期资产，是指除流动资产以外的各类资产。如果企业的资产预计在一年内或长于一年的一个正常营业周期内不能够变现、耗用或出售，或者持有资产的目的不是为了交易，则这些资产就应归类为非流动资产。企业的非流动资产包括持有至到期投资、可供出售金融资产、长期股权投资、固定资产、无形资产和递延所得税资产等。

二、负债

（一）负债的定义及特征

负债是指企业过去的交易或者事项形成的、预期会导致经济利益流出企业的现时义务。

根据负债的定义，负债具有以下几个特征。

（1）负债是企业承担的现时义务。现时义务是指企业在现行条件下已承担的义务。未来发生的交易或者事项形成的义务，不属于现时义务，不应当确认为负债。

（2）负债预期会导致经济利益流出企业，这是负债的本质特征。只有企业在履行义务时会导致经济利益流出企业的，才可能属于企业的负债；如果不会导致经济利益流出企业的，就不会形成企业的负债。

（3）负债是由企业过去的交易或者事项形成的。导致企业负债的交易或者事项已经发生，即只有企业现在已经承担了源于这些交易或者事项的责任时，会计上才应确认为负债。正在筹划的未来交易或者事项，如企业将在未来发生的承诺、签订购货合同等交易或者事项，就不会形成企业的负债。

（二）负债的确认条件

企业将一项现时义务确认为负债，需要符合负债的定义，还需要同时满足以下两个条件。

（1）与该义务有关的经济利益很可能流出企业。预期会导致经济利益流出企业是负债的本质特征。

（2）未来流出的经济利益的金额能够可靠地计量。负债的确认在考虑经济利益流出企业的可能性大小的同时，对于未来流出的经济利益金额应当能够可靠地计量。

（三）负债的分类

负债按偿还时间的长短分为流动负债和非流动负债。

流动负债是指需要在一年以内或长于一年的一个营业周期内进行偿还的负债。流动负债一般包括短期借款、应付票据、应付账款、预收账款、其他应付款、应付职工薪酬、应交税费、应付利息、应付股利、一年内到期的非流动负债等。

非流动负债也称长期负债，是指流动负债以外的各项负债，也就是需要在一年以上或长于一年的一个营业周期以上进行偿还的负债。非流动负债一般包括长期借款、应付债券、长期应付款、递延所得税负债等。

三、所有者权益

（一）所有者权益的定义及特征

所有者权益是指企业资产扣除负债后由所有者享有的剩余权益。公司的所有者权益又称为股东权益。

根据所有者权益的定义，所有者权益具有以下特征。

（1）所有者权益实质上是一种剩余权益。债权人和所有者都是企业经济资源的提供者，他们对企业的资产都有相应的索偿权，但是，债权人对企业资产的要求权优先于所有者，企业资产只有先偿还债务，即满足债权人对资产的要求权之后，其剩余部分才归所有者所有。因此，所有者权益是一种剩余权益。

（2）所有者权益在金额数量上是资产扣除负债后的余额。企业的资产、负债及所有者权益三个要素之间存在的数量关系为资产＝负债＋所有者权益，此即基本会计等式。负债即债权人权益，因为债权人对企业资产的要求权优先于所有者，所以，从量上看，所有者权益＝资产－负债，即所有者权益是资产扣除负债后的余额。

（二）所有者权益的来源构成

所有者权益的来源包括所有者投入的资本、直接计入所有者权益的利得和损失、留存收益等。

所有者投入的资本是指所有者对企业投入资金而形成的资本，它既包括所有者因投资而占有的企业注册资本份额或股本，也包括投入资金超过所占注册资本份额或者股本部分的金额，即资本溢价或股本溢价。前者会计上作为实收资本或股本核算，后者则作为资本公积加以核算。

直接计入所有者权益的利得和损失是指不应计入当期损益、会导致所有者权益发生增减变动的、与所有者投入资本或者向所有者分配利润无关的利得或者损失。利得是指由企业非日常活动所形成的、会导致所有者权益增加的、与所有者投入资本无关的经济利益的流入。损失是指由企业非日常活动所发生的、会导致所有者权益减少的、与向所有者分配利润无关的经济利益的流出。

留存收益是指企业历年实现的净利润留存于企业的部分，主要包括累计计提的盈余公积和未分配利润。

（三）所有者权益的确认条件

由于所有者权益体现的是所有者在企业中的剩余权益，因此，所有者权益的确认主要依赖于其他会计要素，尤其是资产和负债的确认；所有者权益的金额的确定也主要取决于资产和负债的计量。因此，我国基本会计准则并未专门针对所有者权益会计要素规定其确认条件。

（四）所有者权益的分类

所有者权益按其在企业的永久性程度不同分为实收资本（针对有限责任公司）或股本（针对股份有限公司）、资本公积、其他权益工具、其他综合收益和留存收益（盈余公积和未分配利润）项目。资产负债表中的所有者权益项目构成即按此分类结果反映的。

四、收入

（一）收入的定义及特征

收入是指企业在日常活动中形成的、会导致所有者权益增加的、与所有者投入资本无关的经济利益的总流入。

根据收入的定义，收入具有以下特征。

（1）收入是企业在日常活动中形成的。日常活动是指企业为完成其经营目标所从事的经常性活动以及与之相关的活动。

（2）收入会导致所有者权益的增加。与收入相关的经济利益的流入应当会导致所有者权益的增加，不会导致所有者权益增加的经济利益的流入就不符合收入的定义，不应确认为收入。

（3）收入是与所有者投入资本无关的经济利益的总流入。企业实现收入会导致经济利益流入企业，而所有者投入资本也会导致经济利益流入企业。为了将收入与所有者投入资本两者所导致的经济利益流入相区分，因此在收入定义中作此排除限定。

需要说明的是，基本准则对收入要素的界定以及具体准则中的收入准则所涉及的收入，均是针对狭义的收入，也称为营业收入。企业对外投资所涉及的投资收益，从利润计算步骤的角度讲，它也属于狭义收入范畴，只不过它不属于收入准则所规范的收入，而是由长期股权投资、金融工具确认与计量等准则所规范的收入内容。

（二）收入的确认条件

企业应当在履行了合同中的履约义务，即在客户取得相关商品控制权时确认收入。取得相关商品控制权，是指能够主导该商品的使用并从中获得几乎全部的经济利益。具体内容在本书第十一章第一节进行具体讲解。

（三）收入的分类

收入按其来源渠道分类可分为销售商品的收入、提供劳务的收入以及让渡资产使用权的收入等。这种分类的主要目的是为不同来源的收入的具体确认提供思路，各类收入的具体确认条件见本书第十一章第一节。

收入作为企业生产经营活动实现的收入，即狭义的营业收入，按其在企业营业收入中所占比重大小以及产生的频繁程度分类可分为主营业务收入和其他业务收入。这是企业对营业收入核算时进行账户设置的依据。

五、费用

（一）费用的定义及特征

费用是指企业在日常活动中发生的、会导致所有者权益减少的、与向所有者分配利润无关的经济利益的总流出。

根据费用的定义,费用具有以下特征。

(1) 费用是在日常活动中发生的经济利益的总流出。这里的日常活动与收入定义中对日常活动的界定是一致的。

(2) 费用会导致所有者权益的减少。与费用相关的经济利益的流出应当会导致所有者权益的减少,不会导致所有者权益减少的经济利益的流出不符合费用的定义,就不应确认为费用。

(3) 费用是与向所有者分配利润无关的经济利益的总流出。费用的发生导致经济利益流出企业,而企业向所有者分配利润也会导致经济利益的流出。前者是企业为了取得收入而发生的经济利益的流出,后者则属于所有者权益的抵减事项,其结果引起未分配利润的减少,不应将其确认为费用。因此该限定是为了将发生费用与向投资者分配利润相区分。

(二) 费用的确认条件

费用只有在经济利益很可能流出从而导致企业资产减少或者负债增加,且经济利益的流出额能够可靠计量时才能予以确认。因此,费用的确认至少应符合以下条件:①与费用相关的经济利益很可能流出企业。②经济利益流出企业的结果会导致资产的减少或者负债的增加。③经济利益的流出额能够可靠地计量。

(三) 费用的分类

我国利润表中的费用是按其功能进行分类列报的。费用按其功能不同分为营业成本(包括主营业务成本和其他业务成本)、税金及附加、销售费用、管理费用、研发费用、财务费用等。

按前述费用的定义,企业发生的费用就应列报于利润表,否则就不应属于费用。另外,《企业会计准则——基本准则》中定义的费用属于狭义费用,不包括广义费用中的损失。如何判断一项费用是狭义的或广义的,可考虑依据各项费用在利润表中列报顺序而定。凡是在计算第一步营业利润时需扣除的费用项目可被认为是狭义费用,凡是在计算第二步利润总额以及计算第三步净利润时扣除的费用项目就属于广义费用。因此,营业成本、期间费用等属于狭义费用,而营业外支出、所得税费用等就属于广义费用。

六、利润

(一) 利润的定义

利润是指企业在一定会计期间的经营成果。通常情况下,如果企业实现了利润,就表明企业取得了较好的经营业绩,企业的所有者权益将增加;反之,如果企业发生了亏损,就表明企业经营业绩差,所有者权益将减少。因此,利润是一个综合性很强,且很重要的财务指标,它可作为评价企业管理层业绩的重要依据,也是投资者等会计信息使用者进行决策时考虑的重要因素。

(二)利润的来源构成

利润包括收入减去费用后的净额、直接计入当期利润的利得和损失等。

其中,收入减去费用后的净额反映的是企业日常活动的业绩,此处的收入、费用显然指的是狭义的收入与费用,二者之差即现行利润表中营业利润。直接计入当期利润的利得和损失反映的是企业非日常活动的业绩。直接计入当期利润的利得和损失是指应当计入当期损益、会导致所有者权益发生增减变动的、与所有者投入资本或者向所有者分配利润无关的利得或者损失。企业应当严格区分收入和利得、费用和损失,以便正确和全面反映企业的经营业绩。

(三)利润的确认条件

由利润的来源构成可知,利润的确认主要依赖于收入和费用以及计入当期利润的利得和损失的确认,其金额的确定也主要取决于收入、费用以及计入当期利润的利得和损失的计量。因此,我国基本会计准则未就利润要素单独规定确认条件。

第六节 财务会计信息的质量要求

财务会计信息的质量要求是对企业财务报告中所提供会计信息质量的基本要求,是使财务报告中所提供会计信息对投资者、债权人等信息使用者决策有用而应具备的基本特征。按我国基本会计准则规定,财务会计信息质量要求包括可靠性、相关性、可理解性、可比性、实质重于形式、重要性、谨慎性和及时性等共八项。

(一)可靠性

可靠性要求企业应当以实际发生的交易或者事项为依据进行确认、计量和报告,如实反映符合确认和计量要求的各项会计要素及其他相关信息,保证会计信息真实可靠、内容完整。

可靠性是会计信息的重要质量要求。会计信息只有保证其可靠性,才能对信息使用者的决策有用。如果会计信息是不可靠的,就会误导投资者等信息使用者的决策。可靠性具体取决于三个因素,即真实性、中立性和可验证性。

(二)相关性

相关性要求企业提供的会计信息应当与财务报告使用者的经济决策需要相关,有助于财务报告使用者对企业过去、现在或未来的情况做出评价或预测。一项会计信息是否具有相关性,取决于是否具备预测价值和反馈价值两项特性。

会计信息质量的相关性要求企业在加工和提供会计信息的过程中,充分考虑信息使用者的信息需要。但是,相关性是以可靠性为基础的,两者之间应达到适当的平衡,不应将两者对立起来。也就是说，会计信息应在具备可靠性的前提下，尽可能地做到相关性，以满足投资者等信息使用者的决策需要。

（三）可理解性

可理解性要求企业提供的会计信息应当清晰明了，便于财务会计报告使用者理解和使用。

企业编制财务报告、提供会计信息的目的在于会计信息能被使用，而要使信息使用者能够有效使用会计信息，应当让其理解会计信息的内涵，弄懂会计信息的内容，这就要求会计信息本身应当清晰明了，易于理解。只有会计信息具备可理解性，才能提高其有用性，从而更好地实现财务报告的目标。

（四）可比性

企业提供的会计信息应当具有可比性，具体包括两个方面的含义。

（1）同一企业不同时期发生的相同或者相似的交易或者事项，应当采用一致的会计政策，不得随意变更。确需变更的，应当在附注中说明，即纵向可比。

（2）不同企业发生的相同或者相似的交易或者事项，应当采用规定的会计政策、确保会计信息口径一致、相互可比，即横向可比。

（五）实质重于形式

实质重于形式要求企业应当按照交易或者事项的经济实质进行会计确认、计量和报告，不应仅以交易或者事项的法律形式为依据。

企业发生的交易或事项在大多数情况下，其经济实质和法律形式是一致的。但在有些情况下，会遇到经济实质和法律形式不一致的交易或者事项，此时就应关注交易或事项的经济实质而不是其法律形式。例如，融资租入固定资产，在租赁期满前，从法律形式上讲，租赁资产的所有权并未转移给承租企业，但是从经济实质上讲，与该项租赁资产相关的收益和风险已转移给承租企业，承租企业实际上拥有该租赁资产的控制权，因此，按照实质重于形式的要求，承租企业应将融资租入固定资产视同企业的资产加以确认，并计提折旧。遵循实质重于形式要求，体现了对经济实质的尊重，从而能保证会计确认、计量的结果与客观经济事实相符。

（六）重要性

重要性要求企业提供的会计信息应当反映与企业财务状况、经营成果和现金流量等有关的所有重要交易或者事项。

在企业会计核算过程中，之所以强调重要性，在很大程度上是考虑会计信息的效用和核算成本之间的权衡。企业的经济业务纷繁复杂，要将所有零散的经济数据不分主次地全部转化为会计报表中详细罗列的指标，不但没有必要，而且还会冲淡重点，会有损于会计信息的使用价值，甚至影响决策。因此，强调重要性，一方面，可以减少不必要的工作量，提高会计核算工作的效率；另一方面，可以使会计信息分清主次，突出重点，便于信息使用者对会计信息的利用。

对某项会计事项判断其重要性，在很大程度上依赖于会计人员的职业判断。但一般而言，对于重要性可以从性质和数量两个方面进行判断。从性质方面讲，如果某项会计信息的省略或者错报会影响信息使用者据此做出正确决策，该信息就是重要的。从数量方面讲，当某一会计事项发生涉及的金额达到一定的比例时，一般就认为其具有重要性。

（七）谨慎性

谨慎性要求企业对交易或者事项进行会计确认、计量和报告应当保持应有的谨慎，不应高估资产或者收益、低估负债或者费用。

谨慎性是对不确定性的一种审慎的反应，以保证企业环境中的不确定性和风险被充分考虑。会计信息质量的谨慎性要求，需要会计人员在面临不确定性或风险时应当保持审慎的态度，应充分估计到各种风险和损失，做到既不高估资产和收益，也不低估负债和费用。

对谨慎性的运用也存在适度与合理的问题，不能滥用。不允许企业以谨慎性的应用为借口而建立秘密准备。如果企业故意低估资产或收益，故意高估负债或费用，就不仅不符合谨慎性要求，也会损害会计信息的可靠性和相关性，会扭曲企业实际的财务状况和经营成果，从而对信息使用者的决策产生误导，这是会计准则所不允许的。

（八）及时性

及时性要求企业对于已经发生的交易或者事项，应当及时进行会计确认、计量和报告，不得提前或者延后。

会计信息的作用在于有利于信息使用者做出经济决策，因而具有时效性。会计信息要对使用者有用，就必须在决策前予以提供，否则，对信息使用者的参考价值就会大大降低。在会计确认、计量和报告过程中，要贯彻及时性要求，就必须做到以下三个方面：一是及时收集会计信息，即在交易和事项发生后，及时收集各种原始单证；二是及时加工处理会计信息，也就是及时对发生的交易或事项进行会计确认、计量，并编制财务报告；三是及时传递会计信息，即按照国家规定的时限，及时地将财务报告传递给信息使用者。

复习思考题

1. 什么是财务会计，它同管理会计比较有哪些特点？
2. 我国财务报告的目标是什么？
3. 会计基本假设有哪些，各自有何作用？
4. 什么是会计确认？初次确认与再次确认之间有何关系？
5. 会计计量属性有哪几种，应用原则是怎样的？

6. 如何定义资产，它有哪些特征？
7. 如何定义负债，它有哪些特征？
8. 简述各会计要素之间的关系。
9. 会计信息质量要求有哪些？
10. 新经济对会计假设的影响有哪些？
11. 新经济对资产确认有什么影响？
12. 新经济对可比性有什么影响？
13. 会计准则不断修改更新的原因有哪些？

复习思考题参考答案

第二章 货 币 资 金

【学习目标】

通过对本章学习，应能够：理解货币资金的性质与管理、企业的备用金制度、各种银行结算方式；掌握现金日常收支与现金清查的会计处理，银行存款收、付业务的会计处理，以及银行存款余额调节表的编制；了解和掌握其他货币资金的性质、范围与会计处理。

第一节 货币资金概述

一、货币资金的含义及特征

货币资金是企业生产经营过程中停留在货币形态的那部分资产，是指企业可以立即投入流通，用以购买商品或劳务，或用以偿还债务的交换媒介，是以货币形态表现的资金。按其存放地点和用途不同，分为库存现金、银行存款和其他货币资金。

与其他资产相比，货币资金具有如下特征。

（1）流动性强，可以直接流通和作为支付手段。

（2）营利性差，除获得利息外不能为企业直接创造利润。

（3）与企业经营业务的联系广泛。企业的一切生产经营活动几乎都与货币资金相联系，并通过货币资金表现。

（4）国家宏观管理要求严格。为加强货币资金的宏观管理，国务院颁布了《中华人民共和国现金管理暂行条例》（1988年），中国人民银行发布了《人民币银行结算账户管理办法》（2003年）、《支付结算办法》（1997年）等法规。

二、货币资金的管理

（一）货币资金管理的意义

货币资金的内容和特征决定了管理意义。一方面，企业应正确预测正常经营所需的货币资金收支额，确保企业有充足又不过剩的货币资金余额。货币资金不足是企业陷入财务困境，甚至发生破产清算的典型表现，但拥有过多的货币资金又会降低公司的盈利能力。另一方面，货币资金因用途广泛且流动性强，容易引发挪用、贪污、职务侵占等犯罪行为，因此企业必须加强对货币资金的管理，建立良好的货币资金内部控制，以确保全部应收取的货币资金均能收取，并及时正确地予以记录；全部货币资金支出是按照经批准的用途进行的，并及时正确地予以记录；库存现金、银行存款报告正确，并得以恰当保管。

（二）货币资金的内部控制

企业建立货币资金内部控制制度的具体内容因企业规模大小和货币资金收支量而有所不同，但一般而言，一个良好的货币资金内部控制至少应该满足以下几点。

第一，货币资金收支业务的全过程按规定的程序分工完成、各负其责，确保办理货币资金业务的不相容岗位相互分离、制约和监督。

（1）职能分工。例如，记账人员与经济业务事项和会计事项的审批人员、经办人员、财务保管人员的职责权限应当分工明确，相互制约。

（2）不相容岗位分离。货币资金收支业务与记账的岗位分离，出纳人员不得兼任稽核、会计档案保管和收入、支出、费用、债权债务账目的登记工作。企业应结合实际情况对办理货币资金业务的人员定期进行岗位轮换。

（3）规定程序办理。货币资金支付业务应当按照支付申请、支付审批、支付复核、办理支付的规定程序办理。严禁一人保管支付款项所需的全部印章。例如，企业收到现金时，要有现金收入的原始凭证，以保证现金收入的来源合法；企业支付现金时，要按规定的授权程序进行，同时要有确凿的原始凭证，以保证支付的有效性；对涉及现金收付交易的经济业务要根据原始凭证编制收付款凭证，并要在原始凭证与收付款凭证上盖上"现金收讫"与"现金付讫"的印章。

第二，货币资金业务应建立严格的授权批准制度，明确审批人对货币资金业务的授权批准方式、权限、程序、责任和相关控制措施，规定经办人办理货币资金业务的职责范围和工作要求。

（1）审批人应当根据货币资金授权批准制度的规定，在授权范围内进行审批，不得超越审批权限。按规定需有关负责人签字或盖章的经济业务，必须严格履行签字或盖章手续。

（2）单位对于货币资金支付重要业务，应当实行集体决策和审批，并建立责任追究制度，防范贪污、侵占、挪用货币资金等行为。

（3）严禁未经授权的机构或人员办理货币资金业务或直接接触货币资金。

第三，货币资金收入和货币资金支出分开处理。例如，不允许将现金收入直接用于现金支出的坐支行为。有条件的企业，可以实行收支两条线和集中收付制度，加强对货币资金的集中统一管理。

第四，货币资金收支业务的会计处理程序规范化。例如，全部收支及时准确入账，不得账外设账，严禁收款不入账。

第五，内部稽核人员对货币资金进行制度化的内部审计和稽核。例如，加强对货币资金的定期检查和随机抽查。

第二节 现金

一、现金的含义及特征

现金是流动性最强的一种货币资金。会计上的现金有广义和狭义之分。狭义的现金仅指库存现金,即企业存放于财会部门、由出纳员专门保管、用于日常零星开支的现钞。本章所指现金是指狭义的现金,即库存现金,包括人民币现金和外币现金。

现金具有如下特征。

(1) 货币性。现金是日常交易的媒介,是价值衡量的尺度。企业日常经营活动中购买原材料、销售商品或支付职工薪酬等均离不开货币。

(2) 通用性。现金具有很强的偿债能力和抗风险能力,可被直接用来支付各项费用或者偿还债务。

(3) 流动性。现金的使用可以不受任何限制,在一定范围内可自由流通。但现金的盈利能力较弱,其流动是否合理和恰当,对企业的资金周转和经营绩效影响较大。

二、库存现金的管理

现金是一项易于转变为其他任何资产的资产,很容易隐瞒、转移。为了防止库存现金丢失、被盗及舞弊行为发生,企业必须加强对库存现金的管理与控制。库存现金的管理与控制一般涉及使用范围、库存限额和内部控制三个方面。

(一) 现金的使用范围

根据国家现金管理制度和结算制度的规定,企业收支的各种款项必须按照国务院颁布的《中华人民共和国现金管理暂行条例》的规定办理,在规定的范围内使用现金。允许开户单位使用现金结算的范围如下。

(1) 职工的工资、津贴。
(2) 个人劳务报酬。
(3) 根据国家规定颁发给个人的科学技术、文化艺术、体育等各种奖金。
(4) 各种劳保、福利费用以及国家规定的对个人的其他支出。
(5) 向个人收购农副产品和其他物资的价款。
(6) 出差人员必须随身携带的差旅费。
(7) 结算起点以下的零星支出(结算起点为1 000元)。
(8) 经中国人民银行确定需要支付现金的其他支出。

按照《中华人民共和国现金管理暂行条例》的规定,单位必须结合本单位的实际情况,确定本单位现金的开支范围。不属于现金开支范围的业务应当通过银行办理转账结算。

(二)现金的库存限额

为了满足企业日常零星开支所需资金，企业的库存现金都要由银行根据企业的实际需要情况核定一个最高限额。企业的库存现金限额由其开户银行根据实际需要核定，一个单位在几家银行开户的，由一家开户银行负责现金管理工作。核定开户单位的库存现金限额，其限额一般按照企业3~5天日常零星开支所需现金确定。边远地区和交通不便的地区的企业库存现金可多于5天，但不超过15天的日常零星开支。库存现金的限额一经核定，要求企业必须严格遵守，不能任意超过，凡超过库存现金限额的现金，必须及时送存银行；库存现金低于限额时，可以签发现金支票从银行提取现金，补足限额。企业如需要增加或减少库存限额的，应当向开户银行提出申请，由银行核定。

单位现金收入应当及时送存银行，不得用于直接支付单位自身的支出。因特殊情况需坐支现金的，应事先报经开户银行审查批准。单位借出款项必须执行严格的授权批准程序，严禁擅自挪用、借出货币资金。

(三)现金的内部控制

现金日常收支的内部控制主要包括以下方面。

(1)现金收入应当及时(通常是当日)入账并送存银行，如当日送存银行确有困难，由银行确定送存时间；收取现金的人员与经办业务的人员、记录现金收入的人员应当分开。例如，就商品销售而言，一般由销售部门经办销货业务手续的人员开具销货发票或收据，出纳人员负责收款盖章，会计人员据以登记入账。

(2)企业应当在现金使用范围内支付现金或从银行提取现金，不得从本单位的现金收入中直接支付(坐支)，因特殊情况需要坐支现金的，应当事先报经开户银行审查批准，由开户银行核定坐支范围和限额，并定期向开户银行报送坐支金额和使用情况；已用现金付讫的凭证要加盖"现金付讫"图章，并定期装订成册封存，以防付款凭证遭盗窃、篡改和重复报销等情况的发生。

(3)企业从银行提取现金时，应当在取款凭证上写明具体用途，并由财会部门负责人签字盖章，交开户银行审核后方可支取。

(4)因采购地点不固定、交通不便、生产或者市场急需、抢险救灾以及其他情况必须使用现金的，企业应当提出申请，经开户银行审核批准后，方可支付现金。

三、现金的核算

企业必须建立健全现金账目，除设置现金总分类账户对现金进行总分类核算以外，还必须设置现金日记账进行现金收支的明细核算，逐笔登记现金收入和支出，做到账目日清日结，账款相符。

(一)库存现金的日常核算

为了加强对现金的日常管理，随时掌握现金收支的动态和库存余额，保证现金的安全，企业必须设置"现金日记账"，按照现金业务发生的先后顺序逐笔序时登记。每一笔现金收支业务须根据审核无误的原始凭证编制记账凭证，然后据以入账。库存现金日记账一般采用三栏式订本账格式，由出纳人员根据审核以后的原始凭证或现金收款凭证、现金付款凭证逐日逐笔序时登记，每日营业终了计算当日现金收入、现金支出及现金结存额，并与库存现金实存额核对相符。

为了反映库存现金增减变动的总括情况，企业应设置"库存现金"总分类账户。企业收入现金时，记入"库存现金"总分类账户的借方；支付现金时，记入"库存现金"总分类账户的贷方；期末余额在借方，表示库存现金的结存数。

月份终了，"现金日记账"的余额必须与"库存现金"总账余额进行核对，做到账账相符，日清月结。有外币资金收支业务的企业，应当按照人民币现金、外币现金的币种设置现金账户进行核算。

【例2-1】 20×1年1月8日，天生公司签发现金支票，从银行提取现金2 000元备用。

借：库存现金　　　　　　　　　　　　　　　　　　　　　　2 000
　　贷：银行存款　　　　　　　　　　　　　　　　　　　　　　2 000

【例2-2】 20×1年1月25日，天生公司采购人员李某出差归来，报销差旅费800元，余款200元交回现金。

借：管理费用　　　　　　　　　　　　　　　　　　　　　　　800
　　库存现金　　　　　　　　　　　　　　　　　　　　　　　200
　　贷：其他应收款——李某　　　　　　　　　　　　　　　　1 000

（二）备用金的核算

备用金是企业预付给职工和内部有关单位用作差旅费、零星采购和零星开支，事后需要报销的款项。备用金实质上也是库存现金，其使用必须严格遵守现金管理制度。备用金一般通过"其他应收款"账户核算。在领取备用金的单位或职工较多、备用金总额较大的企业，可以专设"备用金"账户进行总分类核算。

备用金的管理实行定额管理与非定额管理两种模式：一是随借随用、用后报销制度；二是定额备用金制度。定额备用金制度的特点是对经常使用备用金的部门或车间，分别规定一个备用金定额。在定额管理下，对使用备用金的部门事先核定备用金定额，使用部门填制借款单，一次从财会部门领出现金。开支后，凭审核后的原始凭证向财会部门报账，实际报销金额由财会部门用现金补尾。非定额管理是指根据业务需要逐笔领用、逐笔结清备用金。也就是说，按定额拨付现金时，借记"其他应收款"账户或"备用金"账户，贷记"库存现金"账户。报销时，财会部门根据报销单据付给现金，补足用掉数额，使备用金仍保持原有定额数。报销的金额直接记入"库存现金"账户的贷方和有关科目的借方，不需要通过"其他应收款"或"备用金"账户核算。

专设"备用金"账户，随借随用、用后报销制度业务例示如下。

【例2-3】 20×1年6月8日，天生公司行政部门职工王小明因公出差预借备用金350元，实际支出200元，经审核应予以报销，剩余现金150元交回财会部门。

预借时，应根据审核的借款单填制现金付款凭证，会计分录如下：

借：备用金——王小明　　　　　　　　　　　　　　　　　　　350
　　贷：库存现金　　　　　　　　　　　　　　　　　　　　　　350

报销时，应根据审核的报销单填制转账凭证，会计分录如下：

借：管理费用　　　　　　　　　　　　　　　　　　　　　　　200
　　贷：备用金——王小明　　　　　　　　　　　　　　　　　　200

剩余现金交回财会部门时，应填制现金收款凭证，会计分录如下：

借：库存现金　　　　　　　　　　　　　　　　　　　　　　　150
　　贷：备用金——王小明　　　　　　　　　　　　　　　　　　150

专设"备用金"账户，定额备用金制度业务例示如下。

【例 2-4】 天生公司财会部门对销售部门实行定额备用金制度。根据核定的定额，付给定额备用金 2 000 元。

借：备用金——销售部门　　　　　　　　　　　　　　　　　2 000
　　贷：库存现金　　　　　　　　　　　　　　　　　　　　　2 000

【例 2-5】 销售部门在一段时间内发生备用金支出 1 800 元，持相关支出凭证到财会部门报销。财会部门审核以后付给现金，补足定额。

借：管理费用　　　　　　　　　　　　　　　　　　　　　　1 800
　　贷：库存现金　　　　　　　　　　　　　　　　　　　　　1 800

【例 2-6】 财会部门因管理需要决定取消定额备用金制度。销售部门持尚未报销的开支凭证 800 元和余款 1 200 元，到财会部门办理报销和交回备用金的手续，会计处理如下：

借：管理费用　　　　　　　　　　　　　　　　　　　　　　　800
　　库存现金　　　　　　　　　　　　　　　　　　　　　　1 200
　　贷：备用金——销售部门　　　　　　　　　　　　　　　　2 000

四、现金的清查

为了保证现金的安全完整，保证库存现金与账面金额相符，企业应定期或不定期地对库存现金进行清查。清查结束，无论是否发现问题，都应将清查结果填列库存现金清查报告表，格式如表 2-1 所示。企业清查的库存现金损溢，通常应于期末前查明原因，并根据企业的管理权限，报经股东会、董事会或经理层等机构批准，在期末结账前处理完毕。

表 2-1　库存现金清查报告表

单位：　　　　　　　　　　　　　　年　月　日　　　　　　　　　　　单位：元

实存金额	账存金额	对比结果		备注
		盘盈	盘亏	

盘点人：　　　　监盘人：　　　　制表人：

（一）库存现金的短缺

企业在库存现金清查的过程中，如发现短缺，应按实际短缺的金额，借记"待处理财产损溢——待处理流动资产损溢"账户，贷记"库存现金"账户。待查明原因后，属于应由责任人赔偿的部分，借记"其他应收款——应收现金短缺款（个人）"或"库存现金"等账户，贷记"待处理财产损溢——待处理流动资产损溢"账户；属于应由保险公司赔偿的部分，借记"其他应收款——应收保险赔款"账户，贷记"待处理财产损溢——待处理流动资产损溢"账户；属于无法查明的其他原因，根据管理权限，经批准后处理，借记"管理费用——现金短缺"账户，贷记"待处理财产损溢——待处理流动资产损溢"账户。

【例 2-7】 20×1年3月15日，天生公司对现金进行清查时发现短缺了180元。
借：待处理财产损溢——待处理流动资产损溢　　　　　　　180
　　贷：库存现金　　　　　　　　　　　　　　　　　　　　　　180

【例 2-8】 上述现金短缺，无法查明原因，转入管理费用。
借：管理费用　　　　　　　　　　　　　　　　　　　　　　180
　　贷：待处理财产损溢——待处理流动资产损溢　　　　　　　180

（二）库存现金的溢余

企业在库存现金清查的过程中，如发现溢余，应按实际溢余的库存现金金额，借记"库存现金"账户，贷记"待处理财产损溢——待处理流动资产损溢"账户。待查明原因后，属于应支付给有关人员或单位的，借记"待处理财产损溢——待处理流动资产损溢"账户，贷记"其他应付款——应付现金溢余（某个人或单位）"账户；属于无法查明原因的现金溢余，经批准后，借记"待处理财产损溢——待处理流动资产损溢"账户，贷记"营业外收入——现金溢余"账户。

【例 2-9】 20×1年4月10日，天生公司对现金进行清查时发现长款120元。
借：库存现金　　　　　　　　　　　　　　　　　　　　　　120
　　贷：待处理财产损溢——待处理流动资产损溢　　　　　　　120

【例 2-10】 现金溢余原因不明，经批准记入营业外收入。
借：待处理财产损溢——待处理流动资产损溢　　　　　　　120
　　贷：营业外收入——盘盈利得　　　　　　　　　　　　　　120

五、库存现金日报表

库存现金日报表是根据企业的需要编制、用以逐日报告库存现金分布地点及收支余款情况的报表。该表在商业企业常用，一般格式如表 2-2 所示。

表2-2 天生公司库存现金日报表

年　月　日　　　　　　　　　　　　　　　　　　　　　　　单位：元

部门	现金收入				现金支出				本日净增（减）额
	销售	收回账款	…	合计	工资	支付账款	…	合计	
A									
B									
C									
合计									

第三节　银行存款

银行存款是企业存放在银行或其他金融机构的货币资金。银行是全国的结算中心，凡是独立核算的单位都必须在当地银行开设账户。

一、银行存款账户的开立与使用

为规范银行账户的开立和使用，规范金融秩序，企业开立账户必须遵守中国人民银行制定的《人民币银行结算账户管理办法》。该办法规定：企业在银行或其他金融机构开立的存款账户，依其不同用途分为基本存款账户、一般存款账户、临时存款账户和专用存款账户四种。

（一）基本存款账户

基本存款账户是企业办理日常转账结算和现金收付而开立的银行结算账户，是企业的主办账户。一个企业只能选择一家银行的一个营业机构开立一个基本存款账户，不允许在多家银行机构开立基本存款账户，经营活动的日常资金收付以及工资、奖金和现金的支取只能通过该账户办理。

（二）一般存款账户

一般存款账户是企业因借款或其他结算需要，在基本存款账户开户银行以外的银行营业机构开立的银行结算账户。企业可以通过本账户办理转账结算和现金缴存，但不办理现金的支取。企业可在基本存款账户以外的其他银行的一个营业机构开立一个一般存款账户，不得在同一家银行的几个分支机构开立一般存款账户。

（三）临时存款账户

临时存款账户是企业因临时经营活动需要开立的账户，如企业异地参加产品展销、临时性采购资金等，可办理转账结算和根据国家现金管理的规定办理现金收付。临时存款账户的有效期最长不得超过2年。

（四）专用存款账户

专用存款账户是企业按照法律、行政法规和规章，对其特定用途资金进行专项管理和使用而开立的银行结算账户。特定用途资金包括基本建设资金、更新改造资金以及其他特定用途需专户管理的资金，如基本建设项目专项资金、农副产品采购资金等。企业的销货款不得转入专用存款账户。

二、银行结算纪律

银行结算纪律是指通过银行办理转账结算的单位或个人，在办理具体结算业务过程中，应当遵守的行为规范。具体内容包括：单位和个人办理支付结算，不准签发没有资金保证的票据（如空头支票等）和远期支票，套取银行信用；不准签发、取得和转让没有真实交易和债权债务的票据，套取银行和他人资金；不准无理拒绝付款，任意占用他人资金；不得违反规定开立和使用账户。

三、银行结算方式

结算是指企业与外部单位或个人进行经济往来时所引起的货币收付行为。根据《支付结算办法》的规定，我国企业目前可以选择的银行结算方式主要有支票、银行汇票、银行本票、商业汇票、信用卡、汇兑、委托收款、托收承付、信用证等。

（一）支票

支票是出票人签发的，委托办理支票存款业务的银行或其他金融机构在见票时无条件支付确定的金额给收款人或者持票人的票据。单位和个人在同一票据交换区域的各种款项结算均可使用支票。同一票据交换区域一般是指同一城市（同城），也可以是比省市更大的区域，如京津冀地区，北京、天津和河北的部分市县均属于"京"字票据交换区。

支票分为现金支票、转账支票与普通支票。支票上印有"现金"字样的为现金支票，现金支票只能用于支取现金；支票上印有"转账"字样的为转账支票，转账支票只能用于转账；支票上未印有"现金"或"转账"字样的为普通支票，普通支票可以用于支取现金，也可以用于转账。在普通支票左上角划两条平行线的为划线支票，划线支票只能用于转账，不得支取现金。支票的提示付款期限为出票日起10天，超过提示付款期限的，付款人（银行）可以不予付款，并且持票人丧失对出票人以外的前手的追索权；付款人不予付款的，出票人仍应当对持票人承担票据责任。除现金支票外，转账支票和普通支票可按规定进行背书转让。

出票人签发支票的金额不得超过付款时在付款人处实有的存款金额，禁止签发空头支票。出票人签发空头支票、签章与预留银行印鉴不符的支票，银行应予以退票，并按票面金额处以5%但不低于1 000元的罚款；持票人有权要求出票人赔偿支票金额2%的赔偿金。

采取支票结算方式，企业收到支票时，应在当日填制进账单，连同支票一起送交银行。然后，根据银行的进账单回单和有关原始凭证编制收款凭证，登记收款业务。企业作为付款人签发支票时，应根据支票存根和有关原始凭证及时编制付款凭证，登记付款业务。转账支票结算流程如图 2-1 所示。

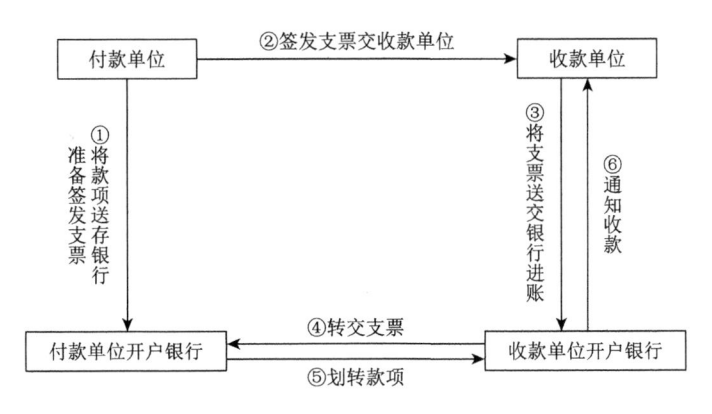

图 2-1 转账支票结算流程

（二）银行汇票

银行汇票是指由汇款人将款项交存当地出票银行，由出票银行签发的，由其在见票时按照实际结算金额无条件支付给收款人或者持票人的票据。

银行汇票可以用于转账，填明"现金"字样的银行汇票也可以用于支取现金。银行汇票的提示付款期限为自出票日起 1 个月，在付款期内见票即付。超过付款期限提示付款不获付款的，持票人须在票据权利时效内向出票银行做出说明，并提供本人身份证件或单位证明，持银行汇票和解讫通知向出票银行请求付款。

银行汇票的收款人可以将银行汇票背书转让给他人。收款企业在收到付款企业送来的银行汇票时，应在出票金额以内，将实际结算金额和多余金额准确、清晰地填入银行汇票和解讫通知的有关栏内。银行汇票的实际结算金额低于出票金额的，其多余金额由出票银行退交给申请人。采用这种结算方式，付款企业应先向出票行填写"银行汇票委托书"，出票行同意受理后，收妥款项并签发银行汇票交付款企业。收款人在收到银行汇票后，应将汇票交存开户银行，并在票面金额内，按照经济业务的实际结算金额办理结算。票面金额大于实际结算金额的，余额由出票行退交申请出票的付款企业。银行汇票结算流程如图 2-2 所示。

（三）银行本票

银行本票是银行签发的，承诺自己在见票时无条件支付确定的金额给收款人或者持票人的票据。银行本票由银行签发并保证承兑，而且见票即付，具有信誉高、支付功能强等特点。

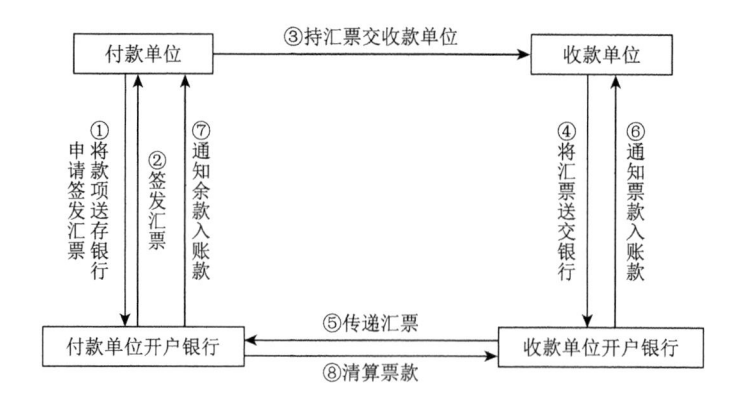

图 2-2　银行汇票结算流程

银行本票分为不定额银行本票和定额银行本票两种。定额银行本票面额为 1 000 元、5 000 元、10 000 元和 50 000 元。银行本票可以用于转账，注明"现金"字样的银行本票可以支取现金。银行本票一律记名，可以背书转让。银行本票的提示付款期限为自出票日起最长不得超过 2 个月，付款期内见票即付。超过付款期限不获付款的，在票据权利时效内向出票银行做出说明，并提供本人身份证件或单位证明，可持银行本票向出票银行请求付款。

采用银行本票结算，付款方企业也应先向出票行填写"银行本票委托书"，出票行同意受理后，收妥款项再签发银行本票。银行本票的收款人可将本票背书转让（填明"现金"字样的银行本票除外）。本票丧失，持票人可凭人民法院出具的其享有票据权利的证明，向出票银行请求付款或退款。这些均与前述银行汇票结算相同，不同之处如下。

第一，银行本票的付款期比银行汇票长，使用更灵活。

第二，银行本票只能按票面金额办理全额结算，交易的实际金额与本票票面金额若有差额，由交易双方自行结清。银行汇票则在票面金额内，按照经济业务的实际结算金额办理结算。

第三，银行本票只能用于同城结算，银行汇票则同城、异地结算均适用。

银行本票结算流程如图 2-3 所示。

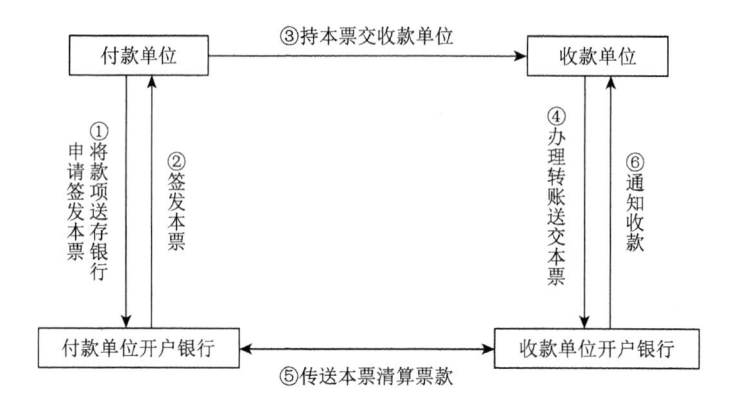

图 2-3　银行本票结算流程

（四）商业汇票

商业汇票是指由出票人签发的，委托付款人在指定日期无条件支付确定金额给收款人或者持票人的票据。在银行开立存款账户的法人以及其他组织之间须具有真实的交易关系或债权债务关系，才能使用商业汇票。商业汇票的付款期限由双方商定，但最长不得超过 6 个月。商业汇票的提示付款期限自汇票到期日起 10 日内。

按承兑人的不同，商业汇票分为商业承兑汇票和银行承兑汇票两种。商业汇票可以背书转让，符合条件的商业汇票在尚未到期前可以向银行申请贴现、转贴现或再贴现。

1. 商业承兑汇票

商业承兑汇票由收款人签发，付款人承兑；或由付款人签发并承兑。承兑人为银行以外的付款人。汇票到期时，购货方的开户银行凭票将票款划给销货方或贴现银行。汇票到期，如果付款企业不能支付货款，开户银行应将汇票退还给收款企业，银行不负责付款，由购销双方自行处理。

2. 银行承兑汇票

银行承兑汇票由银行承兑，由在承兑银行开立存款账户的存款人签发。承兑银行按票面金额向出票人收取万分之五的手续费。

购货企业应于汇票到期前将票款足额交存其开户银行，以备承兑银行在汇票到期日或到期后的见票当日支付票款。到期时，承兑银行凭汇票将承兑款无条件转给收款单位。如果付款人在汇票到期日未能足额交存票款，承兑银行除凭票向持票人无条件支付票款外，对出票人尚未支付的汇票金额按照每天万分之五计收罚息。商业承兑汇票与银行承兑汇票结算流程，分别如图 2-4 和图 2-5 所示。

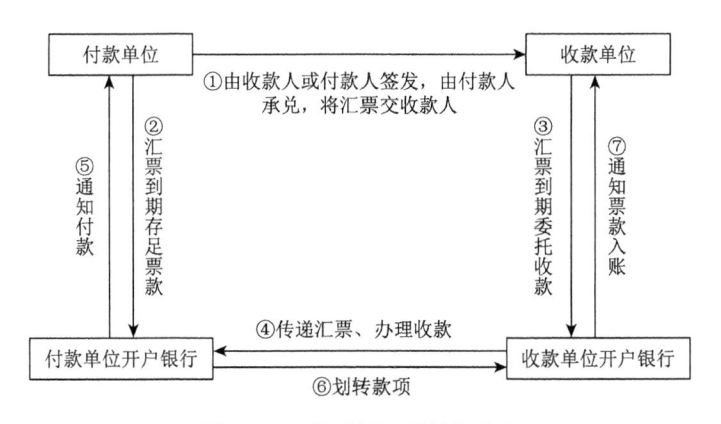

图 2-4 商业承兑汇票结算流程

（五）信用卡

信用卡是商业银行向个人和单位发行的，凭此向特约单位购物、消费和向银行存取现金，具有消费信用的特制载体卡片。

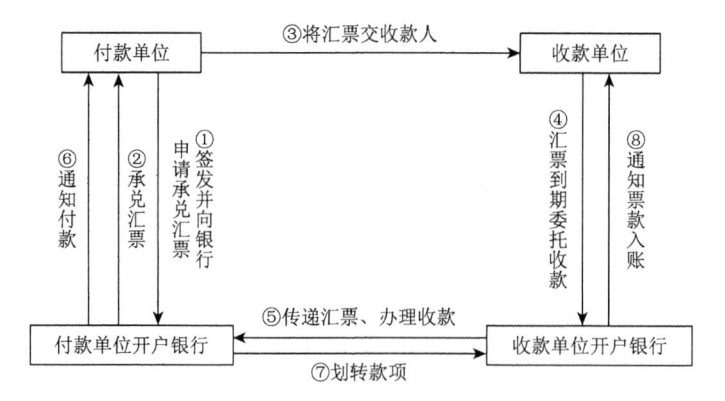

图 2-5 银行承兑汇票结算流程

信用卡按使用对象可分为单位卡和个人卡；按信誉等级可分为金卡和普通卡。凡在中国境内金融机构开立基本存款账户的单位可申领单位卡。单位卡账户的资金一律从基本存款账户转账存入，不得交存现金，不得将销货收入的款项存入其账户。单位卡一律不得用于 10 万元以上的商品交易、劳务供应款项的结算，不得支取现金。信用卡透支期限最长为 60 天，透支额最高不得超过 1 万元，普通卡最高不得超过 5 千元。超过规定限额的透支，须经发卡银行授权。

（六）汇兑

汇兑是指汇款人委托银行将其款项支付给收款人的结算方式。单位和个人的各种款项的结算，均可使用汇兑结算方式。汇兑分为信汇、电汇两种。信汇是指汇款人委托银行通过邮寄方式将款项划转给收款人。电汇是指汇款人委托银行通过电报将款项划给收款人。这两种汇兑方式由汇款人根据需要选择使用。汇兑结算方式适用于异地之间的各种款项结算。汇兑结算流程如图 2-6 所示。

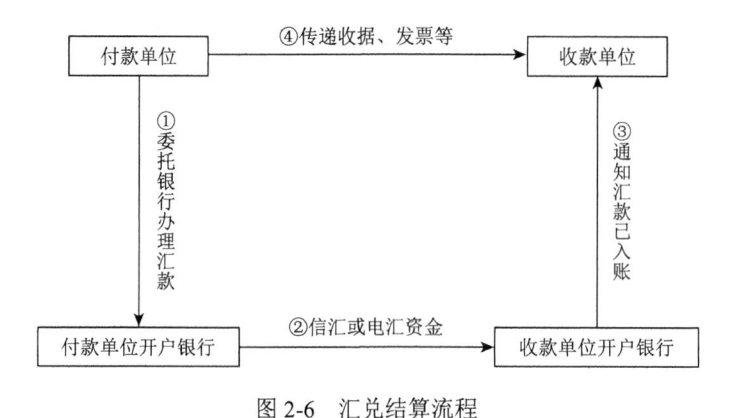

图 2-6 汇兑结算流程

（七）委托收款

委托收款是收款人委托银行向付款人收取款项的结算方式。单位和个人凭已承兑商业汇票、债券、存单等付款人债务证明办理款项的结算,收取同城或异地款项。委托收款还适用于同城特约委托收款。

委托收款按划款方式不同,分为委邮、委电。采用这种结算方式,收款人应填写银行印制的委托收款凭证,并提供有关债权证明。根据银行回单,对托收的款项作为"应收账款"核算。款项收回时,再根据银行的收账通知编制收款凭证,登记"银行存款"增加与"应收账款"减少。付款单位在收到开户银行转来的结算凭证后,应进行审核并按规定付款。需要拒付的,应在承付期内办理拒付手续,对拒付金额会计上不做账务处理。委托收款结算流程如图 2-7 所示。

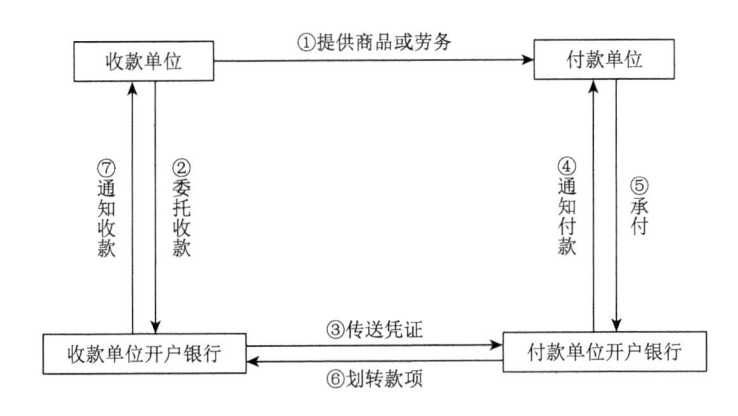

图 2-7 委托收款结算流程

(八)托收承付

托收承付是根据购销合同由收款人发货后委托银行向异地付款人收取款项,由付款人向银行承认付款的结算方式。使用托收承付结算方式的收款单位和付款单位,必须是国有企业、供销合作社,以及经营管理较好、经开户银行审查同意的城乡集体所有制工业企业;而且收付双方必须签订符合《中华人民共和国民法典》规定的购销合同,在合同上注明使用托收承付结算方式;办理托收承付结算的款项,必须是商品交易,以及由商品交易而产生的劳务供应的款项。代销、寄销、赊销商品的款项,不得办理托收承付结算。托收承付结算每笔的金额起点 10 000 元,新华书店系统每笔的金额起点为 1 000 元。

采用托收承付结算方式,收款单位按合同发货后,应填写专门格式的托收承付结算凭证,与发票、运单等有关凭证一起交银行办理收款手续,并根据银行回单,将托收款项作为"应收账款"核算。购货单位收到银行转来的付款通知,应在审查的基础上,做出是否付款的决定。如果拒付,应在承付期内向银行递交"拒付理由书",办理拒付手续。否则,银行视作承付,于付款期满的次日上午将款项划给收款人。具体结算流程与委托收款基本相同,托收承付结算流程如图 2-8 所示。

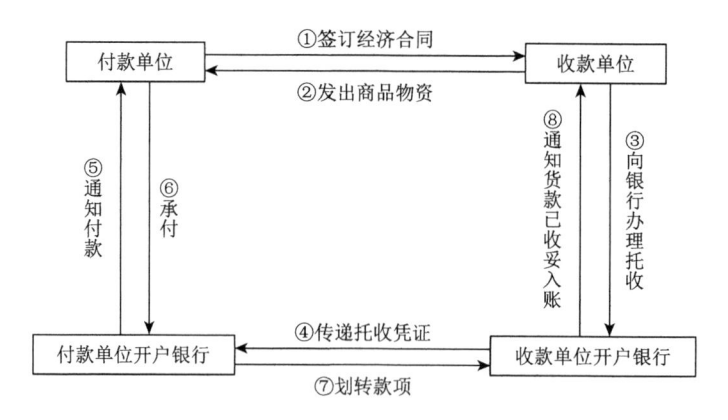

图 2-8 托收承付结算流程

（九）信用证

信用证是一种由银行依照客户的要求和指示开立的有条件承诺付款的书面文件，是银行有条件保证付款的证书。信用证是国际贸易中最主要、最常用的支付方式。采用信用证结算方式时，买方先将货款交存银行，由银行开立信用证，通知异地卖方开户银行转告卖方，卖方按合同和信用证规定的条款发货，银行代买方付款。

2016年4月，中国人民银行修订了《国内信用证结算办法》。该办法旨在通过信用证结算，维护贸易双方有关当事人的合法权益，同时丰富国内结算种类。信用证属于银行信用，采用信用证支付，对销货方安全收回货款有保证；对购货方来说，由于货款的支付是以取得符合信用证规定的货运单据为条件，避免了预付货款的风险。其特点如下。

第一，开证银行负第一付款责任。信用证是一种以开证银行自己的信用做出付款保证的结算方式。

第二，信用证是一种独立文件，不受购销合同的约束。开证行付款时，只审核单据与信用证规定的单证是否相符，而不管销货方是否履行合同。

第三，信用证业务只处理单据，一切都以单据为准。信用证业务实际上是一种单据的买卖，银行是凭相符单据付款，而对货物的真假好坏、货物是否已经装运、途中是否发生损失、是否到达目的地等，概不负责。

四、微信、支付宝及网上银行支付

微信、支付宝及网上银行是一种以互联网技术为依托，各银行在互联网中设立的虚拟柜台，通过互联网向客户提供开户、销户、查询、对账、行内转账、跨行转账、信贷、网上证券、投资理财等金融服务的新型银行机构与服务形式，为用户提供全方位、全天候、便捷、实时的快捷金融服务系统。微信、支付宝及网上银行支付是指通过账号和密码登录微信、支付宝及网上银行，并完成支付的方式。

实行电子（微信、支付宝）支付、网上交易等方式办理资金支付业务的企业，应当与承办银行签订微信、支付宝及网上银行操作协议，明确双方在资金安全方面的责任与义务、交易范围等。操作人员应当根据操作授权和密码进行规范操作。使用网上交易、电子（微信、支付宝）支付方式的企业办理资金支付业务，不应因支付方式的改变而随意简化、变更所必需的授权审批程序。

五、银行存款的日常核算

为了加强银行存款的管理，企业应设置"银行存款日记账"，指定专人根据审核无误的原始凭证和银行收款凭证、付款凭证，按照经济业务发生的时间顺序逐日逐笔登记，并随时结出银行存款余额。对有外币存款的企业，还应分币种设置"银行存款日记账"。"银行存款日记账"一般由出纳人员根据收付款凭证进行登记，定期与银行存款总账科目核对。月末，应与银行对账单进行核对。

此外，为了总括地反映和监督企业银行存款的增减变动情况，还应设置"银行存款"总分类账户，用来核算企业存入银行的各种款项，并定期核对总账余额与日记账余额，以保证账账相符。银行存款账户的借方登记"银行存款"的增加，贷方登记"银行存款"的减少，期末借方余额反映企业存放在银行或其他金融机构的各种款项。

企业将款项存入银行或其他金融机构时，借记"银行存款"账户，贷记"库存现金""应收账款""主营业务收入""应交税费——应交增值税（销项税额）"等有关账户；企业从银行或其他金融机构提取现金或转账支出银行存款时，借记"库存现金""应付账款""原材料""应交税费——应交增值税（进项税额）"等账户，贷记"银行存款"账户。

【例2-11】 20×1年2月8日，天生公司销售给渝西公司一批商品，货款40 000元，适用的增值税税率13%，价税款收到存入银行。

借：银行存款　　　　　　　　　　　　　　　　　　　　　45 200
　　贷：主营业务收入　　　　　　　　　　　　　　　　　　40 000
　　　　应交税费——应交增值税（销项税额）　　　　　　　 5 200

六、银行存款的清查

企业至少每月一次将银行存款日记账余额与开户银行对账单余额进行核对，以及时发现或防止企业银行存款记录中可能存在的差错。企业的银行存款收付业务较少，银行提供对账单较迟的，企业至少应按月与银行核对一次。企业进行账单核对时，可能出现银行存款日记账余额与对账单余额不符的情况，原因有两个：一是一方或双方记账错误，对于这种情况应及时查明原因，予以更正；二是存在未达账项。未达账项是由结算凭证在企业与银行之间或收付款银行之间传递需要时间，造成企业与银行之间入账的时间差，造成双方入账金额不一致。未达账项的产生有以下四种情况。

（1）企业已收款记账，而银行尚未收款记账。例如，企业将收到的转账支票存入银行，但银行尚未转账。

（2）企业已付款记账，而银行尚未付款记账。例如，企业开出支票并已根据支票存根记账，而持票人尚未到银行取款或转账。

（3）银行已收款记账，企业尚未收款记账。例如，托收货款，银行已经入账，而企业尚未收到收款通知。

（4）银行已付款记账，企业尚未付款记账。例如，借款利息，银行已经划款入账，而企业尚未收到付款通知。

上述第一种、第四种情况会使得企业银行存款日记账余额大于银行对账单存款余额，第二种、第三种情况会使得企业银行存款日记账余额小于银行对账单存款余额。

综上所述，由于记账错误和未达账项的存在，银行存款日记账的余额与银行对账单的余额是不相等的。此时，银行存款日记账的余额与银行对账单的余额有可能都不能代表企业银行存款的实有数。企业可以通过编制银行存款余额调节表的方法来确定银行存款的实有数。

银行存款余额调节表的编制方法有三种。

第一种方法，根据错记金额和未达账项，同时将银行存款日记账余额和对账单余额调整到银行存款实有数。计算公式如下：

银行对账单余额＋企业已收银行未收款项–企业已付银行未付款项±银行错减或错增金额＝企业银行存款日记账余额＋银行已收企业未收款项–银行已付企业未付款项±企业错减或错增金额

第二种方法，根据错记金额和未达账项，以银行存款日记账余额为准，将银行对账单余额调整到银行存款日记账余额。计算公式如下：

企业银行存款日记账余额＝银行对账单余额＋企业已收银行未收款项–企业已付银行未付款项±银行错减或错增金额–（银行已收企业未收款项–银行已付企业未付款项±企业错减或错增金额）

第三种方法，根据错记金额和未达账项，以银行对账单余额为准，将银行存款日记账余额调整到银行对账单余额。计算公式如下：

银行对账单余额＝企业银行存款日记账余额＋银行已收企业未收款项–银行已付企业未付款项±企业错减或错增金额–（企业已收银行未收款项–企业已付银行未付款项±银行错减或错增金额）

上述第二种、第三种方法的计算公式的计算程序是刚好相反的，但其共同点是计算的过程只能检验企业或银行的错记金额及未达账项的确定是否准确，而不能确定企业银行存款的实有数。因此，实务上经常采用第一种方法。下面举例说明第一种方法的应用过程。

【例2-12】 20×1年6月31日，天生公司的银行存款日记账的账面余额为320 200元，收到银行转来的对账单的余额为318 400元，经逐笔核对，发现以下未达账项。

（1）企业将销售收到的转账支票8 200元送存银行，并已登记银行存款增加，但银行尚未记账。

（2）企业已开出转账支票9 600元，并已登记银行存款减少，但持票人尚未到银行办理转账，银行尚未记账。

（3）企业委托银行代收的销货款 6 500 元，银行已收妥入账，企业尚未收到收款通知，所以尚未记账。

（4）银行代企业支付的电费 9 700 元，银行已记账，企业尚未收到银行的付款通知，所以尚未记账。

根据上述资料，编制银行存款余额调节表，其格式见表 2-3。

表 2-3　20×1 年 6 月 31 日银行存款余额调节表　　　　　单位：元

项目	金额	项目	金额
企业银行存款记账余额	320 200	银行对账单余额	318 400
加：银行已收款入账，企业尚未收款入账的款项	6 500	加：企业已收款入账，银行尚未收款入账的款项	8 200
减：银行已付款入账，企业尚未付款入账的款项	9 700	减：企业已付款入账，银行尚未付款入账的款项	9 600
调整后余额	317 000	调整后余额	317 000

需要指出的是，出纳人员一般不得同时从事银行对账单的获取、银行存款余额调节表的编制工作，确需出纳人员办理的，应当指定其他人员定期进行审核、监督。

第四节　其他货币资金

一、其他货币资金的内容

其他货币资金是指除库存现金、银行存款以外的其他各种货币资金，如外埠存款、银行汇票存款、银行本票存款、信用证保证金存款、信用卡存款和存出投资款。

二、其他货币资金的核算

为了反映其他货币资金增减变动的总括情况，企业应设置"其他货币资金"账户，该账户借方登记其他货币资金的增加数，贷方登记其他货币资金的减少数，期末借方余额表示其他货币资金的结存数。该科目可按其他货币资金的内容，分设"外埠存款""银行汇票""银行本票""信用证保证金""信用卡""存出投资款"等进行明细核算。办理信用卡业务的企业应当在"信用卡"明细科目中按开出信用卡的银行和信用卡种类设置明细账进行明细核算。

（一）外埠存款的核算

外埠存款是指企业到外地进行临时或零星采购时，汇往采购地银行开立采购专户的款项。企业汇出款项时，须填写汇款委托书，加盖"采购资金"字样。汇入银行对汇入的采购款项，以汇款单位名义开立采购专户。采购资金存款不计利息，除采购员差旅费可以支取少量现金外，一律转账。采购专户只付不收，付完结束账户。

企业将款项委托当地银行汇往采购地开立专户时，根据汇出款项凭证，编制付款凭证，借记"其他货币资金——外埠存款"账户，贷记"银行存款"账户。当采购员报销用外埠存款支付材料采购等款项时，企业应根据供应单位发票、账单等报销凭证，编制付款凭证，借记"在途物资""应交税费——应交增值税（进项税额）"等账户，贷记"其他货币资金——外埠存款"账户。采购员完成采购任务，将多余外部存款转回当地银行时，应根据银行的收款通知，编制收款凭证，借记"银行存款"账户，贷记"其他货币资金——外埠存款"账户。

【例2-13】 天生公司为增值税一般纳税人。企业派采购员到异地采购原材料。3月8日，公司委托开户银行将150 000元汇往采购地设立采购专户。根据收到的银行汇款凭证回单联，企业编制如下会计分录：

借：其他货币资金——外埠存款　　　　　　　　　　　　　150 000
　　贷：银行存款　　　　　　　　　　　　　　　　　　　　150 000

【例2-14】 3月28日，采购员交来从采购专户付款购入材料的有关凭证，增值税专用发票上注明的原材料价款为123 000元，增值税额为15 990元。企业收到发票账单时，编制如下会计分录：

借：在途物资（或原材料、材料采购）　　　　　　　　　　123 000
　　应交税费——应交增值税（进项税额）　　　　　　　　 15 990
　　贷：其他货币资金——外埠存款　　　　　　　　　　　 138 990

【例2-15】 4月2日，天生公司收到开户银行的收款通知，该采购专户的结余款项11 010元已经转回。企业编制如下会计分录：

借：银行存款　　　　　　　　　　　　　　　　　　　　　 11 010
　　贷：其他货币资金——外埠存款　　　　　　　　　　　 11 010

（二）银行汇票、银行本票存款的核算

银行汇票存款是指企业为取得银行汇票而按规定存入银行的款项。企业向银行提交"银行汇票委托书"并将款项交存开户银行，取得汇票后，根据银行盖章的委托存根联，编制付款凭证，借记"其他货币资金——银行汇票"账户，贷记"银行存款"账户。企业使用银行汇票支付购货款等款项后，应根据发票账单及开户行转来的银行汇票有关副联等凭证，借记"在途物资""应交税费——应交增值税（进项税额）"等账户，贷记"其他货币资金——银行汇票"账户。实际采购支付后银行汇票有余额，多余款项退回当地开户银行，借记"银行存款"账户，贷记"其他货币资金——银行汇票"账户。企业如因汇票超过付款期限或其他原因未曾使用而退还款项时，应借记"银行存款"账户，贷记"其他货币资金——银行汇票"账户。

银行本票存款是指企业为取得银行本票而按规定存入银行的款项。企业向银行提交"银行本票委托书"并将款项交存银行，取得银行本票时，应根据银行盖章退回的委托书存根联，编制付款凭证，借记"其他货币资金——银行本票"账户，贷记"银行存款"账户。企业用银行本票支付购货款项后，应根据发票账单等有关凭证，借记"在途物资""应交税费——应交增值税（进项税额）"等账户，贷记"其他货币资金——银行本票"账户。企业因本票超过付款期等原因未曾使用而要求银行退款时，应填制进账单一式两联，连同本票一并交给银行，然后根据银行收回本票时盖章退回的一联进账单，借记"银行存款"账户，贷记"其他货币资金——银行本票存款"账户。

有关核算内容及方法如下。

（1）委托银行办理汇票或本票。企业向银行提交"银行汇票（本票）委托书"，并将款项交存开户银行。取得银行汇票或本票后，根据委托书存根联编制付款凭证：

借：其他货币资金——银行汇票（或银行本票）
　　贷：银行存款

（2）企业进货、使用银行汇票结算。根据发票账单等有关凭证所列实际金额编制会计分录如下：

借：在途物资
　　应交税费——应交增值税（进项税额）
　　贷：其他货币资金——银行汇票

按照规定，银行本票只能按票面金额办理全额结算。如果实际进货金额小于本票面值，差额作为应收账款，之后与供货单位另行结算。使用银行本票采购时编制会计分录如下：

借：在途物资
　　应交税费——应交增值税（进项税额）
　　应收账款
　　贷：其他货币资金——银行本票

（3）业务结束，收回银行汇票余款。根据收账通知编制会计分录如下：

借：银行存款
　　贷：其他货币资金——银行汇票

若为银行本票，收回余款时编制会计分录如下：

借：银行存款
　　贷：应收账款

（4）企业因银行汇票或本票超过付款期等原因而要求退款时，会计处理与开出银行汇票或本票相反。

【例 2-16】 天生公司为增值税一般纳税人，向银行申请办理银行汇票用以购买原材料，将款项 250 000 元交存银行转作银行汇票存款。根据银行盖章退回委托书存根联，企业编制如下会计分录：

借：其他货币资金——银行汇票　　　　　　　　　　　　　　　250 000
　　贷：银行存款　　　　　　　　　　　　　　　　　　　　　　　　250 000

【例 2-17】 天生公司购入一批原材料，取得增值税专用发票上注明的原材料价款为 200 000 元，增值税额为 26 000 元，已用银行汇票办理结算，多余款项 24 000 元退回开户银行。企业已收到开户银行转来的收账通知。企业编制如下会计分录：

借：原材料　　　　　　　　　　　　　　　　　　　　　　　　200 000
　　应交税费——应交增值税（进项税额）　　　　　　　　　　　　26 000
　　贷：其他货币资金——银行汇票　　　　　　　　　　　　　　　226 000

| 借：银行存款 | 24 000 |
| 贷：其他货币资金——银行汇票 | 24 000 |

（三）信用证保证金存款的核算

信用证保证金存款是指采用信用证结算方式的企业为开具信用证而存入银行信用证保证金专户的款项。

企业向银行申请开出信用证用于支付购货单位购货款项时，根据银行盖章退回的"信用证委托书"回单，借记"其他货币资金——信用证保证金"账户，贷记"银行存款"账户。企业收到供货单位信用证结算凭证及所附发票账单，经核对无误后，借记"在途物资""应交税费——应交增值税（进项税额）"等账户，贷记"其他货币资金——信用证保证金"账户。如果企业收到未用完的信用证存款余额，应借记"银行存款"账户，贷记"其他货币资金——信用证存款"账户。

【例 2-18】 天生公司根据发生的信用证结算有关业务，编制会计分录如下：

（1）申请开证并向银行缴纳信用证保证金 60 000 元。

| 借：其他货币资金——信用证保证金 | 60 000 |
| 贷：银行存款 | 60 000 |

（2）接到开证行交来的信用证来单通知书及有关购货凭证等，以信用证方式采购的材料已到并验收入库，货款全部支付。货款总计 226 000 元，其中材料价款 200 000 元，增值税额 26 000 元。

借：原材料	200 000
应交税费——应交增值税（进项税额）	26 000
贷：其他货币资金——信用证保证金	60 000
银行存款	166 000

（四）信用卡存款的核算

信用卡存款是指企业为取得信用卡而存入银行信用卡专户的款项。企业申请取得信用卡时，按照有关规定填制申请表，并按银行要求交存备用金，银行开立信用卡存款账户，发给信用卡。企业根据银行盖章退回的交存备用金的进账单，借记"其他货币资金——信用卡存款"账户，贷记"银行存款"账户。企业收到开户银行转来的信用卡存款的付款凭证及所附发票账单，经核对无误后，借记"管理费用"等账户，贷记"其他货币资金——信用卡"账户。信用卡使用过程中，需要向账户续存资金时，再借记"其他货币资金——信用卡存款"、贷记"银行存款"账户。企业持卡人不需要继续使用信用卡的，应到发卡行办理销户，并将信用卡账户余额转入企业的基本存款户，不得提取现金，此时，借记"银行存款"、贷记"其他货币资金——信用卡存款"账户。

（五）存出投资款的核算

存出投资款是指企业已存入证券公司但尚未进行投资的货币资金。企业向证券公司划出资金时，应借记"其他货币资金——存出投资款"账户，贷记"银行存款"账户；购买股票、债券等时，按实际发生的金额，借记"交易性金融资产"等账户，贷记"其他货币资金——存出投资款"账户。

第五节　货币资金在财务报表中的列报

会计实务中，货币资金的核算是通过"库存现金""银行存款""其他货币资金"账户进行，以综合反映货币资金的增减变动及结存情况。在资产负债表中，货币资金作为单独的项目在流动资产中列示，根据"库存现金""银行存款""其他货币资金"账户期末余额的合计数填列。货币资金的流动性最强，故排列在资产的第一位。

值得注意的是，为了总括反映企业货币资金的基本情况，一般企业的资产负债表只列示"货币资金"项目即可，不按货币资金的组成项目单独列示或披露。但金融企业可根据需要按"现金及存放中央银行款项""存放同业及其他金融机构款项""拆出资金"等项目分别列示其货币资金情况，并披露现金及存放中央银行款项的详细信息，以提供可靠和相关的货币资金信息。

复习思考题

1. 货币资金内部控制包括哪些内容？
2. 库存现金的使用范围有何限定？
3. 企业可以开设哪些银行存款账户，怎样使用？
4. 目前我国主要的银行结算方式有几种，其适用范围如何？
5. 什么是其他货币资金，包括哪些内容？
6. 什么是未达账项，如何对未达账项进行调整？
7. 随着数字经济的蓬勃发展，货币资金作为价值衡量的尺度其反映功能有何局限性？
8. 现金作为交换与流通的媒介，在往来结算中，直接使用非常简洁。但在新经济时代，款项的收付越来越倾向于通过银行结算业务进行，尽量减少直接使用现金结算，这是为什么？

复习思考题参考答案

第三章

存 货

【学习目标】

通过对本章学习，应能够：了解存货的概念、特点及分类，存货确认的标准，不同渠道取得的存货其入账价值的确定方法及账务处理，发出存货的计价方法，存货清查的方法及存货在财务报表中的列报等；熟悉和掌握外购存货、委托加工存货的核算方法，发出存货先进先出法、加权平均法的具体应用，材料成本差异的归集和分配结转，期末存货价值的确定方法和存货跌价准备的计提等。

第一节 存货概述

一、存货的概念及特征

存货是指企业在日常生产经营过程中持有以备出售的产成品或商品，处在生产过程中的在产品，在生产或提供劳务过程中耗用的材料、物料等。存货具有以下特征。

（1）企业持有存货的目的在于销售或耗用。在判断一项资产是否属于企业的存货时，须考虑取得该资产的目的。企业持有存货的目的在于准备在正常经营过程中予以出售或者耗用。

（2）存货是一种有形资产。存货区别于金融资产、无形资产，它是一种具有物质实体的有形资产。

（3）存货属于流动资产。存货通常在一年或超过一年的营业周期内被销售或耗用，具有较强的变现能力，明显区别于固定资产、在建工程等非流动资产，属于流动资产。

（4）存货属于非货币性资产。由于受市场价格或其他因素变动的影响，存货在将来出售或耗用后，为企业带来的经济利益，即货币资金数是不固定的或不可确定的。

在理解存货的概念及其特征时需要注意以下两个方面。

（1）为在建工程而储备的各种材料，虽然同属于材料，但是由于用于在建工程，不符合企业持有存货的目的，因此不能作为存货。

（2）企业接受外来原材料加工制造的代制品和为外单位加工修理的代修品，制造和修理完成验收入库后，应视同本企业的产成品。

二、存货的分类

存货分布于企业日常生产经营的供、产、销各个环节，为了进行有效的存货管理，需要对存货进行科学的分类。

（一）按存货的经济用途分类

存货按经济用途主要分为原材料、在产品、半成品、产成品、商品、周转材料等。

（1）原材料，指企业在生产过程中经加工改变其形态或性质，并构成产品主要实体的各种原料及主要材料、辅助材料、外购半成品（外购件）、修理用备件（备品备件）、包装材料、燃料等。

（2）在产品，指企业正在制造尚未完工的产品，包括正在各个生产工序加工的产品和已加工完毕但尚未检验或已检验但尚未办理入库手续的产品。

（3）半成品，指经过一定生产过程并已检验合格交付半成品仓库保管，但尚未制造完工成为产成品，仍需进一步加工的中间产品。

（4）产成品，指工业企业已经完成全部生产过程并验收入库，可以按照合同规定的条件送交订货单位，或者可以作为商品对外销售的产品。企业接受外来原材料加工制造的代制品和为外单位加工修理的代修品，制造和修理完成验收入库后，应视同企业的产成品。

（5）商品，指商品流通企业外购或委托加工完成验收入库用于销售的各种商品。

（6）周转材料，指企业能够多次使用、但不符合固定资产定义的材料，如为了包装企业商品而储备的各种包装物，各种工具、管理用具、玻璃器皿、劳动保护用品及在经营过程中周转使用的容器等低值易耗品和建造承包商的钢模板、木模板、脚手架等其他周转材料。但是，周转材料符合固定资产定义的，应当作为固定资产处理。

（二）按存货存放地点分类

存货按存放地点划分，可以分为在途存货、在制存货、在库存货、在售存货。

（1）在途存货，是指已经取得存货的所有权但尚在运输途中或虽已运抵企业但尚未验收入库的各种材料物资和商品。

（2）在制存货，是指正处于企业生产加工过程中的产品，以及委托其他单位加工但尚未完成的材料物资。

（3）在库存货，是指已运抵企业并验收入库或者生产完工后验收入库的各种原材料、周转材料、自制半成品、产成品以及商品。

（4）在售存货，是指已发运但不满足收入确认条件的发出商品、委托代销商品等。

（三）按存货取得方式分类

存货按取得方式分类，主要有外购存货、自制存货、委托加工存货等。此外，企业取得存货的方式还有投资者投入、非货币资产交换、债务重组、接受捐赠、企业合并、盘盈等。

三、存货的确认条件

存货必须在符合定义的前提下，同时满足下列两个条件，才能予以确认。

（一）与该存货有关的经济利益很可能流入企业

企业在确认存货时，需要判断与该项存货相关的经济利益是否很可能流入企业。通常情况下，取得存货的所有权是存货相关的经济利益很可能流入本企业的一个重要标志。在实务中，主要通过判断与该项存货所有权相关的风险和报酬是否转移到了企业来确定。例如，根据销售合同已经售出（取得现金或收取现金的权利）的存货，其所有权已经转移，与其相关的经济利益已不能再流入本企业。此时，即使该项存货尚未运离本企业，也不能再确认为本企业的存货；又如，委托代销商品由于其所有权并未转移至受托方，因而委托代销的商品仍应当确认为委托企业存货的一部分。总之，企业在判断与存货相关的经济利益能否流入企业时，主要结合该项存货所有权的归属情况进行分析确定。

企业应以所有权的归属而不以物品的存放地点为依据来界定企业的存货范围。依所有权的归属确定存货范围时，应特别注意以下几点。

第一，在途商品或在途物资。存货物理位置的转移并不一定意味着法定所有权的转移，销售合同中交货方式的不同将会导致法定所有权归属的不同。一般而言，交货方式有两种：起运点交货和目的地交货。对于起运点交货的在途商品或在途物资，应属于购货方的存货；对于目的地交货的在途商品或在途物资，应属于销货方的存货。

第二，受托代销商品。对于受托代销商品而言，代销方仅仅提供销货服务，并不拥有该商品的所有权，因此，代销商品不属于代销方的存货。但是，为了加强代销方对代销商品的管理责任，现行会计准则要求代销方将代销商品视同本企业存货，作为"受托代销商品"核算和列示，并同时确认一项流动负债"代销商品款"。

第三，购货约定。购货约定是企业对未来将要购买存货的意向表示，并没有发生真正意义上的购买行为。因此，所涉商品仍然为拟销货方所有，不应作为拟购货方的存货进行核算和披露，也不能确认有关的负债和费用。

（二）该存货的成本能够可靠地计量

作为企业资产的组成部分，要确认存货，企业必须能够对其成本进行可靠地计量。存货的成本能够可靠地计量必须以取得确凿、可靠的证据为依据，并且具有可验证性。如果存货成本不能可靠地计量，则不能确认为一项存货。例如，企业预计将会发生的制造费用，在并未实际发生之前，由于不能可靠地确定其成本，因此不能分配计入产品成本。

第二节 存货的初始计量

存货的初始计量是指企业在取得存货时，确定存货的入账价值。按照我国《企业会计准则第 1 号——存货》的规定，存货应当按照成本进行初始计量。存货成本包括采购成本、加工成本和其他成本。

一、外购存货

（一）外购存货的成本

外购存货的成本指存货从采购到入库前所发生的全部支出，包括购买价款、相关税费、运输费、装卸费、保险费以及其他可归属于存货采购成本的费用。

1. 存货的购买价款

存货的购买价款是指企业购入的材料或商品的发票账单上列明的价款，但不包括按规定可以抵扣的增值税额。在购货业务中，针对可能发生的商业折扣和现金折扣，处理方法不同。

商业折扣是销货方的促销手段，发票中体现的就是扣除商业折扣后的金额，因此直接将该金额作为存货的购买价款。

现金折扣是销货方在赊销时为了鼓励购货方尽早付款，而在付款期限内向购货方提供一定债务免除的理财手段。具体处理时有两种做法：一是总价法，即视同购货方在一开始就不打算享受现金折扣，因此将现金折扣包括在购买价款中作为购货成本；二是净价法，即视同购货方在一开始就打算享受现金折扣，因此将现金折扣从购货价款中扣除之后作为购货成本。我国《企业会计准则第 14 号——收入》（2017 年）规定应当采用总价法。

2. 存货的相关税费

存货的相关税费包括计入购买存货所发生的进口关税、消费税、资源税、不能抵扣的增值税等。

（1）流转税。两种处理方法：一种是作为价内税，应计入存货的成本，如消费税、资源税、城市维护建设税等；另一种是作为价外税，主要是增值税。增值税应区别情况处理：①经确认为一般纳税人企业的，取得增值税专用发票或完税凭证时，其采购存货所支付的增值税按照税法规定可以作为进项税额单独记账，不计入采购存货的成本，否则，计入所采购存货的成本。②经确认为小规模纳税人企业的，其采购存货所支付的增值税，无论是否取得增值税专用发票或完税凭证，一律计入所采购存货的成本。

企业购进免税农产品，可以按照购买价格的 9% 作为增值税进项税额，其他 91% 作为购货价格。

（2）关税。企业从国外采购存货所缴纳的海关关税应计入进口货物的成本。

3. 其他可归属于存货采购成本的费用

其他可归属于存货采购成本的费用主要包括存货采购过程中发生的仓储费用、包装费、运输途中合理损耗、入库前的挑选整理费用等。这些费用能分清负担对象的，应直接计入存货的采购成本；不能分清负担对象的，应选择合理的分配方法，分配计入有关存货的采购成本。市内零星货物运杂费、采购人员差旅费、采购机构和供应部门的经费等，一般不应当包括在存货的采购成本中。

对于采购过程中发生的物资毁损、短缺等及运输途中的合理损耗，可作为存货的其他可归属于存货采购成本的费用计入采购成本。

（二）外购存货的会计处理

1. 存货验收入库时，结算凭证已到达企业

对于存货验收入库时，结算凭证已到达企业的采购业务，应根据发票账单等结算凭证确定存货成本，借记"原材料"等相关存货账户；按照可抵扣的增值税进项税额，借记"应交税费——应交增值税（进项税额）"账户；按照实际已支付或应支付的金额，借记"银行存款""应付票据""应付账款"等账户。

【例3-1】 3月1日，天生公司购入一批A材料，增值税专用发票上列明的货款500 000元，增值税额85 000元，另外对方代垫运杂费6 800元，全部款项已用转账支票付讫，材料已验收入库，其账务处理如下：

借：原材料——A材料　　　　　　　　　　　　　　　506 800
　　应交税费——应交增值税（进项税额）　　　　　　85 000
　　贷：银行存款　　　　　　　　　　　　　　　　　591 800

2. 存货验收入库时，结算凭证未到达企业

对于存货验收入库时，结算凭证未到达企业的采购业务，由于未收到有关的结算凭证，尚无法确定存货的实际采购成本。为简化会计核算手续，在收到材料时先不做账务处理，待结算凭证到达企业后再进行账务处理。如果期末仍未收到相关结算凭证，为真实反映企业的财务状况，应将该存货暂估入账，借记"原材料"等存货账户，贷记"应付账款——暂估应付账款"账户。下月初，再编制相同的红字记账凭证予以冲回，以便下月付款或开出承兑商业汇票时，按正常程序处理。

【例3-2】 3月25日，天生公司购入一批A材料，材料已运达企业并验收入库，但发票账单等结算凭证尚未收到。月末，该批A材料的发票账单仍未收到，也无法确定该材料的实际采购成本，暂估价为30 000元。

（1）3月25日，材料运达企业并验收入库，暂不做会计处理。

（2）3月31日，结算凭证仍未到达，对该批材料暂估入账：

借：原材料——A材料　　　　　　　　　　　　　　　30 000
　　贷：应付账款——暂估应付账款　　　　　　　　　30 000

（3）4月1日，编制相同的红字记账凭证冲回估价入账分录：

借：应付账款——暂估应付账款　　　　　　　　　　　30 000
　　贷：原材料——A材料　　　　　　　　　　　　　30 000

3. 结算凭证已到达企业，但存货尚在运输途中

对于结算凭证已到达企业，但存货尚在运输途中的采购业务，应根据发票账单等结算凭证确定存货成本，借记"在途物资"等相关存货账户；按照可抵扣的增值税进项税额，借记"应交税费——应交增值税（进项税额）"账户；按照实际已支付或应支付的金额，借记"银行存款""应付票据""应付账款"等账户。待存货运达企业并验收入库后，再根据有关验货凭证，将在途存货转为在库存货，借记"原材料"等存货账户，贷记"在途物资"账户。

【例3-3】 天生公司购入一批B材料，发票账单等结算凭证已收到，增值税专用发票上列明材料价款20 000元，增值税额2 600元。另外支付运输费用1 090元（其中，价款1 000元，按规定准予扣除进项税额90元）。上述货款及运输费用已通过银行存款支付，但材料尚在运输途中。

（1）支付货款，材料尚在运输途中。

B材料采购成本 = 20 000 + 1 000 = 21 000（元）

借：在途物资——B材料　　　　　　　　　　　　　　　　21 000
　　应交税费——应交增值税（进项税额）　　　　　　　　 2 690
　　贷：银行存款　　　　　　　　　　　　　　　　　　　23 690

（2）材料运达企业，验收入库。

借：原材料——B材料　　　　　　　　　　　　　　　　　21 000
　　贷：在途物资——B材料　　　　　　　　　　　　　　21 000

4. 采用预付款方式购入存货

采用预付款方式购入存货时，企业应在预付购买价款时，按照实际预付金额，借记"预付账款"账户，贷记"银行存款"账户；待所购货物验收入库时，根据发票账单等结算凭证所列价款、税额，借记"原材料"和"应交税费——应交增值税（进项税额）"账户，贷记"预付账款"账户。预付款项不足时，按照补付货款的金额，借记"预付账款"账户，贷记"银行存款"账户；退回多付的款项时，借记"银行存款"账户，贷记"预付账款"账户。

【例3-4】 5月20日，天生公司向甲公司支付预付货款60 000元，用于采购一批原材料。6月5日，天生公司收到甲公司交付的原材料，并验收入库。增值税专用发票上列明材料价款100 000元，增值税额13 000元。5日后，天生公司将余款通过银行转账支付。

（1）预付货款时：

借：预付账款——甲公司　　　　　　　　　　　　　　　60 000
　　贷：银行存款　　　　　　　　　　　　　　　　　　60 000

（2）材料验收入库时：

借：原材料　　　　　　　　　　　　　　　　　　　　100 000
　　应交税费——应交增值税（进项税额）　　　　　　　13 000
　　贷：预付账款——甲公司　　　　　　　　　　　　113 000

（3）补付货款时：

借：预付账款——甲公司　　　　　　　　　　　　　　　　　53 000
　　贷：银行存款　　　　　　　　　　　　　　　　　　　　　　53 000

（三）外购存货发生短缺的会计处理

企业在存货采购过程中所发生的物资毁损、短缺等，应及时查明原因，区别不同的情况进行会计处理。

（1）属于运输途中的合理损耗，应当作为存货的其他可归属于存货采购成本的费用，计入存货的采购成本。

（2）属于供货单位或外部运输机构的责任造成的物资毁损、短缺，应由责任人补足存货或赔偿货款，冲减所购物资的采购成本。

（3）属于意外灾害造成的损失和尚待查明原因的途中损耗，暂作为待处理财产损溢进行核算，查明原因按照管理权限报经批准后计入管理费用或营业外支出。

【例3-5】 6月4日，天生公司从乙公司购入原材料100件，每件不含税单价为1 000元，每件运费含税价为100元，已取得购料的增值税专用发票和运输发票，款项已通过银行存款支付，但材料尚在运输途中。6月10日，所购材料运达企业，验收入库时发现：其中5件出现了残损，系运输部门责任，由运输部门修复后作为合格品入库；还有10件短缺，系本企业提货后、验收入库前被盗所致。保险公司同意赔偿5 000元，但赔偿款尚未收到。该原材料增值税率13%，计算结果均保留两位小数。

（1）6月4日支付货款时：

原材料的采购成本 = 100×[1 000 + 100÷(1 + 9%)] = 109 174.31（元）
可抵扣的进项税额 = 100×[1 000×13% + 100÷(1 + 9%)×9%] = 13 825.69（元）

借：在途物资　　　　　　　　　　　　　　　　　　　　　109 174.31
　　应交税费——应交增值税（进项税额）　　　　　　　　　13 825.69
　　贷：银行存款　　　　　　　　　　　　　　　　　　　　　123 000

（2）6月10日材料验收入库时：

单位材料的采购成本 = 1 091.74（元/件）
单位材料的进项税额 = 138.26（元/件）
入库原材料的采购成本 = 1 091.74×85 = 92 797.9（元）
毁损、短缺原材料的采购成本 = 1 091.74×15 = 16 376.1（元）

借：原材料　　　　　　　　　　　　　　　　　　　　　　92 797.9
　　待处理财产损溢　　　　　　　　　　　　　　　　　　16 376.1
　　贷：在途物资　　　　　　　　　　　　　　　　　　　　　109 174

（3）查明原因后：

修复原材料的采购成本 = 1 091.74×5 = 5 458.7（元）
被盗原材料的采购成本 = 1 091.74×10 = 10 917.4（元）
被盗原材料的进项税额 = 138.26×10 = 1 382.6（元）
被盗原材料的实际损失 = 10 917.4 + 1 382.6 – 5 000 = 7 300（元）

借：原材料 5 458.7
　　其他应收款 5 000
　　营业外支出 7 300
　贷：待处理财产损溢 16 376.1
　　　应交税费——应交增值税（进项税额转出） 1 382.6

二、自制存货

（一）自制存货的成本

企业通过进一步加工取得的存货主要包括产成品、在产品、半成品等，其成本由采购成本、加工成本构成。某些存货还包括使存货达到目前场所和状态所发生的其他成本，如可直接认定的产品设计费用等。通过进一步加工取得的存货的成本中，采购成本是由所使用或消耗的原材料采购成本转移而来的，因此，计量加工取得的存货的成本，重点是要确定存货加工成本。

存货加工成本是由直接人工和制造费用构成的，其实质是企业在进一步加工存货的过程中追加发生的生产成本，不包括直接由材料存货转移来的价值。其中，直接人工是指企业在生产产品过程中直接从事产品生产的工人的职工薪酬。直接人工和间接人工的划分依据通常是生产工人是否与所生产的产品直接相关。制造费用是指企业为生产产品和提供劳务而发生的各项间接费用。制造费用是一种间接生产成本，包括企业生产部门（如生产车间）管理人员的职工薪酬、折旧费、办公费、水电费、机物料消耗、劳动保护费、季节性和修理期间的停工损失等。值得注意的是，《企业会计准则——应用指南》规定，企业生产车间（部门）和行政管理部门等发生的固定资产修理费用等后续支出，在"管理费用"账户中核算，不再计入"制造费用"。

存货加工成本在完工产品和在产品之间的分配应通过成本核算方法进行计算确定。

1. 直接人工的分配

如果企业生产车间同时生产几种产品，则其发生的直接人工应采用合理方法分配计入各产品成本中。由于工资形成的方式不同，直接人工的分配方法也不同。比如，按计时工资或者按计件工资分配直接人工。

2. 制造费用的分配

由于企业各个生产车间或部门的生产任务、技术装备程度、管理水平和费用水准各不相同，因此，制造费用的分配一般应先按生产车间或部门进行归集，然后根据制造费用的性质，合理选择分配方法。在各种产品之间分配制造费用的方法，通常有按生产工人工资、按生产工人工时、按机器工时、按耗用原材料的数量或成本、按直接成本（原材料、燃料、动力、生产工人工资等职工薪酬之和）等。

月末，企业应当根据在产品数量的多少、各月在产品数量变化的大小、各项成本比重大小，以及定额管理基础的好坏等具体条件，采用适当的分配方法将直接人工、制造费用以及直接材料等生产成本在完工产品与在产品之间进行分配。常用的分配方法有：

不计算在产品成本法、在产品按固定成本计价法、在产品按所消耗直接材料成本计价法、约当产量比例法、在产品按定额成本计价法、定额比例法等。

企业在进行成本计算时,应当根据其生产经营特点、生产经营组织类型和成本管理要求,确定成本计算方法。成本计算的基本方法有品种法、分批法和分步法三种。企业具体选用哪种分配方法分配制造费用,由企业自行决定。分配方法一经确定,不得随意变更。如需变更,应当在财务报表附注中予以说明。

(二)自制存货的会计处理

自制并已验收入库的存货,按计算确定的实际生产成本,借记"库存商品"账户,贷记"生产成本"账户。

三、委托加工存货

(一)委托加工存货的成本

委托加工存货的成本主要包括实际耗用的原材料或者半成品成本、加工费、运杂费以及按规定应计入存货成本的相关税金。对于委托加工应税消费品,由受托方代收代缴的消费税,应视不同的情况进行处理:若委托方收回后直接用于销售,由受托方代收代缴的消费税应计入委托加工存货的成本;若委托方收回后用于连续生产应税消费品,受托方代收代缴的消费税按规定准予抵扣,先计入"应交税费——应交消费税"账户的借方,不计入委托加工存货的成本,待生产完成后销售委托加工存货时,从应纳消费税额中抵扣。

(二)委托加工存货的会计处理

对于委托加工存货,企业主要设置"委托加工物资"账户进行会计处理。发出委托加工材料时,根据发出原材料的实际成本,借记"委托加工物资"账户,贷记"原材料"账户;支付加工费、运杂费以及相关的税金时,根据应计入委托加工存货成本的金额以及可以抵扣的进项税和消费税,分别借记"委托加工物资""应交税费——应交增值税(进项税额)""应交税费——应交消费税",贷记"银行存款"等账户;收回委托加工物资时,根据收回后的用途,借记"原材料"或"库存商品"账户,贷记"委托加工物资"账户。

【例3-6】 天生公司委托甲企业加工一批B材料(属于应税消费品)。发出A材料的实际成本20 000元;支付加工费7 000元及增值税910元,已经取得增值税专用发票;支付由受托方代收代缴的消费税3 000元。

(1)发出委托加工材料。
借:委托加工物资 20 000
  贷:原材料——A材料 20 000
(2)支付加工费和税金。

（a）若委托加工 B 材料收回后直接用于出售，则

借：委托加工物资	10 000	
应交税费——应交增值税（进项税额）	910	
贷：银行存款		10 910

（b）若委托加工 B 材料收回后用于连续生产应税消费品，则

借：委托加工物资	7 000	
应交税费——应交增值税（进项税额）	910	
——应交消费税	3 000	
贷：银行存款		10 910

（3）加工完成，收回委托加工 B 材料。

（a）委托加工 B 材料收回后直接用于出售：

借：库存商品	30 000	
贷：委托加工物资		30 000

（b）委托加工 B 材料收回后用于连续生产应税消费品：

借：原材料——B 材料	27 000	
贷：委托加工物资		27 000

四、投资者投入存货

（一）投资者投入存货的成本

投资者投入存货的成本应当按照投资合同或协议约定的价值确定，但投资合同或协议约定价值不公允的除外。在投资合同或协议约定价值不公允的情况下，按照该项存货的公允价值作为其入账价值。

（二）投资者投入存货的会计处理

投资者投入的原材料按投资各方确认的价值，借记"原材料"等账户，按增值税专用发票上注明的增值税额，借记"应交税费——应交增值税（进项税额）"账户，按投资者所占有的注册资本份额或享有的股本额，贷记"实收资本"或"股本"账户，按其差额贷记"资本公积"账户。

【例 3-7】 天生公司由甲、乙、丙三方出资设立，为扩大经营规模，甲、乙、丙三方决定吸收投资者丁加入。投资者丁以其一批原材料作为出资，双方协议约定的价值（公允价值）为 5 650 000 元，其中，增值税专用发票上注明的不含税价款为 5 000 000 元，增值税额为 650 000 元。该批材料在注册资本中所占份额为 5 500 000 股，每股面值 1 元。

借：原材料	5 000 000	
应交税费——应交增值税（进项税额）	650 000	
贷：股本		5 500 000
资本公积——股本溢价		150 000

五、接受捐赠存货

（一）接受捐赠存货的成本

接受捐赠取得的存货，如果捐赠方提供了有关凭据，按凭据上标明的金额加上应支付的相关税费，确认接受捐赠存货的入账成本；如果捐赠方没有提供有关凭据，按同类或类似存货的市场价格加上应支付的相关税费，确认接受捐赠存货的入账成本；若同类或类似存货不存在活跃市场，按其预计未来现金流量的现值，确认接受捐赠存货的入账成本。

（二）接受捐赠存货的会计处理

企业接受捐赠的存货，按会计准则的规定，确定的实际成本借记"原材料"等账户；一般纳税人如涉及可抵扣的增值税进项税额的，按可抵扣的增值税进项税额，借记"应交税费——应交增值税（进项税额）"账户；按接受捐赠材料的价税合计，贷记"营业外收入——捐赠利得"账户，按实际支付或应付的相关税费，贷记"银行存款""应交税费"等账户。

【例3-8】 天生公司接受捐赠一批甲材料，捐赠方提供的增值税专用发票上注明的价款为30 000元，增值税额为3 900元，交通运输服务一般纳税人的增值税税率为9%天生公司另支付运费3 000元（价税合计，交通运输服务一般纳税人的增值税税率为9%），取得运输发票。

原材料的入账价值 = 3 000÷(1 + 9%) = 2 752.29（元）
允许抵扣的进项税额 = 2 752.29×9% = 247.71（元）

借：原材料　　　　　　　　　　　　　　　　　　　32 752.29
　　应交税费——应交增值税（进项税额）　　　　　4 147.71
　　贷：营业外收入——捐赠利得　　　　　　　　　33 900
　　　　银行存款　　　　　　　　　　　　　　　　3 000

六、以非货币性资产交换取得的存货

以非货币性资产交换取得的存货，是指企业以投资、存货、固定资产等非货币性资产与其他单位进行交换而换入的存货。其入账价值应按照《企业会计准则第7号——非货币性资产交换》的规定来确定。

通过具有商业实质的非货币性资产交换（且公允价值能够可靠计量）取得的存货，应当以换出资产的公允价值和应支付的相关税费作为换入存货的成本，换出资产的公允价值与其账面价值之间的差额计入当期损益。涉及补价的，要分别进行处理。

（1）支付补价方：换入资产成本 = 换出资产公允价值 + 支付补价的公允价值 + 应支付的相关税费。

（2）收到补价方：换入资产成本 = 换出资产公允价值 – 收到补价的公允价值 + 应支付的相关税费。

通过不具有商业实质的非货币性资产交换（或公允价值不能够可靠计量）取得的存货，应当以换出资产的账面价值和应支付的相关税费作为换入存货的成本，无须确认损益。

七、通过债务重组取得的存货

（一）通过债务重组取得存货的成本

通过债务重组取得的存货，是指企业作为债权人取得的债务人用于偿还债务的非现金资产，且企业作为存货管理的资产。通过债务重组取得的存货，其入账价值应当按照《企业会计准则第12号——债务重组》的规定来确定。企业通过债务重组取得的存货，应当按照受让存货的公允价值作为入账成本。如果受让存货还发生了运杂费等，也应当计入相关存货成本。

（二）通过债务重组取得存货的会计处理

企业通过债务重组取得的存货，其入账价值应按照受让存货的公允价值确定。重组债权的账面价值与受让的存货的公允价值之间的差额作为债务重组损失，计入营业外支出。如果债权人已对债权计提坏账准备的，应当先将该差额冲减坏账准备，坏账准备不足冲减的部分，计入营业外支出；如果坏账准备冲减该差额后仍有余额，应该冲减当期资产减值损失，而不再确认债务重组损失。

八、盘盈取得的存货

企业盘盈的存货应按其重置成本作为入账价值，并通过"待处理财产损溢"账户进行会计处理，按管理权限报经批准后冲减当期管理费用。例如，在永续盘存制下，如果账面原材料的数额小于实际盘存的数额，则为盘盈的原材料。对于盘点差异，应设置"待处理财产损溢——待处理流动资产损溢"账户对此进行归集。发生盘盈时，应按原材料的重置成本，借记"原材料"账户，贷记"待处理财产损溢——待处理流动资产损溢"账户。对于盘点差异，如果经过调查盘盈是收发计量或核算上的误差等原因造成的，核销时，应借记"待处理财产损溢——待处理流动资产损溢"，贷记"管理费用"。

九、企业合并取得的存货

企业合并取得的存货，其成本应当按照《企业会计准则第20号——企业合并》等的规定确定。下列费用不应计入存货成本，而应当在其发生时计入当期损益。

（1）非正常消耗的直接材料、直接人工及制造费用，应计入当期损益，不得计入存货成本。例如，企业超定额的废品损失以及由自然灾害发生而产生的直接材料、直接人工及制造费用。

（2）仓储费用指企业在采购入库后发生的储存费用，应计入当期损益。但是，在生产过程中为达到下一个生产阶段所必需的仓储费用则应计入存货成本。例如，某种酒类产品生产企业为使生产的酒达到规定的产品质量标准，而必须发生的仓储费用。

（3）不能归属于使存货达到目前场所和状态的其他支出，不符合存货的定义和确认条件，应在发生时计入当期损益。

（4）企业采购用于广告营销活动的特定商品，向客户预付货款未取得商品时，应作为预付账款进行会计处理，待取得相关商品时计入当期损益（销售费用）。

第三节 发出存货的计量

企业取得存货的目的是满足生产和销售的需要。随着存货的生产耗用或销售，存货不断地在各生产经营环节流转，并最终流出企业。

一、存货成本流转假设

存货流转包括实物流转和成本流转两个方面。实物流转是指存货在实际生产经营过程中的流转。成本流转是指取得存货时的成本流入及发出存货时的成本流出。在理论上，成本流转与实物流转应当一致，也就是说，购置存货时所确定的成本应当随着该存货的销售或耗用而结转。但在实际工作中，企业的存货进出量很大，存货的品种繁多，难以保证各种存货的成本流转与实物流转相一致。在市场经济条件下，同一种存货会有不同的取得成本，但均能满足销售或生产的需要。在存货发出后，无须逐一辨别哪一批实物被发出，哪一批实物留作库存，成本的流转顺序和实物的流转顺序可以分离，只需要按照不同的成本及流转顺序确定已发出存货的成本和库存存货的成本即可。这样就出现了存货成本流转的假设。

二、发出存货成本的计量方法

发出原材料、商品存货成本的计量取决于两个因素：一是发出存货的数量；二是发出存货的单价。

（一）确定发出存货的数量

确定发出存货数量的方法主要有永续盘存制和实地盘存制两种。

（1）永续盘存制。永续盘存制是对存货的每一笔收发业务，平时都要进行连续登记，并随时结出账面结存数的盘存方法。在永续盘存制下，发出存货的数量即本期登记的实际发出数。

$$本期发出数 = 本期登记的实际发出数$$

根据期初结存数、本期收入数、本期发出数，期末账面结存数的计算公式如下：

$$期末结存数 = 期初结存数 + 本期收入数 - 本期发出数$$

（2）实地盘存制。实地盘存制又称定期盘存制，就是平时只登记存货的收入数，不登记发出数，月末对存货进行实地盘点，将盘点的实存数作为账面结存数，然后倒推计算出本期发出数，将其计入账簿。在实地盘存制下，本期发出数的计算公式如下：

本期发出数 = 期初结存数 + 本期收入数 – 期末实地盘存数

（二）确定发出存货的单价

我国《企业会计准则第 1 号——存货》规定，企业在确定发出存货的成本时，可以采用先进先出法、移动加权平均法、月末一次加权平均法和个别计价法四种方法，但不得采用后进先出法确定发出存货成本，主要原因在于后进先出法难以反映存货的实际流转，与存货的实际流转顺序不一致，国际财务报告准则取消了后进先出法，为了实现国际趋同，我国会计准则有了上述规定。

应注意以下三点：一是对于同一企业不同地点的存货，应选用同一计价方法；二是对于性质和用途相似的存货，应当采用相同的计价方法；三是虽然允许同一企业对不同类别存货采用不同的计价方法，但是，一旦确定对某类存货采用某种存货计价方法，应当在本期及下个会计期间连续采用，以保证财务报表的一致性。

1. 先进先出法

先进先出法是以先购入的存货应先发出这样一种存货成本流动假设为前提，对发出存货和期末结存存货进行计价的方法。

【例 3-9】 天生公司某年 5 月甲材料的变动及结存情况如下：月初结存甲材料 200 千克，单价为 100 元；4 日购入甲材料 100 千克，单价为 120 元，10 日领用甲材料 250 千克，15 日购入甲材料 200 千克，单价为 140 元，21 日领用甲材料 100 千克，22 日购入甲材料 100 千克，单价为 150 元，28 日领用甲材料 100 千克；月末结存甲材料 150 千克。采用先进先出法对本月发出甲材料和月末结存甲材料计价，逐笔登记收、发、结存的甲材料成本，甲材料明细账如表 3-1 所示。

表 3-1 甲材料明细账——先进先出法

日期		摘要	收入			发出			结存		
月	日		数量/千克	单价/元	金额/元	数量/千克	单价/元	金额/元	数量/千克	单价/元	金额/元
5	1	期初结存							200	100	20 000
	4	购入	100	120	12 000				200	100	20 000
									100	120	12 000
	10	领用				200	100	20 000	50	120	6 000
						50	120	6 000			
	15	购入	200	140	28 000				50	120	6 000
									200	140	28 000
	21	领用				50	120	6 000	150	140	21 000
						50	140	7 000			
	22	购入	100	150	15 000				150	140	21 000
									100	150	15 000

续表

日期		摘要	收入			发出			结存		
月	日		数量/千克	单价/元	金额/元	数量/千克	单价/元	金额/元	数量/千克	单价/元	金额/元
	28	领用				100	140	14 000	50	140	7 000
									100	150	15 000
	30	本期合计	400		55 000	450		53 000	50	140	7 000
									100	150	15 000

在永续盘存制下，采用先进先出法计价，本月发出材料成本和月末结存材料成本的计算过程如下：

发出材料成本 = (200×100 + 50×120) + (50×120 + 50×140) + 100×140 = 53 000（元）

期末结存材料成本 = 200×100 + (100×120 + 200×140 + 100×150) − 53 000 = 22 000（元）

采用先进先出法可以随时计算发出存货成本和结存存货成本，从而保证成本计算的及时性。在物价持续上升时，期末存货成本接近于市价。若发出存货成本偏低，会高估企业的当期利润和库存存货价值；反之，则会低估企业存货价值和当期利润。永续盘存制下，使用先进先出法较烦琐。此外，先进先出法在实地盘存制下也可以使用，且与永续盘存制下使用的计价结果完全相同。

2. 移动加权平均法

移动加权平均法是指以每次进货的成本加上原有库存存货的成本，除以每次进货数量与原有库存存货的数量之和，据以计算加权平均单位成本，作为在下次进货前计算各次发出存货成本的依据。

某次进货后存货平均单位成本 = (原有存货实际成本 + 本次进货实际成本) ÷ (原有存货数量 + 本次进货数量)

某次进货后发出存货成本 = 某次进货后发货数量 × 某次进货后存货平均单位成本

月末库存存货成本 = 月末库存存货数量 × 最后一次进货后存货平均单位成本

如果在本月最后一次进货后所计算的加权平均单位成本除不尽时，应先用该单位成本计算月末结存存货成本，再倒算最后一次发出存货成本。

【例3-10】 沿用例3-9的资料，假设天生公司采用移动加权平均法对发出材料计价，登记甲材料收、发、结存的明细账如表3-2所示。

表3-2 甲材料明细账——移动加权平均法

日期		摘要	收入			发出			结存		
月	日		数量/千克	单价/元	金额/元	数量/千克	单价/元	金额/元	数量/千克	单价/元	金额/元
5	1	期初结存							200	100	20 000

续表

日期		摘要	收入			发出			结存		
月	日		数量/千克	单价/元	金额/元	数量/千克	单价/元	金额/元	数量/千克	单价/元	金额/元
	4	购入	100	120	12 000				300	106.67	32 001
	10	领用				250	106.67	26 667.5	50	106.67	5 333.5
	15	购入	200	140	28 000				250	133.33	33 332.5
	21	领用				100	133.33	13 333	150	133.33	19 999.5
	22	购入	100	150	15 000				250	140	35 000
	28	领用				100	140	13 999.5	150	140	21 000
30		本期合计	400		55 000	450		54 000	150	140	21 000

采用移动加权平均法能够使企业管理当局及时了解存货的结存情况，计算的平均单位成本以及发出和结存的存货成本比较客观。但由于每次收货都要计算一次平均单价，计算工作量较大，对收发货较频繁的企业不适用。移动加权平均法用的盘存制度为永续盘存制。

3. 月末一次加权平均法

月末一次加权平均法是指以当月全部进货数量加上月初存货数量作为权数，去除当月全部进货成本加上月初存货成本，计算出存货加权平均单位成本，以此为基础计算当月发出存货的成本和期末存货的成本的一种方法。

存货加权平均单位成本 = (月初存货的实际成本 + 本月进货实际成本) ÷ (月初存货数量 + 本月进货数量)

本月发出存货成本 = 本月发出存货数量 × 存货单位成本

本月库存存货成本 = 月末库存存货数量 × 存货单位成本

如果在计算存货加权平均单位成本时除不尽，就应该先用加权平均单位成本计算月末结存存货成本，再计算本月发出存货成本，将舍入误差加入发出成本之内。其计算公式为

月末库存存货成本 = 月末库存存货数量 × 存货单位成本

本月发出存货成本 = 月初结存存货成本 + 本月收进存货成本 – 月末结存存货成本

【例3-11】 沿用例3-9的资料，假设天生公司采用月末一次加权平均法对发出材料计价，登记甲材料收、发、结存的材料明细账如表3-3所示。

表3-3 甲材料明细账——月末一次加权平均法

日期		摘要	收入			发出			结存		
月	日		数量/千克	单价/元	金额/元	数量/千克	单价/元	金额/元	数量/千克	单价/元	金额/元
5	1	期初结存							200	100	20 000

续表

日期		摘要	收入			发出			结存		
月	日		数量/千克	单价/元	金额/元	数量/千克	单价/元	金额/元	数量/千克	单价/元	金额/元
	4	购入	100	120	12 000						
	10	领用				250					
	15	购入	200	140	28 000						
	21	领用				100					
	22	购入	100	150	15 000						
	28	领用				100					
	30	本期合计	400		55 000	450	125	56 250	150	125	18 750

在实地盘存制下采用加权平均法计价的有关计算过程如下：

加权平均单位成本 = (200×100 + 100×120 + 200×140 + 100×150) ÷ (200 + 100 + 200 + 100)

= 75 000 ÷ 600 = 125（元/千克）

本月发出甲材料的成本 = 450×125 = 56 250（元）

月末库存甲材料的成本 = 150×125 = 18 750（元）

采用月末一次加权平均法只在月末一次计算加权平均单价，比较简单，有利于简化成本计算工作，但由于平时无法从账上提供发出和结存存货的单价及金额，因此不利于存货成本的日常管理与控制。加权平均法仅适用于在实地盘存制下采用。

4. 个别计价法

个别计价法也称个别认定法、具体辨认法、分批实际法，是指本期发出存货和期末结存存货的成本完全按照该存货所属入库批次的实际单位成本进行计价的一种方法。其特征是注重所发出存货的实物流转与成本流转之间的联系，逐一辨认各批发出存货和期末存货所属的购进批别或生产批别，分别按其购入生产时所确定的单位成本计算各批发出存货和期末存货的成本。

【例 3-12】 沿用例 3-9 的资料，假设天生公司采用个别计价法对发出材料计价。假定经过辨认得知，5 月 10 日领用的 250 千克甲材料中有 150 千克来自月初结存的，单价为 100 元，另外 100 千克来自 5 月 4 日购入的，单价为 120 元；5 月 21 日领用的 100 千克来自 5 月 15 日购入的，单价为 140 元；5 月 28 日领用的 100 千克甲材料中有 50 千克来自期初结存的，单价为 100 元，另外 50 千克来自 5 月 22 日购入的，单价为 150 元。月末结存的甲材料 150 千克中，有 100 千克来自 5 月 15 日购入的，单价为 140 元，另外 50 千克来自 5 月 22 日购入的，单价为 150 元。具体的计算结果和登记的材料明细账如表 3-4 所示。

表 3-4 甲材料明细账——个别计价法

日期		摘要	收入			发出			结存		
月	日		数量/千克	单价/元	金额/元	数量/千克	单价/元	金额/元	数量/千克	单价/元	金额/元
5	1	期初结存							200	100	20 000
	4	购入	100	120	12 000				200	100	20 000
									100	120	12 000
	10	领用				150	100	15 000	50	100	5 000
						100	120	12 000			
	15	购入	200	140	28 000				50	100	5 000
									200	140	28 000
	21	领用				100	140	14 000	50	100	5 000
									100	140	14 000
	22	购入	100	150	15 000				50	100	5 000
									100	140	14 000
									100	150	15 000
	28	领用				50	100	5 000	100	140	14 000
						50	150	7 500	50	150	7 500
	30	本期合计	400		55 000	450		53 500	100	140	14 000
									50	150	7 500

个别计价法下的存货实物流转与成本流转完全一致，使得计价结果很合理，且该计价方法在永续盘存制和实地盘存制下均可使用，计价结果也完全相同。但采用该方法对存货的日常管理要求很高，要能分清每次收进存货和每次发出存货所属的批次以及各批次的单价。在实际工作中，越来越多的企业采用计算机系统进行会计处理，个别计价法也越来越广泛地被应用于发出存货的计价，以更加准确地确定存货成本。

三、发出存货的会计核算

企业应该根据各类存货的用途和特点，选择适当的会计处理方法，对发出的各类存货进行会计处理。

（一）发出原材料的会计核算

由于企业日常发出材料业务频繁，为了简化日常核算工作，平时一般只登记材料明细分类账，反映各种材料的收发和结存金额；月末根据按实际成本计价的发料凭证，按领用部门和用途，汇总编制"发料凭证汇总表"，据以编制记账凭证，一次登记总分类账。

1. 生产经营领用的原材料

对于生产经营领用的原材料，以及委托加工发出的原材料，应根据"发料凭证汇总表"，借记"生产成本""制造费用""销售费用""管理费用""委托加工物资"等账户，贷记"原材料"等账户。

【例 3-13】 天生公司本月领用原材料的实际成本为 500 000 元。其中，基本生产领用 350 000 元，辅助生产领用 90 000 元，车间一般消耗 40 000 元，管理部门领用 20 000 元。其账务处理如下：

借：生产成本——基本生产成本	350 000
——辅助生产成本	90 000
制造费用	40 000
管理费用	20 000
贷：原材料	500 000

2. 直接对外销售的原材料

企业可能由于原材料积压过多等，将一些原材料直接对外销售。销售原材料时，按已收或应收的金额，借记"银行存款"等账户；按原材料的不含税售价，贷记"其他业务收入"账户；按应缴纳的增值税额，贷记"应交税费——应交增值税（销项税额）"账户。同时，按照原材料的实际成本，借记"其他业务成本"账户，贷记"原材料"账户。若所售原材料已计提存货跌价准备，应一并予以转销。

【例 3-14】 天生公司销售一批原材料，不含税售价 8 000 元，增值税税率 13%，款项已收存银行。该批原材料的实际成本为 6 500 元，未计提跌价准备。有关账务处理如下：

借：银行存款	9 040
贷：其他业务收入	8 000
应交税费——应交增值税（销项税额）	1 040
借：其他业务成本	6 500
贷：原材料	6 500

（二）发出周转材料的会计核算

周转材料主要指企业能够多次使用、但不符合固定资产定义的材料，如包装物、低值易耗品等。企业应按周转材料的消耗方式，选择适当的摊销方法。常用的周转材料的摊销方法有一次转销法和五五摊销法。

周转材料不多的企业，一般设置"周转材料"账户进行核算。若企业包装物、低值易耗品等周转材料较多时，可分别设置"包装物""低值易耗品"账户进行核算。包装物是指为包装产品而储备的各种包装容器，如桶、箱、瓶、坛、袋等用于储存和保管产品的材料。低值易耗品是指不能作为固定资产的各种用具物品，如工具、管理用具、玻璃器皿、劳动保护用品，以及在经营过程中周转使用的容器等。其特点是单位价值较低，使用期限相对于固定资产较短，在使用过程中基本保持其原有实物形态不变。

1. 生产领用的周转材料

生产领用的低值易耗品或包装物，其成本构成产品制造成本的一部分，应根据生产领用低值易耗品或包装物的成本，借记"生产成本"账户，贷记"周转材料"账户。

【例 3-15】 天生公司的基本生产车间为包装一种产品，领用一批包装物，实际成本为 1 000 元。其会计分录如下：

借：生产成本　　　　　　　　　　　　　　　　　　　　　　1 000
　　贷：周转材料　　　　　　　　　　　　　　　　　　　　　　1 000

2. 随同产品出售的周转材料

企业在销售商品的过程中，可能将包装物随同产品出售。对于随同产品出售的包装物，应根据是否单独计价，分别进行会计处理。对于随同产品出售，且不单独计价的包装物，应将其成本作为企业的销售费用，借记"销售费用"账户，贷记"周转材料"账户。对于随同产品出售，且单独计价的包装物，应作为对外销售处理，借记"其他业务成本"账户，贷记"周转材料"账户。

【例 3-16】 天生公司为销售甲产品，领用了一批成本为 1 000 元的包装物。在销售过程中，该包装物单独作价 1 500 元，价税项已收到，增值税税率 13%，有关账务处理如下：

借：银行存款　　　　　　　　　　　　　　　　　　　　　　1 695
　　贷：其他业务收入　　　　　　　　　　　　　　　　　　　　1 500
　　　　应交税费——应交增值税（销项税额）　　　　　　　　　　195
借：其他业务成本　　　　　　　　　　　　　　　　　　　　　1 000
　　贷：周转材料　　　　　　　　　　　　　　　　　　　　　　1 000

3. 出租、出借的周转材料

发出低值易耗品或包装物时，无论是以出租方式，还是以出借方式，收到低值易耗品或包装物的押金时，借记"银行存款"等账户，贷记"其他应付款"账户。

对于出租的低值易耗品或包装物，收到租金时，借记"银行存款"等账户，贷记"其他业务收入"账户。同时进行低值易耗品或包装物的成本摊销，借记"其他业务成本"账户，贷记"周转材料"账户。对于出借的低值易耗品或包装物，进行成本摊销时，借记"销售费用"，贷记"周转材料"。

收回低值易耗品或包装物并退还押金时，借记"其他应付款"，贷记"银行存款"等。对于超过退还期限，购货单位仍未退回的低值易耗品或包装物，企业按规定没收其低值易耗品或包装物押金，并视为销售材料。根据没收的押金数额，借记"其他应收款"，贷记"周转材料"，企业的周转材料可以长期周转使用，但是在其使用过程中由于磨损，需要将其磨损的价值计入相关资产的成本或者当期损益。计算摊销额的常用方法有以下两种。

1）一次摊销法

一次摊销法是指在领用低值易耗品或包装物时，就将其全部账面价值计入相关资产成本或当期损益的方法。

【例 3-17】 天生公司从仓库发出新包装物 10 个，实际单位成本为 50 元，共计 500 元，出租给甲厂，收取押金 702 元存入银行。合同约定，应出租包装物租金 452 元在租期 3 个月满后收回包装物时从押金中扣收。若到期甲厂未能退还包装物，则将所收押金没收。因该批包装物价值不高，天生公司对其采取一次摊销法进行摊销。有关的会计处理如下：

（1）出租包装物收取押金时：
借：银行存款 702
　　贷：其他应付款——甲厂 702
（2）采用一次摊销法摊销包装物成本时：
借：其他业务成本——包装物出租 500
　　贷：周转材料 500
（3）假定到期时甲厂退还包装物，扣收租金并退还剩余押金：
借：其他应付款——甲厂 702
　　贷：其他业务收入 400
　　　　应交税费——应交增值税（销项税额） 52
　　　　银行存款 250
或假定到期时甲厂未能退还包装物而没收押金：
借：其他应付款——甲厂 702
　　贷：其他业务收入 621
　　　　应交税费——应交增值税（销项税额） 81

2）五五摊销法

五五摊销法是指在领用、出租或出借低值易耗品或包装物时摊销其账面价值的50%，报废时再摊销其账面价值的50%。五五摊销法通常适用于领用频繁或出租、出借业务频繁，且各期领用与报废数额比较均衡的低值易耗品或包装物。

采用五五摊销法的低值易耗品，领用时按其成本，借记"周转材料——在用"账户，贷记"周转材料——在库"账户；摊销时应按摊销额，借记"管理费用""制造费用"等账户，贷记"周转材料——摊销"账户。报废时，按收回的残料价值，借记"原材料"账户，贷记"周转材料——在用"账户；按其另一半成本扣除残料价值后的差额，借记"管理费用""制造费用"等账户，贷记"周转材料——摊销"账户；转销全部已提摊销额，借记"周转材料——摊销"账户，贷记"周转材料——在用"账户。

【例3-18】 天生公司对领用的低值易耗品采用五五摊销法进行摊销，本月基本生产车间领用一批生产工具，实际成本为4 000元。本月报废以前月份领用的一批生产工具，实际成本为1 000元，报废工具的残值为50元。其账务处理如下。

（1）本月领用生产工具时：
借：周转材料——在用 4 000
　　贷：周转材料——在库 4 000
（2）领用当月月底，应摊销其成本的一半：
借：制造费用 2 000
　　贷：周转材料——摊销 2 000
（3）本月报废以前月份领用的生产工具：
(a) 收到报废时的残料入库
借：原材料 50
　　贷：周转材料——在用 50

(b) 第二次摊销

借：制造费用	450
贷：周转材料——摊销	450

(c) 注销在用低值易耗品的实际成本和摊销额

借：周转材料——摊销	1 000
贷：周转材料——在用	1 000

以上报废的会计处理也可做如下的会计分录：

借：原材料	50
制造费用	450
周转材料——摊销	500
贷：周转材料——在用	1 000

（三）发出库存商品的会计核算

从事工业生产的企业，其库存商品主要指验收入库的产成品。企业对外销售库存商品，应按从购货方已收或应收的全部价款，借记"银行存款""应收账款"等账户；按库存商品的不含税售价，贷记"主营业务收入"；按相应的增值税销项税额，贷记"应交税费——应交增值税（销项税额）"。同时，按所售库存商品的账面价值结转销售成本。

【例 3-19】 天生公司销售一批库存商品，不含税售价 20 000 元，增值税税率 13%，价款尚未收到。该批库存商品的实际成本为 15 000 元，未计提跌价准备。

借：应收账款	22 600
贷：主营业务收入	20 000
应交税费——应交增值税（销项税额）	2 600
借：主营业务成本	15 000
贷：库存商品	15 000

第四节　存货的计划成本法

一、计划成本法的概述

计划成本法是指存货的日常收发和结存均按预先制定的计划成本计价，并设置"材料成本差异"账户反映实际成本与计划成本之间的差异，月末，通过对成本差异的分摊，将计划成本调整为实际成本的一种核算方法。这种方法适用于材料存货品种繁多、收发频繁的企业。计划成本法特点是：从材料的收发凭证到明细分类账和总分类账，全部按计划成本计价。材料的实际成本与计划成本的差异通过"材料成本差异"账户核算。

采用计划成本法进行存货日常核算的企业，其基本核算程序如下。

（1）制定存货的计划成本目录，规定存货的分类，各类存货的名称、规格、编号、计量单位和计划单位成本。

（2）设置"材料成本差异"账户，登记存货的实际成本与计划成本之间的差异。该账户的借方登记入库材料实际成本大于计划成本的差异额（超支差），贷方登记入库材料实际成本小于计划成本的差异额（节约差），以及结转发出材料应负担的成本差异额；期末借方余额，反映各种库存材料的实际成本大于计划成本的差异，贷方余额反映实际成本小于计划成本的差异。在实际工作中，无论是超支差还是节约差，都是从"材料成本差异"账户的贷方进行结转的，超支差用蓝字，节约差用红字。该账户应区分"原材料""周转材料"等，按照类别或品种进行明细核算。

（3）设置"材料采购"账户，对购入存货的实际成本与计划成本进行计价比对。该账户的借方登记购入存货的实际成本，贷方登记购入存货的计划成本，并将实际成本与计划成本的差额，转入"材料成本差异"账户登记。"材料采购"账户的借方登记采购材料的实际成本，以及结转入库材料实际成本小于计划成本的差异额（节约差）；贷方登记入库物资的实际成本，以及结转入库材料实际成本大于计划成本的差异额（超支差）；期末借方余额，反映尚未验收入库的在途材料的实际采购成本。

二、存货的取得与成本差异的形成

（1）企业购进存货时，按实际采购成本，借记"材料采购"账户，按可抵扣的增值税进项税额，借记"应交税费——应交增值税（进项税额）"账户，按已付或应付的金额，贷记"银行存款""应付账款"等账户。

（2）存货验收入库时，按存货的计划成本，借记"原材料"等账户，贷记"材料采购"账户。

（3）月末集中结转材料成本差异时，按实际成本大于计划成本的超支差异，借记"材料成本差异"账户，贷记"材料采购"账户；按实际成本小于计划成本的节约差异，借记"材料采购"账户，贷记"材料成本差异"账户。外购存货次数不多的企业，也可采用逐笔结转法结转相关的材料成本差异。

（4）月末，对已验收入库但尚未收到发票账单的存货，按计划成本暂估入账，借记"原材料"等账户，贷记"应付账款——暂估应付账款"账户。下月初再做相反分录予以冲回，待收到发票账单后，按正常的程序进行会计处理。

三、账务处理

（一）取得原材料的账务处理

（1）外购原材料。在计划成本法下，外购原材料分两个步骤：第一步是按实际成本结算材料货款；第二步是原材料按计划成本入库，同时按实际成本与计划成本的差额结转入库材料的成本差异。

在购进材料结算材料货款时，应根据收到的发票账单等结算凭证，借记"材料采购"账户，按增值税专用发票上注明的增值税额，借记"应交税费——应交增值税（进项税额)"账户,按实际结算的价款,贷记"银行存款""应付账款"等账户。

在验收入库时,应根据已结算货款的收料单等凭证,按材料的计划成本,借记"原材料"账户,按采购材料的实际成本,贷记"材料采购"账户,按实际成本与计划成本的差额,借记(超支差)或贷记(节约差)"材料成本差异"账户。

为了简化核算,在购进材料验收入库时,也可当时不做账务处理,月末将仓库转来的已结算货款的外购材料收料凭证,根据材料品种按实际成本和计划成本分别进行汇总,并按入库材料的计划成本借记"原材料"账户,贷记"材料采购"账户。同时结转入库材料的成本差异,当实际成本大于计划成本时,应按超支差,借记"材料成本差异"账户,贷记"材料采购"账户;当实际成本小于计划成本时,应按节约差,借记"材料采购"账户,贷记"材料成本差异"账户。

对于尚未结算货款的收料凭证,可暂不做账务处理,待发票账单等结算凭证到达后再进行处理。月末,对于发票账单等结算凭证仍未到达的入库材料,可按计划成本暂估入账,具体方法参照实际成本法中"料到单未到"的会计处理。

(2)自制原材料、委托外单位加工原材料、接受投资人投入原材料以及盘盈原材料。在上述情况下,企业收到的原材料的会计处理方式与实际成本法下的会计处理类似,只是在验收入库时,应按其各自的计划成本,借记"原材料"账户,同时结转入库材料的成本差异,借记或贷记"材料成本差异"账户,不再赘述。

(二)发出原材料的账务处理

在计划成本法下,发出原材料分两个步骤处理:第一步是按计划成本发出原材料;第二步是结转发出材料应负担的材料成本差异。

平时领用、发出原材料时,应根据按计划成本计价的领发料凭证,按材料领用部门和用途的不同,以计划成本借记"生产成本""制造费用""销售费用""管理费用""在建工程""其他业务支出""委托加工物资"等账户,贷记"原材料"等账户。也可在月末编制"发料凭证汇总表",据以编制记账凭证,月末一次登记总分类账。

发出原材料是按计划成本计价的,因此需将发出材料的计划成本调整为实际成本,即在月末时应计算发出材料应负担的材料成本差异,并分配结转该差异。分配结转发出材料应负担的材料成本差异时,如果为超支差,应用蓝字借记"生产成本""制造费用""销售费用""管理费用""在建工程""其他业务支出""委托加工物资"等有关账户,贷记"材料成本差异"账户;如果为节约差,则应用红字做相同的账务处理。

材料成本差异随着材料的入库而形成,随着材料的出库而分配结转掉。发出材料应负担的材料成本差异,必须按月分摊,不得在季末或年末一次计算。有关计算公式如下:

$$本月材料成本差异率 = \frac{月初结存材料的成本差异}{月初结存材料的计划成本} \times 100\%$$

本月发出材料应负担的成本差异 = 发出材料的计划成本 × 材料成本差异率
发出材料的实际成本 = 发出材料的计划成本 ± 发出材料应负担的成本差异
结存材料应负担的成本差异 = 结存材料的计划成本 × 材料成本差异率
结存材料的实际成本 = 结存材料的计划成本 ± 结存材料应负担的成本差异

如果本月需要使用上月材料成本差异率，上月材料成本差异率的计算公式如下：

$$上月材料成本差异率 = \frac{月初结存材料的成本差异}{月初结存材料的计划成本} \times 100\%$$

需要说明的是：首先，本月取得材料的计划成本中不包括暂估入账材料的计划成本。其次，发出材料应负担的材料成本差异，除委托外部加工发出材料可按上月的成本差异率计算外，其他都应使用当月的成本差异率。如果上月的成本差异率与本月成本差异率相差不大，也可按上月的成本差异率计算。再次，材料成本差异率的计算方法一经确定，不得随意变动。如果确需变更，应在财务报表附注中予以说明。最后，对材料成本差异应按存货的类别如原材料、周转材料等进行明细核算，不能使用一个综合差异率来进行分摊。

【例 3-20】 天生公司为一般纳税人，原材料按计划成本计价进行核算。6 月，该公司发生的有关原材料收发的业务如下。

（1）6 月 3 日，购入一批甲材料，取得的增值税专用发票上注明的原材料价款为 20 000 元，增值税额为 2 600 元，发票等结算凭证已经收到，货款已通过银行转账支付。材料已验收入库。该批材料的计划成本为 21 000 元。

借：材料采购——甲材料　　　　　　　　　　　　　　20 000
　　应交税费——应交增值税（进项税额）　　　　　　 2 600
　　贷：银行存款　　　　　　　　　　　　　　　　　　22 600
借：原材料——甲材料　　　　　　　　　　　　　　　　21 000
　　贷：材料采购——甲材料　　　　　　　　　　　　　20 000
　　　　材料成本差异　　　　　　　　　　　　　　　　 1 000

（2）6 月 6 日，购入一批甲材料，发票等结算凭证已到，其中列明价款为 35 000 元，增值税额为 4 550 元，货款已经支付，但材料尚未运到。该批材料的计划成本为 3 000 元。

借：材料采购——甲材料　　　　　　　　　　　　　　35 000
　　应交税费——应交增值税（进项税额）　　　　　　 4 550
　　贷：银行存款　　　　　　　　　　　　　　　　　　39 550

（3）6 月 10 日，购入一批甲材料，材料已经运到，并验收入库，但发票等结算凭证尚未收到，货款尚未支付。该批材料的计划成本为 10 000 元。

此业务暂不进行会计处理。

（4）6 月 12 日，购入一批甲材料，取得的增值税专用发票上注明的原材料价款为 3 000 元，增值税额为 390 元。双方商定采用商业承兑汇票结算方式支付货款，付款期限为 3 个月。材料已经到达并验收入库。该批材料的计划成本为 2 800 元。

借：材料采购——甲材料　　　　　　　　　　　　　　 3 000
　　应交税费——应交增值税（进项税额）　　　　　　　 390
　　贷：应付票据　　　　　　　　　　　　　　　　　　 3 390
借：原材料——甲材料　　　　　　　　　　　　　　　　 2 800
　　材料成本差异　　　　　　　　　　　　　　　　　　　 200
　　贷：材料采购——甲材料　　　　　　　　　　　　　 3 000

(5) 6月15日，本月6日购入的甲材料已经到达并验收入库。

借：原材料——甲材料　　　　　　　　　　　　　　　　30 000
　　材料成本差异　　　　　　　　　　　　　　　　　　 5 000
　　贷：材料采购——甲材料　　　　　　　　　　　　　　　　35 000

(6) 6月30日，本月10日购入甲材料的发票等结算凭证仍未收到，按计划成本暂估入账。

借：原材料——甲材料　　　　　　　　　　　　　　　　10 000
　　贷：应付账款——暂估应付款　　　　　　　　　　　　　　10 000

下月初用红字冲回该笔分录。

(7) 6月30日，按原材料计划成本列明"发料凭证汇总表"如下：生产车间领用甲材料10 000元，车间管理部门领用甲材料3 000元，厂部管理部门领用甲材料7 000元，销售部门领用甲材料1 000元，售出甲材料4 000元。

发出甲材料时：

借：生产成本　　　　　　　　　　　　　　　　　　　10 000
　　制造费用　　　　　　　　　　　　　　　　　　　 3 000
　　管理费用　　　　　　　　　　　　　　　　　　　 7 000
　　销售费用　　　　　　　　　　　　　　　　　　　 1 000
　　其他业务成本　　　　　　　　　　　　　　　　　 4 000
　　贷：原材料——甲材料　　　　　　　　　　　　　　　　25 000

分配结转材料成本差异时：假设甲公司月初"材料成本差异"账户贷方余额为2 600元，"原材料"账户借方余额为26 200元，本月入库材料的"材料成本差异"发生额为借方5 200元，贷方1 000元，本月入库材料计划成本为53 800元，本月材料成本差异如下：

本月材料成本差异率 = (−2 600 + 4 200) ÷ (26 200 + 53 800) = 2%

借：生产成本　　　　　　　　　　　　　　　　　　　　200
　　制造费用　　　　　　　　　　　　　　　　　　　　 60
　　管理费用　　　　　　　　　　　　　　　　　　　　140
　　销售费用　　　　　　　　　　　　　　　　　　　　 20
　　其他业务成本　　　　　　　　　　　　　　　　　　 80
　　贷：材料成本差异　　　　　　　　　　　　　　　　　　500

知识链接

第五节 存货的期末计量

一、存货期末计量原则

《企业会计准则第1号——存货》规定，资产负债表日，存货应当按照成本与可变现净值孰低计量。当存货成本低于可变现净值时，存货按成本计量；当存货成本高于可变现净值时，存货按可变现净值计量，同时按照成本高于可变现净值的差额计提存货跌价准备，计入当期损益。存货的期末计量是指会计期末对存货价值的重新计量。

二、存货的可变现净值及其确定

可变现净值是指在日常活动中，存货的估计售价减去至完工时估计将要发生的成本、估计的销售费用以及相关税费后的金额。存货的可变现净值由存货的估计售价、至完工时估计将要发生的成本、估计的销售费用和估计的相关税费等内容构成。

（一）可变现净值的基本特征

1. 确定存货可变现净值的前提是企业在进行日常活动

如果企业不是在进行正常的生产经营活动，如企业处于清算过程，那么不能按照存货准则的规定确定存货的可变现净值。

2. 可变现净值为存货的预计未来净现金流量，而不是简单地等于存货的售价或合同价

企业预计的销售存货现金流量，并不完全等于存货的可变现净值。存货在销售过程中可能发生销售费用和相关税费，以及为达到预定可销售状态还可能发生成本等相关支出，构成现金流入的抵减项目。

3. 不同存货可变现净值的构成不同

（1）产成品、商品和用于出售的材料等直接用于出售的商品存货，在正常生产经营过程中，应当以该存货的估计售价减去估计的销售费用和相关税费后的金额，确定其可变现净值。

（2）需要经过加工的材料存货，在正常生产经营过程中，应当以所生产的产成品的估计售价减去至完工时估计将要发生的成本、估计的销售费用和相关税费后的金额，确定其可变现净值。

（二）确定存货的可变现净值时应考虑的因素

企业在确定存货的可变现净值时，应当以取得确凿证据为基础，并且考虑持有存货目的、资产负债表日后事项等的影响。

1. 应当以取得确凿证据为基础

确定存货的可变现净值必须建立在取得确凿证据的基础上。存货的采购成本、加工

成本和其他成本及以其他方式取得存货的成本，应当以外来原始凭证、生产成本账簿记录等作为确凿证据。存货可变现净值的确凿证据，是指对确定存货的可变现净值有直接影响的确凿证明，如产成品或商品的市场销售价格、与产成品或商品相同或类似商品的市场销售价格、销货方提供的有关资料和生产成本资料等。

2. 应当考虑持有存货的目的

由于企业持有存货的目的不同，确定存货可变现净值的计算方法也不同。企业持有存货的目的，通常可以分为以下几个方面。

（1）持有以备出售的存货，如商品、产成品和以备出售的材料。对于这一类存货，分为两种情况，即有合同约定（销售合同或劳务合同）的存货和没有合同约定的存货。为执行销售合同或劳务合同而持有的存货，通常应当以产成品或商品的合同价格作为其可变现净值的计量基础。但是，如果企业持有存货的数量多于销售合同订购数量，超出部分的存货的可变现净值以产成品或商品的一般销售价格作为计量基础。没有销售合同或劳务合同约定的存货，其可变现净值应当以产成品或商品一般销售价格或原材料的市场价格作为计量基础。

（2）将在生产过程或提供劳务过程中耗用的存货，如材料等。在会计期末运用成本与可变现净值孰低原则对材料存货进行计量时，需要考虑材料的用途：对于用于生产而持有的材料等，应将其与所生产的产成品的期末价值减损情况联系起来；对于用于出售的材料等，则只需要将材料的成本与根据材料本身的估计售价确定的可变现净值相比即可。具体来说，对于用于生产而持有的材料等按以下原则处理：如果用其生产的成品的可变现净值预计高于其成本，则该材料应按照其成本计量；如果材料价格的下降表明产成品的可变现净值低于其成本，则该材料应当按可变现净值计量。

3. 应当考虑资产负债表日后事项等的影响

确定存货可变现净值时，应当以资产负债表日取得最可靠的证据估计的售价为基础，并考虑持有存货的目的，资产负债表日至财务报告批准报出日之间存货售价发生波动的，如有确凿证据表明其对资产负债表日存货已经存在的情况提供了新的或进一步的证据，则在确定存货可变现净值时应当予以考虑，否则，不考虑。

三、存货跌价准备的会计处理

存货存在下列情形之一，通常表明存货的可变现净值低于成本。
（1）该存货的市场价格持续下跌，并且在可预见的未来无回升的希望。
（2）企业使用该项原材料生产的产品的成本大于产品的销售价格。
（3）企业因产品更新换代，原有库存原材料已不适应新产品的需要，而该原材料的市场价格又低于其账面成本。
（4）企业所提供的商品或劳务过时或消费者偏好改变而使市场的需求发生变化，导致市场价格逐渐下跌。
（5）其他足以证明该项存货实质上已经发生减值的情形。

（一）可变现净值中估计售价的确定方法

（1）为执行销售合同或者劳务合同而持有的存货，通常应当以产成品或商品的合同价格作为其可变现净值的计算基础。

如果销售合同订购的数量等于企业持有存货的数量，应当以销售合同价格为基础，减去估计的销售费用及相关税费后确定其可变现净值。如果企业销售合同所规定的标的物还没有生产出来，但持有专门用于该标的物生产的原材料，其可变现净值也应当以合同价格作为计算基础。

【例 3-21】 20×1 年 9 月 1 日，天生公司与乙公司签订了一份不可撤销的销售合同，双方约定 20×4 年 1 月 20 日，天生公司应按每台 30 000 元的价格向乙公司提供 W1 型机器 10 台。20×3 年 12 月 31 日，W1 型机器的市场销售价格为 30 000 元/台。假定不考虑相关税费和销售费用，计算 W1 型机器的可变现净值。

计算 W1 型机器的可变现净值应以销售合同约定的价格 300 000 元作为计算基础。

（2）如果企业持有存货的数量多于销售合同订购数量，则销售合同约定数量的存货，应以销售合同所规定的价格作为可变现净值的计算基础；超出部分的存货的可变现净值应以一般销售价格（市场销售价格）作为计算基础。

【例 3-22】 20×1 年 11 月 1 日，天生公司与乙公司签订了一份不可撤销的销售合同，双方约定 20×3 年 4 月 20 日，天生公司应按每台 300 000 元的价格向乙公司提供 W52 型机器 12 台。

20×1 年 12 月 31 日，天生公司 W52 型机器的成本为 3 920 000 元，数量为 14 台，单位成本为 280 000 元/台。根据天生公司销售部门提供的资料表明，向乙公司销售的 W52 型机器的平均运杂费等销售费用为 1 200 元/台；向其他客户销售 W52 型机器的平均运杂费等销售费用为 1 000 元/台。20×3 年 12 月 31 日，W52 型机器的市场销售价格为 320 000 元/台。

在例 3-22 中，能够证明 W52 型机器的可变现净值的确凿证据是天生公司与乙公司签订的有关 W52 型机器的销售合同、市场销售价格资料、账簿记录和公司销售部门提供的有关销售费用的资料等。根据该销售合同规定，库存的 W52 型机器中的 12 台的销售价格已由销售合同约定，其余 2 台并没有由销售合同约定。因此，在这种情况下，对于销售合同约定的数量（12 台）的 W52 型机器的可变现净值应以销售合同约定的价格 300 000 元/台作为计算基础，而对于超出部分（2 台）的 W52 型机器的可变现净值应以市场销售价格 320 000 元/台作为计算基础。

$$
\begin{aligned}
\text{W52 型机器的可变现净值} &= (300\,000 \times 12 - 1\,200 \times 12) + (320\,000 \times 2 - 1\,000 \times 2) \\
&= (3\,600\,000 - 14\,400) + (640\,000 - 2\,000) \\
&= 3\,585\,600 + 638\,000 \\
&= 4\,223\,600 \text{（元）}
\end{aligned}
$$

（3）如果企业持有存货的数量少于销售合同订购数量，实际持有与该销售合同相关的存货应以销售合同所规定的价格作为可变现净值的计算基础。如果该合同为亏损合同，还应同时按照《企业会计准则第 13 号——或有事项》的规定确认预计负债。

（4）没有销售合同约定的存货（不包括用于出售的材料），其可变现净值应当以产成品或商品一般销售价格（即市场销售价格）作为计算基础。需要强调的是，如果企业的产成品或商品在不同地区进行销售，而且各地的市场销售价格不同，则应当以该产成品或商品预计销售地区的市场价格为准，不得利用不同地区销售价格的差异高估或低估存货的可变现净值。

【例 3-23】 20×1 年 12 月 31 日，天生公司 W63 型机器的账面成本为 3 000 000 元，数量为 10 台，单位成本为 300 000 元/台。20×1 年 12 月 31 日，W63 型机器的市场销售价格为 320 000 元/台。预计发生的相关税费和销售费用合计为 10 000 元/台。天生公司没有签订有关 W63 型机器的销售合同。由于天生公司没有就 W63 型机器签订销售合同，因此，在这种情况下，计算 W63 型机器的可变现净值应以一般销售价格总额 3 200 000（=320 000×10）元作为计算基础。

（5）用于出售的材料等，通常以市场价格作为其可变现净值的计算基础。这里的市场价格是指材料等的一般市场销售价格。如果用于出售的材料存在销售合同约定，应按合同价格作为其可变现净值的计算基础，并根据出售材料数量与销售合同规定数量之间的关系，采用与上述"为执行销售合同或者劳务合同而持有的存货"相同的判断方法确定出售材料的可变现净值。

【例 3-24】 20×1 年 12 月 1 日，天生公司根据市场需求的变化，决定停止生产 W74 型机器。为减少不必要的损失，决定将原材料中专门用于生产 W74 型机器的外购原材料——D 材料全部出售，20×3 年 12 月 31 日，其账面成本为 2 000 000 元，数量为 10 吨。据市场调查，D 材料的市场销售价格为 100 000 元/吨，同时可能发生销售费用及相关税费共计为 5 000 元。

在例 3-24 中，由于天生公司已决定不再生产 W74 型机器，因此，该批 D 材料的可变现净值不能再以 W74 型机器的销售价格作为其计算基础，而应按其本身的市场销售价格作为计算基础，即该批 D 材料的可变现净值 = 100 000×10–5 000 = 995 000（元）。

需要注意的是，资产负债表日同一项存货中一部分有合同价格约定、其他部分不存在合同价格的，应当分别确定其可变现净值，并与其相对应的成本进行比较，分别确定存货跌价准备计提或转回的金额。

（二）不同情况下可变现净值的确定

企业因持有存货的目的不同，确定存货可变现净值的处理方法也各不相同。

（1）产成品、商品等直接用于出售的商品存货，其可变现净值为

$$可变现净值 = 估计售价 – 估计销售费用和相关税费$$

（2）需要经过加工的材料存货，需分情况处理。

用其生产的产成品的可变现净值高于成本的，该材料仍然应当按照成本（材料的成本）计量。

【例 3-25】 20×1 年 12 月 31 日，天生公司库存原材料——A 材料的账面成本为 3 000 000 元，市场销售价格总额为 2 800 000 元（假定本章中所称销售价格和成本均不含增值税），假定不发生其他销售费用，用 A 材料生产的产成品——W15 型机器的可变现净值高于成本。

根据上述资料可知，20×1 年 12 月 31 日，A 材料的账面成本高于其市场价格，但是由于用其生产的产成品——W15 型机器的可变现净值高于成本，也就是用该原材料生产的最终产品此时并没有发生价值减损，因而，建议修改为即使 A 材料的账面成本已高于

商品价格，也不应计提存货跌价准备，仍应按 3 000 000 元列示在 20×1 年 12 月 31 日的资产负债表的存货项目之中。

材料价格的下降表明产成品的可变现净值低于成本的，该材料应当按照成本与可变现净值孰低（材料的成本与材料的可变现净值孰低）计量。材料按照可变现净值计量的条件有如下两点。

第一，该材料用于生产的产成品的可变现净值低于成本。

第二，造成第一种状况的原因是该材料的市场价格下降。

可变现净值 = 该材料所生产的产成品的估计售价–至完工估计将要发生的成本–估计销售费用和相关税费

【例 3-26】 20×1 年 12 月 31 日，天生公司库存原材料——B 材料的账面成本为 1 200 000 元，单位成本为 12 000 元/件，数量为 100 件，可用于生产 100 台 W26 型机器。B 材料的市场销售价格为 11 000 元/件。假定不发生其他销售费用。

B 材料市场销售价格下跌，导致用 B 材料生产的 W26 型机器的市场销售价格也下跌，由此造成 W26 型机器的市场销售价格由 30 000 元/台降为 27 000 元/台，但生产成本仍为 28 000 元/台。将每件 B 材料加工成 W26 型机器尚需投入 16 000 元，估计发生运杂费等销售费用为 1 000 元/台。

根据上述资料，可按照以下步骤确定 B 材料的可变现净值。

W26 型机器的可变现净值 = W26 型机器估计售价–估计销售费用–估计相关税费
$$= 100×27\ 000-100×1\ 000 = 2\ 600\ 000（元）$$

W26 型机器的可变现净值 2 600 000 元小于其成本 2 800 000 元，即 B 材料价格的下降表明 W26 型机器的可变现净值低于成本，因此 B 材料应当按可变现净值计量。

B 材料的可变现净值 = W26 型机器的售价总额–将 B 材料加工成 W26 型机器尚需投入的成本–估计销售费用–估计相关税费
$$= 100×27\ 000-100×16\ 000-100×1\ 000 = 1\ 000\ 000（元）$$

B 材料的可变现净值 1 000 000 元小于其成本 1 200 000 元，因此 B 材料的期末价值应为其可变现净值 1 000 000 元，即 B 材料应按 1 000 000 元列示在 20×1 年 12 月 31 日资产负债表的存货项目之中。

（三）存货跌价准备转回与结转

对于存货跌价准备的转回，应按下列原则进行处理。

（1）在资产负债表日，企业应当确定存货的可变现净值。企业确定存货的可变现净值应当以资产负债表日的状况为基础确定，既不能提前确定存货的可变现净值，也不能延后确定存货的可变现净值，并且在每一个资产负债表日都应当重新确定存货的可变现净值。

（2）企业的存货在符合条件的情况下可以转回计提的存货跌价准备，转回的金额计入当期损益。存货跌价准备转回的条件是以前减记存货价值的影响因素已经消失，而不是在当期造成存货可变现净值高于成本的其他影响因素使存货跌价准备转回。

(3) 当符合存货跌价准备转回的条件时，应在原已计提的存货跌价准备的金额内转回，转回的金额以将存货跌价准备的余额冲减至零为限。已计提跌价准备的存货价值以后又得以恢复的，应在原已计提的存货跌价准备金额内，按恢复增加的金额，借记"存货跌价准备"账户，贷记"资产减值损失"账户。

1. 存货跌价准备转回的处理

"存货跌价准备"账户是存货的备抵账户，其贷方登记企业计提的存货跌价准备的数额，其借方登记转回和结转的存货跌价准备的数额，期末贷方余额反映企业已计提但尚未转销的存货跌价准备的数额。

"资产减值损失——存货减值损失"账户属于损益类账户，其借方登记企业发生的存货跌价损失的数额，其贷方登记企业转回的存货跌价损失的数额。期末，应将本账户余额转入"本年利润"账户，结转后本账户无余额。

企业首次计提存货跌价准备时，应按存货可变现净值低于其成本的差额，借记"资产减值损失——存货减值损失"账户，贷记"存货跌价准备"账户。以后每一会计期末，比较成本与可变现净值，计算存货跌价准备的应有余额，然后与计提前"存货跌价准备"账户的已有余额进行比较，若应有余额大于已有余额，应予以补提；反之，应冲销部分多提数。

【例3-27】 20×1年12月31日，天生公司的W7型机器的账面成本为500 000元，但由于W7型机器的市场价格下跌，预计可变现净值为400 000元，由此计提存货跌价准备100 000元。

（1）20×2年6月30日，W7型机器的账面成本仍为500 000元，但W7型机器市场价格有所上升，使得W7型机器的预计可变现净值变为475 000元。

20×2年6月30日，由于W7型机器市场价格上升，W7型机器的可变现净值有所恢复，应计提的存货跌价准备为25 000（= 500 000–475 000）元，则当期应冲减已计提的存货跌价准备75 000（= 100 000–25 000）元，且75 000元小于已计提的存货跌价准备100 000元，因此，应转回的存货跌价准备为75 000元。

借：存货跌价准备　　　　　　　　　　　　　　　　　75 000
　　贷：资产减值损失——存货减值损失　　　　　　　　　　75 000

（2）20×2年12月31日，W7型机器的账面成本仍为500 000元，由于W7型机器的市场价格进一步上升，预计W7型机器的可变现净值为555 000元。

20×2年12月31日，W7型机器的可变现净值又有所恢复，应冲减存货跌价准备为55 000（= |500 000–555 000|）元，但是对W7型机器已计提的存货跌价准备的余额为25 000元，因此，当期应转回的存货跌价准备为25 000元而不是55 000万元（即以将W7型机器已计提的"存货跌价准备"余额冲减至零为限）。

借：存货跌价准备　　　　　　　　　　　　　　　　　25 000
　　贷：资产减值损失——存货减值损失　　　　　　　　　　25 000

2. 存货跌价准备的结转

已经计提了跌价准备的存货，在生产经营领用、销售或其他原因转出时，应对已计提的存货跌价准备进行适当的会计处理。

（1）生产经营领用的存货，领用时可不结转相应的存货跌价准备，待期末计提存货跌价准备时一并调整。

【例3-28】 天生公司本月生产领用一批B材料。领用的B材料账面余额为20 000元，相应的存货跌价准备为1 000元。

借：生产成本　　　　　　　　　　　　　　　　　　　　　　　　　20 000
　　贷：原材料——B材料　　　　　　　　　　　　　　　　　　　　　　20 000

（2）销售的存货，在结转销售成本的同时，应结转相应的存货跌价准备，即应按存货的账面价值结转销售成本，借记"存货跌价准备"账户，贷记"主营业务成本""其他业务成本"等账户。

【例3-29】 天生公司将A商品按67 000元的价格出售，增值税销项税额为11 390元，价款已收存银行。A商品账面余额为80 000元，已计提存货跌价准备为15 000元，账面价值为65 000元。

借：银行存款　　　　　　　　　　　　　　　　　　　　　　　　　78 390
　　贷：主营业务收入　　　　　　　　　　　　　　　　　　　　　　　67 000
　　　　应交税费——应交增值税（销项税额）　　　　　　　　　　　　　11 390
借：主营业务成本　　　　　　　　　　　　　　　　　　　　　　　　65 000
　　存货跌价准备——A商品　　　　　　　　　　　　　　　　　　　　15 000
　　贷：库存商品——A商品　　　　　　　　　　　　　　　　　　　　　80 000

（3）可变现净值为零的存货，应当将其账面余额全部转销，同时转销相应的存货跌价准备。当存货存在下列情况之一时，表明存货的可变现净值为零：①已霉烂变质的存货；②已过期且无转让价值的存货；③生产中已不再需要，并已无使用价值和转让价值的存货；④其他足以证明已无使用价值和转让价值的存货。

【例3-30】 天生公司的M商品已过保质期，不可再用或销售。M商品账面余额为20 000元，已计提存货跌价准备为12 000元。

借：管理费用　　　　　　　　　　　　　　　　　　　　　　　　　　8 000
　　存货跌价准备——M商品　　　　　　　　　　　　　　　　　　　　12 000
　　贷：库存商品——M商品　　　　　　　　　　　　　　　　　　　　　20 000

【例3-31】 天生公司按单项存货计提存货跌价准备，有关资料如下。

（1）20×1年初，"存货跌价准备——甲产品"账户贷方余额为1 000 000元，"库存商品——甲产品"账户的账面余额为8 000 000元，计800件，每件成本为10 000元。库存的原材料——A材料未计提跌价准备，"原材料——A材料"账户余额为0元。

（2）20×1年初至20×1年末，甲产品对外销售300件，库存500件。甲产品无不可撤销合同，市场一般售价为每件7 000元，预计销售甲产品发生的相关税费总额为180 000元。假定不考虑其他因素。

（3）20×1年末，"原材料——A材料"账户余额为10 000 000元，库存A材料将全部用于生产乙产品共计100件，每件乙产品的直接材料成本为100 000元。其中，80件乙产品已经签订销售合同，合同价格为每件112 500元，其余20件乙产品未签订销售合同，预计乙产品的市场价格为每件110 000元；预计生产乙产品还需发生除A材料以外的加工成本为 30 000 元/件，预计为销售乙产品发生的相关税费为 5 500 元/件。

要求：(1) 计算并编制 20×1 年 12 月 31 日有关甲产品存货跌价准备的会计分录。

(2) 计算并编制 20×1 年 12 月 31 日库存原材料 A 材料应计提的存货跌价准备。

答案：(1) 20×1 年 12 月 31 日有关甲产品的跌价准备的计算及会计分录编制如下：

甲产品成本 = 500×10 000 = 5 000 000（元）

甲产品可变现净值 = 500×7 000-180 000 = 3 320 000（元）

甲产品应有跌价准备年末余额 = 5 000 000-3 320 000 = 1 680 000（元）

销售甲产品结转已计提存货跌价准备 = 1 000 000×300÷800 = 375 000（元）

甲产品应计提的存货跌价准备 = 1 680 000-(1 000 000-375 000) = 1 055 000（元）

借：存货跌价准备——甲产品　　　　　　　　　　375 000
　　贷：主营业务成本　　　　　　　　　　　　　　　　375 000
借：资产减值损失——存货减值损失　　　　　　1 055 000
　　贷：存货跌价准备——甲产品　　　　　　　　　　1 055 000

(2) 20×1 年 12 月 31 日有关 A 材料的跌价准备计算及会计分录编制如下。

(a) 有合同部分：

乙产品成本 = 80×100 000 + 80×30 000 = 10 400 000（元）

乙产品可变现净值 = 80×112 500-80×5 500 = 8 560 000（元）

判断库存 A 材料应计提的存货跌价准备

库存 A 材料可变现净值 = 80×112 500-80×30 000-80×5 500 = 6 160 000（元）

库存 A 材料应计提的存货跌价准备 = 80×100 000-6 160 000 = 1 840 000（元）

(b) 无合同部分：

乙产品成本 = 20×100 000 + 20×30 000 = 2 600 000（元）

乙产品可变现净值 = 20×110 000-20×5 500 = 2 090 000（元）

判断库存 A 材料应计提的存货跌价准备

库存 A 材料可变现净值 = 20×110 000-20×30 000-20×5 500 = 1 490 000（元）

库存原材料 A 材料应计提的存货跌价准备 = 20×100 000-1 490 000 = 510 000（元）

(c) 库存 A 材料应计提的存货跌价准备合计 = 1 840 000 + 510 000 = 2 350 000（元）

借：资产减值损失——存货减值损失　　　　　　2 350 000
　　贷：存货跌价准备——A 材料　　　　　　　　　　2 350 000

由于成本与可变现净值孰低法对存货价格涨跌的处理不一致，因而受到了一些质疑。具体而言，当存货价格下降时，会按照成本与可变现净值孰低法，马上将可变现净值低于成本的部分确认为资产减值损失；然而，当存货价格上升时，如果没有发生实际交易，则存货依然维持账面价值，并不按照其可变现净值进行向上的调整，只有当存货在实际交易中出售时才会确认。这种会计处理可能会产生"隐蔽准备"，被企业利用来操纵利润。

第六节 存货的清查

一、存货清查的意义与方法

存货清查是指通过对存货的实地盘点，确定存货的实有数量，并与账面结存数核对，从而确定存货实存数与账面结存数是否相符的一种专门方法。存货种类繁多、收发频繁，在日常收发过程中可能发生计量错误、计算错误、自然损耗，还可能发生损坏变质以及贪污、盗窃等情况，造成账实不符，形成存货的盘盈、盘亏。对于存货的盘盈、盘亏，应填写存货盘点报告，及时查明原因，按照规定程序报批处理。存货清查主要采用实地盘点法。

存货清查时应注意以下几个问题。

（1）每年在编制年度报表前，必须对存货进行一次全面清查。

（2）为了加强控制，还应在年内结合企业实际情况进行定期或不定期的轮流或重点清查。

（3）除了要进行实物盘点，账实核对外，还应注意存货的质量和储存情况。

二、存货盘盈、盘亏或毁损的会计处理

为了核算企业在财产清查中查明的各财产物资的盘盈、盘亏和毁损，企业应设置"待处理财产损溢"账户。其借方登记发生的各种财产物资的盘亏金额和批准转销的盘盈金额，贷方登记发生的各种财产物资的盘盈金额和批准转销的盘亏金额。该账户期末应无余额。在该账户下应当设置"待处理流动资产损溢"和"待处理非流动资产损溢"明细账，但企业发生固定资产盘盈不应通过本账户核算，而应当通过"以前年度损益调整"账户核算。

（一）存货盘盈

存货盘盈，是指存货的盘存数量大于账面结存数量。由于盘盈的存货没有账面记录，因此发生了存货盘盈就应该予以补记，按照存货的计划成本或重置成本，借记有关存货账户，贷记"待处理财产损溢——待处理流动资产损溢"账户。存货盘盈一般是由收发计量或核算上的差错所造成的，故按管理权限报经批准后冲减当期管理费用，借记"待处理财产损溢——待处理流动资产损溢"，贷记"管理费用"账户。在以计划成本进行存货日常核算的情况下，盘盈存货按计划成本入账。

【例 3-32】 天生公司在存货清查时，发现盘盈一批甲材料，该材料的重置成本为 5 000 元，已报经批准处理，有关账务处理如下。

（1）发现甲材料盘盈时：

借：原材料——甲材料　　　　　　　　　　　　　　5 000
　　贷：待处理财产损溢——待处理流动资产损溢　　　　　　5 000

（2）报经批准后处理时：

借：待处理财产损溢——待处理流动资产损溢　　　　　　　　　　5 000
　　贷：管理费用　　　　　　　　　　　　　　　　　　　　　　　　5 000

（二）存货盘亏和毁损

存货盘亏，是指存货的盘存数量小于账面结存数量。发现存货盘亏或毁损时，先计入"待处理财产损溢——待处理流动资产损溢"账户的借方。查明原因，并按管理权限报经批准后，根据造成存货盘亏或毁损的原因不同，分别以下列情况进行处理。

（1）属于定额内自然损耗造成的短缺，计入管理费用。

（2）属于计量收发差错和管理不善造成的存货被盗、丢失、霉烂变质，以及由违反法律法规造成货物被依法没收、销毁、拆除而导致的非正常损失，应先扣除残料价值、可以收回的保险赔偿和过失人赔偿，将净损失计入管理费用。注意：管理不善造成的损失，相应的进项税额不得从销项税额中抵扣，增值税进项税额要转出。

（3）属于自然灾害等非常原因造成的存货毁损，应先扣除处置收入（如残料价值）、可以收回的保险赔偿和过失人赔偿，将净损失计入营业外支出。注意：自然灾害等非常原因造成的存货盘亏或毁损，其增值税进项税额也要转出。

【例3-33】 天生公司在存货清查时，发现乙材料短缺。短缺的乙材料成本为30 000元，已抵扣的增值税进项税额为3 900元，未计提存货跌价准备。经查发现，其中10 000元属于定额内自然损耗，另外20 000元属于管理不善造成的，应收责任人赔款10 000元。已报经批准处理。其有关账务处理如下。

（1）发现乙材料盘亏时：

借：待处理财产损溢——待处理流动资产损溢　　　　　　　　　30 000
　　贷：原材料——乙材料　　　　　　　　　　　　　　　　　　　30 000

（2）报经批准处理时：

（a）属于定额内自然损耗的

借：管理费用　　　　　　　　　　　　　　　　　　　　　　　　10 000
　　贷：待处理财产损溢——待处理流动资产损溢　　　　　　　　　10 000

（b）属于管理不善造成的

借：其他应收款　　　　　　　　　　　　　　　　　　　　　　　10 000
　　管理费用　　　　　　　　　　　　　　　　　　　　　　　　　12 600
　　贷：待处理财产损溢——待处理流动资产损溢　　　　　　　　　20 000
　　　　应交税费——应交增值税（进项数额转出）　　　　　　　　2 600

第七节　存货在财务报表中的列报

一、存货在资产负债表内的列示

企业应在期末编制的资产负债表中的流动资产部分列示"存货"项目，反映企业期末在库、在途和在加工中的各类存货的账面价值。该项目应根据"材料采购""在途物资"

"原材料""周转材料""库存商品""发出商品""委托加工物资""委托代销商品""受托代销商品""生产成本"等账户的期末借方余额合计,加上"材料成本差异"账户的期末借方余额或减去其期末贷方余额,再减去"存货跌价准备"账户期末余额后的金额填列。

二、存货在报表附注中的披露

根据《企业会计准则第 1 号——存货》,企业应当在附注中披露下列信息。
(1) 各类存货的期初和期末账面价值。
(2) 确定发出存货成本采用的方法。
(3) 存货可变现净值的确定依据,存货跌价准备的计提方法,当期计提的存货跌价准备的金额,当期转回的存货跌价准备的金额,以及计提和转回的有关情况。
(4) 用于担保的存货账面价值。

复习思考题

1. 什么是存货?有哪些特征?如何分类?
2. 存货的确认应当满足哪些条件?
3. 如何确定外购存货的成本?
4. 委托加工存货的成本包括哪些内容?
5. 发出存货的计价方法有哪些?
6. 领用原材料与领用周转材料的会计处理有何区别?
7. 工业企业销售产成品和原材料的会计处理有何差异?
8. 如何进行按计划成本计价的存货收发的核算?
9. 什么是存货的可变现净值?确定存货的可变现净值应考虑哪些因素?
10. 如何对原材料存货进行期末计价?
11. 如何计提存货跌价准备?
12. 如何进行存货的盘盈或盘亏的会计处理?
13. 存货是企业的重要资产,但随着新技术为软件和计算机服务业赋能,有些企业出现年末存货为 0 的情况。新经济时代,对于软件和计算机服务行业而言,存货是否必须是有形的?

复习思考题参考答案

第四章 金融资产

【学习目标】
通过对本章的学习，了解金融资产的概念及分类，交易性金融资产、债券投资、应收款项及其他债权投资的含义和特征，金融资产在财务报表中的列报等；熟悉和掌握各类金融资产初始计量和后续计量的会计处理，处置金融资产的会计处理，金融资产的重分类；重点掌握金融资产取得、确认持有收益、期末计量的会计处理以及计提金融资产损失准备的会计处理。

第一节 金融资产概述

一、金融资产的内容

近年来，我国金融工具的交易，尤其是衍生工具交易有了较快发展。为了规范包括金融企业在内的各类企业的金融工具交易的会计处理，便于投资者更好地了解企业的财务状况和经营成果，财政部制定了《企业会计准则第22号——金融工具确认和计量》。

金融工具，是指形成一方的金融资产并形成其他方的金融负债或权益工具的合同。金融工具一般具有货币性、流通性、风险性、收益性等特征，金融工具包括金融资产、金融负债和权益工具。其中，金融资产通常指企业的现金、银行存款、应收账款、应收票据、贷款、股权投资、债权投资和衍生金融工具等；金融负债通常指企业的应付账款、应付票据、应付债券等；权益工具是指能证明拥有某个企业在扣除所有负债后的资产中剩余权益的合同。从发行方看，权益工具通常指企业发行的普通股、认股权证等。

金融资产，是指企业持有的现金、其他方的权益工具以及符合下列条件之一的资产。

（1）从其他方收取现金或其他金融资产的合同权利。例如，企业的银行存款、应收账款、应收票据和发放的贷款等。

（2）在潜在有利条件下，与其他方交换金融资产或金融负债的合同权利。例如，企业购入的看涨期权或看跌期权等衍生工具。

（3）将来须用或可用企业自身权益工具进行结算的非衍生工具合同，且企业根据该合同将收到可变数量的自身权益工具。

（4）将来须用或可用企业自身权益工具进行结算的衍生工具合同，但以固定数量的自身权益工具交换固定金额的现金或其他金融资产的衍生工具合同除外。其中，企业自身权益工具不包括应当按照《企业会计准则第 37 号——金融工具列报》分类为权益工具的可回售工具或发行方仅在清算时才有义务向另一方按比例交付其净资产的金融工具，也不包括本身就要求在未来收取或交付企业自身权益工具的合同。

本章所涉及的金融资产并非企业的全部金融资产，主要指《企业会计准则第 22 号——金融工具确认和计量》所规范的四类金融资产。

二、金融资产的分类

金融资产的分类是其确认和计量的基础。企业应当根据其管理金融资产的业务模式和金融资产的合同现金流量特征，将金融资产划分为以下三类：①以摊余成本计量的金融资产；②以公允价值计量且其变动计入其他综合收益的金融资产；③以公允价值计量且其变动计入当期损益的金融资产。其中，以公允价值计量且其变动计入当期损益的金融资产主要包括交易性金融资产和直接指定为以公允价值计量且其变动计入当期损益的金融资产。上述分类一经确认，不得随意变更。企业管理金融资产的业务模式是指企业如何管理其金融资产以产生现金流量，业务模式决定企业所管理金融资产现金流量的来源是收取合同现金流量、出售金融资产还是两者兼有。金融资产的合同现金流量特征，是指金融工具合同约定的、反映相关金融资产经济特征的现金流量属性。

（一）以摊余成本计量的金融资产

金融资产同时符合下列条件的，应当分类为以摊余成本计量的金融资产。
（1）企业管理该金融资产的业务模式是以收取合同现金流量为目标。
（2）该金融资产的合同条款规定，在特定日期产生的现金流量，仅为对本金和以未偿付本金金额为基础的利息的支付。

在会计处理上以摊余成本计量的金融资产具体可以划分为债权投资和应收款项两个部分。其中，债权投资应当通过"债权投资"科目进行核算，应收款项应当分别通过"应收账款""应收票据""其他应收款"等科目进行核算。

（二）以公允价值计量且其变动计入其他综合收益的金融资产

金融资产同时符合下列条件的，应当分类为以公允价值计量且其变动计入其他综合收益的金融资产。
（1）企业管理该金融资产的业务模式既以收取合同现金流量为目标又以出售该金融资产为目标。
（2）该金融资产的合同条款规定，在特定日期产生的现金流量，仅为对本金和以未偿付本金金额为基础的利息的支付。

企业分类为以公允价值计量且其变动计入其他综合收益的金融资产和分类为以摊余成本计量的金融资产所要求的合同现金流量特征是相同的，即相关金融资产在特定日期产生的合同现金流量仅为对本金和以未偿付本金金额为基础的利息的支付。二者的区别仅在于企业管理金融资产的业务模式不尽相同。

企业持有的权益工具投资因其合同现金流量特征不是对本金和以未偿付本金金额为基础的利息的支付，因而既不能分类为以摊余成本计量的金融资产，也不能分类为以公允价值计量且其变动计入其他综合收益的金融资产，只能分类为以公允价值计量且其变动计入当期损益的金融资产。但是，企业持有的非交易性权益工具投资，在初始确认时可以指定为以公允价值计量且其变动计入其他综合收益的金融资产。该指定一经做出，不得撤销。

在会计处理上，以公允价值计量且其变动计入其他综合收益的债权投资，应当通过"其他债权投资"科目进行核算；指定为以公允价值计量且其变动计入其他综合收益的非交易性权益工具投资，应当通过"其他权益工具投资"科目进行核算。

（三）以公允价值计量且其变动计入当期损益的金融资产

企业除分类为以摊余成本计量的金融资产和以公允价值计量且其变动计入其他综合收益的金融资产之外的金融资产，应当分类为以公允价值计量且其变动计入当期损益的金融资产，主要包括交易性金融资产和直接指定为以公允价值计量且其变动计入当期损益的金融资产。

1. 交易性金融资产

金融资产满足下列条件之一的，表明企业持有该金融资产的目的是交易性的。

（1）取得相关金融资产的目的，主要是近期出售。

（2）相关金融资产在初始确认时属于集中管理的可辨认金融工具组合的一部分，且有客观证据表明近期实际存在短期获利模式。

（3）相关金融资产属于衍生工具。衍生金融工具形成的资产通常应划分为交易性金融资产，如企业持有的国债期货、远期合同、股指期货等衍生金融工具，当其公允价值变动大于零时，应将公允价值变动金额确认为交易性金融资产，同时计入当期损益。但符合财务担保合同定义的衍生工具以及被指定为有效套期工具的衍生工具除外。

2. 直接指定为以公允价值计量且其变动计入当期损益的金融资产

在初始确认时，如果能够消除或显著减少会计错配，企业可以将金融资产指定为以公允价值计量且其变动计入当期损益的金融资产。该指定一经做出，不得撤销。

该指定可以消除或明显减少由该金融资产会计确认方法和计量属性不同所导致的相关利得或损失在确认或计量方面不一致的情况。

在会计处理上，交易性金融资产和直接指定为以公允价值计量且其变动计入当期损益的金融资产，应当通过"交易性金融资产"科目进行核算。

【课程思政】

党的二十大报告中强调推进国家安全体系和能力现代化，坚决维护国家安全和社会稳定。国家安全是民族复兴的根基，而金融安全是国家安全的重要组成部分，是国家经济社会健康平稳运行的重要前提和基础,事关国家根本利益,防范化解金融风险是金融工作的根本任务。财政部 2017 年修订发布的《企业会计准则第 22 号——金融工具确认和计量》《企业会计准则第 23 号——金融资产转移》《企业会计准则第 24 号——套期会计》等三项金融工具会计准则是财政部贯彻落实中央经济工作会议防控金融风险的重要举措。作为会计人员,学习金融资产的相关内容,一方面可以加强企业对金融资产的管理,推动企业金融风险预警工作,有效防范和化解金融风险;另一方面有利于促进企业战略、业务、风控和会计管理的有机融合,全面提升企业管理水平和效率。同时,还能够为政府部门决策提供更为可靠、相关的会计信息,形成对政府工作的支持,这对金融安全乃至整个国家安全体系有着巨大的现实意义。

第二节　交易性金融资产

一、交易性金融资产的初始计量

(一)交易性金融资产初始计量原则

企业取得交易性金融资产时,应当按照公允价值进行初始计量,相关交易费用直接计入当期损益。其中,交易费用是指可直接归属于购买、发行或处置金融工具的增量费用。增量费用是指企业没有发生购买、发行或处置相关金融工具的情形就不会发生的费用,包括支付给代理机构、咨询公司、券商、证券交易所、政府有关部门等的手续费、佣金、相关税费以及其他必要支出,不包括债券溢价、折价、融资费用、内部管理成本和持有成本等与交易不直接相关的费用。

企业取得交易性金融资产所支付的价款中包含的已宣告但尚未发放的现金股利或已到付息期但尚未领取的债券利息,应当单独确认为应收项目,不计入交易性金融资产的初始确认金额。

(二)交易性金融资产初始计量的会计处理

企业应当设置"交易性金融资产"账户核算持有的交易性金融资产和直接指定为以公允价值计量且其变动计入当期损益的金融资产。但是,划分为交易性金融资产的衍生金融资产,不通过该账户进行核算,应单独设置"衍生工具"账户核算。

企业应当按照交易性金融资产的品种,在"交易性金融资产"账户下设置"成本""公允价值变动"等明细账户。其中,"成本"明细账户反映交易性金融资产取得时的公允价值;"公允价值变动"明细账户反映交易性金融资产在持有期间的各期末公允价值的变动额。

企业取得交易性金融资产时,应按其公允价值(不含已经宣告但尚未发放的现金股利或已到付息期尚未领取的债券利息),借记"交易性金融资产——成本"账户;按支付的相关交易费用,借记"投资收益"账户;按支付的价款中包含的已经宣告但尚未发放的现金股利或已到付息期尚未领取的债券利息,借记"应收股利"或"应收利息"账户;按实际支付的金额,贷记"银行存款"账户。实际收到上述现金股利或债券利息时,借记"银行存款"账户,贷记"应收股利"或"应收利息"账户。

【例 4-1】 20×1 年 4 月 5 日,天生公司支付价款 1 060 000 元从二级市场购入甲公司发行的股票 100 000 股,每股价格 10.6 元(含已宣告但尚未发放的现金股利 0.60 元),另支付交易费用 1 000 元。4 月 20 日,收到甲公司发放的现金股利。天生公司将持有的甲公司股权划分为交易性金融资产。其账务处理如下。

(1) 20×1 年 4 月 5 日,购入甲公司股票作为交易性金融资产:

借:交易性金融资产——甲公司股票(成本)   1 000 000
      应收股利   60 000
      投资收益   1 000
  贷:银行存款   1 061 000

(2) 20×1 年 4 月 20 日,收到甲公司发放的现金股利:

借:银行存款   60 000
  贷:应收股利   60 000

二、交易性金融资产的后续计量

(一)交易性金融资产后续计量的原则

交易性金融资产应当以公允价值进行后续计量,公允价值变动计入当期损益。交易性金融资产在持有期间取得的现金股利或债券利息(不包括在取得交易性金融资产时,支付的价款中包含的已宣告但尚未发放的现金股利或已到付息期但尚未领取的债券利息),应当确认为投资收益。

(二)交易性金融资产后续计量的会计处理

在资产负债表日,当交易性金融资产的公允价值大于其账面价值时,按两者之间的差额,借记"交易性金融资产——公允价值变动"账户,贷记"公允价值变动损益"账户;当交易性金融资产的公允价值小于其账面价值时,按两者之间的差额,借记"公允价值变动损益"账户,贷记"交易性金融资产——公允价值变动"账户。

企业持有交易性金融资产期间,被投资方宣告发放现金股利时,按享有的现金股利金额,借记"应收股利"账户,贷记"投资收益"账户。

【例 4-2】 接例 4-1 的资料,20×1 年 12 月 31 日,甲公司股票涨到每股 13 元。20×2 年 4 月 1 日,甲公司宣告 20×3 年度利润分配方案,每股派发现金股利 0.5 元,并于 20×2 年 4 月 25 日正式发放。假设不考虑其他因素,天生公司的账务处理如下。

(1) 20×1 年 12 月 31 日,确认股票价格变动:

借:交易性金融资产——甲公司股票(公允价值变动)   300 000
  贷:公允价值变动损益   300 000

(2) 20×2 年 4 月 1 日甲公司宣告分配现金股利时:

借:应收股利   50 000

贷：投资收益　　　　　　　　　　　　　　　　　　　　　　　　50 000
（3）20×2年4月25日收到现金股利：
　　借：银行存款　　　　　　　　　　　　　　　　　　　　　　　　　50 000
　　　贷：应收股利　　　　　　　　　　　　　　　　　　　　　　　　50 000

三、交易性金融资产的处置

（一）交易性金融资产处置的基本规定

处置交易性金融资产时，其公允价值和初始入账金额之间的差额应确认为投资收益，同时调整公允价值变动损益。企业处置交易性金融资产的主要会计问题，是正确确认处置损益。交易性金融资产处置损益是指处置交易性金融资产实际收到的价款，减去所处置交易性金融资产账面余额后的差额。其中，交易性金融资产账面余额是指交易性金融资产的初始确认金额加上或减去资产负债表日累计公允价值变动后的金额。如果在处置交易性金融资产时，已计入应收项目的应收股利或债券利息尚未收回，还应从处置价款中扣除该部分现金股利或债券利息之后，确认处置损益。处置交易性金融资产时，该交易性金融资产在持有期间已确认的累计公允价值变动净损益应确认为处置当期投资收益，同时调整公允价值变动损益。

（二）交易性金融资产处置的会计处理

企业处置交易性金融资产时，应按实际收到的金额，借记"银行存款"账户；按该交易性金融资产的初始确认金额，贷记"交易性金融资产——成本"；按其累计公允价值变动损益金额，借记或贷记"交易性金融资产——公允价值变动"；按计入应收项目但尚未收到的现金股利或债券利息，贷记"应收股利"或"应收利息"账户；按其差额，借记或贷记"投资收益"账户。

【例4-3】　接例4-2的资料，20×2年5月7日，天生公司将持有的甲公司股票全部出售，实际收到出售价款1 500 000元。其账务处理如下：
　　借：银行存款　　　　　　　　　　　　　　　　　　　　　　　1 500 000
　　　贷：交易性金融资产——甲公司股票（成本）　　　　　　　　　1 000 000
　　　　　　　　　　　　——甲公司股票（公允价值变动）　　　　　　300 000
　　　　投资收益　　　　　　　　　　　　　　　　　　　　　　　　 200 000

第三节 债权投资

一、债权投资概述

债权投资是指业务管理模式为以特定日期收取合同现金流量为目的的金融资产，具体来说是指企业购入的到期日固定、回收金额固定或可确定，且企业有明确意图和能力持有至到期的国债和企业债券等各种债券投资。

债权投资从企业管理金融资产的业务模式看，由于管理者的意图是持有到期，不准备随时出售，因而主要是收取合同现金流量。债权投资的合同现金流量特征是在到期日收取的合同现金流量仅为本金和以未偿付本金金额为基础的利息。根据债权投资的业务模式和合同现金流量特征判断，应划分为以摊余成本计量的金融资产。

二、债权投资的初始计量

（一）债权投资初始计量原则

债权投资应当按取得时的公允价值和相关交易费用之和作为初始确认金额。实际支付的价款中包括的已到付息期但尚未领取的债券利息，应单独确认为应收项目。

进行初始确认时，还应当计算确定债权投资的实际利率，并在其预期存续期间或适用的更短期间内保持不变。实际利率是指将金融资产或金融负债在预计存续期的估计未来现金流量，折现为该金融资产账面余额或该金融负债摊余成本所使用的利率。企业在确定实际利率时，应当在考虑金融资产或金融负债所有合同条款（包括提前还款权、展期、看涨期权或其他类似期权等）的基础上估计预期现金流量，但不应考虑未来信用损失。金融资产合同各方之间支付或收取的、属于实际利率组成部分的各项收费、交易费用及溢价或折价等，应当在确定实际利率时予以考虑。金融资产的未来现金流量或存续期间无法可靠预计时，应当采用该金融资产在整个合同期内的合同现金流量。

（二）债权投资初始计量的会计处理

企业应当设置"债权投资"账户核算企业持有的债权投资，并按其类别和品种，分别设置"成本""利息调整""应计利息"等明细账户。其中，"成本"明细账户反映债权投资的面值；"利息调整"明细账户反映债权投资的初始确认金额与其面值的差额，以及按照实际利率法分期摊销后该差额的摊余金额；"应计利息"明细账户反映企业计提的到期一次还本付息债权投资应计未付的利息。注意：分期付息的债权投资按期计提的利息，不通过"应计利息"明细账户核算，而是通过"应收利息"账户核算。

企业取得债权投资时，按债券的面值，借记"债权投资——成本"账户；按支付的价款中包含的已到付息期但尚未领取的债券利息，借记"应收利息"（分期付息、到期一次还本债券），或按债券中已包含的利息，借记"债权投资——应计利息"（到期一次还本付息债权投资）账户；按实际支付的金额，贷记"银行存款"账户；按其差额，借记或贷记"债权投资——利息调整"账户。

【例 4-4】 20×1 年 1 月 1 日，天生公司从活跃市场购入乙公司于 20×0 年 1 月 1 日发行的面值 8 000 000 元、5 年期、票面年利率 5%，每年 12 月 31 日付息、到期还本的债券作为持有至到期投资。实际支付价款 8 140 000 元（含交易费用），该价款中包含已到付息期但尚未支付的利息 40 000 元。其账务处理如下。

（1）购入债券时：

借：债权投资——乙公司债券（成本）	8 000 000
——乙公司债券（利息调整）	100 000
应收利息	40 000
贷：银行存款	8 140 000

（2）收到债券利息时：

借：银行存款	40 000
贷：应收利息	40 000

三、债权投资利息收入的确认

（一）摊余成本和实际利率法

实际利率法是指计算金融资产或金融负债的摊余成本以及将利息收入或利息费用分摊计入各会计期间的方法。实际利率是指将金融资产在预计存续期的估计未来现金流量，折现为该金融资产账面余额摊余成本所使用的利率。

我国《企业会计准则第 22 号——金融工具确认和计量》规定，债权投资在持有期间应当按摊余成本进行计量。采用实际利率法，按照摊余成本和实际利率计算确认利息收入，计入投资收益。实际利率与票面利率差别较小的，也可按票面利率计算利息收入，计入投资收益。

摊余成本，应当以该金融资产的初始确认金额经下列调整确定：①扣除已偿还的本金；②加上或减去采用实际利率法将该初始确认金额与到期日金额之间的差额进行摊销形成的累计摊销额；③扣除累计计提的损失准备。

企业应当按照实际利率法确认利息收入。利息收入应当根据金融资产账面余额乘以实际利率计算确定。

企业按照上述规定对金融资产的摊余成本运用实际利率法计算利息收入的，若该金融工具在后续期间因其信用风险有所改善而不再存在信用减值，并且这一改善在客观上可与应用上述规定之后发生的某一事件相联系（如债务人的信用评级被上调），企业应当转按实际利率乘以该金融资产账面余额来计算确定利息收入。

经信用调整的实际利率，是指将购入或源生的已发生信用减值的金融资产在预计存续期的估计未来现金流量，折现为该金融资产摊余成本的利率。在确定经信用调整的实际利率时，应当在考虑金融资产的所有合同条款（如提前还款、展期、看涨期权或其他类似期权等）以及初始预期信用损失的基础上估计预期现金流量。

在实际利率法下，利息收入、应收利息、利息调整摊销额、摊余成本之间的关系，可用公式表示如下：

$$利息收入 = 债权投资摊余成本 \times 实际利率$$

$$应收利息 = 面值（到期日金额）\times 票面利率（名义利率）$$

$$利息调整摊销额 = 利息收入 - 应收利息$$

如果债权投资的初始确认金额大于面值，上式计算结果为负数，表明应从期初摊余成本中减去该利息调整摊销额作为期末摊余成本；如果债权投资的初始确认金额小于面值，上式计算结果为正数，表明应在期初摊余成本的基础上加上该利息调整摊销额作为期末摊余成本。在债权投资既不存在已偿还的本金也没有发生减值损失的情况下，摊余成本可用公式表示如下：

$$摊余成本 = 初始确认金额 \pm 利息调整累计摊销额$$
$$= 面值 \pm 利息调整摊销金额$$

（二）分期付息债券利息收入的确认

债权投资如为分期付息、一次还本的债券，企业应当于付息日或资产负债表日计提债券利息，同时，按实际利率法确认利息收入并摊销利息调整。在资产负债表日，按债权投资的面值和票面利率计算确定的应收未收利息，借记"应收利息"；按债权投资期初摊余成本和实际利率计算确定的利息收入，贷记"投资收益"；按其差额，借记或贷记"债权投资——利息调整"账户。

【例 4-5】 天生公司 20×1 年 1 月 1 日，支付价款 528 000 元（含交易费用）从活跃市场上购入甲公司 5 年期债券，面值 500 000 元，票面年利率 6%，每年 12 月 31 日支付利息，本金最后一次支付。在持有期间采用实际利率法确认利息收入并确定摊余成本的会计处理如下。

（1）计算债券的实际利率。由于甲公司债券的初始确认金额高于面值，因此，实际利率一定低于票面利率，先按 5% 作为折现率进行测算。查年金现值系数表和复利现值系数表可知，5 期、5% 的年金现值系数和复利现值系数分别为 4.329 9 和 0.783 5。甲公司债券的利息和年金按 5% 作为折现率计算的现值如下：

$$债券每年应收利息 = 500\,000 \times 6\% = 30\,000（元）$$

$$利息和本金的现值 = 30\,000 \times 4.329\,9 + 500\,000 \times 0.783\,5 = 521\,647（元）$$

上式计算结果小于甲公司债券的初始确认金额，说明实际利率小于 5%，再按 4% 作为折现率进行测算。查年金现值系数表和复利现值系数表可知，5 期、4% 的年金现值系数和复利现值系数分别为 4.453 9 和 0.821 9。甲公司债券的利息和本金按 4% 作为折现率计算的现值如下：

$$利息和本金的现值 = 30\,000 \times 4.453\,9 + 500\,000 \times 0.821\,9 = 544\,567（元）$$

上式计算结果大于甲公司债券的初始确认金额，说明实际利率大于 4%。因此，实际利率介于 4% 和 5% 之间。使用插值法估算实际利率如下：

实际利率 = 4% + (5%–4%)×(544 567–528 000)÷(544 567–521 647) = 4.72%

（2）采用实际利率法编制利息收入与摊余成本计算表，如表 4-1 所示。

表 4-1　债权投资利息收入与摊余成本计算表（实际利率法）　　单位：元

日期①	票面利息 ②＝面值×6%	利息收入 ③＝期初⑤×4.72%	利息调整摊销 ④＝②–③	期末摊余成本 ⑤＝期初⑤–④
20×1 年 1 月 1 日				528 000
20×1 年 12 月 31 日	30 000	24 922	5 078	522 922
20×2 年 12 月 31 日	30 000	24 682	5 318	517 604
20×3 年 12 月 31 日	30 000	24 431	5 569	512 035
20×4 年 12 月 31 日	30 000	24 168	5 832	506 203
20×5 年 12 月 31 日	30 000	23 797	6 203	500 000
合计	150 000	122 000	28 000	

注：最后一期利息收入采用减法计算

（3）编制各年确认应收利息、利息收入并摊销利息调整的会计分录（各年收到债券利息的会计处理略）。

（a）20×1 年 12 月 31 日

　　借：应收利息　　　　　　　　　　　　　　　　　　　　　　30 000
　　　　贷：投资收益　　　　　　　　　　　　　　　　　　　　　24 922
　　　　　　债权投资——甲公司债券（利息调整）　　　　　　　　 5 078

（b）20×2 年 12 月 31 日

　　借：应收利息　　　　　　　　　　　　　　　　　　　　　　30 000
　　　　贷：投资收益　　　　　　　　　　　　　　　　　　　　　24 682
　　　　　　债权投资——甲公司债券（利息调整）　　　　　　　　 5 318

（c）20×3 年 12 月 31 日

　　借：应收利息　　　　　　　　　　　　　　　　　　　　　　30 000
　　　　贷：投资收益　　　　　　　　　　　　　　　　　　　　　24 431
　　　　　　债权投资——甲公司债券（利息调整）　　　　　　　　 5 569

（d）20×4 年 12 月 31 日

　　借：应收利息　　　　　　　　　　　　　　　　　　　　　　30 000
　　　　贷：投资收益　　　　　　　　　　　　　　　　　　　　　24 168
　　　　　　债权投资——甲公司债券（利息调整）　　　　　　　　 5 832

（e）20×5 年 12 月 31 日

　　借：应收利息　　　　　　　　　　　　　　　　　　　　　　30 000
　　　　贷：投资收益　　　　　　　　　　　　　　　　　　　　　23 797
　　　　　　债权投资——甲公司债券（利息调整）　　　　　　　　 6 203

（4）债券到期，收回债券本金

借：银行存款	500 000	
贷：债权投资——甲公司债券（成本）		500 000

（三）到期一次还本付息债券利息收入的确认

债权投资如为到期一次还本付息债券，企业应当于资产负债表日计提债券利息。按票面利率计算确定的应收未收利息，借记"债权投资——应计利息"账户；按债权投资期初摊余成本和实际利率计算确定的利息收入，贷记"投资收益"账户；按其差额，借记或贷记"债权投资——利息调整"账户。

四、债权投资的处置

（一）债权投资处置基本规定

企业处置以摊余成本计量的债权投资时，应将所取得的价款与该债权投资账面价值之间的差额计入投资收益。其中，债权投资的账面价值是指债权投资的账面余额减除已计提的减值准备后的差额，即摊余成本。如果在处置债权投资时，已计入应收项目的债券利息尚未收回，还应从处置价款中扣除该部分债权利息之后，确认处置损益。

（二）债权投资处置的会计处理

企业出售债权投资时，应按实际收到的金额，借记"银行存款"账户；按出售债券的面值，贷记"债权投资——成本"；按其利息调整的未摊销余额，借记或贷记"债权投资——利息调整"，按应收未收的利息或已计提的债券利息，贷记"应收利息"或"债权投资——应计利息"账户；按其差额，贷记或借记"投资收益"。若该债权投资已计提减值准备，还应同时结转减值准备。

【例4-6】 20×1年1月1日，天生公司购入面值600 000元、期限6年、票面利率6%、每年12月31日付息的D公司债券分类为以摊余成本计量的金融资产。20×4年3月1日，天生公司将D公司债券全部出售，实际收到出售价款625 000元。出售日，D公司债券的摊余成本为614 500元，其中，成本600 000元，利息调整14 500元。

借：银行存款	625 000	
贷：债权投资——D公司债券（成本）		600 000
——D公司债券（利息调整）		14 500
投资收益——D公司债券		10 500

第四节 应收款项

一、应收款项概述

应收款项是指在活跃市场中没有报价、回收金额固定或可确定的非衍生金融资产。由于应收款项同时符合下列条件：①企业管理该金融资产的业务模式是以收取合同现金流量为目标；②该金融资产的合同条款规定，在特定日期产生的现金流量，仅为对本金和以未偿付本金余额为基础的利息支付，所以应当将其作为以摊余成本计量的金融资产。

企业不应当将下列非衍生金融资产划分为贷款和应收款项：①准备立即出售或在近期出售的非衍生金融资产，这类非衍生金融资产应划分为交易性金融资产；②初始确认时被指定为以公允价值计量且其变动计入当期损益的非衍生金融资产；③初始确认时被指定为以公允价值计量且其变动计入其他综合收益的金融资产；④因债务人信用恶化以外的原因，使持有方可能难以收回几乎所有初始投资的非衍生金融资产，如企业所持有的证券投资基金或类似的基金等。

企业的应收款项主要有以下几类：①应收票据；②应收账款；③预付账款；④其他应收款。

二、应收款项的账务处理原则

应收款项的账务处理原则应遵循下列规定。

（1）一般企业对外销售商品或提供劳务形成的应收债权，通常应按从购货方应收的合同或协议价款作为初始确认金额。

（2）企业收回或处置应收款项时，应将取得的价款与该应收款项账面价值之间的差额计入当期损益。

三、应收票据

（一）应收票据概述

应收票据是指企业因销售商品、提供劳务等而收到的还没有到期、尚未兑现的商业汇票。商业汇票是指由出票人签发的，委托付款人在指定日期无条件支付确定的金额给收款人或者持票人的票据。商业承兑汇票既可以由付款人签发，也可以由收款人签发。

应收票据是企业未来收取货款的权利，这种权利和将来应收取的货款金额以书面文件形式约定下来，因此它受到法律的保护，具有法律上的约束力，是一种短期债权。根据我国现行法律的规定，商业汇票的付款期限最长不超过 6 个月，符合条件的商业汇票的持票人，可以持未到期的商业汇票连同贴现凭证向银行申请贴现。

1. 应收票据的分类

根据承兑人的不同，应收票据可以分为应收商业承兑汇票和应收银行承兑汇票。商业承兑汇票是由银行以外的付款人承兑，按交易双方约定，由销货企业或购货企业签发，但由购货企业承兑。银行承兑汇票是由在承兑银行开立存款账户的存款人出票，向开户银行申请并经银行审查同意承兑的，保证在指定日期无条件支付确定的金额给收款人或持票人的票据。

根据是否带息，应收票据可以分为带息应收票据和不带息应收票据。带息票据是指商业汇票到期时，承兑人除向收款人或被背书人支付票面金额外，还应按票面金额和票据规定的利息率支付自票据生效日起至票据到期日止的利息的票据；不带息票据到期时只收取票面金额。

根据是否有追索权，应收票据分为带追索权的应收票据和不带追索权的应收票据。追索权是指企业在转让应收款项的情况下，接受应收款项转让方在应收款项遭拒付或逾期时，向该应收款项转让方索取应收金额的权利。

2. 应收票据到期日的确定

商业汇票的持票人在票据到期日可向承兑人收取票据款。商业汇票自承兑日起生效，其到期日是由票据有效期限的长短来决定的。在会计实务中，票据的期限一般有按月表示和按日表示两种。

票据期限按月表示时，票据的期限不考虑各月份实际天数多少，统一按次月对应日为整月计算。当签发承兑票据的日期为某月末时，统一以到期月份的最后一日为到期日。票据期限按月表示时，带息票据的利息应按票面金额、票据期限（月数）和月利率计算。

票据期限按日表示时，票据的期限不考虑月数，统一按票据的实际天数计算。票据期限按日表示时，带息票据的利息应按票面金额、票据期限（天数）和日利率计算。

3. 应收票据到期值的计算

应收票据的到期值即商业汇票到期时的全部应支付款项，要根据票据是否带息来确定。若是不带息票据，到期价值就是票面价值即本金。若是带息票据，到期价值为票据面值加上票据利息，计算公式为

$$票据到期价值 = 票据面值 \times (1 + 票面利率 \times 票据期限)$$

上式中，利率一般以年利率表示；票据期限则用月或日表示。在实际业务中，为了计算方便，常把一年定为360天，计算利息使用的利率要换算成月利率或日利率。例如，一张面值为1 000元、期限为90天、票面利率为10%的商业汇票，到期价值＝1 000×(1＋10%×90÷360)＝1 025（元）。

（二）应收票据的账务处理

为了反映和监督应收票据取得、票款收回等经济业务，企业应当设置"应收票据"账户核算应收票据的票面金额增减变动及结余情况。该账户可按照开出、承兑商业汇票的单位进行明细核算，并设置"应收票据备查簿"，逐笔登记企业所收到的商业汇票的种类、号数、出票日、票面金额、交易合同号和付款人、承兑人、背书人的姓名或单位名称、到期日、背书转让日、贴现日、贴现率和贴现净额，以及收款日和回收金额、退票情况等资料。商业汇票到期结清票款或退票后，应在备查簿中予以注销。

1. 不带息应收票据

不带息应收票据的到期值等于应收票据的面值。收到应收票据时，借记"应收票据"账户，贷记"主营业务收入""应交税费——应交增值税（销项税额）""应收账款"等账户。当应收票据到期，收回票面金额时，借记"银行存款"账户，贷记"应收票据"账户。若商业承兑汇票到期，承兑人违约拒付或无力偿还票款，收款企业应将到期票据的票面金额转入"应收账款"账户。

【例 4-7】 天生公司20×1年2月10日向甲公司销售一批产品，不含税价款为150 000元，适用增值税率为13%，已办妥托收手续。20×1年4月15日，天生公司收到

甲公司寄来的一张3个月的商业承兑汇票,面值为169 500元,抵付前欠货款。20×1年7月15日,天生公司上述应收票据到期收回票面金额存入银行。天生公司有关账务处理如下。

(1) 20×1年2月10日销售产品办妥托收手续时:

借:应收账款——甲公司　　　　　　　　　　　　　　　　169 500
　　贷:主营业务收入　　　　　　　　　　　　　　　　　　　　150 000
　　　　应交税费——应交增值税(销项税额)　　　　　　　　　 19 500

(2) 20×1年4月15日收到商业承兑汇票时:

借:应收票据——甲公司　　　　　　　　　　　　　　　　169 500
　　贷:应收账款——甲公司　　　　　　　　　　　　　　　　169 500

(3) 20×1年7月15日应收票据到期,收回票款时:

借:银行存款　　　　　　　　　　　　　　　　　　　　　169 500
　　贷:应收票据　　　　　　　　　　　　　　　　　　　　　169 500

2. 带息应收票据

对于带息应收票据,企业应于中期期末和年度终了时计算票据利息,增加应收票据的票面价值,并同时冲减财务费用,即借记"应收票据"账户,贷记"财务费用"账户。带息应收票据到期收回款项时,按票据到期值,借记"银行存款"账户;按票面价值,贷记"应收票据"账户;按其差额,贷记"财务费用"账户。应收票据利息计算公式如下:

应收票据利息 = 应收票据票面金额×利率×期限

式中,利率是指票据所标明的利率,一般以年利率表示;期限是指签发日至计息期末的时间间隔。票据期限一般用月或日表示,在实务中,为了计算方便,一年按360天计算。与此同时,计算利息使用的利率要换算成月利率或日利率。

【例4-8】 天生公司20×1年9月1日销售一批产品给乙公司,货已发出,增值税专用发票上注明价款为300 000元,增值税额为39 000元。收到乙公司交来的当日签发并承兑的商业汇票一张,期限为6个月,票面利率为10%。20×2年3月1日,该商业承兑汇票到期,收到票据款存入银行。天生公司的有关账务处理如下。

(1) 20×1年9月1日销售产品收到票据时:

借:应收票据——乙公司　　　　　　　　　　　　　　　　339 000
　　贷:主营业务收入　　　　　　　　　　　　　　　　　　　　300 000
　　　　应交税费——应交增值税(销项税额)　　　　　　　　　 39 000

(2) 20×1年末计提票据利息:

　　　　票据利息 = 339 000×10%×4÷12 = 11 300(元)

借:应收票据——乙公司　　　　　　　　　　　　　　　　 11 300
　　贷:财务费用　　　　　　　　　　　　　　　　　　　　　 11 300

(3) 20×2年3月1日票据到期收回货款:

　　　　票据到期值 = 339 000×(1 + 10%×6÷12) = 355 950(元)

借:银行存款　　　　　　　　　　　　　　　　　　　　　355 950
　　贷:应收票据——乙公司　　　　　　　　　　　　　　　　350 300

财务费用　　　　　　　　　　　　　　　　　　　　　　　　　　　5 650

3. 应收票据贴现

应收票据贴现是指票据持有人将未到期的票据背书后送交银行，银行受理后从票据到期值中扣除按银行贴现率计算确定的利息，然后将贴现额付给票据持有人的一种融资行为。票据贴现的有关计算公式如下。

（1）票据到期值 = 票据面值×(1 + 票面利率×票据期限)。

（2）贴现息 = 票据到期值×贴现率×贴现期限。

（3）贴现额 = 票据到期值−贴现息。

应收票据的贴现一般有两种情形。

一种是带追索权贴现。带追索权贴现时，贴现企业因背书而在法律上负有连带偿债责任，这种责任可能发生，也可能不发生；可能是部分的，也可能是全部的。

另一种是不带追索权贴现。不带追索权贴现时，票据一经贴现，企业将应收票据上的风险（不可收回账款的可能性）和未来经济利益全部转让给银行，企业贴现所得收入与票据账面价值之间的差额，计入当期损益。

企业持未到期的不带息应收票据向银行贴现，应按实际收到的金额（即减去贴现息后的净额），借记"银行存款"账户；按贴现息部分，借记"财务费用"或"短期借款——利息调整"账户；按商业汇票的票面金额，贷记"应收票据"（适用于满足金融资产转移准则规定的金融资产终止确认条件的情形，即企业不附追索权）或"短期借款"账户（适用于不满足金融资产转移准则规定的金融资产终止确认条件的情形，即企业附追索权）。

附追索权的票据贴现以后，票据到期时，如果承兑人还款，则借记"短期借款"账户，贷记"应收票据"账户；如果承兑人无力付款，则借记"短期借款"账户，贷记"银行存款"账户，同时，借记"应收账款"账户，贷记"应收票据"账户。

【例 4-9】　天生公司 20×1 年 5 月 1 日销售给甲公司一批产品，增值税专用发票上注明价款为 100 000 元，增值税税款为 13 000 元。甲公司交来一张出票日为 5 月 1 日、面值为 113 000 元、期限为 3 个月的商业承兑无息票据结算货款。天生公司 6 月 1 日持该票据到银行贴现，贴现率为 12%。票据到期，承兑人付款。天生公司的有关账务处理如下。

（1）20×1 年 5 月 1 日销售给甲公司产品收到票据时：

借：应收票据——甲公司　　　　　　　　　　　　　　　　　　　113 000
　　贷：主营业务收入　　　　　　　　　　　　　　　　　　　　　100 000
　　　　应交税费——应交增值税（销项税额）　　　　　　　　　　13 000

（2）20×1 年 6 月 1 日贴现时：

票据到期值 = 113 000（元）

贴现息 = 113 000×12%×2÷12 = 2 260（元）

贴现额 = 113 000−2 260 = 110 740（元）

借：银行存款　　　　　　　　　　　　　　　　　　　　　　　　110 740
　　短期借款——利息调整　　　　　　　　　　　　　　　　　　　2 260
　　贷：短期借款——成本　　　　　　　　　　　　　　　　　　　113 000

(3) 20×1年6月30日摊销利息调整：
借：财务费用　　　　　　　　　　　　　　　　　　　2 260
　　贷：短期借款——利息调整　　　　　　　　　　　　　　　2 260
20×1年7月31日摊销利息调整的分录同上。
(4) 20×1年8月1日票据到期，承兑人付款：
借：短期借款——成本　　　　　　　　　　　　　　113 000
　　贷：应收票据——甲公司　　　　　　　　　　　　　　113 000

4. 应收票据的收回和背书转让

应收票据到期收回款项时，应按票面金额予以结转；商业承兑汇票到期，承兑人违约拒付或无力支付票款的，应于收到银行退回的商业承兑汇票、委托收款凭证、未付票款通知书或拒付款证明时，将其转作应收账款。

应收票据背书转让是指持票人因偿还货款等原因，将未到期的商业汇票背书转让给其他单位或是个人的业务活动。企业将持有的不带息商业汇票背书转让以取得所需物资时，按应计入取得物资成本的金额，借记"材料采购""原材料""库存商品"等账户，按专用发票上注明的可抵扣的增值税额，借记"应交税费——应交增值税（进项税额）"账户，按商业汇票的票面金额，贷记"应收票据"账户，如有差额，贷记或借记"银行存款"等账户，如为带息票据，还应将尚未计提的利息冲减财务费用。

四、应收账款

（一）应收账款概述

应收账款是指企业因销售商品或材料、提供劳务等，应向购货单位收取的款项，以及代垫运杂费和承兑到期而未能收到款的商业承兑汇票，主要包括企业销售商品或提供劳务等应向有关债务人收取的价款、增值税及代购货单位垫付的包装费、运杂费等。

应收账款的入账价值应以实际发生额为依据，计价时还需要考虑商业折扣和现金折扣等因素。

1. 商业折扣

商业折扣是指企业根据市场供需情况，或针对不同的顾客，在商品标价上给予的价格扣除。商业折扣是企业最常用的促销方式之一。其特点是折扣在实现销售的同时发生。商业折扣仅仅是确定实际销售价格的一种手段，不需要在买卖双方任何一方的账上反映，因此，商品报价扣除商业折扣以后的实际成交价格才是应收账款的入账价值，商业折扣对会计核算不产生任何影响。

2. 现金折扣

现金折扣指债权人为鼓励债务人在规定的期限内早日付款，而向债务人提供的债务扣除。现金折扣通常发生在以赊销方式销售商品或提供劳务的交易中，通常按照以下方式表示：2/10、1/20、N/30。其意思是：如果客户在10天内偿付货款，给予2%的折扣；如果在10天以后20天内付款，给予1%的折扣；如果在20天以后30天内付款，则需全额付款。

在存在现金折扣的情况下，企业应当根据合同条款，并结合其以往的习惯做法确定交易价格。由于现金折扣合同将来收回金额不确定，属于存在可变对价的情形，因而企业应当按照期望值或最可能发生金额确定可变对价的最佳估计数。

（二）应收账款的账务处理

为了反映和监督应收账款的增减变动及其结存情况，企业应设置"应收账款"账户，并按不同的购货单位或接受劳务的单位或个人名称设置明细账。对于不单独设置"预收账款"账户的企业，预收账款也在"应收账款"账户核算，此种情况下，"应收账款"账户为双重性账户。

一般情况下，企业销售产品，满足收入确认条件时，按应向有关债务人收取的价款、增值税及代购货单位垫付的包装费、运杂费等的金额，借记"应收账款"账户，贷记"主营业务收入""应交税费——应交增值税（销项税额）""银行存款"等账户。

1. *存在商业折扣时的应收账款核算*

企业销售商品存在商业折扣时，应按折扣后的净额，借记"应收账款"账户，贷记"主营业务收入""应交税费——应交增值税（销项税额）"等账户。

【例4-10】 天生公司为增值税一般纳税企业，适用的增值税税率为13%。20×1年3月1日，天生公司向乙公司销售一批商品，按价目表上标明的价格计算，其不含增值税额的售价总额为10 000 000元。因属批量销售，天生公司同意给予乙公司10%的商业折扣；价税款尚未收到。天生公司的账务处理如下：

借：应收账款——乙公司　　　　　　　　　　　　　　　10 170 000
　　贷：主营业务收入　　　　　　　　　　　　　　　　　9 000 000
　　　　应交税费——应交增值税（销项税额）　　　　　　1 170 000

2. *存在现金折扣时的应收账款核算*

企业销售商品存在现金折扣，按应收账款总额扣除极有可能发生的现金折扣后的余额借记"应收账款"账户，按不扣除现金折扣的不含增值税的交易总价格和适用的增值税税率确定的增值税额贷记"应交税费——应交增值税（销项税额）"项目，将不含税的交易总价格扣除估计的现金折扣后的余额贷记"主营业务收入"。在资产负债表日，重新估计可能收到的对价金额，按客户实际享受的现金折扣大于估计的现金折扣的金额贷记"应收账款"，同时借记"主营业务收入"；按客户实际享受的现金折扣小于估计的现金折扣的金额借记"应收账款"，同时贷记"主营业务收入"。

【例4-11】 天生公司为增值税一般纳税企业，适用的增值税税率为13%。20×1年3月1日，天生公司向乙公司销售一批商品，不含增值税额的售价总额为10 000 000元，价税合计11 300 000元。同时，为鼓励乙公司及早付清货款，天生公司规定的现金折扣条件为：2/20，N/30（合同规定，增值税款也给予现金折扣）。公司依据客户以往付款情况的经验及客户现实经营情况，估计客户很可能在20天内结清全部款项。天生公司的账务处理如下。

（1）20×1年3月1日销售产品时：

借：应收账款——乙公司　　　　　　　　　　　　　　　11 074 000

　　　　贷：主营业务收入　　　　　　　　　　　　　　　　　　　9 774 000
　　　　　　应交税费——应交增值税（销项税额）　　　　　　1 300 000
（2）如果客户于 20 天内付款，则获得 226 000（= 11 300 000×2%）元的现金折扣，实际收到货款 11 074 000 元存入银行。
　　　　借：银行存款　　　　　　　　　　　　　　　　　　　　11 074 000
　　　　　　贷：应收账款——乙公司　　　　　　　　　　　　　11 074 000
（3）如果商品销售后 20 天内客户未能付款，则无法获得现金折扣，则
　　　　借：应收账款——乙公司　　　　　　　　　　　　　　　　226 000
　　　　　　贷：主营业务收入　　　　　　　　　　　　　　　　　226 000

知识链接	知识链接

五、预付账款

（一）预付账款概述

　　预付账款是指企业按照购货合同规定预付给供货单位的部分货款。预付账款按实际付出的金额入账。
　　按照权责发生制，预付款虽已付出，但交易双方尚未提供相应的商品或劳务，要求对方履行义务仍是企业的权利。因此，预付账款和应收账款一样，都是企业的债权。二者的差别在于，应收账款是企业销售引起的，是应向购货方收取的款项；而预付账款是企业购货引起的，是预先支付给供货方的部分货款。应收账款属于货币性资产，而预付账款属于非货币性资产。

（二）预付账款的账务处理

　　为了反映和监督预付账款的增减变动及其结存情况，企业应设置"预付账款"账户，预付款项不多的企业，可以不设置"预付账款"账户，而直接通过"应付账款"账户核算。需要指出的是，为了便于反映企业对客户的债权债务关系，对同一客户发生购货往来业务，只通过"应付账款"或只通过"预付账款"科目核算。会计期末，"应付账款"科目和"预付账款"科目所属的明细科目中，有的可能是借方余额，有的可能是贷方余额。其中，借方余额合计列示于资产负债表流动资产项目下的"预付账款"项目，贷方余额合计列示于资产负债表流动负债项目下的"应付账款"项目。
　　企业根据购货合同的规定向供货单位预付款项时，借记"预付账款"账户，贷记"银行存款"账户。收到所购物资时，按购入物资的成本，借记"材料采购"或"原材料"

等账户；按可抵扣的增值税的进项税额，借记"应交税费——应交增值税（进项税额）"账户；贷记"预付账款"账户。当预付货款不足，补付货款时，借记"预付账款"账户，贷记"银行存款"账户；当预付账款过多，收回多余款项时，借记"银行存款"账户，贷记"预付账款"账户。

六、其他应收款

（一）其他应收款概述

其他应收款是指企业除应收票据、应收账款、预付账款等以外的其他各种应收及暂付款项。其主要内容如下。

（1）应收的各种赔款、罚款。例如，因职工失职造成一定损失而应向该职工收取的赔款，或因企业财产等遭受意外损失而应向有关保险公司收取的赔款等。

（2）应收出租包装物租金。

（3）应向职工收取的各种垫付款项，如为职工垫付的水电费、应由职工负担的医药费、房租费等。

（4）备用金（向企业各职能科室、车间、个人周转使用等拨出的备用金）。

（5）存出保证金，如租入包装物支付的押金。

（6）其他各种应收、暂付款项。

（二）其他应收款的账务处理

为了反映和监督其他应收款的增减变动及其结存情况，企业应设置"其他应收款"账户。

企业发生其他应收款时，按实际发生的金额，借记"其他应收款"账户，贷记"库存现金""银行存款""营业外收入"等账户。收回或转销其他应收款时，借记"库存现金""银行存款""应付职工薪酬"等账户，贷记"其他应收款"账户。

企业应在"其他应收款"账户下设置"备用金"明细账户或单独设置"备用金"账户，以反映和监督备用金的领用和使用情况。备用金是企业预付给职工和企业内部有关单位作差旅费、零星采购、零星开支等用途的款项。定额预付制是备用金管理的一种常见形式，主要适用于经常使用备用金的单位和个人。在定额预付制下，报销时由财会部门对各项原始凭证进行审核，根据核定的报销数付给现金，补足备用金定额。除收回备用金或备用金定额变动外，账面上的备用金经常保持核定的备用金定额是定额预付制的主要核算特点。

第五节 其他金融工具投资

一、其他债权投资

（一）其他债权投资概述

其他债权投资是指同时符合下列条件的金融资产。

(1) 企业管理该金融资产的业务模式既以收取合同现金流量为目标又以出售该金融资产为目标。

(2) 该金融资产的合同条款规定，在特定日期产生的现金流量，仅为对本金和以未偿付本金金额为基础的利息的支付。

其他债权投资采用实际利率法计算的利息应当计入当期损益，计入各期损益的金额应当与债权投资按摊余成本计量而计入各期损益的金额相等；该金融资产由于公允价值变动产生的所有利得或损失，应当计入其他综合收益；该金融资产发生的减值损失或利得，应计入当期损益；该金融资产终止确认时，之前计入其他综合收益的累计利得或损失，应当从其他综合收益中转出，计入当期损益。

（二）其他债权投资的初始计量

1. 其他债权投资初始计量原则

其他债权投资应当按取得该金融资产的公允价值和相关交易费用之和作为初始入账金额。如果支付的价款中包含已到付息期但尚未领取的利息，应单独确认为应收项目，不构成其他债权投资的初始入账金额。

2. 其他债权投资初始计量的会计处理

为了反映其他债权投资的取得、处置、公允价值变动等情况，企业应当设置"其他债权投资"科目，并设置"成本""利息调整""应计利息""公允价值变动"等明细科目。其中，"成本"明细科目反映其他债权投资的面值，"利息调整"明细科目反映其他债权投资的初始入账金额和其面值的差额，以及按照实际利率法分摊后该差额的摊余余额；"应计利息"明细科目反映企业计提的到期一次还本付息的其他债权投资应计未付的利息；"公允价值变动"明细科目反映其他债权投资的公允价值变动金额。

企业取得其他债权投资时，应按其面值，借记"其他债权投资——成本"科目，按支付的价款中包含的已到付息期但尚未领取的利息，借记"应收利息"科目，按实际支付的金额，贷记"银行存款"等科目，按上列差额，借记或贷记"其他债权投资——利息调整"科目。

收到支付的价款中包含已到付息期但尚未领取的利息，借记"银行存款"，贷记"应收利息"科目。

【例 4-12】 20×1 年 1 月 1 日，天生公司购入甲公司当日发行的面值 600 000 元、期限 3 年、票面利率 8%、每年 12 月 31 日付息、到期还本的债券并分类为以公允价值计量且其变动计入其他综合收益的金融资产，实际支付购买价款（包括交易费用）620 000 元。天生公司的有关账务处理如下。

20×1 年 1 月 1 日购入甲公司债券时：

借：其他债权投资——甲公司债券（成本） 600 000
　　　　　　　　——甲公司债券（利息调整） 20 000
　　贷：银行存款 620 000

(三) 其他债权投资利息收入的确认

1. 其他债权投资利息收入计量原则

其他债权投资在持有期间确认利息收入的方法与以摊余成本计量的债权投资相同，采用实际利率法确认利息收入，计入投资收益。需要注意的是，在采用实际收益法确认其他债权投资的利息收入时，应当以不包括"公允价值变动"明细科目余额的其他债权投资账面余额与实际利率计算确定利息收入。

2. 其他债权投资利息收入的会计处理

其他债权投资如为分期付息、一次还本的债券，应于付息日或资产负债表日，按照以其他债权投资的面值和票面利率计算确定应收利息，借记"应收利息"科目，按照以其他债权投资的账面余额（不包括"公允价值变动"明细科目的余额）和实际利率计算确定的利息收入，贷记"投资收益"科目，按其差额，借记或贷记"其他债权投资——利息调整"科目；收到上列应计未收的利息时，借记"银行存款"科目，贷记"应收利息"科目；其他债权投资如为为期一次还本付息的债券，应按其他债权投资的面值和票面利率确定应收利息，借记"其他债权投资——应计利息"科目，按照以其他债权投资的账面余额（不包括"公允价值变动"明细科目的余额）和实际利率计算确定的利息收入，贷记"投资收益"科目，按其差额，借记或贷记"其他债权投资——利息调整"科目。

【例4-13】 接例4-12，20×1年1月1日，天生公司购入甲公司当日发行的面值600 000元、期限3年、票面利率8%、每年12月31日付息、到期还本的债券并分类为以公允价值计量且其变动计入其他综合收益的金融资产，实际支付购买价款（包括交易费用）620 000元。在持有期间确认利息收入的会计处理如下：

（1）计算实际利率。由于甲公司债券的初始确认金额高于面值，因此，实际利率一定低于票面利率，先按7%作为折现率进行测算。查年金现值系数表和复利现值系数表可知，3期、7%的年金现值系数和复利现值系数分别为2.624 316 04和0.816 297 88。乙公司债券的利息和年金按7%作为折现率计算的现值如下：

债券每年应收利息 = 600 000×8% = 48 000（元）

利息和本金的现值 = 48 000×2.624 316 04 + 600 000×0.816 297 88 = 615 746（元）

上式计算结果小于甲公司债券的初始确认金额，说明实际利率小于7%，再按6%作为折现率进行测算。查年金现值系数表和复利现值系数表可知，3期、6%的年金现值系数和复利现值系数分别为2.673 011 95和0.839 619 28。甲公司债券的利息和本金按6%作为折现率计算的现值如下：

利息和本金的现值 = 48 000×2.673 011 95 + 600 000×0.839 619 28 = 632 076（元）

上式计算结果大于乙公司债券的初始确认金额，说明实际利率大于6%。因此，实际利率介于6%和7%之间。使用插值法估算实际利率如下：

实际利率 = 6% + (7%–6%)×(632 076–620 000)÷(632 076–615 746) = 6.74%

（2）采用实际利率法编制利息收入与摊余成本计算表，如表4-2所示。

表 4-2　利息收入与摊余成本计算表（实际利率法）　　　单位：元

日期 ①	票面利息 ②＝面值×8%	利息收入 ③＝期初⑤×6.74%	利息调整摊销 ④＝②－③	期末摊余成本 ⑤＝期初⑤－④
20×1年1月1日				620 000
20×1年12月31日	48 000	41 788	6 212	613 788
20×2年12月31日	48 000	41 369	6 631	607 157
20×3年12月31日	48 000	40 843	7 157	600 000
合计	144 000	124 000	20 000	

注：最后一期利息收入采用减法计算

（3）编制各年确认应收利息、利息收入并摊销利息调整的会计分录（各年收到债券利息的会计处理略）。

（a）20×1年12月31日

借：应收利息　　　　　　　　　　　　　　　　　　　　　　　48 000
　　贷：投资收益　　　　　　　　　　　　　　　　　　　　　　41 788
　　　　其他债权投资——甲公司债券（利息调整）　　　　　　　 6 212

（b）20×2年12月31日

借：应收利息　　　　　　　　　　　　　　　　　　　　　　　48 000
　　贷：投资收益　　　　　　　　　　　　　　　　　　　　　　41 369
　　　　其他债权投资——甲公司债券（利息调整）　　　　　　　 6 631

（c）20×3年12月31日

借：应收利息　　　　　　　　　　　　　　　　　　　　　　　48 000
　　贷：投资收益　　　　　　　　　　　　　　　　　　　　　　40 843
　　　　其他债权投资——甲公司债券（利息调整）　　　　　　　 7 157

（四）其他债权投资的期末计量

其他债权投资的价值应按资产负债表日的公允价值反映，公允价值的变动计入其他综合收益。

在资产负债表日，其他债权投资的公允价值高于账面余额时，应按两者之间的差额，调增其他债权投资的账面余额，同时将公允价值变动计入其他综合收益，借记"其他债权投资——公允价值变动"科目，贷记"其他综合收益——其他债权投资公允价值变动"科目；其他债权投资的公允价值低于账面余额时，应按两者之间的差额，调减其他债权投资的账面余额，同时按公允价值变动减记其他综合收益，借记"其他综合收益——其他债权投资公允价值变动"科目，贷记"其他债权投资——公允价值变动"科目。

(五) 其他债权投资的处置

1. 其他债权投资处置的原则

企业处置其他债权投资时，应将取得的价款与其他债权投资账面余额之间的差额，计入投资损益；同时，将该金融资产原来直接计入其他综合收益的公允价值变动累计额对应处置部分的金额转出，计入投资损益。其中，其他债权投资的账面余额，是指出售前最后一个计量日其他债权投资的公允价值。如果在处置其他债权投资时，已计入应收项目的应收股利或债券利息尚未收回，还应从处置价款中扣除该部分现金股利或债券利息之后，再确认处置损益。

2. 其他债权投资处置的会计处理

企业处置其他债权投资时，应按实际收到的处置价款，借记"银行存款"账户；按其他债权投资的面值，贷记"其他债权投资——成本"；按其公允价值累计变动额，借记或贷记"其他债权投资——公允价值变动损益"；按应收未收的利息，贷记"应收利息"科目或"其他债权投资——应计利息"科目，按利息调整摊余金额，贷记或借记"其他债权投资——利息调整"科目；按其差额，贷记或借记"投资收益"。同时，将原计入其他综合收益的累计利得或损失对应处置部分的金额转出，借记或贷记"其他综合收益——其他债权投资公允价值变动"科目，贷记或借记"投资收益"科目。

二、其他权益工具投资

(一) 其他权益工具投资概述

其他权益工具投资主要是指非交易性股票以及不具有控制、共同控制和重大影响的且没有公允价值的股权等。企业取得其他权益工具投资，一般应指定为以公允价值计量且其变动计入其他综合收益的金融资产。其他权益工具投资的公允价值变动应计入其他综合收益；终止确认时，之前计入其他综合收益的累计利得或损失应当从其他综合收益中转出，计入留存收益。其他权益工具投资不需要计提减值准备。

其他权益工具投资一般应当以公允价值计量。但在用以确定公允价值的近期信息不足或者公允价值的可能估计金额分布范围很广的情况下，如果成本能够在该分布范围内反映对公允价值的最佳估计，则该成本可代表其在该分布范围内对公允价值的恰当估计。例如，持有的在活跃市场没有报价且对被投资企业不存在控制、共同控制和重大影响的股权投资，无法随时出售，也应确认为其他权益工具投资。

(二) 其他权益工具投资的初始计量

1. 其他权益工具投资初始计量的原则

其他权益工具投资应当按取得时的公允价值和相关交易费用之和作为初始入账金额。如果支付的价款中包含已宣告但尚未发放的现金股利，则应单独确认为应收项目，不构成其他权益工具投资的初始入账金额。

2. 其他权益工具投资初始计量的会计处理

企业应当设置"其他权益工具投资"科目，核算持有的指定为以公允价值计量且其变动计入其他综合收益的非交易性权益工具投资，并按照其他权益工具投资的类别和品种，分别以"成本"和"公允价值变动"进行明细核算。其中，"成本"明细科目反映其他权益工具投资的初始入账金额，"公允价值变动"明细科目反映其他权益工具投资在持有期间的公允价值变动金额。

企业取得其他权益工具投资时，应按其公允价值与交易费用之和，借记"其他权益工具投资——成本"科目，按支付的价款中包含的已宣告但尚未发放的现金股利，借记"应收股利"科目，按实际支付的金额，贷记"银行存款"等科目。

收到支付的价款中包含的已宣告但尚未发放的现金股利，借记"银行存款"科目，贷记"应收股利"科目。

【例 4-14】 20×3 年 4 月 20 日，天生公司按每股 7.60 元的价格从二级市场购入 A 公司每股面值 1 元的股票 80 000 股并指定为以公允价值计量且其变动计入其他综合收益的金融资产，支付交易费用 1 800 元。股票购买价格中包含每股 0.20 元已宣告但尚未领取的现金股利，该现金股利于 20×3 年 5 月 10 日发放。

（1）20×3 年 4 月 20 日，购入 A 公司股票。

初始入账金额 = (7.60–0.20)×80 000 + 1 800 = 593 800（元）

应收现金股利 = 0.20×80 000 = 16 000（元）

借：其他权益工具投资——A 公司股票（成本） 593 800
　　应收股利 16 000
　　贷：银行存款 609 800

（2）20×3 年 5 月 10 日，收到 A 公司发放的现金股利。

借：银行存款 16 000
　　贷：应收股利 16 000

（三）其他权益工具投资持有收益的确认

1. 其他权益工具投资持有收益确认的原则

其他权益工具投资在持有期间，只有在同时满足股利收入的确认条件，与交易性金融资产持有收益的确认条件相同，才能确认为股利收入并计入当期投资收益。

2. 其他权益工具投资持有收益确认的会计处理

持有其他权益工具投资期间，被投资方宣告发放的现金股利同时满足股利收入的确认条件时，投资方按应享有的份额，借记"应收股利"科目，贷记"投资收益"科目；收到发放的现金股利时，借记"银行存款"科目，贷记"应收股利"科目。

（四）其他权益工具投资的期末计量

1. 其他权益工具投资期末计量的原则

其他权益工具投资的价值应按资产负债表日的公允价值反映，公允价值的变动计入其他综合收益。

2. 其他权益工具投资期末计量的会计处理

资产负债表日,其他权益工具投资的公允价值高于其账面余额时,应按二者之间的差额,调增其他权益工具投资的账面余额,同时将公允价值变动计入其他综合收益,借"其他权益工具投资——公允价值变动"科目,贷记"其他综合收益——其他权益工具投资公允价值变动"科目;其他权益工具投资的公允价值低于其账面余额时,应按二者之间的差额,调减其他权益工具投资的账面余额,同时按公允价值变动减记其他综合收益,借"其他综合收益——其他权益工具投资公允价值变动"科目,贷记"其他权益工具投资——公允价值变动"科目。

【例4-15】 接例4-14资料。天生公司持有的80 000股A公司股票,20×3年12月31日的每股市价为8.20元,20×4年12月31日的每股市价为7.50元。20×3年12月31日,A公司股票按公允价值调整前的账面余额(即初始入账金额)为593 800元。

(1) 20×3年12月31日,调整其他权益工具投资账面余额。

公允价值变动 = 8.20×80 000−593 800 = 62 200(元)

借:其他权益工具投资——A公司股票(公允价值变动)　　62 200
　　贷:其他综合收益——其他权益工具投资公允价值变动　　　　62 200

调整后A公司股票账面余额 = 593 800 + 62 200 = 8.20×80 000 = 656 000(元)

(2) 20×4年12月31日,调整其他权益工具投资账面余额。

公允价值变动 = 7.50×80 000−656 000 = −56 000(元)

借:其他综合收益——其他权益工具投资公允价值变动　　56 000
　　贷:其他权益工具投资——A公司股票(公允价值变动)　　　　56 000

(五)其他权益工具投资的处置

1. 其他权益工具投资处置的原则

处置其他权益工具投资时,应将取得的处置价款与该金融资产账面余额之间的差额,计入留存收益;同时,该金融资产原计入其他综合收益的累计利得或损失对应处置部分的金额应当从其他综合收益中转出,计入留存收益。其中,其他权益工具投资的账面余额,是指其他权益工具投资的初始入账金额加上或减去累计公允价值变动后的金额,即出售前最后一个计量日其他权益工具投资的公允价值。如果在处置其他权益工具投资时,已计入应收项目的现金股利尚未收回,还应从处置价款中扣除该部分现金股利之后,确定计入留存收益的金额。

2. 其他权益工具投资处置的会计处理

处置其他权益工具投资时,应按实际收到的处置价款,借记"银行存款"科目,按其他权益工具投资的初始入账金额,贷记"其他权益工具投资——成本"科目,按累计公允价值变动金额,贷记或借记"其他权益工具投资——公允价值变动"科目,按上列差额,贷记或借记"盈余公积""利润分配——未分配利润"科目;同时,将原计入其他综合收益的累计利得或损失对应处置部分的金额转出,借记或贷记"其他综合收益——其他权益工具投资公允价值变动"科目,贷记或借记"盈余公积"和"利润分配——未分配利润"科目。

第六节 金融资产减值

一、预期信用损失法

(一) 预期信用损失

信用损失,是指企业根据合同应收的现金流量与预期能收到的现金流量之间的差额的现值。

预期信用损失,是指以发生违约的风险为权重的金融工具信用损失的加权平均值。

(二) 预期信用损失法在金融资产减值中的应用

以预期信用损失为基础计提金融资产损失准备的方法,称为预期信用损失法或预期信用模型。在预期信用损失法下,如果金融资产未发生信用减值,即不存在表明金融资产产生信用减值的客观证据,相关金融资产利息收入的确认应采用总额法;如果金融资产已发生信用减值,即已存在表明该金融资产发生减值的客观证据,则相关金融资产利息收入的确认应采用净额法。总额法,是指按照未扣除累计计提的损失准备的金融资产账面余额和实际利率计算确认利息收入的方法。

二、计提金融资产损失准备的方法

(一) 确定预期信用损失的三阶段模型

企业应当在每个资产负债表日评估相关金融资产(购买或源生的已发生信用减值的金融资产始终按照相当于整个存续期内预期信用损失的金额计量其损失准备的应收款项等金融资产除外)的信用风险自初始确认后是否已显著增加以及是否已发生信用减值,按照下列情形分别计量其损失准备、确认预期信用损失及其变动。

1. 初始确认后信用风险并未显著增加的金融资产

如果金融资产的信用风险自初始确认后并未显著增加,企业应当按照相当于该金融资产未来 12 个月内预期信用损失的金额计量其损失准备,无论企业评估信用损失的基础是单项金融资产还是金融资产组合,由此形成的损失准备的增加或转回金额,应当作为减值损失或利得计入当期损益。未来12 个月内预期信用损失,是指因资产负债表日后 12 个月内(若金融资产的预计存续期少于 12 个月,则为预计存续期)可能发生的金融资产违约事件而导致的预期信用损失,是整个存续期预期信用损失的一部分。

在信用风险并未显著增加的情况下,金融资产利息收入的确认应当采用总额法。

2. 初始确认后信用风险已显著增加但并未发生信用减值的金融资产

如果金融资产的信用风险自初始确认后已显著增加但并没有客观证据表明已发生信用减值,企业应当按照相当于该金融资产整个存续期内预期信用损失的金额计量其损失准备。无论企业评估信用损失的基础是单项金融资产还是金融资产组合，由此形成的损失准备的增加或转回金额，应当作为减值损失或利得计入当期损益。

企业在前一会计期间已经按照相当于金融资产整个存续期内预期信用损失的金额计量了损失准备，但在当期资产负债表日，该金融资产已不再属于自初始确认后信用风险显著增加的情形的，企业应当在当期资产负债表日按照相当于未来12个月内预期信用损失的金额计量该金融资产的损失准备，由此形成的损失准备的转回金额应当作为减值利得计入当期损益。

在信用风险已显著增加但并未发生信用减值的情况下，金融资产利息收入的确认仍然采用总额法。

3. 初始确认后信用风险已显著增加且已发生信用减值的金融资产

如果金融资产的信用风险自初始确认后已显著增加且有客观证据表明发生信用减值，企业应当按照相当于该金融资产整个存续期内预期信用损失的金额计量其损失准备。无论企业评估信用损失的基础是单项金融资产还是金融资产组合，由此形成的损失准备的增加或转回金额，应当作为减值损失或利得计入当期损益。

在信用风险已显著增加且已发生信用减值的情况下，金融资产利息收入的确认应当采用净额法。此后期间，若该金融资产因其信用风险有所改善而不再存在信用减值，并且这一改善在客观上可与发生的某一事件相联系（如债务人的信用评级被上调），企业应当转按总额法确认利息收入。

（二）金融资产信用风险的评估

企业应当在资产负债表日评估金融工具信用风险自初始确认后是否已显著增加，信用风险是指发生违约的概率。简而言之，企业应当通过比较金融工具在初始确认时所确定的预计存续期内的违约概率和该工具在资产负债表日所确定的预计存续期内的违约概率，来判定金融工具信用风险是否显著增加。

在确定金融工具的信用风险水平时，企业应当考虑以合理成本即可获得的、可能影响金融工具信用风险的、合理且有依据的信息。合理成本即无须付出不必要的额外成本或努力。

为确保自金融资产初始确认后信用风险显著增加即确认整个存续期预期信用损失，企业在一些情况下应当以组合为基础考虑评估信用风险是否显著增加；还应当考虑违约风险的相对变化，而非违约风险变动的绝对值。在同一后续资产负债表日，对于违约风险变动的绝对值相同的两项金融资产，初始确认时违约风险较低的金融资产比初始确认时违约风险较高的金融资产的信用风险变化更为显著。

企业确定金融资产在资产负债表日只具有较低的信用风险的，可以假设该金融资产的信用风险自初始确认后并未显著增加。如果金融资产的违约风险较低，借款人在短期内履行其合同现金流量义务的能力很强，并且较长时期内经济形势和经营环境的不利变化可能但未必降低借款人履行其合同现金流量义务的能力，该金融资产被视为具有较低的信用风险。

（三）金融资产预期信用损失的计量

金融资产的信用损失，应当按照应收取的合同现金流量与预期收取的现金流量二者之间的差额以实际利率折算的现值计量。

企业应当以概率加权平均为基础对预期信用损失进行计量。企业对预期信用损失的计量应当反映发生信用损失的各种可能性，但不必识别所有可能的情形。在计量预期信用损失时，企业需考虑的最长期限为企业面临信用风险的最长合同期限（包括考虑续约选择权），而不是更长期间，即让该期间与业务实践相匹配。

三、金融资产损失准备的会计处理

在资产负债表日，企业应当以预期信用损失为基础，对以摊余成本计量的金融资产（包括债权投资和应收款项）和以公允价值计量且其变动计入其他综合收益的其他债权投资计提损失准备。以公允价值计量且其变动计入当期损益的金融资产和直接指定为以公允价值计量且其变动计入其他综合收益的非交易性权益工具投资，不计提损失准备。

（一）债权投资损失准备的会计处理

在资产负债表日，企业应当对以摊余成本计量的债权投资的信用风险自初始确认后是否已显著增加进行评估，并按照预期信用损失的三阶段模型计量其损失准备、确认预期信用损失，借记"信用减值损失"科目，贷记"债权投资减值准备"科目；计提损失准备后，如果因债权投资信用风险有所降低，其预期信用损失减少，应按减少的预期信用损失金额转回已计提的损失准备和已确认的预期信用损失，借记"债权投资减值准备"科目，贷记"信用减值损失"科目。

（二）应收款项减值损失准备的会计处理

对于企业向客户转让商品或提供服务等交易形成的应收款项，可以采用简化的方法，始终按照相当于整个存续期内预期信用损失的金额计量其损失准备，不必采用预期信用损失的三阶段模型。由于应收款项通常属于短期债权，预计未来现金流量与其现值相差很小，在确定应收款项预期信用损失金额时，可以不对预计未来现金流量进行折现。因此，应收款项的预期信用损失应当按照应收取的合同现金流量与预期收取的现金流量二者之间的差额计量，即按照预期不能收回的应收款项金额计量。

应收款项单项金额为重大的，应当单独进行减值测试，有客观证据表明其发生减值的，应当根据其未来现金流量低于其账面价值的差额，确定减值损失，计提坏账准备。应收款项单项金额为非重大的，可以单独进行减值测试，确定减值损失并计提坏账准备，也可以与经单独测试后未减值的应收款项一起按类似信用风险特征划分为若干组合，再按这些应收款项组合在资产负债表日余额的一定比例计算确定减值损失，计提坏账准备。

根据应收款项组合余额的一定比例计算确定的坏账准备,应当反映各项目实际发生的减值损失,即各项组合的账面价值超过其未来现金流量的金额。

企业应当根据以前年度与之相同或类似的、具有类似信用风险特征的应收款项组合的实际损失率为基础,结合现实情况确定本期各项组合计提坏账准备的比例,据以计算本期应计提的坏账准备。常用的坏账准备计提方法有应收款项余额百分比法和账龄分析法。

1. 应收款项余额百分比法

应收款项余额百分比法是指按应收款项期末余额的一定百分比计算确定减值损失,计提坏账准备的一种方法。在某一会计期末,企业可按下列公式计算确定当期实际计提的坏账准备金额。

本期实际计提坏账准备金额 = 本期预期信用损失金额 – 坏账准备账户原有贷方余额

或者

本期实际计提坏账准备金额 = 本期预期信用损失金额 + 坏账准备账户原有借方余额

其中

本期预期信用损失金额 = 应收款项期末余额 × 预期信用损失率

根据上述公式,如果计提坏账准备前,"坏账准备"账户无余额,应按本期应收款项期末余额乘以预期信用损失率计算确定的减值金额计提坏账准备,借记"信用减值损失"账户,贷记"坏账准备"账户。如果计提坏账准备前,"坏账准备"账户已有贷方余额,应按本期应收款项期末余额乘以预期信用损失率计算确定的减值金额大于"坏账准备"账户原有贷方余额的差额补提坏账准备,借记"信用减值损失"账户,贷记"坏账准备"账户;否则应按本期应收款项期末余额乘以预期信用损失率计算确定的减值金额小于"坏账准备"账户原有贷方余额的差额冲减已计提的坏账准备,借记"坏账准备"账户,贷记"信用减值损失"账户;本期应收款项期末余额乘以预期信用损失率计算确定的减值金额等于"坏账准备"账户原有贷方余额,不计提坏账准备。如果计提坏账准备前,"坏账准备"账户已有借方余额,应按本期应收款项期末余额乘以预期信用损失率计算确定的减值金额加上"坏账准备"账户原有借方余额计提坏账准备,借记"信用减值损失"账户,贷记"坏账准备"账户。

经过上述会计处理,各期期末计提坏账准备后,"坏账准备"账户贷方余额应等于按本期预期信用损失金额,即

坏账准备账户期末贷方余额 = 坏账准备账户原有余额 + 当期实际计提坏账准备金额
= 应收款项期末余额 × 预期信用损失率

【例4-16】 天生公司采用应收款项余额百分比法计提坏账准备。根据以往的经验、债务人的财务状况和现金流量情况,并结合当前的市场状况、企业的赊销政策、合理且有依据的前瞻性信息等相关资料,天生公司确定的应收账款预期信用损失率为5%。该公司各年的相关资料以及相应的会计处理如下。

(1) 20×1年末,应收账款余额为7 500 000元,"坏账准备"账户无余额。

本年计提的坏账准备 = 7 500 000 × 3% = 225 000(元)

借:信用减值损失　　　　　　　　　　　　　　　　　　　225 000

　　　　贷：坏账准备　　　　　　　　　　　　　　　　　　　　　　　　　225 000
（2）20×2年9月，应收甲公司的账款150 000确定已无法收回，予以转销。
　　借：坏账准备　　　　　　　　　　　　　　　　　　　　　　　　　150 000
　　　　贷：应收账款——甲公司　　　　　　　　　　　　　　　　　　　　150 000
（3）20×2年末，应收账款余额为7 000 000元。
　　　　　　坏账准备原有贷方余额 = 225 000–150 000 = 75 000（元）
　　　　　　本年计提的坏账准备 = 7 000 000×3%–75 000 = 135 000（元）
　　借：信用减值损失　　　　　　　　　　　　　　　　　　　　　　　　135 000
　　　　贷：坏账准备　　　　　　　　　　　　　　　　　　　　　　　　　135 000
　　　　　　坏账准备年末贷方余额 = 75 000 + 135 000 = 210 000（元）
（4）20×3年7月，应收乙公司的账款80 000元确定已无法收回，予以转销。
　　借：坏账准备　　　　　　　　　　　　　　　　　　　　　　　　　　80 000
　　　　贷：应收账款——乙公司　　　　　　　　　　　　　　　　　　　　 80 000
（5）20×3年末，应收账款余额4 000 000元。
　　　　　　坏账准备原有贷方余额 = 210 000–80 000 = 130 000（元）
　　　　　　本年计提的坏账准备 = 4 000 000×3%–130 000 = –10 000（元）
　　借：坏账准备　　　　　　　　　　　　　　　　　　　　　　　　　　10 000
　　　　贷：信用减值损失　　　　　　　　　　　　　　　　　　　　　　　 10 000
　　　　　　坏账准备年末贷方余额 = 130 000–10 000 = 120 000（元）
（6）20×4年6月，应收丙公司的账款125 000元确定已无法收回，予以转销。
　　借：坏账准备　　　　　　　　　　　　　　　　　　　　　　　　　 125 000
　　　　贷：应收账款——丙公司　　　　　　　　　　　　　　　　　　　 125 000
（7）20×4年末，应收账款余额4 500 000元。
　　　　　　坏账准备原有贷方余额 = 120 000–125 000 = =–5 000（元）
　　　　　　本年计提的坏账准备 = 4 500 000×3% + 5 000 = 140 000（元）
　　借：信用减值损失　　　　　　　　　　　　　　　　　　　　　　　　140 000
　　　　贷：坏账准备　　　　　　　　　　　　　　　　　　　　　　　　　140 000
　　　　　　坏账准备年末贷方余额 =–5 000 + 140 000 = 135 000（元）
（8）20×5年8月，天生公司于20×5年7月已作为坏账予以转销的乙公司账款部分收回了60%，即48 000元。
　　借：银行存款　　　　　　　　　　　　　　　　　　　　　　　　　　48 000
　　　　贷：坏账准备　　　　　　　　　　　　　　　　　　　　　　　　　 48 000
（9）20×5年末，应收账款余额4 800 000元。
　　　　　　坏账准备原有贷方余额 = 135 000 + 48 000 = 183 000（元）
　　　　　　本年计提的坏账准备 = 4 800 000×3%–183 000 =–39 000（元）
　　借：坏账准备　　　　　　　　　　　　　　　　　　　　　　　　　　39 000
　　　　贷：信用减值损失　　　　　　　　　　　　　　　　　　　　　　　 39 000
　　　　　　坏账准备年末贷方余额 = 183 000–39 000 = 144 000（元）

2. 账龄分析法

账龄分析法，是指对应收款项按账龄的长短进行分类并分别确定计提坏账准备的百分比，据以计算减值损失，计提坏账准备的一种方法。

采用账龄分析法计提坏账准备，首先要对应收款项按账龄的长短进行分类，其次分别确定各类应收款项计提坏账准备的百分比，据以计算各类应收款项应计提的坏账准备金额，最后将各类应收款项应计提的坏账准备金额进行加总，求得全部应收款项应计提的坏账准备金额。采用账龄分析法计提坏账准备的会计处理方法与应收款项余额百分比法相同，但由其计算确定的坏账准备金额比应收款项余额百分比法更精确、更合理。

知识链接

（三）其他债权投资损失准备的会计处理

企业对于持有的以公允价值计量且其变动计入其他综合收益的其他债权投资，应当运用预期信用损失三阶段模型，在其他综合收益中确认其损失准备，并将减值损失或利得计入当期损益，且不应减少该金融资产在资产负债表中列示的账面价值。其中，计入当期损益的减值损失，是指按照预期信用损失三阶段模型计算确定的、应于当期确认的预期信用损失；计入当期损益的减值利得，是指按照预期信用损失三阶段模型计算确定的、应于当期转回的预期信用损失。

在资产负债表日，企业应当按照本期公允价值较上期的下跌金额，借记"其他综合收益——其他债权投资公允价值变动"科目，贷记"其他债权投资——公允价值变动"科目；同时，按照应于当期确认的预期信用损失金额，借记"信用减值损失"科目，贷记"其他综合收益——信用减值准备"科目。

对于已确认预期信用损失的其他债权投资，在随后的会计期间由其信用风险降低导致预期信用损失减少，应按减少的预期信用损失金额转回原已确认的预期信用损失。资产负债表日，企业应当按照本期公允价值较上期的回升金额，借记"其他债权投资——公允价值变动"科目，贷记"其他综合收益——其他债权投资公允价值变动"科目；同时，按照应于当期转回的预期信用损失金额，借记"其他综合收益——信用减值准备"科目，贷记"信用减值损失"科目。

【例4-17】 天生公司20×1年至20×2年根据发生的其他债权投资减值相关业务，编制会计分录如下。

（1）20×1年1月1日，以银行存款808 927元购买了B公司于当日发行的总面值为800 000元、票面利率为5%、5年期的到期一次付息债券，确认为其他债权投资；还以银行存款支付了购买该债券发生的交易费用13 780元（其中包含准予抵扣的增值税进项税额 780 元）；计算确定的实际利率为 4%。

$$入账价值 = 808\,927 + 13\,780 - 780 = 821\,927（元）$$

$$利息调整借差 = 821\,927 - 800\,000 = 21\,927（元）$$

借：其他债权投资——B 公司债券（成本）　　　　　　　　　800 000
　　　　——B 公司债券（利息调整）　　　　　　　　　　　 21 927
　　应交税费——应交增值税（进项税额）　　　　　　　　　　 780
　贷：银行存款　　　　　　　　　　　　　　　　　　　　　 822 707

20×1 年 12 月 31 日，采用实际利率法确认投资收益；当日该债券的公允价值为 850 000 元，天生公司预计到期时该债券的现金流量现值为 830 000 元，且逆转的可能性较小，确认资产减值。

（a）确认投资收益及利息调整摊销。

$$票面利息 = 800\,000 \times 5\% = 40\,000（元）$$

$$投资收益 = 821\,927 \times 4\% = 32\,877（元）$$

$$利息调整借差摊销 = 40\,000 - 32\,877 = 7\,123（元）$$

借：其他债权投资——B 公司债券（应计利息）　　　　　　　 40 000
　贷：其他债权投资——B 公司债券（利息调整）　　　　　　　 7 123
　　　投资收益　　　　　　　　　　　　　　　　　　　　　　32 877

$$该债券摊余成本 = 821\,927 + 40\,000 - 7\,123 = 854\,804（元）$$

（b）确认公允价值变动。

$$公允价值变动 = 850\,000 - 854\,804 = -4\,804（元）$$

借：其他综合收益——其他债权投资公允价值变动　　　　　　 4 804
　贷：其他债权投资——B 公司债券（公允价值变动）　　　　　 4 804

（c）确认减值损失。

$$减值损失 = 850\,000 - 830\,000 = 20\,000（元）$$

借：信用减值损失　　　　　　　　　　　　　　　　　　　　 20 000
　贷：其他综合收益——信用减值准备　　　　　　　　　　　　20 000

20×1 年 12 月 31 日，在资产负债表上，该金融资产以其账面价值（即公允价值）850 000 元列示，资产减值不影响其列示金额。

（2）20×2 年 12 月 31 日，采用实际利率法确认投资收益；当日该债券的公允价值为 885 000 元，天生公司预计到期时该债券的现金流量现值为 870 000 元。

（a）确认投资收益及利息调整摊销。

$$票面利息 = 800\,000 \times 5\% = 40\,000（元）$$

$$投资收益 = 854\,804 \times 4\% = 34\,192（元）$$

$$利息调整借差摊销 = 40\,000 - 34\,192 = 5\,808（元）$$

借：其他债权投资——B 公司债券（应计利息）　　　　　　　 40 000
　贷：其他债权投资——B 公司债券（利息调整）　　　　　　　 5 808
　　　投资收益　　　　　　　　　　　　　　　　　　　　　　34 192

$$该债券摊余成本 = 854\,804 + 40\,000 - 5\,808 = 888\,996（元）$$

(b) 确认公允价值变动。

公允价值变动 = 885 000–888 996–(–4 804) = 808（元）

借：其他债权投资——B 公司债券（公允价值变动）　　　　　808
　　贷：其他综合收益——其他债权投资公允价值变动　　　　　　808

(c) 确认减值损失。

减值损失 = 885 000–870 000–20 000 = –5 000（元）

借：其他综合收益——信用减值准备　　　　　　　　　　　5 000
　　贷：信用减值损失　　　　　　　　　　　　　　　　　　　　5 000

20×2 年 12 月 31 日，在资产负债表上，该金融资产以其账面价值（即公允价值）885 000 元列示，资产减值不影响其列示金额。

第七节　金融资产在财务报表中的列报

一、金融资产在报表内的列报

《企业会计准则第 37 号——金融工具列报》规定，金融资产和金融负债应当在资产负债表内分别列示，不得相互抵销。但同时满足下列条件的，应当以相互抵销后的净额在资产负债表内列示。

（1）企业具有抵销已确认金额的法定权利，且该种法定权利是当前可执行的。

（2）企业计划以净额结算，或同时变现该金融资产和清偿该金融负债。

不满足终止确认条件的金融资产转移，转出方不得将已转移的金融资产和相关负债进行抵销。

二、金融资产在报表附注中的披露

企业应当按照计量属性并结合自身实际情况对金融工具进行分类，在此基础上在资产负债表和利润表中列报其对财务状况和经营成果的影响，并披露金融资产和金融负债的公允价值信息。

企业应当按照规定，根据合同条款所反映的经济实质，将所发行的金融工具或其组成部分划分为金融负债或权益工具，并以此确定相关利息、股利、利得或损失的会计处理。与金融负债或复合金融工具负债成分相关的利息、股利、利得或损失，应当计入当期损益；与权益工具或复合金融工具权益成分相关的利息、股利，应当作为权益的变动处理。发行方不应当确认权益工具的公允价值变动。企业应当正确把握金融资产和金融负债的抵销原则。满足规定抵销条件的金融资产和金融负债应当以相互抵销后的净额在资产负债表内列示。

复习思考题

1. 什么是金融资产？如何分类？
2. 什么是以摊余成本计量的金融资产？
3. 什么是以公允价值计量且其变动计入其他综合收益的金融资产？
4. 什么是以公允价值计量且其变动计入当期损益的金融资产？
5. 何谓应收票据贴现？如何进行相关计算和账务处理？
6. 如何确认债权投资的利息收益？
7. 什么是实际利率法？如何确定实际利率？
8. 债权投资的利息调整包括哪些内容？
9. 什么情况下需要对其他债权投资计提资产减值准备？
10. 如何对应收账款进行减值？
11. 经济下行压力下企业利用金融资产调节业绩，粉饰报表的动向有哪些？

复习思考题参考答案

第五章

长期股权投资

【学习目标】 通过本章的学习，了解长期股权投资的概念及包括的内容、长期股权投资的入账价值确定方法、长期股权投资后续计量、长期股权投资减值迹象判断以及长期股权投资的期末报表列示。熟悉和掌握各种方式取得长期股权投资时的账务处理，成本法和权益法的具体应用，长期股权投资核算方法转换以及长期股权投资减值计提的账务处理。

第一节 长期股权投资概述

一、长期股权投资的概念

企业对外进行的投资，可以进行不同的分类。从性质上划分，可以分为债权性投资和权益性投资等，其中，债权性投资是指企业通过购入债券等方式取得被投资企业的债权而形成的对外投资；权益性投资是指企业通过控股合并、购入股票、投资组建合营企业或联营企业等方式，取得被投资企业的股权而形成的对外投资。权益性投资按对被投资单位的影响程度划分，可以分为对子公司投资、对合营企业投资和对联营企业投资等。

根据《企业会计准则第2号——长期股权投资》，长期股权投资是指投资方对被投资单位实施控制、重大影响的权益性投资，以及对其合营企业的权益性投资。

对被投资单位不具有控制、共同控制或重大影响的权益性投资执行"金融工具确认和计量"准则。

二、长期股权投资的范围

（一）实施控制的权益性投资

投资企业能够对被投资单位实施控制的权益性投资，即对子公司的投资。

控制是指投资方拥有对被投资单位的权力，通过参与被投资单位的相关活动而享有可变回报，并且有能力运用对被投资单位的权力影响其回报金额。

控制的定义包含三项基本要素：一是投资方拥有对被投资方的权力；二是因参与被投资方的相关活动而享有可变回报；三是有能力运用对被投资方的权力影响其回报金额。

在判断投资方是否能够控制被投资方时,当且仅当投资方同时具备上述三项基本要素时,才能表明投资方能够控制被投资方。

(二) 对合营企业的权益性投资

投资方与其他合营方一同对被投资单位实施共同控制且对被投资单位净资产享有权利的权益性投资,即对合营企业投资。

共同控制是指按照相关约定对某项安排所共有的控制,并且该安排的相关活动必须经过分享控制权的参与方一致同意后才能决策。在判断是否存在共同控制时,首先判断是否由所有参与方或参与方组合集体控制该安排,其次再判断该安排相关活动的决策是否必须经过这些参与方一致同意。

合营安排是一项由两个或两个以上的参与方共同控制的安排。合营安排具有两个特征,一是各参与方均受到该安排的约束;二是两个或两个以上的参与方对该安排实施共同控制,即任何一个参与方都不能够单独控制该安排,对该安排具有共同控制的任何一个参与方均能够阻止其他参与方或参与方组合单独控制该安排。

合营安排分为共同经营和合营企业。共同经营是指共同控制一项安排的参与方享有与该安排相关资产的权利,并承担与该安排相关负债的合营安排。合营企业是共同控制一项安排的参与方仅对该安排的净资产享有权利的合营安排。认定一项安排是合营安排后,应当根据合营方获得回报的方式这一经济实质,来判断该合营安排应当被划分为共同经营还是合营企业。如果合营方通过对合营安排的资产享有权利,并对合营安排的义务承担责任来获得回报,则该合营安排应当被划分为共同经营;如果合营方仅对合营安排的净资产享有权利,则该合营安排应当被划分为合营企业。

共同控制的合营企业执行"长期股权投资"准则;共同控制的共同经营执行"合营安排"准则。

(三) 具有重大影响的权益性投资

投资方对被投资单位具有重大影响的权益性投资,即对联营企业投资。

重大影响是指对一个企业的财务和经营政策有参与决策的权力,但并不能够控制或者与其他方一起共同控制这些政策的制定。企业通常可以通过以下一种或几种情形来判断是否对被投资单位具有重大影响。

(1) 在被投资单位的董事会或类似权力机构中派有代表。
(2) 参与被投资单位财务和经营政策制定过程。
(3) 与被投资单位之间发生重要交易。
(4) 向被投资单位派出管理人员。
(5) 向被投资单位提供关键技术资料。

存在上述一种或多种情形并不意味着投资方一定对被投资单位具有重大影响。企业需要综合考虑所有事实和情况来做出恰当的判断。

在确定能否对被投资单位施加重大影响时,一方面应考虑投资方直接或间接持有被投资单位的表决权股份,同时要考虑投资方及其他方持有的当期可执行潜在表决权在假定转换为对被投资单位的股权后产生的影响,如被投资单位发行的当期可转换的认股权证、股份期权及可转换公司债券等的影响。

第二节 长期股权投资的初始计量

一、长期股权投资初始计量的原则

企业取得长期股权投资时,应按初始投资成本入账。长期股权投资可以通过企业合并而形成,也可以通过以支付现金、发行权益证券、投资者投入等其他方式取得。企业应该分别按企业合并和非企业合并两类情况确定长期股权投资的初始投资成本。企业合并形成的长期股权投资又分为同一控制下的企业合并和非同一控制下的企业合并;非企业合并形成的长期股权投资包括对联营企业和合营企业投资的长期股权投资。在不同的取得方式下,初始投资成本的确定方法就有所不同。

企业在取得长期股权投资时,如果支付的价款或对价中包含已宣告但尚未发放的现金股利或利润,则应将其作为应收款项,不应构成长期股权投资的初始投资成本。

二、企业合并形成的长期股权投资

企业合并是指将两个或两个以上单独的企业合并形成一个报告主体的交易或事项。企业合并通常包括吸收合并、新设合并和控股合并三种方式。企业合并形成的长期股权投资是指通过企业控股合并方式所形成的投资企业(即合并后的母公司)对被投资单位(即合并后的子公司)的长期股权投资。企业合并形成的长期股权投资,应当区分同一控制下的控股合并和非同一控制下的控股合并分别确定其初始投资成本。

(一)同一控制下企业合并形成的长期股权投资

同一控制下的企业合并是指参与合并的企业在合并前后均受同一方或相同的多方最终控制并且该控制并非暂时性的。同一控制下的企业合并,在合并日取得对其他参与合并企业控制权的一方为合并方,参与合并的其他企业为被合并方,合并日是合并方获得对被合并方控制权的日期。对于同一控制下的企业合并,从能够对参与合并各方在合并前和合并后均实施最终控制的一方来看,其能够控制的资产在合并前及合并后并没有发生变化,因此,同一控制下企业合并应用的是权益结合法原则。在同一控制下企业合并形成的长期股权投资,是合并方取得被合并方所有者权益在最终控制方合并财务报表中的账面价值金额为基础进行计量。

如果企业合并前合并方与被合并方采用的会计政策不同,则应基于重要性原则,统一合并方与被合并方的会计政策。在按照合并方的会计政策对被合并方的资产、负债的账面价值进行调整的基础上,计算确定形成长期股权投资的初始成本。如果被合并方存在合并财务报表,则应当以合并日被合并方合并财务报表所有者权益为基础确认长期股权投资的初始投资成本。

被合并方在最终控制方合并财务报表中的净资产账面价值,并不是指被合并方个别财务报表中体现的资产、负债的价值,而是从最终控制方的角度,被合并方自最终控制方开始控制时起,其所持有的资产、负债确定对于最终控制方的价值持续计算至合并日的账面价值。

被合并方在合并日的净资产账面价值为负数的,长期股权投资初始投资成本按零确定,同时在备查登记簿中予以登记。

1. 合并方以支付现金、转让非现金资产或承担债务方式等作为合并对价

对于同一控制下的企业合并,合并方以支付现金、转让非现金资产或承担债务方式作为合并对价的,应当在合并日按照被合并方所有者权益在最终控制方合并财务报表中的账面价值的份额作为长期股权投资的初始投资成本。该初始投资成本小于所支付的现金、转让的非现金资产或所承担债务账面价值之间的差额,应当冲减资本公积(资本溢价或股本溢价);资本公积的余额不足冲减的,依次冲减盈余公积、未分配利润。若所确定的长期股权投资的初始投资成本大于所支付的现金、转让的非现金资产或所承担债务账面价值的差额,则应当增加资本公积(资本溢价或股本溢价)。

合并方为企业合并发行的债券或承担其他债务所支付的手续费、佣金等,应当计入所发行债券或承担其他债务的初始计量金额;为进行企业合并发生的直接相关费用,如为进行企业合并而支付的审计费用、评估费用、法律服务费用等,应当于发生时计入当期损益。

应在合并日按取得被合并方所有者权益在最终控制方合并财务报表中的账面价值的份额,借记"长期股权投资",按享有被投资方已宣告但尚未发放的现金股利或利润,借记"应收股利"等科目,按支付的合并对价的账面价值,贷记或借记有关资产、负债科目,按其差额,贷记"资本公积——资本溢价或股本溢价"科目;如为借方差额,借记"资本公积——资本溢价或股本溢价"科目,资本公积(资本溢价或股本溢价)不足冲减的,应依次借记"盈余公积""利润分配——未分配利润"科目。

【例5-1】 A公司为天生公司和C公司的母公司。20×1年1月1日,A公司将其持有C公司70%的股权转让给天生公司,双方协商确定的价格为7 500 000元,以银行存款支付;当日,天生公司取得C公司的实际控制权;C公司所有者权益在最终控制方合并财务报表中的账面价值金额为10 000 000元,无其他所有者权益变动。此外,天生公司还以银行存款支付审计、评估费10 000元。天生公司的"资本公积——股本溢价"账户余额为400 000元,"盈余公积"账户余额200 000元。不考虑相关税费等因素影响。

分析:在本例中,合并方天生公司与被合并方C公司在合并前后均同为A公司所控制,天生公司通过同一控制下的企业合并而取得对乙公司的长期股权投资,合并日为20×1年1月1日。天生公司取得对乙公司的长期股权投资的初始成本为7 000 000(=10 000 000×70%)元,天生公司在合并日的账务处理如下:

长期股权投资初始投资成本 = 10 000 000×70% = 7 000 000(元)

借:长期股权投资——C公司　　　　　　　　　　　　　　　7 000 000

资本公积——股本溢价		400 000
盈余公积		100 000
管理费用		10 000
贷：银行存款		7 510 000

2. 合并方以发行权益性证券作为合并对价

合并方以发行权益性证券作为合并对价的，应当在合并日按照被合并方所有者权益在最终控制方合并财务报表中的账面价值的份额作为长期股权投资的初始投资成本，按照发行股份的面值总额作为股本。长期股权投资初始成本小于所发行的作为合并对价的股份面值总额之间的差额，应当冲减资本公积（资本溢价或股本溢价）；资本公积的余额不足冲减的，应当依次冲减盈余公积、未分配利润。如果长期股权投资初始成本大于所发行的作为合并对价的股份面值总额，应当计入资本公积（资本溢价或股本溢价）。

合并方为进行企业合并发行权益性证券所发生的手续费用、佣金等，应当冲减合并方的资本公积（股本溢价）；资本公积（股本溢价）不足冲减的，冲减留存收益。合并方或购买方为企业合并发生的审计、法律服务、评估咨询等中介费用以及其他相关管理费用，应当于发生时计入当期损益。

合并方以发行权益性证券作为合并对价的，应当在合并日按照被合并方所有者权益在最终控制方合并财务报表中的账面价值的份额，借记"长期股权投资"，按享有被投资方已宣告但尚未发放的现金股利或利润，借记"应收股利"等科目，按照发行股份的面值总额，贷记"股本"，按其差额，贷记"资本公积——资本溢价或股本溢价"；如为借方差额，借记"资本公积——资本溢价或股本溢价"科目，资本公积（资本溢价或股本溢价）不足冲减的，应依次借记"盈余公积""利润分配——未分配利润"科目。同时，合并方在发行权益性证券过程中支付的手续费、佣金等费用，应借记"资本公积——股本溢价"科目，贷记"银行存款"等科目；股本溢价不足冲减的，依次借记"盈余公积"和"利润分配——未分配利润"科目。

同一控制下企业合并形成的长期股权投资，如果子公司按照改制时确定的资产、负债经评估确认的价值调整资产、负债账面价值的，合并方应当按照取得子公司经评估确认的净资产的份额，作为长期股权投资的初始投资成本。

（二）非同一控制下企业合并形成的长期股权投资

非同一控制下的企业合并是指参与合并各方前后不受同一方或相同的多方最终控制的合并交易，即同一控制下企业合并以外的其他企业合并。非同一控制下的企业合并，在购买日取得对其他参与合并企业控制权的一方为购买方，参与合并的其他企业为被购买方，购买日是购买方获得对被购买方控制权的日期。非同一控制下企业合并处理的基本原则是购买方法。非同一控制下的控股合并中，购买方应将企业合并作为一项购买交易，合理确定合并成本，将其作为合并取得长期股权投资的初始投资成本。

1. 购买方以支付现金、转让非现金资产或承担债务方式等作为合并对价

非同一控制下企业合并形成的长期股权投资，购买方以支付现金、转让非现金资产

或承担债务方式等作为合并对价的,企业合并成本为购买方在购买日为取得对被购买方的控制权而付出的资产、发生或承担的负债的公允价值。

购买方为企业合并发生的审计、法律服务、评估咨询等中介费用以及其他相关管理费用,应当于发生时计入当期损益;购买方作为合并对价发行的债务性证券的交易费用,应当计入债务性证券的初始确认金额,不构成初始投资成本。

购买方作为合并对价付出的非现金资产,应当按其公允价值计量,付出资产公允价值与其账面价值的差额应分不同资产进行会计处理。具体地,付出的资产为存货的,应当作为销售处理,以其公允价值确认收入,同时按其账面价值结转成本,涉及增值税的,还应进行相应处理,若存货计提跌价准备的,应将存货跌价准备一并结转;付出资产为固定资产、无形资产的,付出资产的公允价值与其账面价值的差额,计入资产处置损益;付出资产为金融资产的,付出资产的公允价值与其账面价值的差额,计入投资损益,其中,付出资产为指定以公允价值计量且其变动计入其他综合收益的非交易性权益工具投资,付出资产的公允价值与其账面价值的差额,计入留存收益。

非同一控制下企业合并形成的长期股权投资,按支付合并对价的非现金资产类型不同其具体账务处理有所不同。非同一控制下企业合并形成的长期股权投资,购买方以支付现金、转让非现金资产或承担债务方式等作为合并对价的,按照确定的合并成本,借记"长期股权投资"账户,按享有的被投资单位已宣告但尚未发放的现金股利或利润,借记"应收股利"账户,按付出的合并对价的账面价值,贷记或借记有关资产、负债科目,按发生的直接相关费用(如资产处置费用),贷记"银行存款"等科目,差额按支付合并对价的非现金资产类型不同其具体账务处理有所不同。购买方以存货作为合并对价的,按库存商品的公允价值,贷记"主营业务收入""其他业务收入"等科目,按应计交的增值税销项税额,贷记"应交税费——应交增值税(销项税额)";按付出存货的账面价值,借记"主营业务成本""其他业务成本"等科目,按已计提的跌价准备,借记"存货跌价准备",按存货的成本,贷记"库存商品"等科目;若有为付出库存商品发生的运杂费等,则应借记"销售费用",贷记"银行存款";若付出的库存商品为应税消费品,则按应计交的消费税,借记"税金及附加",贷记"应交税费——应交消费税"。当购买方以固定资产或者无形资产作为合并对价的,按付出固定资产或无形资产产生的净损益,借记或贷记"资产处置损益"科目;当购买方以金融资产作为合并对价的,差额借记或贷记"投资收益"科目(如果付出资产是指定为以公允价值计量且其变动计入其他综合收益的非交易性权益工具投资,则应计入留存收益)。同时,企业合并发生的各项直接相关费用,借记"管理费用"科目,贷记"银行存款"等科目。

【例5-2】 20×1年1月15日,天生公司与丙公司达成合并协议,约定天生公司以一批库存商品和银行存款作为合并对价,取得丙公司80%的股权。天生公司付出的库存商品的成本为26 000 000元,未计提跌价准备,公允价值为30 000 000元;另支付银行存款为14 000 000元。在合并过程中,用银行存款支付直接相关费用900 000元。20×1年1月15日,天生公司实际取得对丙公司的控制权。天生公司为增值税一般纳税人,商品的增值税税率为13%。假定在合并前天生公司与丙公司不存在任何关联方关系,不考虑其他相关税费等其他因素的影响。

分析：本例中因天生公司与丙公司在合并前不存在任何关联方关系，因此该例的企业合并属于非同一控制下的控股合并。天生公司为购买方，丙公司为被购买方，合并日为20×1年1月15日。企业以天生公司对于非同一控制下企业合并形成的长期股权投资的账务处理如下。

（1）20×1年1月15日，合并日形成对丙公司的长期股权投资：

付出库存商品应确认收入 = 30 000 000（元）

增值税额 = 30 000 000×13% = 3 900 000（元）

应确认销售成本 = 26 000 000（元）

合并成本 = 30 000 000 + 3 900 000 + 14 000 000 = 47 900 000（元）

借：长期股权投资——丙公司　　　　　　　　　　47 900 000
　　贷：主营业务收入　　　　　　　　　　　　　　30 000 000
　　　　应交税费——应交增值税（销项税额）　　　3 900 000
　　　　银行存款　　　　　　　　　　　　　　　　14 000 000

（2）同时，结转库存商品成本：

借：主营业务成本　　　　　　　　　　　　　　　26 000 000
　　贷：库存商品　　　　　　　　　　　　　　　　26 000 000

（3）支付合并的直接相关费用：

借：管理费用　　　　　　　　　　　　　　　　　　900 000
　　贷：银行存款　　　　　　　　　　　　　　　　　900 000

2. 购买方以发行权益性证券作为合并对价

非同一控制下企业合并形成的长期股权投资，购买方以发行权益性证券等作为合并对价的，企业合并成本为购买方在购买日为取得对被购买方的控制权而发行的权益性证券的公允价值。

购买方为企业合并发生的审计、法律服务、评估咨询等中介费用以及其他相关管理费用，应当于发生时计入当期损益；购买方作为合并对价发行的权益性证券的交易费用，应当冲减权益性证券的溢价发行收入，溢价发行收入不足冲减的，冲减留存收益，不构成初始投资成本。

购买方以发行权益性证券作为合并对价的，应在购买日按照发行的权益性证券的公允价值，借记"长期股权投资"科目，按享有的被投资单位已宣告但尚未发放的现金股利或利润，借记"应收股利"等科目，按照发行的权益性证券的面值总额，贷记"股本"，按其差额，贷记"资本公积——资本溢价或股本溢价"。同时，对发行权益性证券所支付的手续费和佣金等费用，借记"资本公积——股本溢价"科目，贷记"银行存款"科目。企业合并所支付的直接相关费用，借记"管理费用"科目，贷记"银行存款"等科目。

【例5-3】　天生公司与戊公司为两个独立的法人企业，在合并前不存在任何关联方关系。20×0年12月25日，天生公司和戊公司达成合并协议，约定天生公司以增发本公司的普通股2 500万股作为合并对价，取得戊公司60%的股权。20×1年1月1日，天生公司定向增发了约定的普通股，每股面值1元，每股公允价值3.8元，用银行存款支付发行费用 475 000 元，取得了戊公司的控制权。在合并过程中天生公司用银行存款支付审计费、法律服务费等直接相关费用 650 000 元。

分析：在本例中，天生公司与戊公司为两个独立的法人企业，不存在任何关联方关系，通过合并，天生公司取得了对戊公司的控制权。因此，该合并属于非同一控制下的控股合并，天生公司为购买方，戊公司为被购买方，购买日为 20×1 年 1 月 1 日。合并成本为增发股票的公允价值 95 000 000 元。在购买日，天生公司的有关账务处理如下。

（1）20×4 年 3 月 1 日，天生公司取得对戊公司的控制权时：

合并成本 = 25 000 000 × 3.8 = 95 000 000（元）

借：长期股权投资——戊公司　　　　　　　　　　　　95 000 000
　　贷：股本　　　　　　　　　　　　　　　　　　　　25 000 000
　　　　资本公积——股本溢价　　　　　　　　　　　　70 000 000

（2）支付股票发行费用时：

借：资本公积——股本溢价　　　　　　　　　　　　　　475 000
　　贷：银行存款　　　　　　　　　　　　　　　　　　　475 000

（3）支付直接相关费用时：

借：管理费用　　　　　　　　　　　　　　　　　　　　650 000
　　贷：银行存款　　　　　　　　　　　　　　　　　　　650 000

三、非企业合并形成的长期股权投资

（一）以支付现金取得的长期股权投资

以支付现金取得长期股权投资的，应当按照实际应支付的购买价款作为初始投资成本。初始投资成本包括与取得长期股权投资直接相关的费用、税金及购买过程中支付的手续费等必要支出，但所支付价款中包含的被投资单位已宣告但尚未发放的现金股利或利润作为应收项目核算，不构成取得长期股权投资的成本。

企业以支付现金的方式取得长期股权投资的，应按确定的初始投资成本，借记"长期股权投资"科目，按应享有被投资单位已宣告但尚未发放的现金股利或利润，借记"应收股利"等科目，按照实际支付的买价及相关税费，贷记"银行存款"科目。

【例 5-4】　20×1 年 1 月 5 日，天生公司以支付现金方式购入 A 公司 30% 的股权，对 A 公司具有重大影响，实际支付的购买价款为 6 500 000 元，支付手续费等相关费用为 500 000 元，并于同日完成相关手续。天生公司将其作为长期股权投资。其账务处理如下。

20×1 年 1 月 5 日，用现金购入 A 公司 30% 的股权作长期投资时：

长期股权投资的初始投资成本 = 6 500 000 + 500 000 = 7 000 000（元）

借：长期股权投资——A 公司　　　　　　　　　　　　7 000 000
　　贷：银行存款　　　　　　　　　　　　　　　　　　7 000 000

（二）以发行权益性证券取得的长期股权投资

以发行权益性证券取得的长期股权投资，应当按照发行权益性证券的公允价值作为初始投资成本，但不包括应以被投资单位收取的已宣告但尚未发放的现金股利或利润。

为发行权益性工具支付给有关证券承销机构等的手续费、佣金等与工具发行直接相关的费用，不构成取得长期股权投资的成本。该部分费用应自所发行证券的溢价发行收入中扣除，溢价收入不足冲减的，应依次冲减盈余公积和未分配利润。

企业发行权益性证券取得长期股权投资的，应按确定的初始投资成本，借记"长期股权投资"科目，按应享有被投资单位已宣告但尚未发放的现金股利或利润，借记"应收股利"等科目，按所发行的权益性证券的面值总额，贷记"股本"，按权益性证券的公允价值与其面值的差额，贷记"资本公积——股本溢价"科目。为发行权益性证券所支付的手续费、佣金等费用，借记"资本公积——股本溢价"科目，贷记"银行存款"等科目；若产生的溢价收入不足冲减的，则应依次借记"盈余公积"科目和"利润分配——未分配利润"科目。

一般而言，投资者投入的长期股权投资应根据法律法规的要求进行评估作价，在公平交易当中，投资者投入的长期股权投资的公允价值，与所发行证券（工具）的公允价值不应存在重大差异。如有确凿证据表明，取得长期股权投资的公允价值比所发行证券（工具）的公允价值更加可靠的，以投资者投入的长期股权投资的公允价值为基础确定其初始投资成本。投资方通过发行债务性证券（债务性工具）取得长期股权投资的，比照通过发行权益性证券（权益性工具）处理。

【例5-5】 20×1年1月10日，天生公司通过定向增发本公司普通股1 000万股取得B公司20%的股权。天生公司所增发的普通股每股面值1元，发行价3.50元。为增发该部分股票，天生公司向证券承销机构支付手续费1 050 000元。天生公司取得B公司股权后能对其产生重大影响，且B公司20%的股权的公允价值与A公司增发股份的公允价值不存在重大差异。不考虑相关税费等其他因素影响。其账务处理如下。

（1）通过定向增发股票取得对B公司长期股权投资时：

借：长期股权投资——B公司　　　　　　　　　　　　　35 000 000
　　贷：股本　　　　　　　　　　　　　　　　　　　　10 000 000
　　　　资本公积——股本溢价　　　　　　　　　　　　25 000 000

（2）支付发行手续费时：

借：资本公积——股本溢价　　　　　　　　　　　　　　1 050 000
　　贷：银行存款　　　　　　　　　　　　　　　　　　 1 050 000

【例5-6】 天生公司为非上市公司，在公司成立之初，A公司以其持有的对B公司的长期股权投资作为出资投入天生公司，B公司为上市公司，其约定A公司作为出资的长期股权投资作价25 000 000元（该作价与其公允价值相当）。交易完成后，A公司注册资本增加至90 000 000元，其中A公司的持股比例为20%。天生公司取得该长期股权投资后能够对B公司施加重大影响。不考虑相关税费等其他因素影响。

分析：A 公司向天生公司投入的长期股权投资具有活跃市场报价，而天生公司所发行的权益性工具的公允价值不具有活跃市场报价，因此，天生公司应采用 B 公司股权的公允价值来确认长期股权投资的初始成本。

天生公司的账务处理如下：

借：长期股权投资——B 公司　　　　　　　　　　　　25 000 000
　　贷：实收资本　　　　　　　　　　　　　　　　　18 000 000
　　　　资本公积——资本溢价　　　　　　　　　　　 7 000 000

（三）通过非货币性资产交换取得的长期股权投资

通过非货币性资产交换取得的长期股权投资，其初始投资成本应当按照《企业会计准则第 7 号——非货币性资产交换》的有关规定确定。

（四）通过债务重组取得的长期股权投资

通过债务重组取得的长期股权投资，其初始投资成本应当按照《企业会计准则第 12 号——债务重组》的有关规定确定。

第三节　长期股权投资的后续计量

企业取得的长期股权投资在持有期间，根据投资方对被投资单位的影响程度分别采用成本法及权益法进行核算。

一、长期股权投资的成本法

（一）成本法及适用范围

成本法是指长期股权投资的账面价值按初始投资成本计价核算的方法，除追加或收回投资外，一般不会对长期股权投资账面余额进行调整。根据长期股权投资准则，投资方能够对被投资单位实施控制的长期股权投资应当采用成本法核算。投资方持有的对子公司投资应当采用成本法核算，投资方为投资性主体且子公司不纳入其合并财务报表的除外。投资方在判断对被投资单位是否具有控制时，应综合考虑直接持有的股权和通过子公司间接持有的股权。在个别财务报表中，投资方进行成本法核算时，应仅考虑直接持有的股权份额。

（二）成本法的基本核算程序

采用成本法核算长期股权投资，其基本核算程序如下。

（1）设置"长期股权投资"账户，取得长期股权投资时，按初始投资成本入账；在追加投资时，按照追加投资支付的成本的公允价值及发生的相关交易费用增加长期股权投资的账面价值。

（2）除取得投资时实际支付的价款或对价中包含的已宣告但尚未发放的现金股利或利润外，在长期股权投资持有期间，应在被投资单位宣告分派现金股利或利润时，按享有的现金股利或利润确认投资收益，不管有关利润分配是属于对取得投资前还是投资后被投资单位实现净利润的分配。

（3）被投资单位宣告分派的股票股利，投资企业应在除权日作备查记录，不作账务处理；对被投资单位实现盈利或发生亏损，投资方不予反映。

企业按照上述规定确认自被投资单位应分得的现金股利或利润后，应当考虑长期股权投资是否发生减值，关注长期股权投资的账面价值是否大于享有被投资单位净资产（包括相关商誉）账面价值的份额等类似情况。出现类似情况时，企业应当按照资产减值准则对长期股权投资进行减值测试，可收回金额低于长期股权投资账面价值的，应当计提减值准备。值得注意的是，子公司将未分配利润或盈余公积直接转增股本（实收资本），且未向投资方提供等值现金股利或利润的选择权时，母公司并没有获得收取现金股利或者利润的权力，上述交易通常属于子公司自身权益结构的重分类，母公司不应确认相关的投资收益。

长期股权投资采用成本法核算的，应按被投资单位宣告发放的现金股利或利润中属于本企业的部分，借记"应收股利"科目，贷记"投资收益"科目。收到上述现金股利或利润时，借记"银行存款"科目，贷记"应收股利"科目。

【例5-7】 20×9年1月10日，天生公司以银行存款12 800 000元取得甲公司80%的股权。相关手续于当日完成，并能够对乙公司实施控制。20×0年4月20日，甲公司宣告分派20×9年度现金股利500 000元，并于20×0年5月15日正式支付。20×9年度甲公司实现净利润10 000 000元。20×1年4月25日，甲公司宣告分派20×0年度现金股利800 000元，并于20×1年5月20日正式支付。20×1年度甲公司发生损失4 000 000元。天生公司与甲公司之间不存在关联方关系。不考虑相关税费等其他因素影响。

根据该例的资料条件，天生公司对甲公司的长期股权投资应当采用成本法核算。相关的账务处理为如下。

（1）20×9年1月10日，取得对甲公司的长期股权投资时：

借：长期股权投资——甲公司　　　　　　　　　　　　12 800 000
　　贷：银行存款　　　　　　　　　　　　　　　　　　　　　　12 800 000

（2）20×0年4月20日，甲公司宣告分派20×9年度现金股利时：

应确认投资收益＝500 000×80%＝400 000（元）

借：应收股利　　　　　　　　　　　　　　　　　　　　400 000
　　贷：投资收益　　　　　　　　　　　　　　　　　　　　　　400 000

（3）20×0年5月15日，收到甲公司支付的利润时：

借：银行存款　　　　　　　　　　　　　　　　　　　　400 000
　　贷：应收股利　　　　　　　　　　　　　　　　　　　　　　400 000

（4）20×1年4月25日，甲公司宣告分派20×0年度现金股利时：

应确认投资收益＝800 000×80%＝640 000（元）

借：应收股利　　　　　　　　　　　　　　　　　　　　640 000
　　贷：投资收益　　　　　　　　　　　　　　　　　　　　640 000
（5）20×1年5月20日，收到甲公司支付的利润时：
借：银行存款　　　　　　　　　　　　　　　　　　　　640 000
　　贷：应收股利　　　　　　　　　　　　　　　　　　　　640 000

说明：在长期股权投资采用成本法核算的情况下，投资企业应当在被投资单位宣告分派现金股利或利润时，按应享有的金额确认投资收益，而对持有投资期间被投资单位实现净利润或发生亏损，投资企业均不予反映。

二、长期股权投资的权益法

（一）权益法及适用范围

权益法是指取得长期股权投资时按初始投资成本入账并判断是否需要调整初始投资成本，在投资持有期间，应根据投资企业在被投资单位享有的权益份额的变动，而对长期股权投资账面金额进行调整的一种会计处理方法。

根据长期股权投资准则，投资方对合营企业和联营企业投资应当采用权益法核算。投资方在判断对被投资单位是否具有共同控制、重大影响时，应综合考虑直接持有的股权和通过子公司间接持有的股权。在综合考虑直接持有的股权和通过子公司间接持有的股权后，如果认定投资方在被投资单位拥有共同控制或重大影响，在个别财务报表中，投资方进行权益法核算时，应仅考虑直接持有的股权份额；在合并财务报表中，投资方进行权益法核算时，应同时考虑直接持有和间接持有的份额。

（二）会计科目设置

长期股权投资核算采用权益法的，应在"长期股权投资"账户下设置"投资成本""损益调整""其他综合收益""其他权益变动"明细科目进行明细核算，用于分别反映长期股权投资的初始投资成本、被投资单位由净损益引起的以及除净损益以外其他原因引起的所有者权益变动而对投资进行调整的金额。其中，各明细科目反映的内容如下。

（1）投资成本，反映取得长期股权投资时的初始投资成本，以及当初始投资成本小于投资时享有被投资单位可辨认净资产公允价值的份额时，按其差额调整的初始投资成本。

（2）损益调整，反映投资企业应享有或应分担的被投资单位实现的并经调整后的净损益的份额，以及被投资单位宣告分派现金股利或利润时投资企业应获得的份额。

（3）其他综合收益，反映被投资单位因确认其他综合收益引起的所有者权益变动中，投资企业应享有或应分担的份额。

（4）其他权益变动，反映被投资单位除净损益、分配利润或者现金股利以及确认其他综合收益以外其他原因引起的所有者权益变动，投资企业应享有或应分担的份额。

(三）权益法的具体应用

1. 长期股权投资初始成本的调整

企业在取得长期股权投资时，应按初始投资成本入账。初始投资成本与投资时应享有被投资单位可辨认净资产公允价值的份额之间的差额，应区别情况进行处理。

（1）如果长期股权投资的初始投资成本大于取得投资时应享有被投资单位可辨认净资产公允价值的份额，二者之间的差额在实质上就是投资企业在取得投资过程中通过作价体现出的与所取得股权份额相对应的商誉以及被投资单位不符合确认条件的资产价值。这种情况下不要求对长期股权投资的成本进行调整。

（2）如果长期股权投资的初始投资成本小于取得投资时应享有被投资单位可辨认净资产公允价值的份额，二者之间的差额就体现为双方在交易作价过程中转让方的让步，该部分经济利益流入应作为收益处理，计入投资当期的营业外收入，同时调整增加长期股权投资的初始投资成本，即借记"长期股权投资——投资成本"科目，贷记"营业外收入"科目。

【例 5-8】 20×1 年 1 月 5 日，天生公司取得乙公司 30%的股权作为长期投资，支付价款为 52 000 000 元（包括交易税费）。取得投资时乙公司可辨认净资产公允价值为 170 000 000 元。天生公司在取得乙公司的股权投资后，能够对乙公司施加重大影响。不考虑相关税费等其他因素影响。因此对该长期股权投资采用权益法核算。

取得投资时，天生公司应作如下账务处理：

借：长期股权投资——乙公司（投资成本）　　　　　　52 000 000
　　贷：银行存款　　　　　　　　　　　　　　　　　　　　52 000 000

由于该长期股权投资的初始投资成本 52 000 000 元大于取得投资时应享有被投资单位可辨认净资产公允价值的份额 51 000 000（= 170 000 000×30%）元，因此，不调整长期股权投资的初始投资成本。

假定在例 5-8 中取得投资时，乙公司可辨认净资产公允价值为 180 000 000 元，天生公司按持股比例 30%计算应享有 54 000 000 元，则初始投资成本小于应享有被投资单位可辨认净资产公允价值的份额，二者之间的差额 2 000 000 元应计入投资当期的营业外收入，同时调增投资的初始投资成本，即除了按取得的初始投资成本编制上笔会计分录之外，还应编制如下调整分录。

借：长期股权投资——乙公司（投资成本）　　　　　　2 000 000
　　贷：营业外收入　　　　　　　　　　　　　　　　　　　2 000 000

2. 投资损益的确认

投资企业取得长期股权投资后，应当按照应享有或应分担的被投资单位实现的净利润的份额，确认投资损益并调整长期股权投资的账面价值。按照应享有的收益份额，借记"长期股权投资——损益调整"科目，贷记"投资收益"科目；按照应分担的亏损份额，借记"投资收益"科目，贷记"长期股权投资——损益调整"科目。

此外，如果被投资单位发行了分类为权益的可累积优先股等类似的权益工具，无论被投资单位是否宣告分配优先股股利，投资方计算应享有被投资单位的净利润时，均应将归属于其他投资方的累积优先股股利予以扣除。

采用权益法核算的长期股权投资，在确认应享有（或分担）被投资单位的净利润（或净亏损）时，在被投资单位账面净利润的基础上，应考虑以下因素的影响并进行适当调整。

（1）被投资单位采用的会计政策和会计期间与投资方不一致的，应按投资方的会计政策和会计期间对被投资单位的财务报表进行调整，在此基础上确定被投资单位的损益。

（2）以取得投资时被投资单位各项可辨认资产的公允价值为基础，对被投资单位的账面净损益进行调整。

投资企业在对被投资单位的账面净损益进行调整时，应考虑重要性原则，不具有重要性的项目可不予调整。符合下列条件之一的，投资企业应按被投资单位的账面净损益为基础，经调整未实现内部交易损益后，计算确认投资损益，同时应在报表附注中说明因下列情况不能调整的事实和原因。

（1）投资企业无法合理确定取得投资时被投资单位各项可辨认资产等的公允价值。

（2）投资时被投资单位可辨认资产的公允价值与其账面价值相比，两者之间的差额不具重要性。

（3）其他原因导致无法取得被投资单位的有关资料，不能按照准则中规定的原则对被投资单位的净损益进行调整的。

3. 被投资单位宣告分配现金股利或利润的处理

按照权益法核算的长期股权投资，投资方自被投资单位取得的现金股利或利润，应抵减长期股权投资的账面价值。在被投资单位宣告分派现金股利或利润时，借记"应收股利"科目，贷记"长期股权投资——损益调整"科目。收到被投资单位发放的股票股利，不进行账务处理，但应在备查簿中登记。

【例5-9】 20×8年7月1日，天生公司用银行存款从二级市场购入庚公司发行在外的普通股5 400万股作为长期股权投资，占庚公司股本总额的30%，能够对其产生重大影响，支付每股买价为4.5元，另支付相关交易税费120万元。投资当时，庚公司可辨认净资产公允价值为80 000万元，各项可辨认资产、负债的公允价值与其账面价值差异不大。天生公司与庚公司的会计年度和采用的会计政策相同，双方未发生任何内部交易，因此，天生公司按庚公司的账面损益和持股比例计算确认投资损益。

20×8年度庚公司报告实现净利润4 500万元（假设各月实现的利润均衡）；20×9年4月10日，庚公司宣告20×8年度利润分配方案，每股分配现金股利0.15元，于20×9年5月5日正式发放。20×9年度，庚公司报告实现净利润6 300万元，20×0年4月15日，庚公司宣告20×9年度利润分配方案，每股分配现金股利0.20元，于20×0年5月10日正式发放；同时每股派送股票股利0.4股，除权日为20×0年5月12日。20×0年度，庚公司报告实现净利润5 040万元；20×1年4月8日，庚公司宣告20×0年度利润分配方案，每股分配现金股利0.10元，于20×1年5月5日正式发放。20×1年度，庚公司报告发生亏损3 780万元，未进行利润分配。天生公司对庚公司的长期股权投资的相关账务处理如下。

(1) 20×8 年 7 月 1 日，购入庚公司股票作长期股权投资时：

初始投资成本 = 5 400×4.5 + 120 = 24 420（万元）

借：长期股权投资——庚公司（投资成本）　　　　244 200 000
　　贷：银行存款　　　　　　　　　　　　　　　　　244 200 000

因为初始投资成本为 24 420 万元，投资当时应享有被投资单位庚公司可辨认净资产公允价值的份额为 24 000（= 80 000×30%）万元，前者大于后者，所以不需要调整初始投资成本。

(2) 20×8 年度，庚公司报告实现净利润时：

应确认投资收益 = 4 500×30%×6÷12 = 675（万元）

借：长期股权投资——庚公司（损益调整）　　　　6 750 000
　　贷：投资收益　　　　　　　　　　　　　　　　　6 750 000

(3) 庚公司宣告并发放 20×8 年度现金股利。

(a) 20×9 年 4 月 10 日，确认应收股利：

应收现金股利 = 5 400×0.15 = 810（万元）
应冲减投资成本 = 810–675 = 135（万元）

借：应收股利　　　　　　　　　　　　　　　　　　8 100 000
　　贷：长期股权投资——庚公司（损益调整）　　　　6 750 000
　　　　长期股权投资——庚公司（投资成本）　　　　1 350 000

(b) 20×9 年 5 月 5 日收到现金股利

借：银行存款　　　　　　　　　　　　　　　　　　8 100 000
　　贷：应收股利　　　　　　　　　　　　　　　　　8 100 000

(4) 20×9 年度，庚公司报告实现净利润时：

应确认投资收益 = 6 300×30% = 1 890（万元）
应恢复投资成本 = 135（万元）
应确认损益调整 = 1 890–135 = 1 755（万元）

借：长期股权投资——庚公司（损益调整）　　　　17 550 000
　　长期股权投资——庚公司（投资成本）　　　　　1 350 000
　　贷：投资收益　　　　　　　　　　　　　　　　　18 900 000

(5) 庚公司宣告 20×9 年度利润分配方案并发放现金股利及派送股票股利。

(a) 20×0 年 4 月 15 日，确认应收股利：

应收现金股利 = 5 400×0.20 = 1 080（万元）
至此损益调整累计余额 = 1 755–1 080 = 675（万元）

借：应收股利　　　　　　　　　　　　　　　　　　10 800 000
　　贷：长期股权投资——庚公司（损益调整）　　　　10 800 000

(b) 20×0 年 5 月 10 日，收到现金股利：

借：银行存款　　　　　　　　　　　　　　　　　　10 800 000
　　贷：应收股利　　　　　　　　　　　　　　　　　10 800 000

(c) 20×0 年 5 月 12 日，在除权日对股票股利作备查登记：

获得的股票股利 = 5 400×0.40 = 2 160（万股）

至此持有庚公司股票总数 = 5 400 + 2 160 = 7 560（万股）

(6) 20×0 年度，庚公司报告实现净利润时：

应确认投资收益 = 5 040×30% = 1 512（万元）

至此损益调整累计余额 = 675 + 1 512 = 2 187（万元）

借：长期股权投资——庚公司（损益调整）　　　　　15 120 000
　　贷：投资收益　　　　　　　　　　　　　　　　　　　15 120 000

(7) 庚公司宣告 20×0 年度利润分配方案并发放现金股利。

(a) 20×1 年 4 月 8 日，确认应收股利：

应收现金股利 = 7 560×0.10 = 756（万元）

至此损益调整累计余额 = 2 187–756 = 1 431（万元）

借：应收股利　　　　　　　　　　　　　　　　　　　7 560 000
　　贷：长期股权投资——庚公司（损益调整）　　　　　　　7 560 000

(b) 20×1 年 5 月 5 日，收到现金股利：

借：银行存款　　　　　　　　　　　　　　　　　　　7 560 000
　　贷：应收股利　　　　　　　　　　　　　　　　　　　　7 560 000

(8) 20×1 年度，庚公司报告发生亏损时：

应确认投资损失 = 3 780×30% = 1 134（万元）

至此损益调整累计余额 = 1 431–1 134 = 297（万元）

借：投资收益　　　　　　　　　　　　　　　　　　　11 340 000
　　贷：长期股权投资——庚公司（损益调整）　　　　　　　11 340 000

4. 超额亏损的确认

长期股权投资准则规定，投资方确认应分担被投资单位发生的损失，原则上应以长期股权投资及其他实质上构成对被投资单位净投资的长期权益减记至零为限，投资方负有承担额外损失义务的除外。其中，其他实质上构成对被投资单位净投资的长期权益通常是指长期应收项目。比如，投资方对被投资单位的长期债权，该债权没有明确的清收计划，且在可预见的未来期间不准备收回的，实质上构成对被投资单位的净投资。应予说明的是，该类长期权益不包括投资方与被投资单位之间因销售商品、提供劳务等日常活动所产生的长期债权。

投资企业采用权益法核算长期股权投资，在确认应分担被投资单位发生的亏损时，应当按下列顺序进行。

首先，以长期股权投资账面价值为限确认投资损失，借记"投资收益"科目，贷记"长期股权投资——损益调整"科目。

其次，以其他实质上构成对被投资单位净投资的长期权益账面价值为限继续确认投资损失，冲减长期应收项目的账面价值，借记"投资收益"科目，贷记"长期应收款"科目。

再次，按照投资合同或协议约定投资企业将承担额外的损失弥补义务的，对于符合预计负债确认条件的义务，还应按《企业会计准则第 13 号——或有事项》的规定确认预计将承担的损失金额，计入当期投资损失，借记"投资收益"科目，贷记"预计负债"科目。

最后，经过上述步骤后仍未确认的应分担被投资单位的亏损，应作备查登记。

在确认了有关的投资损失以后，被投资单位以后期间实现盈利的，应按以上相反顺序分别减记已确认的预计负债、恢复其他长期权益和长期股权投资的账面价值，同时确认投资收益。

5. 其他综合收益的确认

被投资单位其他综合收益发生变动时，其所有者权益总额发生变动，从而影响投资企业在被投资企业所有者权益中应享有的份额。投资方应当按照归属于本企业的部分，相应调整长期股权投资的账面价值，同时增加或减少其他综合收益。即借记或贷记"长期股权投资——其他综合收益"科目，贷记或借记"其他综合收益"科目。

【例5-10】 天生公司持有丁公司30%有表决权股份，能够对甲公司施加重大影响。丁公司持有的一项以公允价值计量且其变动计入其他综合收益的金融资产（债券投资）公允价值上升而确认了其他综合收益100万元。假定天生公司与丁公司适用的会计政策、会计期间相同，投资时B企业各项可辨认资产、负债的公允价值与其账面价值也相同。双方在当期及以前期间未发生任何内部交易。不考虑所得税影响因素。

天生公司在确认应享有被投资单位所有者权益的变动时：

借：长期股权投资——其他综合收益　　　　　　　　　　300 000
　　贷：其他综合收益　　　　　　　　　　　　　　　　　　　300 000

6. 其他权益变动的确认

被投资单位除净损益、其他综合收益以及利润分配以外的所有者权益的其他变动，投资方按持股比例计算应享有的份额，主要包括被投资单位接受其他股东的资本性投入、被投资单位发行可分离交易的可转债中包含的权益成分、以权益结算的股份支付、其他股东对被投资单位增资导致投资方持股比例变动等。投资方应按所持股权比例计算应享有的份额，调整长期股权投资的账面价值，同时计入资本公积（其他资本公积），并在备查簿中予以登记，投资方在后续处置股权投资但对剩余股权仍采用权益法核算时，应按处置比例将这部分资本公积转入当期投资收益；对剩余股权终止权益法核算时，将这部分资本公积全部转入当期投资收益。被投资单位除净损益、利润分配以外的其他综合收益变动和所有者权益的其他变动，企业按持股比例计算应享有的份额，借记或贷记"长期股权投资——其他权益变动"科目，贷记或借记"资本公积——其他资本公积"科目。

【例5-11】 天生公司持有丁公司30%有表决权股份，能够对甲公司施加重大影响。丁公司接受股东捐赠确认资本公积60万元。假定天生公司与丁公司适用的会计政策、会计期间相同，投资时B企业各项可辨认资产、负债的公允价值与其账面价值亦相同。双方在当期及以前期间未发生任何内部交易。不考虑所得税影响因素。

天生公司在确认应享有被投资单位所有者权益的变动时：

借：长期股权投资——其他权益变动　　　　　　　　　　180 000
　　贷：资本公积——其他资本公积　　　　　　　　　　　　180 000

【课程思政】

党的二十大报告指出推动高质量发展，要着力提高全要素生产率，加快建设现代化经济体系。而资本作为最重要的生产要素之一，其优化配置无疑对推动经济发展、构建新发展格局有重大意义。长期股权投资作为企业投资的一个重要方式，是有效发挥资本作用的一个关键要素。根据投资人对被投资单位控制程度的不同，长期股权投资后续计量分为成本法和权益法。在成本法下，长期股权投资的投资成本一般不变动，只在收到被投资单位分红时才进行处理；但在权益法下，投资企业要按照其在被投资企业拥有的权益比例和被投资企业净资产的变化来调整投资成本，进而影响企业权益与盈利状况。因此，合理有效的长期股权投资结构既可以充分利用投资企业的资金，获取额外利益，同时也使资本要素在市场自主有序流动，对资本的优化配置具有关键作用。作为财务人员应合理制订企业投资规划，助力国家经济高质量发展。

第四节 长期股权投资的处置

长期股权投资的处置主要指将企业所持有的长期股权投资通过证券市场售出股权，也包括抵偿债务或非货币性资产交换而转出长期股权投资等。

企业在持有长期股权投资的过程中，由于各方面的考虑，决定将所持有的对被投资单位的股权全部或部分对外出售时，应相应结转与所售股权相对应的长期股权投资的账面价值，一般情况下，出售所得价款与处置长期股权投资账面价值之间的差额，应确认为处置损益。

投资方全部处置权益法核算的长期股权投资时，原权益法核算的相关其他综合收益应当在终止采用权益法核算时，采用与被投资单位直接处置相关资产或负债相同的基础进行会计处理，因被投资方除净损益、其他综合收益和利润分配以外的其他所有者权益变动而确认的所有者权益，应当在终止采用权益法核算时全部转入当期投资收益。投资方部分处置权益法核算的长期股权投资，剩余股权仍采用权益法核算的，原权益法核算的相关其他综合收益应当采用与被投资单位直接处置相关资产或负债相同的基础处理并按比例结转，因被投资方除净损益、其他综合收益和利润分配以外的其他所有者权益变动而确认的所有者权益，应当按比例结转入当期投资收益。

处置长期股权投资时，应按实际收到的金额，借记"银行存款"等科目，原已计提减值准备的，借记"长期股权投资减值准备"科目，按其账面余额，贷记"长期股权投资"科目，按尚未领取的现金股利或利润，贷记"应收股利"科目，按其差额，贷记或借记"投资收益"科目。

处置采用权益法核算的长期股权投资时，应当采用与被投资单位直接处置相关资产或负债相同的基础，对相关的其他综合收益进行会计处理。按照上述原则可以转入当期损益的其他综合收益，应按结转的长期股权投资的投资成本比例结转原记入"其他综合收益"科目的金额，借记或贷记"其他综合收益"科目，贷记或借记"投资收益"科目。还应按结转的长期股权投资的投资成本比例结转原记入"资本公积——其他资本公积"科目的金额，借记或贷记"资本公积——其他资本公积"科目，贷记或借记"投资收益"科目。

【例5-12】 天生公司拥有甲公司表决权股份的30%，对甲公司具有重大影响，对该长期股权投资采用权益法核算。20×1年12月25日，天生公司出售甲公司的全部股权，收到出售价款2 850万元存入银行，出售时对甲公司的长期股权投资的账面价值为2 500万元，其中，"长期股权投资"账户下的"投资成本"明细科目借方余额为2 200万元，"损益调整"明细科目借方余额为550万元，"其他权益变动"明细科目贷方余额为150万元，为该项投资计提减值准备100万元。天生公司出售甲公司股权的账务处理如下。

20×1年12月25日出售甲公司股权时：

产生的处置净收益 = 2 850 – [(2 200 + 550 – 150) – 100] = 350（万元）

借：银行存款	28 500 000
长期股权投资——甲公司（其他权益变动）	1 500 000
长期股权投资减值准备	1 000 000
贷：长期股权投资——甲公司（投资成本）	22 000 000
——甲公司（损益调整）	5 500 000
投资收益	3 500 000

同时，结转相应的资本公积余额：

借：投资收益	1 500 000
贷：资本公积——其他资本公积	1 500 000

第五节 长期股权投资在财务报表中的列报

一、长期股权投资在资产负债表中的列示

在资产负债表日，企业应在资产负债表中的非流动资产部分列示"长期股权投资"项目，反映企业所持有的长期股权投资的账面价值。该项目应根据"长期股权投资"总账期末借方余额减去"长期股权投资减值准备"账户的期末贷方余额的差额填列。

长期股权投资的披露，适用《企业会计准则第41号——在其他主体中权益的披露》。

二、长期股权投资在报表附注中的列示

投资企业应当在报表附注中披露与长期股权投资有关的下列信息。

（1）子公司、合营企业和联营企业清单，包括企业名称、注册地、业务性质、投资企业的持股比例和表决权比例。

（2）合营企业和联营企业当期的主要财务信息，包括资产、负债、收入和费用等各自的合计金额。

（3）被投资单位向投资企业转移资金的能力受到严格限制的情况。

（4）当期及累计未确认的投资损失金额。

（5）与对子公司、合营企业及联营企业投资相关的或有负债。

复习思考题

1. 企业的长期股权投资应包括哪些权益性投资？
2. 如何确定同一控制下企业控股合并取得的长期股权投资的初始投资成本？
3. 什么是非同一控制下的企业控股合并？如何确定合并成本？
4. 除企业合并方式外，企业取得长期股权投资的其他方式有哪些？
5. 什么是长期股权投资核算的成本法？其适用范围如何？
6. 长期股权投资核算的成本法的核算要点有哪些？
7. 什么是长期股权投资核算的权益法？其适用范围如何？
8. 长期股权投资核算的权益法的核算要点有哪些？
9. 在权益法下如何确认投资损益？
10. 在成本法和权益法下长期股权投资的账户设置有何不同？
11. 如何确认长期股权投资的处置损益？
12. 如何利用长期股权投资操纵利润？

复习思考题参考答案

第六章

固定资产

【学习目标】 通过本章学习，了解固定资产的概念及特征、固定资产的分类及计价标准、各种渠道取得固定资产的入账价值确定方法、固定资产折旧的含义及折旧影响因素、折旧计算方法的含义及计算公式、固定资产后续支出的含义及内容、固定资产减值迹象判断、固定资产处置的含义及范围、固定资产的期末报表列示；熟悉和掌握与固定资产相关的账务处理。

第一节 固定资产概述

一、固定资产的含义及特征

（一）固定资产的概念

我国《企业会计准则第 4 号——固定资产》规定，固定资产是指同时具有下列特征的有形资产：①为生产商品、提供劳务、出租或经营管理而持有的；②使用寿命超过一个会计年度。

（二）固定资产的特征

从固定资产的定义看，固定资产具有以下一些基本特征。

第一，固定资产是为生产商品、提供劳务、出租或经营管理而持有。这意味着，企业持有的固定资产是企业的劳动工具或手段，而不是用于直接出售的商品。其中，出租的固定资产，指企业用以出租的机器设备类固定资产，不包括以经营租赁方式出租的房屋建筑物，后者属于企业的投资性房地产，而不属于固定资产。

第二，固定资产使用寿命超过一个会计年度。固定资产的使用寿命是指企业使用固定资产的预计期间，或者该固定资产所能生产产品或提供劳务的数量。通常情况下，固定资产的使用寿命是指使用固定资产的预计期间，如自用房屋建筑物的使用寿命以使用年限表示。但对于某些机器设备或运输设备等固定资产，其使用寿命往往以该固定资产所能生产产品或提供劳务的数量来表示，如汽车或飞机按其预计行驶里程来估计使用寿命。固定资产使用寿命超过一个会计年度，意味着固定资产属于长期资产，随着使用和磨损，通过计提折旧的方式逐渐减少其账面价值。

第三，固定资产是有形资产。这一特征说明固定资产是以实物性资产的形式存在，这有别于企业的无形资产。企业的无形资产可能同时符合固定资产的其他特征，如无形资产为生产商品、提供劳务、出租或经营管理而持有，使用寿命超过一个会计年度，但是，由于其不具有实物形态，因此不属于固定资产。尽管有些资产具有固定资产的某些特征，其使用期限超过一年，但由于数量多、单价低，考虑到成本效益原则，在实务中，通常将其确认为存货。相反，如果价值很高，且符合固定资产定义和确认条件的，应确认为固定资产，如民用航空运输企业持有的高价周转件。

二、固定资产的确认

固定资产的确认是指企业在什么时候和以多少金额将一项资产作为企业的固定资产进行反映。一项符合固定资产定义的资产，只有同时满足下列两个条件时才能作为固定资产予以确认。

1. 与该固定资产有关的经济利益很可能流入企业

该条件要求企业必须有一定的证据来对所确认的固定资产未来经济利益流入企业的确定程度做出可靠估计，只有在企业确认通过该资产很可能获得报酬时才将其确认为企业的固定资产。

2. 该固定资产的成本能够可靠地计量

该条件是确定固定资产的价值量。在确认固定资产时该条件一般较容易得到满足。只不过取得固定资产的方式不同，其成本计量的方法和内容有所不同。例如，外购的固定资产，在购入时就确定了它的大部分价值；自建的固定资产，可根据在自建过程中所耗用的工程物资、发生的人工费用及其他支出，对其成本进行可靠计量。

企业在对固定资产进行确认时，应当按照固定资产的定义和确认条件，考虑企业的具体情形加以判断。比如，企业购置的环保设备和安全生产设备等资产，其使用不能直接为企业带来经济利益，而是有助于企业从相关资产获取经济利益，或者将减少企业未来经济利益的流出，因此，对于这类设备，企业应将其确认为固定资产。此外，一项资产是否应单独作为一项固定资产予以确认也是值得考虑的问题。例如，对于构成固定资产的各组成部分，如果各自具有不同的使用寿命或者以不同方式为企业带来经济利益，从而适用不同的折旧率或折旧方法，这种情况下就需要将各组成部分单独确认为固定资产。例如，飞机的引擎，如果其与飞机的机身具有不同的使用寿命，适用不同的折旧率或折旧方法，则企业应当将其确认为单项固定资产。

三、固定资产的分类

企业的固定资产种类繁多，规格不一，为了便于对固定资产进行实物管理和价值核算，企业有必要对固定资产进行科学、合理的分类。常见的固定资产分类方法有以下几种。

（一）按固定资产的经济用途分类

固定资产按其经济用途分类，可分为生产经营用固定资产和非生产经营用固定资产。

1. 生产经营用固定资产

生产经营用固定资产是指直接参加或直接服务于企业生产、经营过程的各种固定资产，如生产经营用的房屋、建筑物、机器、设备、器具、工具等。

2. 非生产经营用固定资产

非生产经营用固定资产是指不直接服务于生产、经营过程的各种固定资产，如职工宿舍、食堂、浴室、理发室等使用的房屋、设备和其他固定资产等。

按照固定资产的经济用途分类，有助于考核和分析企业固定资产的配置情况，促使企业合理地配备固定资产，充分发挥其效用。

（二）按固定资产使用情况分类

固定资产按其使用情况可分为使用中固定资产、未使用固定资产和不需用固定资产。

1. 使用中固定资产

使用中固定资产是指企业正在使用中的生产经营用和非生产经营用固定资产。企业的房屋及建筑物无论是否在实际使用，都应视为使用中固定资产。由于季节性经营或大修理等，暂时停止使用的固定资产仍视为企业使用中的固定资产。企业经营性出租给其他单位使用的固定资产和内部替换使用的固定资产也视为使用中固定资产。

2. 未使用固定资产

未使用固定资产是指企业已购建完工但尚未交付使用的新增的固定资产以及进行改建、扩建等原因暂停使用的固定资产。

3. 不需用固定资产

不需用固定资产是指企业多余或不适用、需要调配处理的固定资产。

按照固定资产使用情况分类，有利于充分挖掘固定资产的使用潜力，促使企业合理、有效地使用固定资产。

（三）综合分类

按固定资产的经济用途和使用情况等综合分类，可把企业的固定资产分为以下七类：①生产经营用固定资产；②非生产经营用固定资产；③租出固定资产（指在经营租赁方式下出租给外单位使用的固定资产）；④不需用固定资产；⑤未使用固定资产；⑥土地（指过去已经估价单独入账的土地。我国实行改革开放后因征地而支付的补偿费，应计入与土地有关的房屋、建筑物的价值之内，不单独作为土地价值入账。企业取得的土地使用权不作为固定资产管理）；⑦融资租入固定资产。

由于各企业的经营性质不同，经营规模各异，对固定资产的分类不可能完全一致，也没有必要强求统一。

四、固定资产的计价标准

固定资产的计价是指以货币为计量单位计算固定资产的价值额。这是进行固定资产价值核算的重要内容。固定资产的计价标准主要有以下三种。

(一)原始价值

固定资产的计价一般应以原始价值为标准。固定资产的原始价值也称实际成本或历史成本等,它是指企业取得某项固定资产并使之达到预定可使用状态前所发生的一切合理、必要的支出。固定资产的来源渠道不同,原始价值的具体内容就会有所不同。

在确定固定资产的原始价值时,需要注意企业为购建固定资产而借入款项所发生的借款费用是否应该资本化的问题。我国会计准则规定,在所构建的固定资产达到预定可使用状态之前所发生的借款费用,按规定计算应予资本化的金额,计入所购建固定资产的价值,不应资本化的部分,计入当期损益。

另外,有些企业的部分固定资产在确定其原始价值时还应考虑弃置费用问题。弃置费用是指根据国家法律、国际公约等,企业承担的环境保护和生态恢复等义务所确定的支出,如核电站的弃置和恢复环境义务的支出。固定资产的弃置费用是一项未来事项,如果符合预计负债确认条件的,在确定固定资产原始价值时,应将弃置费用未来发生额的现值计入其中,并以相应的金额确认为企业的一项预计负债。如果不符合预计负债的确认条件,则应在弃置费用实际发生时,将其计入当期损益。应该注意的是,固定资产的清理费用不是弃置费用。

固定资产按原始价值计价的主要优点是具有真实性和可验证性,它成为固定资产的基本计价标准。但是,采用原始价值计价也存在明显的局限性,当社会经济环境和物价水平发生变化时,原始价值不能反映固定资产的现时价值,也就不能真实地揭示企业当前的生产经营规模和盈利水平。

(二)重置完全价值

固定资产的重置完全价值(重置成本)是指在现时的生产技术和市场条件下,重新购置同样的固定资产所需支付的全部代价。重置完全价值反映的是固定资产的现时价值,从理论上讲,比原始价值计价更为合理。但由于重置完全价值是经常变化的,如果将其作为基本计价标准,必然会引起一系列复杂的会计问题,在会计实务中不具有可操作性。因此,重置完全价值只能作为固定资产的一个辅助计价标准来使用。此外,在取得无法确定原始价值的固定资产时,如盘盈固定资产、接受捐赠固定资产等,应以重置完全价值为计价标准,对固定资产进行计价。

(三)净值

固定资产净值也称为折余价值,是指固定资产的原始价值减去折旧后的余额。它是计算固定资产盘盈、盘亏、出售、报废、毁损等损益的依据,也可用于反映企业实际占用在固定资产上的资金数额,将其与原始价值比较,还可以大致了解固定资产的新旧程度。

【课程思政】

党的二十大报告指出推动高质量发展,需要把实施扩大内需战略同深化供给侧结构性改革有机结合起来。优化产能作为供给侧结构性改革的重要内容之一,关系着资源配置效率，贯穿于高质量发展的全过程。众所周知，产能形成于投资特别是固定资产投资。虽然固定资产投资具有沉没成本的属性，但是根据会计分期假设与收入、费用（成本）匹配原则，固定资产的投资成本会通过折旧的方式在各会计期间分配，成为影响企业各期盈利的成本因子。当然固定资产投资也形成了企业创造价值的基础。由此，合理有效的固定资产投资对优化供给结构具有关键作用，作为财务人员在确认、计量与列报固定资产的过程中需要积极配合企业的产能规划，服务国家宏观经济运行。

第二节 固定资产的初始计量

固定资产的初始计量是指企业取得固定资产时对其入账价值的确定。企业取得的固定资产，按其来源不同可分为：外购的固定资产、自行建造的固定资产、投资者投入的固定资产、接受捐赠的固定资产、通过债务重组取得的固定资产、以非货币性资产交换取得的固定资产、盘盈的固定资产等。企业应当分别不同来源确定固定资产的入账价值并进行相应的账务处理。

一、外购的固定资产

企业外购固定资产的成本包括购买价款、相关税费、使固定资产达到预定可使用状态前所发生的可归属于该固定资产的其他支出，如场地整理费、运输费、装卸费、安装费和专业人员服务费等。

外购固定资产是否达到预定可使用状态，需要根据具体情况进行分析判断。如果购入不需要安装的固定资产，购入后即可投入使用且发挥作用，因此购入后即已达到预定可使用状态。如果购入需要安装的固定资产，只有安装调试后达到设计要求或合同规定的标准，该项固定资产才可发挥作用，从而达到预定可使用状态。因此，企业外购的固定资产又区分为不需要安装和需要安装两种情况。

（一）外购不需安装的固定资产

企业外购不需安装的固定资产，其取得成本为企业实际支付的买价、相关税费以及其他相关支出，如包装费、运输费、装卸费和保险费等。企业购入不需要安装的机器设备、运输工具等固定资产时，按支付的购买价款和相关费用，借记"固定资产"账户，按允许抵扣的增值税，借记"应交税费——应交增值税（进项税额）"账户，按支付的全部款项，贷记"银行存款"账户。

【例6-1】 天生公司购入一台不需安装的设备，取得的增值税专用发票注明价款50 000元，增值税6 500元，另发生运输费、包装费、保险费合计1 500元，均用银行存款支付，该设备已运抵企业，并经验收合格并交付使用。其账务处理如下：

借：固定资产　　　　　　　　　　　　　　　　　　　　51 500
　　应交税费——应交增值税（进项税额）　　　　　　　 6 500
　　贷：银行存款　　　　　　　　　　　　　　　　　　　　　58 000

（二）外购需要安装的固定资产

企业购入需要安装的固定资产，其取得成本包括买价、相关税费、运杂费以及安装调试成本等。发生的有关固定资产支出应先通过"在建工程"账户归集，待安装完工投入使用时再结转记入"固定资产"账户。企业购入机器设备投入安装时，按支付的设备买价及相关税费（不含增值税），借记"在建工程"账户，按支付的可抵扣的增值税，借记"应交税费——应交增值税（进项税额）"账户，按支付的价税款和运杂费等，贷记"银行存款"账户；发生安装费时，借记"在建工程"账户，贷记"原材料""应付职工薪酬""银行存款"等账户；设备安装完工交付使用，结转工程成本时，借记"固定资产"账户，贷记"在建工程"账户。

【例6-2】 天生公司购入一台需要安装的设备，取得的专用发票上注明设备的价款80 000元，增值税10 400元，发生运杂费2 400元，均用银行存款支付，设备运回企业立即投入安装。安装过程中领用原材料2 000元，应付安装人员薪酬1 600元。设备安装完工，投入使用。有关账务处理如下。

（1）用存款购入设备投入安装时：

借：在建工程　　　　　　　　　　　　　　　　　　　82 400
　　应交税费——应交增值税（进项税额）　　　　　　10 400
　　贷：银行存款　　　　　　　　　　　　　　　　　　92 800

（2）发生安装成本时：

借：在建工程　　　　　　　　　　　　　　　　　　　3 600
　　贷：原材料　　　　　　　　　　　　　　　　　　　2 000
　　　　应付职工薪酬　　　　　　　　　　　　　　　　1 600

（3）设备安装完毕交付使用，结转工程成本时：

借：固定资产　　　　　　　　　　　　　　　　　　　86 000
　　贷：在建工程　　　　　　　　　　　　　　　　　　86 000

（三）整批购入固定资产

企业基于价格等因素的考虑，可能以一笔款项购入多项没有单独标价的固定资产。如果这些资产均符合固定资产的定义，并满足固定资产的确认条件，则应将各项资产单独确认为固定资产，并按照各项固定资产公允价值的比例对总成本进行分配，分别确定各项固定资产的成本。

【例6-3】 天生公司一揽子购入设备和厂房，共支付存款550 000元，未能取得专用发票。经评估，设备和厂房的公允价值分别为300 000元和500 000元。所购设备和厂房直接投入使用。其有关账务处理如下。

（1）分配购买成本：

设备所占比例 = 300 000 ÷ (300 000 + 500 000) × 100% = 37.5%

厂房所占比例 = 500 000 ÷ (300 000 + 500 000) × 100% = 62.5%

设备应分配购买成本 = 550 000 × 37.5% = 206 250（元）

厂房应分配购买成本 = 550 000×62.5% = 343 750（元）

（2）编制会计分录：

借：固定资产——设备　　　　　　　　　　　　　　　　　206 250
　　　　　——厂房　　　　　　　　　　　　　　　　　　343 750
　　贷：银行存款　　　　　　　　　　　　　　　　　　　　550 000

二、自行建造的固定资产

企业自行建造固定资产的成本，由建造该资产达到预定可使用状态前所发生的合理而必要的支出构成，包括工程用物资成本、人工成本、交纳的相关税费、应予资本化的借款费用以及分摊的间接费用等。

企业自行建造固定资产通常需要花费较长的建造时间。为了归集和计算实际建造成本，企业应设置"在建工程"账户来核算企业基建工程、安装工程等发生的实际支出。本账户下应当按"建筑工程""安装工程""待摊支出"等以及单项工程进行明细核算。

在建工程发生减值准备的，可以单独设置"在建工程减值准备"账户进行核算。

自行建造的固定资产按营建方式的不同，可分为自营方式建造固定资产和出包方式建造固定资产。

（一）自营方式建造固定资产

企业以自营方式建造固定资产，是指企业自行组织工程物资采购、自行组织施工人员从事工程施工完成固定资产建造。其成本应当包括耗用的工程物资成本、发生的工程人员的人工成本，以及其他与建造工程有关的支出。

为了简化核算，通常只将固定资产建造工程中所发生的直接支出计入工程成本，其内容主要包括工程所消耗的直接材料、直接人工、直接机械作业费、辅助生产部门为工程提供的水、电、修理、运输等支出，以及工程发生的工程管理费、征地费、可行性研究费、临时设备费、公证费、监理费等。如果是设备安装工程，则工程成本应包括所安装设备的价值、工程安装费用、工程试运转所发生的净支出等。

在确定自营工程成本时还需要注意以下几点。

（1）关于工程物资，自营工程购入工程物资如果用于生产经营所用设备的建造，所支付的增值税税额不应计入工程成本，应作为进项税额单独列示，从销项税额中抵扣；如果用于企业职工集体福利设施工程，则支付的增值税税额不得抵扣，而应计入工程成本。建造的固定资产达到预定可使用状态后剩余的工程物资，如转作库存材料，按其实际成本或计划成本转作企业的库存材料。盘亏、报废、毁损的工程物资，减去保险公司、过失人赔偿后的差额，分情况处理：如果工程项目尚未达到预定可使用状态，计入工程成本；如果工程项目已达到预定可使用状态，计入当期营业外支出。若为盘盈的工程物资或者处置净收益则做相反的会计处理。

（2）工程领用外购存货，应按成本转出，计入工程成本。如果领用外购存货用于企业职工集体福利设施工程，则支付的增值税税额不能从销项税额中抵扣，而应转出计入工程成本。

（3）自营工程领用自制半成品和产成品，应按其生产成本计入自营工程成本。若自营工程属于企业职工集体福利设施工程，领用自制半成品、产成品，应视同企业销售货物按适用税率计算销项税额，并计入自营工程成本。

（4）在建工程进行负荷联合试车发生的费用，计入工程成本（待摊支出）；试车期间形成的产品或副产品对外销售或转为库存商品时，应借记"银行存款""库存商品"等账户，贷记"在建工程"账户（待摊支出）。

（5）正常原因造成的单项工程或单位工程报废或毁损，减去残料价值和过失人或保险公司等赔款后的净损失，应计入继续施工的工程成本。如为非正常原因造成的单项工程或单位工程报废或毁损，或在建工程项目全部报废或毁损，减去残料价值和过失人或保险公司等赔款后的净损失，直接计入当期营业外支出。

（6）所建造的固定资产达到预定可使用状态，但尚未办理竣工决算的，应当自达到预定可使用状态之日起，根据工程预算、造价或实际成本等，按暂估价值转入固定资产，并按有关折旧规定计提折旧；待办理了竣工决算手续后再作调整，仅调整原入账的固定资产价值，对已经计提的折旧不作调整。

（7）工程达到预定可使用状态之前发生的与工程有关的借款费用按借款费用准则的有关规定处理。

企业自营工程主要通过"工程物资"和"在建工程"账户进行核算。其中，"工程物资"账户核算用于在建工程的各种物资的实际成本，该账户下应设置"专用材料""专用设备""工器具"等明细账户；"在建工程"账户核算企业为工程项目所发生的各种实际支出以及改扩建工程等转入的固定资产的账面价值；该账户下应按工程项目设置"建筑工程""安装工程""在安装设备""技术改造工程""待摊支出"等明细账户，并按单项工程进行明细核算。

企业为自营工程购进工程物资入库时，借记"工程物资"账户，贷记"银行存款"账户；自营建造固定资产在达到预定可使用状态前发生必要支出时，借记"在建工程"账户，贷记"工程物资""原材料""库存商品""应交税费""应付职工薪酬""生产成本""银行存款"等账户；所建造的固定资产达到预定可使用状态时，借记"固定资产"账户，贷记"在建工程"账户。

【例6-4】 天生公司自行建造生产用仓库一座，用存款购入为工程准备的专用物资一批入库，取得的增值税专用发票列明物资价款300 000元，增值税39 000元；工程开始后，先后领用工程物资300 000元；工程领用外购的生产用原材料一批，实际成本为50 000元，增值税进项税为6 500元；工程领用本企业生产的产品一批，实际成本为65 000元，该批产品的同期市场不含税售价为80 000元，适用增值税税率为13%；应支付工程人员薪酬45 600元；企业辅助生产部门为工程提供水、电等劳务支出12 500元，另外用现金支付工程杂支费2 200元。工程达到预定可使用状态，将剩余的工程物资转作原材料管理。有关账务处理如下。

（1）购入工程物资入库时：

借：工程物资 300 000
　　应交税费——应交增值税（进项税额） 39 000
　贷：银行存款 339 000

（2）工程领用工程物资时：
借：在建工程 300 000
　贷：工程物资 300 000

（3）工程领用原材料时：
借：在建工程 50 000
　贷：原材料 50 000

（4）工程领用产品时：
借：在建工程 65 000
　贷：库存商品 65 000

（5）工程应负担工程人员薪酬时：
借：在建工程 45 600
　贷：应付职工薪酬 45 600

（6）工程应负担辅助生产部门劳务费时：
借：在建工程 12 500
　贷：生产成本——辅助生产成本 12 500

（7）用现金支付工程杂支费时：
借：在建工程 2 200
　贷：库存现金 2 200

（8）工程达到预定可使用状态，计算并结转工程成本时：
工程成本 = 300 000 + 50 000 + 65 000 + 45 600 + 12 500 + 2 200 = 475 300（元）
借：固定资产 475 300
　贷：在建工程 475 300

（二）出包方式建造固定资产

当企业没有能力自行营建固定资产时，可采用出包的方式建造固定资产。出包工程是指企业委托建筑施工单位进行的固定资产建造工程。出包工程一般适用于企业的房屋、建筑物等的新建、改扩建工程以及大型复杂设备的安装工程等。

企业以出包方式建造固定资产，其成本由建造该固定资产达到预定可使用状态前所发生的必要支出构成，包括发生的建筑工程支出、安装工程支出以及需分摊计入各固定资产价值的待摊支出。

1. 建筑工程支出、安装工程支出

由于建筑工程支出、安装工程支出采用出包方式发包给建造承包商承建，因此，工程的具体支出，如材料费、人工费、机械使用费等由建造承包商核算。对于发包企业而言，建筑工程支出、安装工程支出是构成在建工程成本的重要内容，结算的工程价款计入在建工程成本。

2. 待摊支出

待摊支出是指在工程建设期间发生的，不能直接计入某项固定资产价值，而应由所建造固定资产共同负担的相关费用，包括为建造工程发生的征地费、管理费、可行性研究费、临时设施费、公证费、监理费、应负担的税金、符合资本化条件的借款费用、建设期间发生的工程物资盘亏、报废及毁损损失，以及负荷联合试车费等。其中，征地费是指企业通过划拨方式取得建设用地发生的青苗补偿费、地上建筑物、附着物补偿费等。企业为建造固定资产通过出让方式取得土地使用权而支付的土地出让金不计入在建工程成本，应确认为无形资产（土地使用权）。注意，企业一个建设项目常常由若干单项工程构成，对于整体建设项目在进行过程中发生的待摊支出，由于各单项工程在折旧的计算上的不同特点，需要将待摊支出在各单项工程之间进行分配，以准确确定各项固定资产的原始价值。

分配方法如下：

$$待摊支出分配率 = \frac{累计发生的待摊支出}{建筑工程支出 + 建筑安装支出 + 在安装设备支出} \times 100\%$$

$$某项工程应分摊的待摊支出 = 该项工程支出 \times 待摊支出分配率$$

【例 6-5】 天生公司以出包方式建造一栋厂房，双方签订的合同规定建造新厂房的价款 15 000 000 元。生产所需设备由天生公司负责购买，由承包方负责安装。天生公司购进生产用设备价款 4 000 000 元，应交增值税 520 000 元，全部款项通过银行存款支付，设备已运达，等待安装；向承包方支付安装费 300 000 元；按照与承包单位签订合同的规定，公司需事前支付工程款 12 000 000 元，剩余工程款于工程完工结算时补付。天生公司为建造厂房和设备安装发生的管理费、可行性研究费、临时设施费、监理费等支出，共计 482 500 元，均通过银行存款支付。天生公司有关业务账务处理如下。

（1）按合同规定时间预付工程款 12 000 000 元。

借：预付账款	12 000 000
贷：银行存款	12 000 000

（2）建筑工程完工，办理工程价款结算，补付剩余工程款 3 000 000 元。

借：在建工程——建筑工程	15 000 000
贷：银行存款	3 000 000
预付账款	12 000 000

（3）天生公司购进生产用设备，价款 4 000 000 元，应交增值税 520 000 元，全部款项通过银行支付，设备已运达，等待安装。

借：工程物资	4 000 000
应交税费——应交增值税（进项税额）	520 000
贷：银行存款	4 520 000

（4）天生公司将生产设备交付承包方进行安装，支付安装费 300 000 元。

借：在建工程——在安装设备	4 000 000
——安装工程	300 000

　　　　贷：工程物资　　　　　　　　　　　　　　　　　　　　　　　4 000 000
　　　　　　银行存款　　　　　　　　　　　　　　　　　　　　　　　　300 000
　（5）天生公司为建造厂房和设备安装发生的管理费、可行性研究费、临时设施费、监理费等支出，共计482 500元，均通过银行存款支付。
　　　　借：在建工程——待摊支出　　　　　　　　　　　　　　　　　　482 500
　　　　贷：银行存款　　　　　　　　　　　　　　　　　　　　　　　　482 500
　（6）待摊支出在各工程项目间的分配。

$$待摊支出分配率 = \frac{482\ 500}{15\ 000\ 000 + 4\ 000\ 000 + 300\ 000} \times 100\% = 2.5\%$$

　　　　建筑工程应分摊待摊支出 = 15 000 000 × 2.5% = 375 000（元）
　　　　在安装设备应分摊待摊支出 = 4 000 000 × 2.5% = 100 000（元）
　　　　安装工程应分摊待摊支出 = 300 000 × 2.5% = 7 500（元）
　　　　借：在建工程——建筑工程　　　　　　　　　　　　　　　　　　375 000
　　　　　　　　　　——在安装设备　　　　　　　　　　　　　　　　　100 000
　　　　　　　　　　——安装工程　　　　　　　　　　　　　　　　　　　7 500
　　　　贷：在建工程——待摊支出　　　　　　　　　　　　　　　　　　482 500
　（7）上述各工程项目完成验收，固定资产达到预定可使用状态，计算并结转工程成本。
　　　　厂房成本 = 15 000 000 + 375 000 = 15 375 000（元）
　　　　设备成本 = 4 000 000 + 300 000 + 100 000 + 7 500 = 4 407 500（元）
　　　　借：固定资产——厂房　　　　　　　　　　　　　　　　　　　15 375 000
　　　　　　　　　　——设备　　　　　　　　　　　　　　　　　　　　4 407 500
　　　　贷：在建工程——建筑工程　　　　　　　　　　　　　　　　　15 375 000
　　　　　　　　　　——在安装设备　　　　　　　　　　　　　　　　　4 100 000
　　　　　　　　　　——安装工程　　　　　　　　　　　　　　　　　　　307 500

三、投资者投入的固定资产

　　投资者投入的固定资产是指企业因接受投资者以固定资产对本企业投资而增加的固定资产。该方式取得固定资产的入账价值，应当按照投资合同或协议约定的价值确定，但合同或协议约定的价值不公允的除外。企业接受投资者投资转入的固定资产，应在办理固定资产移交手续后，按投资各方确认的价值加上应支付的相关税费作为固定资产的入账价值，借记"固定资产"账户；按投资各方确认的价值在注册资本中所占份额，确认为实收资本或股本，贷记"实收资本"或"股本"账户；按投资各方确认的价值与确认为实收资本或股本的差额，确认为资本公积，贷记"资本公积（资本溢价或股本溢价）"账户；按应支付的相关税费，贷记"银行存款"或"应交税费"账户。如果投资转入的固定资产需要安装，则应先通过"在建工程"账户归集投入固定资产的价值及发生的安装成本，安装完成后再转入"固定资产"账户。

【例 6-6】 天生公司接受甲公司以一台新设备进行投资，该设备投入后即可投入使用。取得的专用发票列明备价款为 4 500 000 元，增值税为 585 000 元。甲公司投入设备后，占天生公司的股本为 3 000 000 元。假定不考虑其他相关税费。其账务处理为

借：固定资产　　　　　　　　　　　　　　　　　　　　　　　　4 500 000
　　应交税费——应交增值税（进项税额）　　　　　　　　　　　　585 000
　　贷：股本——甲公司股东　　　　　　　　　　　　　　　　　　3 000 000
　　　　资本公积——股本溢价　　　　　　　　　　　　　　　　　2 085 000

四、接受捐赠的固定资产

企业接受捐赠的固定资产，应根据具体情况合理确定其入账价值。一般分为以下两种情况。

第一种，捐赠方提供了有关凭据的，按凭据上标明的金额加上应当支付的相关税费，作为入账价值。

第二种，捐赠方没有提供有关凭据的，按如下顺序确定其入账价值。

（1）同类或类似固定资产存在活跃市场的，按同类或类似固定资产的市场价格估计的金额，加上应当支付的相关税费，作为入账价值。

（2）同类或类似固定资产不存在活跃市场的，按接受捐赠的固定资产的预计未来现金流量现值，作为入账价值。

企业接受捐赠的固定资产在按照上述会计规定确定入账价值后，按接受捐赠的金额计入营业外收入。

【例 6-7】 天生公司接受乙公司捐赠的一台不需要安装的全新设备，乙公司提供的增值税专用发票反映该设备的价款为 80 000 元，增值税为 10 400 元。天生公司受赠该设备用存款支付运杂费为 4 500 元，设备运抵企业后立即投入使用。有关账务处理如下。

借：固定资产　　　　　　　　　　　　　　　　　　　　　　　　84 500
　　应交税费——应交增值税（进项税额）　　　　　　　　　　　　10 400
　　贷：营业外收入——捐赠利得　　　　　　　　　　　　　　　　90 400
　　　　银行存款　　　　　　　　　　　　　　　　　　　　　　　4 500

五、通过债务重组取得的固定资产

债权人在通过债务重组取得固定资产的情况下，该固定资产的成本（入账价值）包括放弃债权的公允价值和使该资产达到预定可使用状态前所发生的可直接归属于该资产的税金、运输费、装卸费、安装费、专业人员服务费等其他成本。放弃债权的公允价值与账面价值之间的差额，应当计入营业外支出。

六、以非货币性资产交换取得的固定资产

以非货币性资产交换方式取得的固定资产，其入账价值的确定需要考虑以下两个因素。一是非货币性交换是否具有商业实质。满足下列条件之一的非货币性资产交换具有商业实质：①换入资产的未来现金流量在风险、时间分布或金额方面与换出资产显著不同。②使用换入资产所产生的预计未来现金流量现值与继续使用换出资产不同，且其差额与换入资产和换出资产的公允价值相比是重大的。二是换入或换出资产的公允价值能否可靠计量。

具体而言，在非货币性资产交换具有商业实质，而且换入资产或换出资产公允价值能够可靠计量时，换入的固定资产应当以换出资产公允价值为基础，再加上应支付的相关税费之和作为换入固定资产成本（入账价值）。涉及补价时，换入固定资产方支付补价的，换入固定资产成本应按照换出资产的公允价值加上支付的补价（即换入资产的公允价值）和应支付的相关税费确定；换入固定资产方收到补价的，换入固定资产成本应按照换出资产的公允价值减去补价加上应支付的相关税费确定。但是如果有确凿的证据表明换入固定资产的公允价值更为可靠，则以换入资产的公允价值和应支付的相关税费作为换入资产的初始计量金额。换出资产公允价值与其资产账面价值的差额计入当期损益。相关会计处理则取决于交换资产的类型。如果换出资产为存货的，应当按照收入确认和计量的要求处理；如果换出资产为固定资产、无形资产的，交换损益计入资产处置损益；如果换出资产为长期股权投资的，交换损益计投资收益。

在非货币性资产交换不具有商业实质，或者换入资产或换出资产公允价值不能可靠计量时，应当以换出资产的账面价值和应支付的相关税费之和作为换入固定资产的初始计量金额，换出资产终止确认时不确认损益。涉及补价的处理与非货币性资产交换具有商业实质，且公允价值能够可靠计量时保持一致。

【例 6-8】 天生公司根据公司的具体情况，决定以一批库存商品换入某企业的一台设备。库存商品的实际成本 28 000 元，已计提跌价准备 1 000 元，销售价格 30 000 元，计税价格与销售价格相同，应交增值税 3 900 元。按照规定，以存货交换非货币性资产应作为销售业务处理，换出资产公允价值（主营业务收入）与其账面价值（主营业务成本）的差额体现为企业的营业利润，在利润表中列示。相关会计分录如下：

```
借：固定资产                                    33 900
    贷：主营业务收入                             30 000
        应交税费——应交增值税（销项税额）         3 900
借：主营业务成本                                27 000
    存货跌价准备                                1 000
    贷：库存商品                                28 000
```

七、盘盈的固定资产

企业发生盘盈的固定资产，如果同类或类似资产存在活跃市场的，应按同类或类似固定资产的市价减去按该项固定资产的新旧程度估计的价值损耗后的余额作为入账价值；或在同类或类似固定资产不存在活跃市场时，按该项固定资产的预计未来现金流量现值，作为固定资产的入账价值。按现行企业会计准则的规定，对盘盈的固定资产待报经批准后，应作为以前年度的重大会计差错，通过"以前年度损益调整"账户进行核算。

【例 6-9】 天生公司在 20×1 年底进行财产清查时发现一台设备未入账，该设备尚有七成新，同类设备的市场价格为 150 000 元。该公司适用所得税税率为 25%，按净利润的 10%计提法定盈余公积。天生公司的有关账务处理如下。

（1）盘盈设备入账时：
借：固定资产　　　　　　　　　　　　　　　　　　　　105 000
　　贷：以前年度损益调整　　　　　　　　　　　　　　　　105 000

（2）确定应交纳的所得税时：
借：以前年度损益调整　　　　　　　　　　　　　　　　 26 250
　　贷：应交税费——应交所得税　　　　　　　　　　　　 26 250

（3）结转调增的净利润时：
借：以前年度损益调整　　　　　　　　　　　　　　　　 78 750
　　贷：利润分配——未分配利润　　　　　　　　　　　　 78 750

（4）补提法定盈余公积：
借：利润分配——未分配利润　　　　　　　　　　　　　　7 875
　　贷：盈余公积——法定盈余公积　　　　　　　　　　　 7 875

知识链接

第三节　固定资产的后续计量

经过初始计量的固定资产，在其后期存续的过程中由于受到自然力的作用、正常的使用以及其所面临的外部环境因素的影响，其价值也在发生变化。固定资产后续计量是指固定资产在其后期存续过程中变化的价值金额以及最终价值额的确定。固定资产后续计量主要包括固定资产折旧的计提、后续支出的计量以及减值损失的确定三项业务。

一、固定资产折旧

（一）折旧的概念

我国《企业会计准则第 4 号——固定资产》对固定资产折旧定义的表述是，折旧是指在固定资产使用寿命内，按照确定的方法对应计折旧额进行系统分摊。正确理解固定资产折旧的定义，一般应注意两个问题：一是固定资产的成本转入营业成本或费用中的原因与目的；二是固定资产的成本如何转入营业成本或费用中。

企业取得固定资产是由于固定资产能够在未来给企业带来一定的经济利益。这种经济利益是来自企业对固定资产服务潜能的利用。但是，固定资产的服务潜能是有限的，随着固定资产在生产经营过程中的不断使用，这种服务潜力会逐渐衰减直至消逝。企业为了使成本和相应的收入相配比，就必须按消逝的服务能力的比例，将固定资产的取得成本转入营业成本或费用中，以正确确定企业的收益。从量上来说，准确地确定固定资产已消逝的服务能力几乎是不可能的，特别是某一期消逝的服务能力更是如此。但是，人们可以通过采用一定的方法来尽可能地客观反映这种已消逝的服务能力，它可以直接地体现为按照一定的方法按期计算转入营业成本或费用中的固定资产成本，并且这种方法一经确定，在固定资产整个的经济使用年限内一般不许变更，具有连续性和规律性，这在会计上被称为合理而系统的方法。

固定资产服务潜力的逐渐消逝，是因为固定资产在使用过程中会发生各种损耗。固定资产损耗可分为有形损耗和无形损耗。有形损耗是指固定资产在使用过程中由于磨损而发生的使用性损耗和由于受自然力影响而发生的自然损耗；无形损耗是指技术进步、消费偏好的变化及经营规模扩充等原因而引起的损耗，这种损耗的特点是固定资产在物质形态上仍具有一定的服务潜力，但已不再适用或继续使用已不经济。一般而言，有形损耗决定固定资产的最长使用年限，即物质使用年限；无形损耗决定固定资产的实际使用年限，即经济使用年限。

固定资产折旧的过程实际上是一个持续的成本分配过程，并不是为了计算固定资产的净值。折旧就是企业采用合理而系统的分配方法将固定资产的取得成本在固定资产的经济使用年限内进行合理分配，使之与各期的收入相匹配，以正确计算企业的损益。

（二）影响固定资产折旧计算的因素

影响固定资产折旧计算的因素主要有三个，即原始价值、预计净残值和预计使用年限。在这三个因素中除了原始价值之外，其他两个因素如果有确凿的证据表明固定资产受到其所处的经济环境、技术环境以及其他环境的较大影响，企业至少应当于每年年度终了时对预计净残值和使用年限进行重新复核。因为这种外部环境的变化，可能会使得固定资产使用强度比正常情况大大加强，或者会产生新的产品以替代该固定资产，从而使固定资产使用寿命大大缩短、预计净残值减少，所以如果在复核时，发现复核后的预计数与原先估计数存在差异，都要相应地对影响固定资产计算的因素进行调整，具体如下。

1. 原始价值

原始价值是指固定资产的实际取得成本。就折旧计算而言，原始价值是折旧计算的基数，它可以使折旧计算建立在客观的基础上，不容易受会计人员主观因素的影响。从投入产出的角度讲，在保证生产效率和产品质量的前提下，企业应减少固定资产原始价值的投入，以提高企业的经济效益。

2. 预计净残值

预计净残值是指假定固定资产预计使用寿命已满时，企业能够从该项资产处置中获得的扣除预计处置费用后的金额。固定资产的净残值是企业在固定资产使用期满后对固定资产的一个回收额，在计算固定资产折旧时应从固定资产的原始价值中扣除。由于固定资产的净残值是一个在一开始计算固定资产折旧时就要考虑的因素，而它的实际金额要在实际发生时才能确定，因此需要事前对其进行预计。实务上一般通过固定资产在报废清理时预计残值收入扣除预计清理费用后的净额来确定。其中，预计残值收入是指固定资产报废清理时预计可收回的器材、零件、材料等残料价值收入；预计清理费用是指固定资产报废清理时预计发生的拆卸、整理、搬运等费用。企业确定预计净残值时，要紧密结合自身生产经营情况及固定资产的性质和使用情况，确保合理性。固定资产原始价值减去预计净残值后的数额为固定资产应计提折旧总额。

3. 预计使用年限

预计使用年限是指固定资产预计经济使用年限，也称折旧年限或固定资产使用寿命，它通常短于固定资产的物质使用年限。固定资产的预计使用年限取决于固定资产的使用寿命。企业在确定固定资产使用寿命时，应当考虑下列因素。

（1）该资产的预计生产能力或实物产量。

（2）该资产的有形损耗，如设备使用中发生磨损、房屋建筑物受到自然侵蚀等。

（3）该资产的无形损耗，如因新技术的出现而使现有的资产技术水平相对陈旧、市场需求发生变化而使产品过时等。

（4）法律或类似规定对资产使用的限制。

具体到某一项固定资产的预计使用寿命，企业应在考虑上述因素的基础上，结合不同固定资产的性质、消耗方式、所处环境等因素做出判断。在相同的环境条件下，对于同样的固定资产的预计使用寿命应具有相同的预期。企业应当根据固定资产的性质和使用情况，合理确定固定资产的使用寿命和预计净残值。固定资产的使用寿命和预计净残值一经确定，不得随意变更。

为避免国家税收利益受到影响，除另有特殊规定外，国家对固定资产计算折旧的最低年限做了规定，具体如下：房屋、建筑物为20年；飞机、火车、轮船、机器、机械和其他生产设备为10年；与生产经营活动有关的器具、工具、家具等为5年；飞机、火车、轮船以外的运输工具为4年；电子设备为3年。

值得一提的是，影响固定资产折旧额大小除了上述三个主要因素外，折旧计算方法的选择也会对每期折旧的多少产生影响。另外，对固定资产计提减值准备也会影响折旧额的大小。

(三) 固定资产折旧的范围

确定固定资产折旧的范围，需明确两个方面的问题：一是要从空间范围上确定哪些固定资产应当计提折旧，哪些固定资产不应计提折旧；二是要从时间范围上确定应计提折旧的固定资产从什么时间开始计提折旧，从什么时间停止计提折旧。

我国《企业会计准则第 4 号——固定资产》规定，除下列情况外，企业应对所有固定资产计提折旧。

（1）已提足折旧仍继续使用的固定资产。
（2）按规定单独计价作为固定资产入账的土地。

企业对固定资产应当按月计提折旧，当月增加的固定资产当月不计提折旧，从下月起计提折旧；当月减少的固定资产当月仍计提折旧，从下月起停止计提折旧，即以月初应提折旧的固定资产为准，当月固定资产的增减变动不影响当月的折旧额。

(四) 固定资产折旧的计算方法

固定资产的折旧方法是指将应计折旧额在固定资产各使用期间进行分配时所采用的具体计算方法。可选用的折旧方法包括年限平均法、工作量法、双倍余额递减法和年数总和法等。折旧方法的选用将直接影响应计折旧额在固定资产各使用年限内的分配结果，从而影响各年的所得税费用和净利润。因此，企业应当根据固定资产的性质、受有形损耗和无形损耗影响的程度与方式，结合科技发展、环境及其他因素，合理选择固定资产的折旧方法。固定资产的折旧方法一经选定，不得随意变更；如需变更，应按规定的程序报经批准后备案，并在会计报表附注中予以说明。

1. 年限平均法

年限平均法又称直线法，是指将固定资产的应计折旧额均衡地分摊到固定资产预计使用各年的一种折旧方法。采用这种折旧方法，各年的折旧额相等，不受固定资产使用频率或生产量多少的影响，因而该方法也称为固定费用法。其计算公式如下：

$$年折旧率 = \frac{1-预计净残值率}{预计使用年限} \times 100\%$$

$$月折旧率 = 年折旧率 \div 12$$

$$月折旧额 = 固定资产原值 \times 月折旧率$$

$$年折旧额 = \frac{原始价值-预计净残值}{预计使用年限}$$

【例 6-10】 天生公司的一台生产用设备原值为 85 000 元，预计净残值率为 4%，预计使用 5 年。采用年限平均法计算该设备的年折旧额和月折旧额。

$$年折旧率 = \frac{1-4\%}{5} \times 100\% = 19.2\%$$

$$月折旧率 = 19.2\% \div 12 = 1.6\%$$

$$每年折旧额 = 85\,000 \times 19.2\% = 16\,320（元）$$

$$每月折旧额 = 85\,000 \times 1.6\% = 1\,360（元）$$

年限平均法的优点是计算过程简便，容易理解，是会计实务中应用最为广泛的一种折旧方法。但它也存在明显的局限性：首先，固定资产在不同使用年限为企业提供的经济利益是不同的。一般而言，固定资产在其使用前期工作效率相对较高，所带来的经济利益也较多；而在其使用后期，工作效率一般呈下降趋势，因而所带来的经济利益也就逐渐减少。年限平均法不考虑这一事实，显然不合理。其次，固定资产的维修费用将随着使用时间的延长而不断增大，年限平均法未考虑这一情况，从而产生固定资产使用早期负担费用偏低，后期负担费用偏高的现象，这与收入费用配比原则的要求不相符合。

2. 工作量法

工作量法是以固定资产预计可完成的工作总量为分摊标准，根据各期实际完成的工作量计算折旧的一种折旧方法。采用这种折旧方法，各期折旧额的大小随工作量的变动而变动，因而也称为变动费用法。采用工作量法计算折旧的原理与年限平均法相同，因此，工作量法实际上是年限平均法的一种演变，工作量法和年限平均法都被归类为平均折旧法。该方法弥补了年限平均法只重使用时间，不考虑使用强度的缺点。其计算公式为

$$每单位工作量折旧额 = \frac{原值 \times (1 - 预计净残值率)}{预计工作量总额}$$

某月折旧额 = 某月实际完成的工作量 × 每单位工作量折旧额

不同的固定资产所完成工作量的计量单位不同，如机器设备按工作小时、运输工具按行驶里程、建筑施工机械按工作台班等计量其工作量。

【例 6-11】 天生公司的一辆货运汽车原值为 150 000 元，预计净残值率为 4%，预计总行驶里程为 50 万公里，本月行驶为 5 000 公里。用行驶里程法计算该汽车本月折旧额如下：

$$每公里折旧额 = \frac{150\ 000 \times (1 - 4\%)}{500\ 000} = 0.288\ （元/公里）$$

本月折旧额 = 5 000 × 0.288 = 1 440（元）

工作量法的优点为比较简单实用，同时考虑了固定资产的使用程度。但其缺点也是明显的，它只关注固定资产的有形损耗，不使用则不计提折旧；其次就是工作量法在计算固定资产前后各期折旧时采用相同的单位工作量折旧额，而实际上单位工作量折旧额在各期是不一样的。

3. 加速折旧法

加速折旧法又称递减折旧费用法，是指固定资产折旧费用在使用早期计提得较多，在使用后期计提得较少，以使固定资产的大部分成本在使用早期尽快得到补偿，从而相对加快折旧速度的一种计算折旧的方法。和直线法相比，加速折旧法既不意味着要缩短折旧年限，也不意味着要增大或减少应提折旧总额，只是对应提折旧总额在各使用年限之间的分配上采用了递减的方式而不是平均的方式。不论采用加速折旧法还是采用直线法，在整个固定资产预计使用年限内计提的折旧总额都是相等的。

加速折旧法有如下特点。

第一，可以使固定资产的使用成本各年保持大致相同。固定资产的使用成本主要包

括折旧费用和修理维护费用两项内容。一般来说，修理维护费用会随着资产的老化而逐年增加。为了使固定资产的使用成本在使用年限中大致保持均衡，计提的折旧费用就应逐年递减。

第二，可以使收入和费用合理配比。固定资产的服务能力在服务早期总是比较高的，因而能为企业提供较多的利益。而在使用后期，随着资产老化、修理次数增多，产品质量下降，将大大影响企业利益的获得。为了使固定资产的成本与其所提供的收益相配比，就应在早期多提折旧，而在使用后期少提折旧。

第三，能使固定资产账面净值比较接近于市价。资产一经投入使用就成了旧货，其可变现价值会随之降低，因而在最初投入使用时多提一些折旧，可使资产账面净值更接近于资产的现时市价。

第四，可降低无形损耗的风险。无形损耗是由企业外部因素引起的价值损耗，企业很难对其做出合理估计，出于谨慎性考虑，将固定资产的大部分成本在使用早期收回，可使无形损耗的影响降至最低。

采用加速折旧法计算折旧的具体方法有余额递减法、双倍余额递减法、年数总和法、递减折旧率法等。我国会计准则规定可以允许企业采用的加速折旧方法是双倍余额递减法和年数总和法两种。

1）双倍余额递减法

双倍余额递减法是指以暂不考虑净残值的直线折旧率的两倍作为折旧率，以各年初固定资产账面净值为折旧基数来计算各年折旧额的一种折旧计算方法。其计算公式为

$$年折旧率 = \frac{2}{预计使用年限} \times 100\%$$

$$某年折旧额 = 该年初固定资产账面净值 \times 年折旧率$$

$$某年内月折旧额 = 某年折旧额 \div 12$$

由于采用双倍余额递减法时暂未考虑固定资产的预计净残值，而固定资产的预计净残值总是存在的。为了保证在固定资产折旧期满时，其账面净值刚好与预计净残值相等，就有必要在固定资产使用的最后几年，将双倍余额递减法转化为平均折旧法。理论上，方法的转换应满足下列条件：

$$\frac{某年初固定资产账面净值 - 预计净残值}{剩余折旧年限} > 该年继续使用双倍余额递减法计算的折旧金额$$

在我国会计实务中，为简化折旧计算起见，规定在固定资产预计使用年限的最后两年，将双倍余额递减法改换为平均折旧法，即以倒数第二年初固定资产账面净值扣除预计净残值后的金额除以 2 作为最后两年每年的折旧额。

由上可见，在采用双倍余额递减法计算折旧时，各年的折旧率是固定不变的，而各年的折旧基数是逐渐变小，从而各年的折旧额由多变少。这种加速折旧是针对各折旧年限而言的，但在某一折旧年限内的各月则是平均计提折旧。

【例 6-12】 天生公司有一台设备，其原值为 80 000 元，预计使用 5 年，预计净残值率为 5%。采用双倍余额递减法计算各折旧年度的折旧额。

$$年折旧率 = \frac{2}{5} \times 100\% = 40\%$$

该设备采用双倍余额递减法计算的各年折旧额见表6-1。

表6-1 双倍余额递减法折旧计算表

折旧年份	折旧率 ①	本期年折旧额/元 ②=上期④×①	本期累计折旧额/元 ③=上期③+本期②	本期账面净值/元 ④=上期④-本期②
期初				80 000
第1年	40%	32 000	32 000	48 000
第2年	40%	19 200	51 200	28 800
第3年	40%	11 520	62 720	17 280
第4年		6 640	69 360	10 640
第5年		6 640	76 000	4 000

例6-12演示的是采用双倍余额递减法在各折旧年度计算年折旧额的情况，并未考虑固定资产的实际投入使用时间。在会计实务中，企业可以在某年的任何一月将固定资产投入使用，这样一来，按会计年度采用双倍余额递减法计算各年折旧额就与上例有所不同。例如，假定例6-12中的设备是20×1年6月25日投入使用，采用双倍余额递减法计算各会计年度的折旧额的结果如下：

20×1年度折旧额 = 80 000×40%×6÷12 = 16 000（元）

20×2年度折旧额 = 80 000×40%×6÷12 + (80 000−32 000)×40%×6÷12 = 25 600（元）

20×3年度折旧额 = (80 000−32 000)×40%×6÷12 + (80 000−32 000−19 200)×
40%×6÷12 = 15 360（元）

20×4年度折旧额 = (80 000−32 000−19 200)×40%×6÷12 +
(80 000−32 000−19 200−11 520−80 000×5%)÷2×6÷12 = 9 080（元）

20×5年度折旧额 = (80 000−32 000−19 200−11 520−80 000×5%)÷2 = 6 640（元）

20×6年度折旧额 = (80 000−32 000−19 200−11 520−80 000×5%)÷2×6÷12 = 3 320（元）

从上述计算过程可见，只要企业的固定资产是在1月至11月的某一月内投入使用，则各会计年度的折旧额计算就可能涉及采用双倍余额递减法在相邻两个折旧年度的折旧计算，从而使得折旧计算过程变得比较复杂。下述年数总和法的使用也存在类似的情况，就不再做重复说明。

2）年数总和法

年数总和法又称年限合计法，是指以固定资产应计折旧额为折旧基数，以各年初固定资产尚可使用年限作分子，以每年初固定资产尚可使用年数之和作分母，分别确定各年折旧率，然后用各年折旧率乘以应计提折旧总额计算每年的折旧额。计算公式如下：

$$某年折旧率 = \frac{某年初的尚可使用年限}{预计使用年限的年数总和} \times 100\%$$

某年折旧额 = (原值−预计净残值)×某年折旧率

某年内月折旧额＝某年折旧额÷12

【例6-13】 天生公司有一台设备，其原值为50 000元，预计使用5年，预计净残值率4%。采用年数总和法计算各折旧年度的年折旧额，计算结果见表6-2。

表6-2 年数总和法折旧计算表

折旧年份	应计折旧额/元	折旧率	年折旧额/元	累计折旧额/元	账面净值/元
购置时					50 000
第1年	48 000	5/15	16 000	16 000	34 000
第2年	48 000	4/15	12 800	28 800	21 200
第3年	48 000	3/15	9 600	38 400	11 600
第4年	48 000	2/15	6 400	44 800	5 200
第5年	48 000	1/15	3 200	48 000	2 000

需要强调的是，加速折旧法是指在各折旧年度的折旧额先多后少，即在各折旧年度之间体现加速，但在某一折旧年度内的各月却是按该年度的折旧额来平均计算月折旧额的。

（五）固定资产折旧的核算

企业对固定资产计提折旧时以月初应提折旧的固定资产为基础。各月计算折旧时，可在上月计提折旧的基础上，对上月固定资产的增减情况进行调整后计算本月应计提的折旧额。用公式表示为

$$\text{本月固定资产应计提的折旧额} = \text{上月固定资产计提的折旧额} + \text{上月增加固定资产应计提的月折旧额} - \text{上月减少固定资产应计提的月折旧额}$$

企业计提的固定资产折旧费用，应根据固定资产的受益对象，分别计入有关的成本或费用账户。具体地讲，生产部门使用的固定资产计提的折旧费用，应计入制造费用；管理部门使用的固定资产计提的折旧费用，应计入管理费用；专设销售机构使用的固定资产计提的折旧费用，应计入销售费用；经营性租出的固定资产计提的折旧费用，应计入其他业务成本；自行建造固定资产过程中使用的固定资产计提的折旧费用，应计入在建工程；企业未使用的固定资产计提的折旧费用，应计入管理费用。

【例6-14】 天生公司20×1年6月30日编制的固定资产折旧计算表如表6-3所示。

表6-3 20×1年6月30日固定资产折旧计算表 单位：元

使用部门	固定资产项目	上月折旧额	上月增加固定资产 原值	上月增加固定资产 月折旧额	上月减少固定资产 原值	上月减少固定资产 月折旧额	本月折旧额
一车间	厂房 机器设备 其他设备 小计	5 000 18 000 2 000 25 000	75 000	1 200	20 000	320	5 000 19 200 1 680 25 880

续表

使用部门	固定资产项目	上月折旧额	上月增加固定资产 原值	上月增加固定资产 月折旧额	上月减少固定资产 原值	上月减少固定资产 月折旧额	本月折旧额
二车间	厂房 机器设备 小计	4 000 15 000 19 000	50 000	800			4 000 15 800 19 800
厂部	办公楼 办公设备 运输工具 小计	3 000 13 500 6 500 23 000			40 000	640	3 000 12 860 6 500 22 360
合计		67 000	125 000	2 000	60 000	960	68 040

根据固定资产折旧计算表6-3，编制折旧费用分配的会计分录如下：

借：制造费用——一车间　　　　　　　　　　　25 880
　　　　　　——二车间　　　　　　　　　　　19 800
　　管理费用　　　　　　　　　　　　　　　　22 360
　　贷：累计折旧　　　　　　　　　　　　　　　　68 040

（六）固定资产使用寿命、预计净残值和折旧方法的复核

在固定资产使用过程中，其所处的经济环境、技术环境以及其他环境的变化会对固定资产的使用寿命和预计净残值产生较大影响，也可能致使与固定资产有关的经济利益的预期实现方式发生重大改变。例如，固定资产使用强度比正常情况下大大加强，致使固定资产使用寿命大为缩短；替代该固定资产的新设备的出现致使其实际使用寿命缩短，预计净残值减少等。再如，某采掘企业以前各期产量相对稳定，原采用年限平均法计提固定资产折旧，但现在该企业使用了先进技术，产量大幅增加，可采储量逐年减少，该项固定资产给企业带来经济利益的预期实现方式已发生重大改变，就需要将年限平均法改为产量法。

按照我国企业会计准则的规定，企业至少应于每年年度终了时，对固定资产的使用寿命、预计净残值和折旧方法进行复核。

在复核时，若某项固定资产的使用寿命预计数与原先估计数有差异的，则应调整该项固定资产的预计使用寿命；若某项固定资产的净残值预计数与原先估计数有差异的，也应当调整预计净残值；当发现某项固定资产所包含的经济利益的预期实现方式有重大改变的，则应当改变固定资产的折旧方法。对复核时固定资产使用寿命、预计净残值的调整以及折旧方法的改变均作为会计估计变更，采用未来适用法进行会计处理。

二、固定资产后续支出

（一）固定资产后续支出的含义及分类

固定资产后续支出是指固定资产在投入使用以后期间发生的与固定资产使用效能直

接相关的各种支出，如固定资产的增置、改良与改善、换新、修理、重新安装等业务发生的支出。

从支出目的来看，固定资产后续支出有的是为了维护、恢复或改进固定资产的性能，使固定资产在质量上发生变化；有的是为了改建、扩建或增建固定资产，使固定资产在数量上发生变化。

从支出的情况来看，有的后续支出在取得固定资产时即可预见到它的发生，属于经常性的或正常性的支出；有的后续支出很难预见到它的发生，属于偶然性的或特殊性的支出。

从支出的性质来看，有的后续支出形成资本化支出，应计入固定资产的价值；固定资产的后续支出如果不符合固定资产确认的条件，就要进行费用化处理，在后续支出发生时计入当期损益。例如，发生的后续支出能延长固定资产的使用年限、增加服务潜力、明显改善产品质量或实质性降低产品成本的，则应将其资本化。而发生的后续支出仅是为维护固定资产的正常运转和使用，则作为收益性支出。

（二）固定资产后续支出的核算

1. 增置

增置是指在原有固定资产基础上添加新的实物，如厂房加层扩充，车间加装污染控制设备等。增置通常可以增加固定资产的服务潜力，因此应将增置发生的支出资本化，加入到原固定资产成本中去。

若固定资产的增置仅是添加新的设备或补充装置，则会计处理比较简单，将发生的支出计入固定资产成本即可。若是在原固定资产基础上进行改建或扩建，往往需要将原资产的一部分拆除，对于拆除部分需考虑是否应将其从固定资产成本中扣除，但在会计实务上，一般都不予扣除，原因是要将拆除部分的成本从整个固定资产成本中分离出来，几乎是不现实的。一个变通的做法是将拆除部分的残料的变价收入视同拆除部分的账面价值，从固定资产价值中减除。因此，对于改、扩建后固定资产的入账价值是按原有固定资产的账面价值为基础，加上改扩建发生的支出，减去改扩建过程中产生的变价收入来确定的。

企业在改、扩建固定资产时，首先要将原固定资产的账面价值转入在建工程，即按改、扩建前固定资产的账面价值，借记"在建工程"账户；按累计计提的折旧额，借记"累计折旧"账户；按计提的减值准备，借记"固定资产减值准备"账户；按原固定资产的原始价值，贷记"固定资产"账户；其次归集发生的改、扩建支出，按支付的改、扩建支出金额，借记"在建工程"账户，贷记"银行存款"等账户；再次反映取得的变价收入，按在改、扩建过程中取得的变价收入，借记"银行存款"账户，贷记"在建工程"账户；最后在改、扩建工程完工达到预定可使用状态时结转在建工程成本，即按"在建工程"账户的借方余额，借记"固定资产"账户，贷记"在建工程"账户。

经过改、扩建后，固定资产无论是在质量上还是在使用性能上与以前相比都发生了很大变化。因此，改、扩建后的固定资产在计算折旧时就应该重新确定其使用寿命、预计净残值和折旧方法，以便合理计算固定资产的折旧额。

【例 6-15】 天生公司的一条生产线的有关资料如下。

(1) 20×0 年 12 月 28 日建成一条生产线并投入使用,其成本为 1 250 000 元,采用年限平均法计提折旧,预计使用 6 年,预计净残值率为 4%。

(2) 20×2 年 12 月 31 日,因生产的产品很畅销,现生产线的生产能力已显不足,但若要新建生产线,考虑成本和时间因素,则不很现实。于是决定对原生产线进行扩建,以扩充生产能力。

(3) 20×3 年 1 月 1 日至 6 月 30 日,经过半年时间,完成了对原生产线的扩建工程,用银行存款支付扩建支出 490 000 元,扩建过程中发生变价收入 15 000 元存入银行。

(4) 扩建后的生产线于 20×3 年 6 月 30 日达到预定可使用状态并实际投入使用。扩建后的生产线不仅较大地提高了生产能力,且延长了使用年限,预计尚可使用年限为 6.5 年。假定扩建后的生产线的预计净残值率仍为 4%,仍采用年限平均法计提折旧。为简化计算,折旧计算按年度进行。试作 20×3 年度的有关账务处理。

本例中,由于对生产线的扩建支出,提高了生产线的生产能力并延长了使用寿命,所以发生的固定资产后续支出应当作为资本性支出计入固定资产的成本。具体的账务处理如下。

(1) 将原生产线转入扩建时:

已计提折旧 = 1 250 000×(1-4%)÷6×2 = 400 000(元)

原生产线的账面价值 = 1 250 000-400 000 = 850 000(元)

借:在建工程　　　　　　　　　　　　　　　　　　850 000
　　累计折旧　　　　　　　　　　　　　　　　　　400 000
　　贷:固定资产　　　　　　　　　　　　　　　　　　1 250 000

(2) 发生扩建支出时:

借:在建工程　　　　　　　　　　　　　　　　　　490 000
　　贷:银行存款　　　　　　　　　　　　　　　　　　490 000

(3) 取得扩建的变价收入时:

借:银行存款　　　　　　　　　　　　　　　　　　15 000
　　贷:在建工程　　　　　　　　　　　　　　　　　　15 000

(4) 扩建完工,生产线达到预定可使用状态时:

借:固定资产　　　　　　　　　　　　　　　　　　1 325 000
　　贷:在建工程　　　　　　　　　　　　　　　　　　1 325 000

(5) 20×3 年 12 月 31 日计提折旧:

应计提的折旧额 = 1 325 000×(1-4%)÷6.5×0.5 = 97 846.15(元)

借:制造费用　　　　　　　　　　　　　　　　　　97 846.15
　　贷:累计折旧　　　　　　　　　　　　　　　　　　97 846.15

2. 改良与改善

改良与改善是对现有固定资产质量的改进,是为了提高固定资产的适用性或使用效能。改良与改善在性质上并无区别,区别在于对固定资产质量提高的程度不同。改良是对固定资产质量有较大改进或显著提高,所需支出也较大,因此应将改良支出作为资本性支出，计入有关固定资产的成本。改善则是对固定资产质量有一定改进，但改进不是很明显，质量提高程度有限，所需支出比较小，因此应将发生的改善支出作为收益性支出，直接计入当期损益。

改良不同于增置，增置是固定资产在数量上的增加或扩充，改良则是固定资产在质量上的较大提高或改进。因此，在发生改良支出时，被替换的旧部件的成本应从固定资产的成本中减除，而把替换的新部件的成本加记到原固定资产成本中去。如果能用一定方法合理确定被替换的旧部件的已提折旧，则也应从累计折旧中将其减去。企业对改良支出的会计处理程序与改扩建的核算程序是比较相似的。

3. 换新

换新是指将固定资产上用旧了的部件拆下，用相同质量的部件替换，以恢复固定资产原有的质量和功能。换新从性质上讲是对资产质量的恢复，而不是资产质量的提高。对于换新的会计处理，可区分为以下两种情况。

1）大部件、主要部件的换新

对于固定资产的大部件或主要部件的换新，发生的相关支出，应作为资本性支出，计入固定资产成本，同时应将被换下的旧部件的成本及其折旧从有关固定资产中扣除。会计处理类似于发生改良支出，所不同的是换新是为了恢复资产的质量，而改良是为了提高资产的质量。

【例 6-16】 天生公司一套生产设备附带的电机因连续工作时间较长而被烧毁，需要用新电机替换。该套生产设备的原价为 870 000 元，已经计提折旧 290 000 元，被烧毁电机的成本为 48 000 元。天生公司已经用银行存款 52 000 元购买新电机将其替换。其有关账务处理如下。

（1）将原生产设备转入在建工程：

借：在建工程	580 000
累计折旧	290 000
贷：固定资产	870 000

（2）转出被烧毁旧电机的损失：

旧电机的折旧 = (48 000 ÷ 870 000) × 290 000 = 16 000（元）

旧电机的账面价值 = 48 000 − 16 000 = 32 000（元）

借：营业外支出	32 000
贷：在建工程	32 000

（3）发生新电机的购买安装成本：

借：在建工程	52 000
贷：银行存款	52 000

（4）新电机替换完毕，结转工程成本：

借：固定资产	600 000
贷：在建工程	600 000

2）一般性部件的换新

对于固定资产的一般性部件的换新，往往是伴随着固定资产的修理而进行的。因此，发生的换新支出视作修理费，直接计入当期损益。

4. 修理

固定资产由于使用、自然侵蚀、意外事故等会发生不同程度的损坏，影响其正常使用。为了恢复固定资产使用效能，保证其经常处于完好状态，企业就必须对固定资产进行经常性的维护，并对损坏部分进行及时的修复。

固定资产的修理按其修理范围大小、费用支出多少、修理间隔时间长短等，分为日常修理和大修理两种。固定资产日常修理包括中、小修理，是保持和恢复固定资产正常工作状态所进行的经常性修理，它的特点是修理范围小、费用支出少、修理间隔时间短。固定资产大修理是保持和恢复固定资产正常工作状态所进行的定期修理和局部更新。它的特点是修理范围大、费用支出多、修理次数少、修理间隔时间长。

固定资产进行日常修理和大修理，从作用上来讲只是对固定资产使用性能的恢复和维持，因此一般情况下对固定资产修理期间所发生的修理费用在发生的当期按照固定资产的用途和部门的不同计入当期损益中，不再进行资本化处理。企业生产车间（部门）和行政管理部门等发生的固定资产修理费用计入管理费用；企业专设销售机构固定资产的修理费用计入销售费用。但是如果企业对固定资产定期检查发生的大修理费用，有确凿的证据表明其符合固定资产确认的条件，可以计入固定资产的成本，即可以将支出资本化。

5. 维护保养

维护保养是指为了保持固定资产在使用过程中一直处于正常状态而发生的经常性的行为，如给机器设备添加润滑油、更换螺钉、螺帽等。维护保养与修理是不同的：维护保养是为了预防固定资产损坏，使其处于正常的运行状态；修理是为了恢复固定资产的服务功能。但在实际工作中，这两者是很难区分清楚的。对于发生的维护保养支出，也应直接计入当期损益。

6. 重安装

为了创造新的生产环境和提高流水作业的合理性，以增进生产效率、充分发挥固定资产的潜力、降低产品成本，企业有时需要对固定资产重新加以安装布局。由于第一次的安装成本已计入固定资产价值，为了避免重复计价，应将初始安装成本及其折旧从有关账户转出，并作为该项资产的废弃损失，计入营业外支出。再将发生的重安装成本计入固定资产成本之中。重安装成本一般包括拆除地基、搬运机器以及新建地基等支出。如果固定资产的有关记录不能提供初始安装成本的数额，可按一定的方法加以合理估计，以防止重复计算其安装成本对固定资产进行重安装，所涉及的业务包括整个固定资产项目转入在建工程、发生新安装成本、终止确认旧安装成本、确认重安装后的固定资产等。

【例 6-17】 天生公司为了提高生产效率，改善生产布局，对一条生产线进行重新安装。该生产线的原值 2 500 000 元，包括初始安装成本 65 000 元，已提折旧 850 000 元。重新安装时，发生安装成本 70 000 元，用银行存款支付。其有关账务处理如下。

（1）将原生产线转入在建工程：

借：在建工程　　　　　　　　　　　　　　　　　　　　1 650 000
　　累计折旧　　　　　　　　　　　　　　　　　　　　　850 000

　　　　贷：固定资产　　　　　　　　　　　　　　　　　　　　　　　　2 500 000
（2）转出初始安装成本的账面价值：

$$初始安装成本的折旧 = \frac{850\,000}{2\,500\,000} \times 65\,000 = 22\,100 （元）$$

$$初始安装成本的净值 = 65\,000 - 22\,100 = 42\,900 （元）$$

　　借：营业外支出　　　　　　　　　　　　　　　　　　　　　　　42 900
　　　　贷：在建工程　　　　　　　　　　　　　　　　　　　　　　　　42 900
（3）发生重安装成本：
　　借：在建工程　　　　　　　　　　　　　　　　　　　　　　　　70 000
　　　　贷：银行存款　　　　　　　　　　　　　　　　　　　　　　　　70 000
（4）重安装完成，结转工程成本：
　　借：固定资产　　　　　　　　　　　　　　　　　　　　　　　1 677 100
　　　　贷：在建工程　　　　　　　　　　　　　　　　　　　　　　1 677 100

三、固定资产减值

（一）固定资产减值确认标准

固定资产减值是指固定资产的可收回金额低于其账面价值。可收回金额应当根据资产的公允价值减去处置费用后的净额与资产预计未来现金流量的现值两者之间较高者确定。其中，资产的处置费用包括与资产处置有关的法律费用、相关税费、搬运费以及为使资产达到可销售状态所发生的直接费用等。

对于资产的公允价值减去处置费用后的净额，应当根据公平交易中销售协议价格减去可直接归属于该资产处置费用的金额确定。不存在销售协议但存在资产活跃市场的，应当按照该资产的市场价格减去处置费用后的金额确定。其中，资产的市场价格通常应当根据资产的买方出价确定。在不存在销售协议和资产活跃市场的情况下，应当以可获取的最佳信息为基础，估计资产的公允价值减去处置费用的净额，该净额可以参考同行业类似资产的最近交易价格或结果进行估计。企业按上述方法仍然无法可靠估计资产的公允价值减去处置费用后的净额的，应当以该资产预计未来现金流量的现值作为其可回金额。

资产预计未来现金流量的现值，应当按照资产在持续使用过程中和最终处置时所产生的未来现金流量，选择恰当的折现率对其进行折现后的金额确定。预计资产未来现金流量现值的关键是确定资产的未来现金流量和选择恰当的折现率。

预计的资产未来现金流量应当包括下列各项：①资产持续使用过程中产生的现金流入。②为实现资产持续使用过程中产生现金流入所必需的预计现金流出。③资产使用寿命结束时，处置资产所收到或支付的净现金流量。

需要注意的是，下列几个方面的未来现金流量不应当包括在资产未来现金流量的估计之中：①与将来可能发生的、尚未做出承诺的重组事项有关的现金流量，因为尚未做出承诺的重组不属于资产负债表日当前的状况。②与资产改良有关的预计未来现金流量。

因为未来的资产改良也不是资产负债表日当前的状况。③与筹资活动相关的现金流量。④与所得税有关的现金流量。因为与所得税有关的现金流量与资产本身没有直接关系。

在选择恰当的折现率对预计资产未来现金流量进行折现时，该折现率应是反映当前市场货币时间价值和资产特定风险的税前利率。如果企业难以找到前述意义的折现率，则可以用资本的加权平均成本、增量借款利率，或相应的市场借款利率作为折现率。

当预计资产的未来现金流量涉及外币时，应当以该资产所产生的未来现金流量的结算货币为基础，按照该货币适用的折现率计算其现值，再将该外币现值采取即期汇率进行折算。

值得说明的是，只要资产的公允价值减去处置费用后的净额与资产预计未来现金流量现值中有一项超过了资产的账面价值，就表明资产未发生减值，不需要再估计另一项金额。

企业应当在资产负债表日判断固定资产是否有减值的迹象。如果存在下列迹象的，表明固定资产可能发生了减值。

（1）固定资产的市价当期大幅度下跌，其跌幅明显高于因时间的推移或正常使用而预计的下跌。

（2）企业所处的经济、技术或者法律等环境以及资产所处的市场将在近期发生重大变化，从而对企业产生不利影响。例如，由于环境保护法律方面的限制，企业只能限量生产某种产品，这会对该产品的产量产生不利影响。

（3）市场利率或其他市场投资回报率当期已经提高，从而影响企业计算固定资产预计未来现金流量现值的折现率，导致固定资产的可收回金额大幅度降低，从而发生固定资产减值。

（4）有证据表明固定资产已经陈旧过时或者其实体已经损坏。

（5）固定资产已经或将被闲置、重组、终止使用或提前处置。

（6）企业内部报告的证据表明固定资产的绩效已经低于或将低于预期。

（7）其他表明固定资产可能已经发生减值的迹象。

当上面的情形出现后，经过计算的固定资产的可收回金额如果低于其账面价值的，企业应当将固定资产的账面价值减记至可收回金额，减记的金额确认为固定资产的减值损失，计入当期损益。

固定资产减值损失确认后，减值固定资产的折旧应当在未来期间做相应调整，即应按该固定资产计提减值后的账面价值以及尚可使用寿命和预计净残值重新计算确定其折旧率和折旧额，以使该固定资产在剩余使用寿命内，系统地分摊调整后的资产账面价值（扣除预计净残值）。值得强调的是，固定资产的减值损失一经确认，在以后会计期间不得转回。

如果有证据表明，企业的在建工程已经发生了减值，也应当确认减值损失，计入当期损益。

（二）固定资产减值的会计处理

企业固定资产发生减值时，应该计提固定资产减值准备，并通过"固定资产减值准备"账户进行核算。按应计提的减值金额，借记"资产减值损失——计提的固定资产减值准备"账户,贷记"固定资产减值准备"账户。处置已计提减值准备的固定资产时,一方面需要注销固定资产,另一方面同时结转已计提的固定资产减值准备。

【例 6-18】 天生公司在 20×1 年 12 月 31 日对一套生产线检查时发现,该生产线因其生产的产品所处的市场将在近期发生重大变化,会对企业产生不利影响,可能已经发生减值。该生产线当时的账面价值为 1 850 000 元,尚可使用 5 年,预计净残值率为 5%,以前年度未计提减值准备。根据市场情况估计,该生产线的公允价值减去处置费用后的净额为 1 650 000 元,预计其在未来 4 年产生的现金流量分别为 500 000 元、460 000 元、400 000 元和 340 000 元,第 5 年产生的现金流量以及使用寿命结束时产生的现金流量合计 250 000 元。在综合考虑有关因素的基础上,天生公司决定采用 6%的折现率。试对该生产线考虑其减值准备的计提,并采用直线法计提 20×2 年度的折旧。其有关账务处理如下。

(1)计算确定可收回金额。

生产线的预计未来现金流量现值的计算见表 6-4。

表 6-4　固定资产预计未来现金流量现值计算表

年度	预计未来现金流量/元	折现率	现值系数	现值/元
20×2	500 000	6%	0.943 4	471 700
20×3	460 000	6%	0.890 0	409 400
20×4	400 000	6%	0.839 6	335 840
20×5	340 000	6%	0.792 1	269 314
20×6	250 000	6%	0.747 3	186 825
合计				1 673 079

由表 6-4 可知,天生公司预期从该生产线的持续使用和使用寿命结束时的处置中形成的现金流量的现值为 1 673 079 元,大于其公允价值减去处置费用后的净额 1 650 000 元,因此,其可收回金额为 1 673 079(1 850 000＞1 673 079)元,由此判定该生产线的确存在减值。

(2)确定应计提的减值金额。

生产线的账面价值为 1 850 000 元,可收回金额为 1 673 079 元,从而,应提减值准备 = 1 850 000–1 673 079 = 176 921(元)。

(3)编制计提减值准备的会计分录:

借:资产减值损失——计提的固定资产减值准备　　　　　176 921
　　贷:固定资产减值准备　　　　　　　　　　　　　　　　176 921

(4)20×2 年度计提折旧:

应提折旧额 = 1 673 079×(1–5%)÷5 = 317 885.01(元)

借:制造费用　　　　　　　　　　　　　　　　　　　　317 885.01
　　贷:累计折旧　　　　　　　　　　　　　　　　　　　317 885.01

此例假定生产线计提减值准备后，预计使用寿命、预计净残值和采用的折旧方法均未改变。

通常情况下，对固定资产计提减值准备后，企业应重新复核固定资产的折旧方法、预计使用寿命和预计净残值（或预计净残值率，下同），并区别情况采用不同的处理方法。

（1）如果固定资产所含经济利益的预期实现方式没有发生改变，企业仍应采用原有的折旧方法。如果固定资产所含经济利益的预期实现方式发生了重大改变，企业应相应改变折旧方法，并按照会计估计变更的有关规定进行会计处理。

（2）如果固定资产的预计使用寿命没有发生变化，企业仍应遵循原有的预计使用寿命。如果固定资产的预计使用寿命发生了变化，企业应当相应改变固定资产的预计使用寿命，并按会计估计变更的有关规定进行会计处理。

（3）如果固定资产的预计净残值没有发生变化，企业仍应按计提减值准备后固定资产的账面价值扣除预计净残值后的余额以及尚可使用年限重新计算确定折旧率和折旧额。如果固定资产的预计净残值发生了改变，企业应当相应改变固定资产的预计净残值，并按会计估计变更的有关规定进行会计处理。

第四节 固定资产处置与盘亏

一、固定资产处置

（一）固定资产处置的含义及包括的内容

固定资产处置是指由于各种原因企业固定资产退出生产经营过程所做的处理活动，如固定资产的出售、转为待售、转让、报废、毁损、对外投资、非货币性资产交换、债务重组等。固定资产的处置涉及固定资产的终止确认问题。按照现行固定资产准则的规定，满足下列条件之一的，固定资产应当予以终止确认。

（1）该固定资产处于处置状态，是指固定资产不再用于生产商品、提供劳务、出租或经营管理，因此不再符合固定资产的定义，所以应予终止确认。

（2）该固定资产预期通过使用或处置不能产生经济利益。

固定资产处置业务的产生往往是不同的原因所造成的。在大多数情况下，出售的固定资产一般是企业多余闲置的固定资产，或者是不适合企业产品生产需要的固定资产，如果不出售的话，会造成企业资源的浪费，增加额外的管理成本。

报废、毁损的固定资产产生的原因一般有这样几个方面：第一，固定资产的预计使用年限已满，其物质磨损程度已达到极限，不宜继续使用，应按期报废；第二，科学技术水平的提高，致使企业拥有的某项固定资产继续使用时在经济上已不合算了，必须将其淘汰，提前报废；第三，自然灾害（如火灾、水灾）事故的发生或管理不善等原因而造成的固定资产毁损。

固定资产在处置过程中会发生收益或损失，称为处置损益。它以处置固定资产所取得的各项收入与固定资产账面价值、发生的清理费用等之间的差额来确定。其中，处置固定资产的收入包括出售价款、残料变价收入、保险及过失人赔款等项收入；清理费用包括处置固定资产时发生的拆卸、搬运、整理等项费用。

（二）固定资产处置的核算

如果企业固定资产未被划分为持有待售类别而被出售、转让，以及因报废或毁损而处置，发生的损益通过"固定资产清理"账户进行归集。固定资产转入清理时，按固定资产账面价值，借记"固定资产清理"账户，按已计提的累计折旧，借记"累计折旧"账户，按已计提的减值准备，借记"固定资产减值准备"账户，按固定资产账面余额，贷记"固定资产"账户；固定资产清理过程中发生的整理、拆卸、搬运等费用，借记"固定资产清理"账户，贷记"银行存款"等账户；企业收回出售固定资产的价款、残料价值和变价收入等，应冲减清理支出。按实际收到的出售价款以及残料变价收入等，借记"银行存款""原材料"等账户，贷记"固定资产清理""应交税费"等账户；企业计算或收到的应由保险公司或过失人赔偿的损失，应冲减清理支出，借记"其他应收款""银行存款"等账户，贷记"固定资产清理"账户。

1. 固定资产出售

企业多余闲置或不再需用的固定资产，如果未被划分为持有待售类别，可出售给其他需要该项固定资产的企业，以收回资金，避免资源的浪费。出售固定资产的损益是指出售固定资产取得的价款与固定资产账面价值、发生的清理费用之间的差额。通过"固定资产清理"账户归集的出售固定资产损益期末应将余额转入"资产处置损益"账户。"资产处置损益"账户核算企业出售划分为持有待售的非流动资产（金融工具、长期股权投资和投资性房地产除外）或处置组（子公司和业务除外）时确认的处置利得或损失，以及处置未划分为持有待售的固定资产、在建工程、生产性生物资产及无形资产而产生的处置利得或损失。

【例6-19】 天生公司因经营管理的需要，于2018年5月将一台2017年3月购入的设备出售，出售的价款为500 000元，适用的增值税税率为13%，应交增值税为65 000元，开具增值税专用发票。出售设备原始价值为530 000元，累计折旧为40 000元。发生清理费用为1 200元。其账务处理过程如下。

（1）注销固定资产原价及累计折旧。

借：固定资产清理	490 000
累计折旧	40 000
贷：固定资产	530 000

（2）支付清理费用1 200元。

借：固定资产清理	1 200
贷：银行存款	1 200

（3）收到出售设备全部款项。

借：银行存款	565 000
贷：固定资产清理	500 000
应交税费——应交增值税（销项税额）	65 000

（4）结转固定资产清理净损益。

净收益 = 500 000 – 490 000 – 1 200 = 8 800（元）

借：固定资产清理　　　　　　　　　　　　　　　　　　　8 800
　　贷：资产处置损益　　　　　　　　　　　　　　　　　　　8 800

2. 持有待售固定资产

1）持有待售类别资产及划分条件

当企业的非流动资产或处置组不是通过持续使用而是出售的方式收回账面价值的，应当将其划分为持有待售类别。这里的非流动资产包括固定资产、无形资产、长期股权投资等，但不包括递延所得税资产、金融工具相关会计准则规范的金融资产、以公允价值模式进行后续计量的投资性房地产、以公允价值减去出售费用后的净额计量的生物资产和由保险合同相关会计准则规范的保险合同所产生的权利。处置组则是指一项交易中作为整体处置的一组资产，以及在该交易中转让的与这些资产直接相关的负债。因此，处置组可能包含企业的任何资产和负债，如流动资产、流动负债、非流动资产和非流动负债。

企业将非流动资产或处置组划分为持有待售类别时，应当同时满足以下两个条件。

（1）可立即出售，指出售此类资产或处置组，在当前状况下即可立即进行。具体表现为企业具有在当前状态下出售该类资产的意图和能力，符合交易惯例的要求。

（2）出售极可能发生，指企业已经就一项出售计划做出决议且获得确定的购买承诺，预计出售将在一年内完成。

如果因无法控制的原因非关联方之间的交易未能在一年内完成，且有充分证据表明企业仍然承诺出售非流动资产或处置组的，企业应当继续将非流动资产或处置组划分为持有待售类别。

对于符合持有待售类别划分条件但仍在使用的非流动资产或资产组，如果通过使用方式收回的价值相对于通过出售收回的价值微不足道，企业则不应当因持有待售的非流动资产或资产组仍在产生零星收入而不将其划分为持有待售类别。

2）持有待售固定资产会计处理

下面主要以固定资产为例说明其被划分为持有待售类别时，相关业务的会计处理。固定资产从被划分为持有待售类别至按照协议出售期间，涉及划分日初始计量、后续资产负债表日重新计量、持有待售固定资产出售三个环节的业务。

A. 划分日初始计量

企业的固定资产被划分为持有待售类别时，其初始计量应遵循的规定是，分类前账面价值高于公允价值减去出售费用后净额的，应当将账面价值减记至公允价值减去出售费用后的净额，减记的金额确认为资产减值损失，计入当期损益，同时计提持有待售资产减值准备。如果分类前账面价值低于公允价值减去出售费用后净额的，则不需要对账面价值进行调整。

对于持有待售资产公允价值的确定，在企业已经获得确定的购买承诺时，公允价值应当参考交易价格确定；如果尚未获得确定的购买承诺，公允价值应优先使用市场报价等可观察输入值进行估计。

出售费用则是指可以直接归属于出售资产的增量费用，包括为出售发生的特定法律服务、评估咨询等中介费用以及相关的消费税、城市维护建设税、土地增值税、印花税等。企业的固定资产被划分为持有待售类别时，按固定资产账面价值，借记"持有待售资产"账户，按已计提的累计折旧，借记"累计折旧"账户，按计提的减值准备，借记"固定资产减值准备"账户，按固定资产账面余额，贷记"固定资产"账户；划分日按减值的金额，借记"资产减值损失"账户，贷记"持有待售资产减值准备"账户。

【例 6-20】 天生公司 20×1 年 12 月 15 日购买一台设备，原始价值 1 250 000 元，预计使用 10 年，净残值率 4%，按年限平均法计提折旧。20×3 年 3 月 10 日天生公司由于转产，此设备不再使用，遂与甲公司签订不可撤销销售协议，约定在 20×3 年底将此设备转售给甲公司。20×3 年 3 月 10 日，甲公司出价 1 000 000 元，预计处置费用 30 000 元，假定不考虑相关税费。20×3 年 3 月 10 日该项设备应转为待售固定资产。天生公司账务处理如下。

（1）固定资产转为持有待售：

$$固定资产账面价值 = 1\,250\,000 - \frac{1\,250\,000 \times (1-4\%)}{10 \times 12} \times 15 = 1\,100\,000（元）$$

借：持有待售资产　　　　　　　　　　　　　　1 100 000
　　累计折旧　　　　　　　　　　　　　　　　　150 000
　　贷：固定资产　　　　　　　　　　　　　　　　　1 250 000

（2）计算减记额：

计提减值准备 = 1 100 000－(1 000 000－30 000) = 130 000（元）

借：资产减值损失　　　　　　　　　　　　　　　130 000
　　贷：持有待售资产减值准备　　　　　　　　　　　　130 000

B. 后续资产负债表日重新计量

后续资产负债表日持有待售固定资产账面价值高于公允价值减去出售费用后的净额时，应当将账面价值减记至公允价值减去出售费用后的净额，减记的金额确认为资产减值损失，计入当期损益，同时计提持有待售资产减值准备。

后续资产负债表日持有待售固定资产公允价值减去出售费用后的净额增加的，如预计出售费用发生减少，则以前减记的金额应当予以恢复，并在划分为持有待售类别后确认的资产减值损失金额内转回，转回金额计入当期损益。划分为持有待售类别前确认的资产减值损失不得转回。

假如例 6-21 中，在某一后续资产负债表日，出售费用由于相关因素变化预计会发生金额为 40 000 元。则减记金额应调整增加 10 000 元。

借：资产减值损失　　　　　　　　　　　　　　　10 000
　　贷：持有待售资产减值准备　　　　　　　　　　　　10 000

持有待售固定资产在持有期间不得计提折旧。这样做的理由是，当固定资产转为持有待售资产以后，企业不再通过使用这项固定资产以实现其经济利益，而是通过以相当确定的金额出售给其他企业而带来经济利益。如果继续计提折旧会减少持有待售固定资产账面价值，这样会使固定资产账面价值低于其将来能为企业带来的经济利益，使固定资产账面价值的反映不真实，影响会计信息的可靠性。

持有待售固定资产因不再满足持有待售类别的划分条件而不再继续划分为持有待售类别时，应当按照以下两者孰低计量：①划分为持有待售类别前的账面价值，即按照假定不划分为持有待售类别情况下，本应确认的折旧或减值等进行调整后的金额；②可收回金额。

C. 持有待售固定资产出售

持有待售固定资产出售时，借记"银行存款""持有待售资产减值准备"账户，贷记"持有待售资产""应交税费""资产处置损益"账户；支付出售费用时，借记"资产处置损益"账户，贷记"银行存款"账户。

【例 6-21】 接例 6-20 假定天生公司如期于 20×3 年年底按协议将此设备转售给甲公司，实际发生出售费用 46 000 元，其他条件不变。其相关业务会计处理如下。

（1）转出持有待售资产。

借：银行存款	1 130 000
持有待售资产减值准备	130 000
贷：持有待售资产	1 100 000
应交税费——应交增值税（销项税额）	130 000
资产处置损益	30 000

（2）支付出售费用。

借：资产处置损益	46 000
贷：银行存款	46 000

3. 固定资产报废或毁损

企业固定资产报废或毁损存在正常到期、到期之前和超龄使用后报废或毁损三种情况。造成固定资产报废或毁损的原因有许多，如固定资产丧失使用功能、发生自然灾害等。因固定资产报废或毁损终止确认时，通过"固定资产清理"账户归集的损益，若属于丧失使用功能正常报废产生的利得或损失，作为非流动资产报废损失，结转时借记或贷记"营业外支出——非流动资产报废"账户，贷记或借记"固定资产清理"账户；若属于自然灾害等非正常原因产生的利得或损失，作为非常损失，结转时借记或贷记"营业外支出——非常损失"账户，贷记或借记"固定资产清理"账户。

【例 6-22】 天生公司一台设备由于正常使用丧失使用功能，按规定做报废处理。设备原价 120 000 元，累计折旧 117 000 元。报废时支付清理费用 360 元，残料作价 1 600 元，可验收入库作为材料使用。其账务处理如下。

（1）设备报废，注销原价及累计折旧。

借：固定资产清理	3 000
累计折旧	117 000
贷：固定资产	120 000

（2）支付报废设备清理费用 360 元。

借：固定资产清理	360
贷：银行存款	360

（3）残料入库。
借：原材料　　　　　　　　　　　　　　　　　　　　　　1 600
　　贷：固定资产清理　　　　　　　　　　　　　　　　　　　　1 600
（4）结转报废净损失。
$$报废净损失 = 3\ 000 + 360 - 1\ 600 = 1\ 760（元）$$
借：营业外支出——非流动资产报废　　　　　　　　　　　1 760
　　贷：固定资产清理　　　　　　　　　　　　　　　　　　　　1 760

【例 6-23】　天生公司一座仓库因火灾烧毁，仓库原价 300 000 元，累计折旧 120 000 元。大火扑灭后对现场进行了清理，发生清理费用 21 000 元，收到保险公司赔款 100 000 元，残料变卖收入 19 000 元。其账务处理如下。

（1）注销烧毁库房原价及累计折旧。
借：固定资产清理　　　　　　　　　　　　　　　　　　180 000
　　累计折旧　　　　　　　　　　　　　　　　　　　　120 000
　　贷：固定资产　　　　　　　　　　　　　　　　　　　　　300 000
（2）支付现场清理费用。
借：固定资产清理　　　　　　　　　　　　　　　　　　 21 000
　　贷：银行存款　　　　　　　　　　　　　　　　　　　　　 21 000
（3）残料变卖收入存入银行。
借：银行存款　　　　　　　　　　　　　　　　　　　　 19 000
　　贷：固定资产清理　　　　　　　　　　　　　　　　　　　 19 000
（4）收到保险公司赔款 100 000 元。
借：银行存款　　　　　　　　　　　　　　　　　　　　100 000
　　贷：固定资产清理　　　　　　　　　　　　　　　　　　　100 000
（5）计算并结转毁损净损失。
$$毁损净损失 = 180\ 000 + 21\ 000 - 19\ 000 - 100\ 000 = 82\ 000（元）$$
借：营业外支出——非常损失　　　　　　　　　　　　　 82 000
　　贷：固定资产清理　　　　　　　　　　　　　　　　　　　 82 000

二、固定资产盘亏

固定资产是一种单位价值较高、使用期限较长的实物性资产，企业应当健全制度，加强管理，定期或至少于每年末对固定资产进行清查，以确定固定资产是否账实相符，从而保证固定资产核算的真实性和完整性。如果在财产清查中发现固定资产盘盈或盘亏，应及时查明原因，在期末结账前处理完毕。

若在清查时出现账簿记录的固定资产在实际中其实物并不存在，则称为固定资产盘亏。发生盘亏固定资产时，应按其账面价值，借记"待处理财产损溢——待处理固定资产损溢"账户，按已计提的折旧，借记"累计折旧"账户，按已计提的减值准备，借记"固定资产减值准备"账户；按其原值，贷记"固定资产"账户。报经批准处理时，将盘亏固定资产的损失转作营业外支出，即按盘亏固定资产的账面价值，借记"营业外支出——盘亏损失"账户，贷记"待处理财产损溢——待处理固定资产损溢"账户。

【例 6-24】 天生公司在对固定资产进行清查时，发现短缺一台管理用设备。该设备的账面原值 45 000 元，已提折旧 34 000 元，已计提减值准备 5 000 元。报经批准，予以处理。其有关账务处理如下。

（1）发现盘亏固定资产时：

借：待处理财产损溢——待处理固定资产损溢　　　6 000
　　累计折旧　　　　　　　　　　　　　　　　　34 000
　　固定资产减值准备　　　　　　　　　　　　　　5 000
　　　贷：固定资产　　　　　　　　　　　　　　　　　　45 000

（2）批准处理，转销盘亏损失：

借：营业外支出——盘亏损失　　　　　　　　　　6 000
　　　贷：待处理财产损溢——待处理固定资产损溢　　　　6 000

第五节　固定资产在财务报告中的列报

一、固定资产在资产负债表内的列示

企业应在编制的资产负债表中列示与固定资产有关的下列各项目。

（1）"固定资产"项目，它反映企业的各类固定资产在期末的账面价值合计数。该项目应根据"固定资产"账户的期末借方余额，减去"累计折旧"账户的期末贷方余额，再减去"固定资产减值准备"账户的期末贷方余额后的差额填列。

（2）"在建工程"项目，反映资产负债表日企业尚未达预定可使用状态的在建工程的期末账面价值和企业为在建工程准备的各种物资的期末账面价值。本项目应根据"在建工程"账户的期末余额，减去"在建工程减值准备"账户的期末余额后的金额，以及"工程物资"账户的期末余额，减去"工程物资减值准备"账户的期末余额后的金额填列。

（3）"持有待售资产"项目，反映资产负债表日划分为持有待售类别的非流动资产及被划分为持有待售类别的处置组中的流动资产和非流动资产的期末账面价值。本项目应根据"持有待售资产"账户的期末余额，减去"持有待售资产减值准备"账户余额后的金额填列。

二、固定资产在报表附注中的披露

此外，企业应在会计报表附注中披露与固定资产有关的下列信息。
（1）固定资产的确认条件、分类、计量基础和折旧方法。
（2）各类固定资产的使用寿命、预计净残值和折旧率。
（3）各类固定资产的期初原价、期末原价、累计折旧额及固定资产减值准备金额。

（4）当期确认的折旧费用。

（5）对固定资产所有权的限制及其金额和用于担保的固定资产账面价值。

（6）准备处置的固定资产名称、账面价值、公允价值、预计处置费用和预计处置时间等。

复习思考题

1. 何为固定资产？固定资产具有哪些特征？
2. 固定资产计价标准有哪几种？各自的适用情形有哪些？
3. 固定资产常见的分类方法有哪几种？各自有什么意义？
4. 采用自营方式建造的固定资产，其经济业务主要有哪些内容？
5. 我国现行企业会计准则对固定资产折旧范围是如何规定的？
6. 影响固定资产折旧计算的因素有哪些？
7. 什么是加速折旧法？运用加速折旧法的特点有哪些？
8. 企业计提的固定资产折旧费的列支去向如何？
9. 何谓固定资产的后续支出？它包括哪些主要内容？
10. 固定资产改扩建如何进行账务处理？
11. "固定资产清理"账户的结构是怎样的？
12. 企业的固定资产减少包括哪些情形？
13. 共享经济是否会影响固定资产在银行借款中的抵押作用？

复习思考题参考答案

第七章 无形资产

【学习目标】

通过对本章学习，应能够：了解无形资产的概念、特征及分类，开发支出资本化的条件及判断；理解和掌握不同渠道取得的无形资产其入账价值确定方法及账务处理，内部研究和开发费用的确认和计量，无形资产的摊销、出售及出租的账务处理，无形资产减值准备的计提等；熟悉无形资产在财务报表中的列报。

第一节 无形资产概述

一、无形资产的概念及特征

根据我国《企业会计准则第6号——无形资产》的定义："无形资产，是指企业拥有或者控制的没有实物形态的可辨认非货币性资产。"无形资产具有以下特征。

（一）由企业拥有或者控制并能为其带来未来经济利益的资源

预计能为企业带来未来经济利益是作为一项资产的本质特征。但是，无形资产的未来经济利益很大程度上受到企业外部因素的影响，如技术进步、市场需求变化、同行业竞争等，这使得该未来经济利益具有高度的不确定性。通常情况下，企业应当拥有其所有权并且能够为企业带来未来经济利益。但在某些情况下并不需要企业拥有其所有权，只要企业有权获其产生的经济利益，同时又能约束其他人获得这些经济利益，则说明企业控制了该无形资产，或者控制了该无形资产产生的经济利益，具体表现为企业拥有该无形资产的法定所有权或使用权，并受法律的保护。

（二）无形资产不具有实物形态

没有实物形态是无形资产最基本的特征，一般表现为某种权利、技术或获取超额利润的综合能力，没有物质实体，却能够为企业带来经济利益或获取超额收益，如商标权、专利权等。无形资产在很大程度上是通过自身所具有的技术等优势为企业带来未来经济利益，这与固定资产通过实物价值的磨损和转移来为企业带来经济利益的方式不同。需要注意的是，某些无形资产的存在有赖于实物载体，如计算机软件需要存储在介质中，但这并不改变无形资产本身不具有实物形态的特征。

（三）无形资产具有可辨认性

要作为无形资产进行核算，该资产必须区别于其他资产可单独辨认，如企业持有的专利权、非专利技术、商标权、土地使用权、特许权等。符合以下条件之一的，则认为其具有可辨认性。

（1）能够从企业中分离或者划分出来，并能单独用于出售或转让，而不需要同时处置在同一获利活动中的其他资产，则说明无形资产可以辨认。某些情况下无形资产可能需要与有关的合同一起用于出售、转让等，这种情况下也视为无形资产。

（2）产生于合同性权利或其他法定权利，无论这些权利是否可以从企业或其他权利和义务中转移或者分离。例如，通过签订合同而获得的特许使用权，通过法律程序申请获得的商标权、专利权等。

（四）无形资产属于非货币性资产

非货币性资产是指企业持有的货币资金和将以固定或可确定的金额收取的资产以外的其他资产。无形资产由于没有发达的交易市场，一般不容易转化成现金，在持有过程中为企业带来未来经济利益的情况不确定，不属于以固定或可确定的金额收取的资产，属于非货币性资产。

二、无形资产的内容

根据我国会计准则，无形资产具体内容包括专利权、非专利技术、商标权、著作权、特许权和土地使用权等。

（一）专利权

专利权是指国家专利主管机关依法授予发明创造专利申请人，对其发明创造在法定期限内所享有的专有权利，包括发明专利权、实用新型专利权和外观设计专利权。专利权具有独占性，一般由发明人依法申请获得或向专利权的拥有人购买获得，其拥有人拥有的专利受国家法律的保护。专利权是一种有期限的权利，发明专利权的期限为20年，实用新型专利权的期限为10年，外观设计专利权的期限为10年。

（二）非专利技术

非专利技术也称专有技术，是指不为外界所知、在生产经营活动中已采用了的、不享有法律保护的、可以带来经济效益的各种技术和诀窍。非专利技术一般包括工业专有技术、商业贸易专有技术、管理专有技术等。非专利技术并不是专利法的保护对象，非用自我保密的方式来维持其独占性，具有经济性、机密性和动态性等特点。非与专利权相比，专利权受法律保护，即在法定的期限内，其他企业未经允许使用本企业持有的专利权，该企业可以依法追究其法律责任；非专利技术不受法律保护，且没有有效期，即只要拥有非专利技术的企业不将其公开，企业就可独享其带来的经济利益。

（三）商标权

商标是用来辨认特定的商品或劳务的标记。商标权指专门在某类指定的商品或产品上使用特定的名称或图案的权利。经商标局核准注册的商标为注册商标，包括商品商标、服务商标、集体商标、证明商标；商标注册人享有商标专用权受法律保护。注册商标的有效期为10年，自核准注册之日起计算。

（四）著作权

著作权又称版权，指作者对其创作的文学、科学和艺术作品依法享有的某些特殊权利。著作权包括作品署名权、发表权、修改权和保护作品完整权，还包括复制权、发行权、出租权、展览权、表演权、放映权、广播权、信息网络传播权、摄制权、改编权、翻译权、汇编权以及应当由著作权人享有的其他权利。著作权人包括作者和其他依法享有著作权的公民、法人或者其他组织。

（五）特许权

特许权又称经营特许权、专营权，指企业在某一地区经营或销售某种特定商品的权利或是一家企业接受另一家企业使用其商标、商号、技术秘密等的权利。通常有两种形式：一种是由政府机构授权，准许企业使用或在一定地区享有经营某种业务的特权；另一种指企业间依照签订的合同，有限期或无限期使用另一家企业的某些权利，如连锁店分店使用总店的名称等。特许权业务涉及特许权受让人和转让人两个方面。通常在特许权转让合同中规定了特许权转让的期限、转让人和受让人的权利和义务。

（六）土地使用权

土地使用权指国家准许某企业在一定时期内对国有土地享有开发、利用、经营的权利。

企业取得土地使用权的方式大致有以下几种：行政划拨取得、外购取得及投资者投资取得。作为投资性房地产或者作为固定资产核算的土地，按照投资性房地产或者固定资产核算；以缴纳土地出让金等方式外购的土地使用权、投资者投入方式取得的土地使用权，作为无形资产核算。

三、无形资产的分类

(一) 按无形资产取得的来源分类

按无形资产取得的来源,可以将无形资产分为外购的无形资产、自行开发的无形资产、投资者投入的无形资产、企业合并取得的无形资产、债务重组取得的无形资产、以非货币资产交换取得的无形资产以及政府补助取得的无形资产等。

(二) 按无形资产使用寿命是否有限分类

按无形资产使用寿命是否有限,可分为使用寿命有限的无形资产和使用寿命不确定的无形资产。

(1) 使用寿命有限的无形资产是指无形资产的使用寿命是有限的和可以根据可靠的证据确定的。法律或协议规定了有效期限的无形资产,如专利权、著作权、土地使用权等。无形资产的使用寿命如为有限的,应当估计该使用寿命的年限或者构成使用寿命的产量等类似计量单位数量。

(2) 使用寿命不确定的无形资产是指法律没有规定有效期限的无形资产,如专有技术。无法预见无形资产为企业带来未来经济利益期限的,应当视为使用寿命不确定的无形资产。其会计处理和列报方式参见第七章第三节和第五节,此处不再赘述。

企业在取得无形资产时,就应该判断其使用寿命是否有期限。按照我国会计准则的规定,使用寿命有限的无形资产才需要进行摊销。

四、无形资产的确认

无形资产在符合定义的前提下,同时满足以下两个确认条件时,才能确认为无形资产。

(一) 与该资产有关的经济利益很可能流入企业

作为无形资产确认的项目,必须具备产生的经济利益很可能流入企业。通常情况下,无形资产产生的未来经济利益可能包括在销售商品、提供劳务的收入中,或者企业使用该项无形资产而减少或节约的成本中,或体现在获得的其他利益中。在进行判断时,企业应对无形资产的预计使用寿命做出最稳健的估计。

(二) 该无形资产的成本能够可靠地计量

成本能够可靠地计量是资产确认的一项基本条件。对于无形资产来说,这个条件相对更为重要。比如,企业内部产生的品牌、报刊名等,因其成本无法可靠计量,就不作为无形资产确认。

【课程思政】

党的二十大报告要求强化现代化建设人才支撑、创新驱动发展战略，并提出推进文化自信自强，激发全民族文化创新创造活力。如何将现代化人才与创新创造活力相结合，形成中国特色的开放创新生态，这需要现代化会计人才与企业创新形成合力。众所周知，无形资产包括专利权和非专利技术，是企业创新、创造和创收能力的重要体现，如何确认企业是否具有无形资产，无形资产的价值、寿命如何，需要财务、会计人员的职业判断。进一步，如何有效区分无形资产研究阶段和开发阶段，明辨管理费用、研发费用、开发支出和无形资产，提升企业创新的效率，并实现创新价值，这需要财务、会计人员综合考虑企业目标和能力、国家创新驱动发展战略，并遵循财务会计相关准则和指南，如此才能实现创新需求与供给对口，践行财务、会计人员经世济国之承诺。

第二节 无形资产的初始计量

无形资产的初始计量指企业取得无形资产时入账价值的确定。不同来源取得的无形资产，其初始成本的构成也有所不同。取得的无形资产应通过"无形资产"账户进行核算，该账户属于资产类账户，借方反映取得的无形资产的价值，贷方反映转让、投资等的无形资产价值。期末借方余额反映无形资产的成本。该账户应按无形资产项目设置明细账。

无形资产的取得来源包括外购、自行开发、投资者投入、政府补助取得及其他。

一、外购的无形资产

外购方式是企业取得无形资产的主要渠道。外购的无形资产成本包括购买价款、相关税费以及直接归属于使该项资产达到预定用途所发生的其他支出。其中，直接归属于使该项资产达到预定用途所发生的其他支出包括使无形资产达到预定用途所发生的律师费、咨询费、公证费、鉴定费、注册登记费、专业服务费、测试无形资产是否能够正常发挥作用的费用等，但不包括为引入新产品进行宣传发生的广告费、管理费用及其他间接费用，也不包括无形资产已达到预定用途后发生的费用。

外购无形资产借记"无形资产"账户，贷记"银行存款"等账户。如果外购无形资产取得符合法律规定的可抵扣增值税发票，可依法进行抵扣，通过"应交税费——应交增值税（进项税额）"核算。若无法取得，则将相关税额计入无形资产的成本。

【例 7-1】 天生公司某项生产活动需要乙公司已获得的专利技术，如果使用该项专利技术，甲公司预计其生产能力比原先提高 20%，销售利润率增长 15%。为此，天生公司从乙公司购入一项专利权，按照协议约定以银行存款支付，实际支付的价款 3 000 000 元，并支付相关税费 10 000 元和有关专业服务费用 50 000 元。

天生公司购入的专利权符合无形资产的定义，即天生公司能够拥有或者控制该项专利技术；符合可辨认的条件，同时是不具有实物形态的非货币性资产。天生公司购入的专利权符合无形资产的确认条件。首先，天生公司的某项生产活动需要乙公司已获得的专利技术，天生公司使用了该项专利技术，预计其生产能力比原先提高 20%，销售利润率增长 15%，即经济利益很可能流入。其次，天生公司购买该项专利权的成本 3 000 000 元。另外支付相关税费和有关专业服务费用 60 000 元，即成本能够可靠计量。由此，符合无形资产的确认条件。

无形资产初始计量的成本 = 3 000 000 + 10 000 + 50 000 = 3 060 000（元）

天生公司的账务处理如下：

借：无形资产——专利权　　　　　　　　　　　　　　　　　3 060 000
　　贷：银行存款　　　　　　　　　　　　　　　　　　　　　　3 060 000

【例 7-2】 天生公司从乙公司购入一项专利权和相关设备，所购入资产的价格为 230 万元，相关费用为 20 万元，款项以银行存款支付，假设不考虑购入专利权和相关设备的增值税税额。其中，专利权可以单独辨认，但其与相关设备的价格没有分别标明，已知专利权的公允价值为 180 万元，相关设备的公允价值为 120 万元。

专利权的入账价值 = 250×[180÷(180 + 120)] = 150（万元）

相关设备的入账价值 = 250×[120÷(180 + 120)] = 100（万元）

天生公司应编制的会计分录如下：

借：无形资产——专利权　　　　　　　　　　　　　　　　　1 500 000
　　固定资产　　　　　　　　　　　　　　　　　　　　　　　1 000 000
　　贷：银行存款　　　　　　　　　　　　　　　　　　　　　　2 500 000

如果企业购入的无形资产超过正常信用条件延期支付价款，实质上具有融资性质，即采用分期付款方式购买无形资产，应按取得无形资产购买价款的现值计入成本，现值与应付价款之间的差额作为未确认的融资费用。会计处理为，按所购无形资产购买价款现值，借记"无形资产"账户，按应支付的金额，贷记"长期应付款"账户，按其差额借记"未确认融资费用"账户，并在信用期间摊销计入"财务费用"等账户。

【例 7-3】 天生公司 20×1 年 1 月 4 日，从丙公司购买一项专有技术，由于天生公司资金周转比较紧张，经与丙公司协商采用分期付款方式支付款项。协议规定，该专有技术总计 600 万元，每年末付款 300 万元，两年付清。假定丙公司使用的折现率为 6%，2 年期年金现值系数为 1.833 4（年金是依照相同时间期各在连续若干期收入或付出的一系列数额相等的款项。年金现值系数即各期年金复利现值的总额，是指若干时期内连续收付的等额款项，按复利计息法折现所得的现值总额）。

该专有技术的现值 = 3 000 000×1.833 4 = 5 500 200（元）

未确认融资费用 = 6 000 000–5 500 200 = 499 800（元）

第一年应确认的融资费用 = 5 500 200×6% = 330 012（元）

第二年应确认的融资费用 = 499 800–330 012 = 169 788（元）

购入该项专有技术时：

借：无形资产——专有技术　　　　　　　　　　　　　　　　5 500 200
　　未确认融资费用　　　　　　　　　　　　　　　　　　　　499 800

　　　　贷：长期应付款　　　　　　　　　　　　　　　　　6 000 000
　第一年底付款时：
　　　借：长期应付款　　　　　　　　　　　　　　　　　3 000 000
　　　　贷：银行存款　　　　　　　　　　　　　　　　　3 000 000
　　　借：财务费用　　　　　　　　　　　　　　　　　　　330 012
　　　　贷：未确认融资费用　　　　　　　　　　　　　　　330 012
　第二年底付款时：
　　　借：长期应付款　　　　　　　　　　　　　　　　　3 000 000
　　　　贷：银行存款　　　　　　　　　　　　　　　　　3 000 000
　　　借：财务费用　　　　　　　　　　　　　　　　　　　169 788
　　　　贷：未确认融资费用　　　　　　　　　　　　　　　169 788

　　企业购入的土地使用权，有一定的特殊性，应根据不同的情况分别确认。

　　企业取得的土地使用权，通常应当按照取得时所支付的价款及相关税费确认为无形资产。土地使用权用于自行开发建造厂房等地上建筑物时，土地使用权的账面价值不与地上建筑物合并计算其成本，而仍作为无形资产进行核算，但下列情况除外。

　　（1）房地产开发企业取得的土地使用权用于建造对外出售的房屋建筑物的，其相关的土地使用权的价值应当计入所建造的房屋建筑物成本。

　　（2）企业外购房屋建筑物所支付的价款中包括土地使用权以及建筑物的价值的，则应当对实际支付的价款按照合理的方法（如公允价值）在土地使用权和地上建筑物之间进行分配；如果确实无法在土地使用权和地上建筑物之间进行合理分配的，应当全部作为固定资产，按照固定资产确认和计量的原则进行处理。

　　企业改变土地使用权的用途，将其用于出租或增值目的时，应将其转为投资性房地产。企业通过行政划拨方式取得的土地使用权，属于政府补助，以其公允价值作为无形资产的入账价值。公允价值不能可靠取得的，按照名义金额（1元）入账。

　　【例7-4】 20×1年1月1日，天生公司购入一块土地的使用权，以银行存款支付80 000 000元，并在该土地上自行建造厂房等工程，发生材料支出120 000 000元，工程人员的薪酬80 000 000元，其他相关费用100 000 000元等。该工程已经完工并达到预定可使用状态。假定土地使用权的使用年限为50年，该厂房的使用年限为25年，两者都没有净残值，都采用直线法进行摊销和计提折旧。为简化核算，不考虑其他相关税费。

　　天生公司购入土地使用权，使用年限为50年，表明它属于使用寿命有限的无形资产，在该土地上自行建造厂房，应将土地使用权和地上建筑物分别作为无形资产和固定资产进行核算，并分别摊销和计提折旧。

　　天生公司的账务处理如下。

　　（1）支付转让价款：
　　　借：无形资产——土地使用权　　　　　　　　　　　80 000 000
　　　　贷：银行存款　　　　　　　　　　　　　　　　　80 000 000
　　（2）在土地上自行建造厂房：
　　　借：在建工程　　　　　　　　　　　　　　　　　　300 000 000

贷：工程物资　　　　　　　　　　　　　　　　120 000 000
　　　　　应付职工薪酬　　　　　　　　　　　　　 80 000 000
　　　　　银行存款　　　　　　　　　　　　　　　100 000 000
（3）厂房达到预定可使用状态：
　　借：固定资产　　　　　　　　　　　　　　　　300 000 000
　　　贷：在建工程　　　　　　　　　　　　　　　300 000 000
（4）每年分期摊销土地使用权和对厂房计提折旧：
　　借：制造费用（土地摊销）　　　　　　　　　　　1 600 000
　　　贷：累计摊销　　　　　　　　　　　　　　　　1 600 000
　　借：制造费用（厂房折旧）　　　　　　　　　　　12 000 000
　　　贷：累计折旧　　　　　　　　　　　　　　　　12 000 000

二、自行开发的无形资产

通常情况下，企业自创商誉以及企业内部产生的无形项目不确认为无形资产，如企业内部产生的品牌、报刊名等。由于确定研究与开发费用是否符合无形资产的定义和相关特征、能否或者何时能够为企业产生预期未来经济利益，以及成本能否可靠地计量尚存在不确定因素，研究与开发活动发生的费用，除了要遵循无形资产确认和初始计量的一般要求外，还需要满足其他特定的条件，才能够确定为一项无形资产。

首先，为评价内部产生的无形资产是否满足确认标准，企业应当将资产的形成过程分为研究阶段与开发阶段；其次，对于开发过程中发生的费用，在符合一定条件的情况下，才可确认为一项无形资产。

（一）研究阶段和开发阶段的划分

我国企业会计准则规定，对于企业自行研究开发项目，应区分研究阶段与开发阶段。

（1）研究阶段，是指为获取新的技术和知识等进行的有计划的调查。研究阶段具有计划性和探索性的特点。计划性是指研究阶段是建立在有计划的调查的基础上，即研发项目已经经过董事会或者相关管理层的批准，并收集相关资料、进行市场调查等。探索性是指研究阶段基本上是为进一步的开发活动进行资料及相关方面准备的。在这一阶段不会形成阶段性成果。从研究活动的特点看，通过开发后是否会形成无形资产均具有很大的不确定性，企业也无法证明其能够带来未来经济利益的无形资产的存在，因此，研究阶段的有关支出在发生时，应当予以费用化计入当期损益。

（2）开发阶段，是指在进行商业性生产或使用前，将研究成果或其他知识应用于某项计划或设计，以生产出新的或具有实质性改进的材料、装置、产品等。开发活动的例子包括：具有商业性生产经济规模的试生产设施的设计、建造和运营等。相对于研究阶段来讲，进入开发阶段，则很大程度上形成一项新产品或新技术的基本条件已经具备，此时如果企业能够证明满足无形资产的定义及相关确认条件，所发生的开发支出可资本化，确认为无形资产的成本。

研究阶段和开发阶段的区别在于：研究阶段一般目标不具体、不具有针对性，而开发阶段多是针对具体目标、产品、工艺等；研究阶段一般很难具体化到特定项目上，而开发阶段往往形成对象化的成果；研究阶段一般成功率很低，风险比较大，而开发阶段的成功率较高、风险相对较小；研究阶段的结果多是研究报告等基础性成果，而开发阶段的结果则多是具体的新技术、新产品等。

（二）内部研究开发费用的确认和计量原则

内部研究开发的研究阶段和开发阶段发生的费用在确认和计量上遵循的原则是不同的。

企业内部研究和开发无形资产在研究阶段的支出全部费用化，计入当期损益；开发阶段的支出符合条件的资本化，不符合资本化条件的计入当期损益。如果确实无法区分研究阶段的支出和开发阶段的支出，应将其所发生的研发支出全部费用化，计入当期损益。开发阶段费用支出资本化的条件包括以下几个方面。

（1）完成该无形资产以使其能够使用或出售在技术上具有可行性。

企业在判断是否满足该条件时，应以目前阶段的成果为基础，说明进一步进行开发所需的技术条件等已经具备，基本不存在技术上的障碍或其他不确定性。企业在判断时，应提供相关的证据和材料，证明企业进行开发所需的技术条件等已经具备，不存在技术上的障碍或其他不确定性。

（2）具有完成该无形资产并使用或出售的意图。

开发某项产品或专利技术产品等，是使用或出售通常是根据管理当局决定该项研发活动的目的或意图所决定，即研发项目形成成果后，是出售，还是自己使用并从使用中获得经济利益，应以管理当局意图而定。

（3）无形资产产生经济利益的方式，包括能够证明运用该无形资产生产的产品存在市场或无形资产自身存在市场，无形资产将在内部使用的，应当证明其有用性。

有关的无形资产在形成后，如果主要是用于新产品或新工艺，企业应能够证明运用该无形资产所生产的产品存在市场，并合理估计其市场情况；如果主要是用于对外出售，企业应能够证明该类无形资产存在市场需求，开发以后可以带来经济利益的流入；如果主要是用于企业内部使用，企业应能够证明其有用性。

（4）有足够的技术、财务资源和其他资源的支持，以完成该无形资产的开发，并有能力使用或出售该无形资产。

该条件主要包括以下几点要求：①必须有确凿证据证明企业继续开发该项无形资产有足够的技术支持和技术能力。②企业必须能够证明为完成该项无形资产的开发所需的财务和其他资源，是否能够足以支持完成该项无形资产的开发。③能够证明企业在开发过程中所需的技术、财务和其他资源，以及企业获得这些资源的相关计划等。例如，在企业自有资金不足以提供支持的情况下，是否存在外部其他方面的资金支持，如银行等金融机构愿意为该无形资产的开发提供所需资金的声明等来证实。④有能力使用或出售该无形资产以取得收益。

（5）归属于该无形资产开发阶段的支出能够可靠地计量。

企业对于开发活动发生的支出应单独核算，如发生的开发人员的工资、材料费等。所发生的支出同时用于支持多项开发活动的，应按照一定的标准在各项开发活动之间进行分配。无法明确分配的，应予费用化计入当期损益，不计入开发活动的成本。

内部研发活动形成的无形资产成本，由可直接归属于该资产的创造、生产并使该资产能够以管理层预定的方式运作的所有必要支出组成。可直接归属于该资产的成本包括：开发该无形资产时耗费的材料、劳务成本、注册费、在开发该无形资产过程中使用的其他专利权和特许权的摊销以及可予资本化的利息支出，以及为使该无形资产达到预定用途前所发生的其他费用。在开发无形资产过程中发生的除上述可直接归属于无形资产开发活动的其他销售费用、管理费用等间接费用、无形资产达到预定用途前发生的可辨认的无效和初始运作损失、为运行该无形资产发生的培训支出等不构成无形资产的开发成本。

（三）内部研究开发费用的账务处理

为了正确计算企业的利润以及合理地对无形资产进行确认，需要设置"研发支出"账户，以反映企业内部在研发过程中发生的支出。"研发支出"账户应当按照研究开发项目，分"费用化支出"与"资本化支出"进行明细核算。

企业自行开发无形资产发生的研发支出，不满足资本化条件的，借记"研发支出——费用化支出"，满足资本化条件的，借记"研发支出——资本化支出"，贷记"原材料""银行存款""应付职工薪酬"等账户；研究开发项目达到预定用途形成无形资产的，应按"研发支出——资本化支出"账户的余额，借记"无形资产"账户，贷记"研发支出——资本化支出"账户。期末，企业应将"研发支出"账户归集的费用化支出金额转入"管理费用"账户，借记"管理费用"，贷记"研发支出——费用化支出"。

如果无法区分研究阶段的支出和开发阶段的支出，应将其发生的研发支出全部费用化，计入当期损益。按费用化的金额，借记"管理费用"或"研发费用"账户，贷记"银行存款""应付账款"等账户。企业以其他方式取得正在进行中的研究开发项目，应按确定的金额借记"研发支出——资本化支出"账户，贷记"银行存款"等账户。以后发生的研发支出，应当按照企业自行开发无形资产发生的研发支出的处理方法进行处理。

【例7-5】 天生公司20×1年1月10日开始自行研究开发无形资产，12月31日达到预定用途。其中，在研究阶段发生职工薪酬支出300 000元、计提专用设备折旧400 000元；进入开发阶段后，相关支出符合资本化条件前发生的职工薪酬300 000元、计提专用设备折旧300 000元；符合资本化条件后发生职工薪酬1 000 000元，计提专用设备折旧200 000元。假定不考虑其他因素，天生公司20×1年对上述研发支出进行的下列会计处理。

（1）相关费用发生时：

借：研发支出——费用化支出	1 300 000
——资本化支出	3 000 000
贷：应付职工薪酬	1 600 000
累计折旧	2 700 000

（2）期末达到预定可使用状态：

借：管理费用	1 300 000
无形资产	3 000 000
贷：研发支出——费用化支出	1 300 000

　　　　——资本化支出　　　　　　　　　　　　　　　　　3 000 000

三、投资者投入的无形资产

　　企业根据经营管理需要，可以接受投资者以无形资产向企业进行投资。投资者投入的无形资产，应按照投资合同或协议约定的价值确定无形资产取得成本。如果投资合同或协议约定价值不公允，应按无形资产的公允价值作为无形资产初始成本入账。无形资产的入账价值与折合资本额之间的差额，作为资本溢价或股本溢价，计入资本公积。

　　【例7-6】 因乙公司创立的商标已有较好的声誉，天生公司预计使用乙公司商标后可使其未来利润增长30%。为此，天生公司与乙公司协议商定，乙公司以其商标权投资于天生公司，双方协议价格（等于公允价值）5 000 000元，折合为公司的股票4 000 000股，每股面值1元，款项已通过银行转账支付。

　　借：无形资产　　　　　　　　　　　　　　　　　　　5 000 000
　　　　贷：股本　　　　　　　　　　　　　　　　　　　　4 000 000
　　　　　　资本公积——股本溢价　　　　　　　　　　　　1 000 000

四、通过政府补助取得的无形资产

　　政府补助是指企业从政府无偿取得货币性资产或非货币性资产，但不包括政府作为所有者投入的资本。《企业会计准则第16号——政府补助》规范的政府补助主要有如下特征。

　　一是无偿性。无偿性是政府补助的基本特征。政府并不因此享有企业的所有权，企业将来也不需要偿还。

　　二是直接取得资产。政府补助是企业从政府直接取得的资产，包括货币性资产和非货币性资产。比如，企业取得的财政拨款，先征后返（退）、即征即退等方式返还的税款，行政划拨的土地使用权等。企业通过政府补助取得的无形资产成本，应当按照政府补助准则的规定，以公允价值计量；公允价值不能可靠取得的，按照名义金额计量，名义金额即为1元。

　　企业收到政府补助的无形资产时，借记"无形资产"账户，贷记"递延收益"账户。"递延收益"账户主要核算企业确认的应在以后期间分期计入当期损益的政府补助。企业由于政府补助形成的无形资产而确认的递延收益应在无形资产使用寿命内分配计入各期损益中。

　　【例7-7】 天生公司收到政府行政划拨的土地使用权。根据有关凭证，此项无形资产的公允价值为10 000 000元。

　　借：无形资产　　　　　　　　　　　　　　　　　　　10 000 000
　　　　贷：递延收益　　　　　　　　　　　　　　　　　　10 000 000

第三节　无形资产的后续计量

　　无形资产初始计量确认后，应以该项无形资产的成本减去累计摊销额和累计减值损失后的余额进行后续计量。无形资产的摊销以无形资产使用寿命为基础,使用寿命有限的无形资产需要在估计的使用寿命内采用合理的方法进行摊销;使用寿命不确定的无形资产在持有期间内不需要摊销,但应进行减值测试。

一、无形资产的使用寿命

无形资产的使用寿命包括法定寿命和经济寿命两个方面。有些无形资产的使用寿命受法律、规章或合同的限制,称为法定寿命。企业应当在取得无形资产时分析判断其使用寿命。无形资产的使用寿命如为有限的,应当估计该使用寿命的年限或者构成使用寿命的产量等类似计量单位数量;无法预见无形资产为企业带来未来经济利益期限的,应当视为使用寿命不确定的无形资产。

(一)估计无形资产使用寿命应考虑的因素

确定无形资产的经济使用寿命,应当主要考虑以下因素。
(1)该资产通常的产品寿命周期,以及可获得的类似资产使用寿命的信息。
(2)技术、工艺等方面的现实情况及对未来发展的估计。
(3)以该资产在该行业运用的稳定性和生产的产品或服务的市场需求情况。
(4)现在或潜在的竞争者预期采取的行动。
(5)为维持该资产产生未来经济利益的能力所需要的维护支出,以及企业预计支付有关支出的能力。
(6)对该资产的控制期限,以及对该资产使用的法律或类似限制,如特许使用期间等。
(7)与企业持有的其他资产使用寿命的关联性等。

(二)无形资产使用寿命的确定

企业在确定无形资产使用寿命时,应当遵循如下原则。
(1)对于源自合同性权利或其他法定权利取得的无形资产,其使用寿命不应超过合同性权利或其他法定权利的期限。但如果企业使用资产的预期的期限短于合同性权利或其他法定权利规定的期限的,则应当按照企业预期使用的期限确定其使用寿命。
(2)对于合同性权利或其他法定权利能够在到期时因续约等延续的无形资产,仅当有证据表明企业续约不需要付出重大成本时,续约期才能包括在使用寿命的估计中。下列情况下,一般说明企业无须付出重大成本即可延续合同性权利或其他法定权利;有证据表明合同性权利或其他法定权利将被重新延续,如果在延续之前需要第三方同意,则还需有第三方将会同意的证据;有证据表明为获得重新延续所必需的所有条件将被满足,以及企业为延续持有无形资产付出的成本相对于预期从重新延续中流入企业的未来经济利益相比不具有重要性。
(3)对于没有明确的合同或法律规定的无形资产,企业应当综合各方面的情况,如聘请相关专家进行论证或与同行业的情况比较以及企业的历史经验等,以确定无形资产为企业带来经济利益的期限。如果经过这些努力确实无法合理确定无形资产为企业带来经济利益的期限,再将其作为使用寿命不确定的无形资产。

如果预计使用寿命超过相关合同规定的受益年限或法律规定的有效年限，无形资产的摊销期限一般按下列原则确定。

（1）合同规定了受益年限，而法律未规定有效年限，摊销年限以合同规定的受益期限为上限。

（2）合同未规定受益年限，而法律规定了有效年限，摊销年限以法律规定的受益期限为上限。

（3）合同规定受益年限，且法律也规定了有效年限，摊销年限以受益年限与法律规定有效年限中的较短者为上限。

（三）无形资产使用寿命的复核

企业至少应当于每年年度终了时，对无形资产的使用寿命进行复核。如果有证据表明无形资产的使用寿命不同于以前的估计，对于使用寿命有限的无形资产，应改变其摊销年限，并按照会计估计变更进行处理；对于使用寿命不确定的无形资产，如果有证据证明其使用寿命是有限的，应当按照会计估计变更进行处理，并按照无形资产准则中关于使用寿命有限的无形资产的处理原则处理。

二、使用寿命有限的无形资产的摊销

使用寿命有限的无形资产应在其预计的使用期限内采用系统合理的方法对应摊销金额进行摊销。应摊销金额是指无形资产的成本扣除残值后的金额。已计提减值准备的无形资产，还应扣除已计提的无形资产减值准备累计金额。

（一）摊销期和摊销方法

无形资产的摊销期自其可供使用时开始至终止确认时止，当月增加的无形资产，当月开始摊销；当月减少的无形资产，当月不再摊销。

无形资产摊销方法包括直线法、产量法等。企业选择的无形资产摊销方法，应当能够反映与该项无形资产有关的经济利益的预期实现方式，并一致地运用于不同会计期间；无法可靠确定其预期实现方式的，应当采用直线法进行摊销。持有待售的无形资产不进行摊销，按照账面价值与公允价值减去处理费用后的净额孰低进行计量。

无形资产的摊销金额一般应当计入当期损益，但如果某项无形资产是专门用于生产某种产品的，其所包含的经济利益是通过转入到所生产的产品中体现的。无形资产的摊销费用应构成产品成本的一部分。无形资产的应摊销金额为其成本扣除预计残值后的金额（已计提减值准备的无形资产，还应扣除已计提的无形资产减值准备累计金额）。使用寿命有限的无形资产，其残值应当视为零，除非有第三方承诺在无形资产使用寿命结束时购买该无形资产，或者可以根据活跃市场得到预计残值信息且该市场在无形资产使用寿命结束时很可能存在时，可以预计无形资产的残值。

（二）残值的确定

无形资产的残值一般为零，除非有第三方承诺在使用寿命结束时愿意以一定的价格购买该项无形资产，或者存在活跃的市场，通过市场可以得到无形资产使用寿命结束时的残值信息，并且在无形资产使用寿命结束时，该市场还可能存在的情况下，可以预计无形资产的残值。

估计无形资产的残值，应以无形资产处置时的可收回金额为基础。可收回金额是指在预计出售日，出售一项使用寿命已满且处于类似使用状况下，同类无形资产预计的售价扣除相关费用后的余额。残值确定以后，在持有无形资产的期间内，至少应于每年末进行复核，预计其残值与原估计金额不同的，应按照会计估计变更进行处理。如果无形资产的残值重新估计以后高于其账面价值的，则无形资产不再摊销，直至残值降至低于账面价值时再恢复摊销。无法预见无形资产为企业带来经济利益期限的，应当视为使用寿命不确定的无形资产，使用寿命不确定的无形资产无须摊销。

【例 7-8】 天生公司的一项无形资产原值 1 000 000 元，采用直线法进行摊销，预计 5 年后转让给第三方，可以根据活跃市场得到预计残值信息，无形资产使用寿命结束时可能存在残值为 100 000 元。到第 4 年末，市场情况发生变化，重新预计的残值 300 000 元，已经摊销金额 720 000 元，无形资产账面价值 280 000 元，低于重新估计的残值 300 000 元，则该项无形资产不再摊销，直至残值降至低于其账面价值时再恢复摊销。

（三）无形资产摊销的会计处理

企业应当设置"累计摊销"账户，反映因摊销而减少的无形资产的价值。企业按月计提无形资产摊销时，借记"管理费用""制造费用""销售费用""其他业务成本"等账户，贷记"累计摊销"账户。

【例 7-9】 天生公司 20×1 年 4 月 2 日以银行存款 6 000 000 元外购一项专利权，法律剩余有效年限为 11 年，天生公司估计该项专利权受益期限为 8 年。同日与甲公司签订合同约定 5 年后以 500 000 元购买该项专利权，采用直线法摊销，则天生公司 20×1 年度该专利权的取得及摊销的账务处理如下。

（1）取得无形资产时：

借：无形资产——专利权　　　　　　　　　　　　　　　　6 000 000
　　贷：银行存款　　　　　　　　　　　　　　　　　　　　　6 000 000

（2）摊销时：

20×1 年度无形资产摊销额 = (6 000 000–500 000)÷5×9÷12 = 825 000（元）

借：管理费用　　　　　　　　　　　　　　　　　　　　　　825 000
　　贷：累计摊销　　　　　　　　　　　　　　　　　　　　　　825 000

企业应当至少于每年年度终了时，要对使用寿命有限的无形资产的使用寿命及未来经济利益的消耗方式进行复核。如果无形资产的预计使用寿命及未来经济利益的预期消耗方式与以前估计不同，就应当改变摊销期限和摊销方法。如果无形资产计提了减值准备，则无形资产减值准备金额应当从应摊销金额中扣除，以后每年度的摊销金额应重新计算。

【例7-10】 天生公司在20×2年1月1日购入一项无形资产，该无形资产的实际成本为1 000 000元，摊销年限为10年，预计残值为0，采用直线法摊销。20×3年末经重新复核，该项无形资产尚可使用6年，且天生公司在20×4年末对该项无形资产计提80 000元减值准备金。计算该项无形资产在20×2年、20×3年和20×4年的摊销额。

该无形资产20×2年的摊销金额 = 1 000 000÷10 = 100 000（元）
该无形资产20×3年的摊销金额 = 1 000 000÷10 = 100 000（元）
该无形资产20×4年的摊销金额 = (1 000 000–100 000×2–80 000)÷6 = 120 000（元）

如果以后各年有关条件不变，则以后每年的摊销金额为120 000元。

三、使用寿命不确定的无形资产的减值测试

如果无法合理估计某项无形资产的使用寿命，应将其作为使用寿命不确定的无形资产进行核算。按照无形资产准则规定，对于使用寿命不确定的无形资产，在持有期间内不需要摊销，应当在每个会计期间进行减值测试。其减值测试的方法按照资产减值的原则进行处理，如经减值测试表明已发生减值，则需要计提相应的减值准备，借记"资产减值损失"账户，贷记"无形资产减值准备"账户。

【例7-11】 20×1年1月1日，天生公司购入一项市场领先的畅销产品的商标权的成本为600 000元。该商标权按照法律规定还有5年的使用寿命，但是在保护期届满时，天生公司可每10年以较低的手续费申请延期。同时，该公司有充分的证据表明其有能力申请延期。此外，有关的调查表明，根据产品生命周期、市场竞争等方面情况综合判断，该商标将在不确定的期间内为企业带来现金流入。根据上述情况，该商标可视为使用寿命不确定的无形资产，在持有期间内不需要进行摊销。20×1年底，天生公司对该商标权按照资产减值的原则进行减值测试，经测试表明该商标权已发生减值。20×1年底，该商标的公允价值为400 000元。

（1）20×1年购入商标时：
借：无形资产　　　　　　　　　　　　　　　　　　600 000
　　贷：银行存款　　　　　　　　　　　　　　　　　　600 000
（2）20×1年发生减值时：
借：资产减值损失　　　　　　　　　　　　　　　　200 000
　　贷：无形资产减值准备　　　　　　　　　　　　　　200 000

第四节　无形资产的处置

无形资产的处置主要是指无形资产出售、对外出租、对外捐赠，或者是无法为企业带来未来经济利益时，应予终止确认并转销。

一、无形资产的出售

《企业会计准则第 6 号——无形资产》规定，出售无形资产时，应将所取得的价款与该无形资产账面价值的差额作为资产处置利得或损失（营业外收入或营业外支出）。应按实际收到的金额，借记"银行存款"等账户，按已计提的累计摊销，借记"累计摊销"账户，原已计提减值准备的，借记"无形资产减值准备"账户，按应支付的相关税费，贷记"应交税费"等账户，按其账面原价，贷记"无形资产"账户，按其差额，借记（或贷记）"资产处置损益"账户。

【例 7-12】 20×1 年 4 月 1 日，天生公司将拥有的一项专利技术出售，取得价款 636 万元，其中收入 600 万元，增值税为 36 万元。该非专利技术的账面余额为 700 万元，累计摊销额为 350 万元，已计提的减值准备为 200 万元。

分析：出售无形资产的净损益 = 600–(700–350–200) = 450（万元）

则该公司的账务处理如下：

借：银行存款	6 360 000
累计摊销	3 500 000
无形资产减值准备	2 000 000
贷：无形资产	7 000 000
应交税费——应交增值税（销项税额）	360 000
资产处置损益	4 500 000

二、无形资产的出租

企业将所拥有的无形资产的使用权让渡给他人并收取租金，属于与企业日常活动相关的其他经营活动取得的收入。在满足收入确认条件下，应根据让渡无形资产使用权而取得的租金收入，借记"银行存款"等账户，贷记"其他业务收入"账户；根据摊销的无形资产的成本，借记"其他业务成本"账户，贷记"累计摊销"账户；根据出租时发生的其他费用，借记"其他业务成本"账户，贷记"银行存款"等账户。

【例 7-13】 20×2 年 1 月 1 日，天生公司将某商标权出租给乙公司，租期为 4 年，每年收取租金 150 000 元。天生公司在出租期间内将不再使用该商标权。该商标权系天生公司 20×1 年 1 月 1 日购入的，其初始入账价值为 1 800 000 元，预计使用年限为 15 年，无残值，采用直线法摊销。假定不考虑营业税以外的其他税费。天生公司在出租期每年的有关账务处理如下。

（1）收到租金时：

借：银行存款	150 000
贷：其他业务收入	150 000

（2）对出租专利权摊销时：

借：其他业务成本	120 000	
贷：累计摊销		120 000

三、无形资产的报废

如果无形资产预期不能为企业带来经济利益，如该无形资产已被其他新技术所替代，则应将其报废并予转销，其账面价值转作当期损益。转销时，应按已累计摊销金额，借记"累计摊销"账户；原已计提减值准备的，借记"无形资产减值准备"账户；按其账面余额，贷记"无形资产"账户；按其差额，借记"营业外支出"账户。

【例 7-14】 天生公司的某项专利技术，根据调查，其生产的产品没有市场价值，应予以报废。该专利技术的账面原价为 800 000 元，摊销期限 8 年，采用直线法摊销，已累计摊销 500 000 元。假定该项专利技术的残值为零，累计计提减值准备 150 000 元。天生公司的账务处理如下：

借：累计摊销	500 000	
无形资产减值准备	150 000	
营业外支出——处置无形资产损失	150 000	
贷：无形资产——专利权		800 000

第五节　无形资产期末计价

对使用寿命有限的无形资产，企业在会计期末应当判断是否存在可能发生减值的迹象，如果有确凿证据表明资产存在减值迹象的，应当进行减值测试。对使用寿命不确定的无形资产，无论是否存在减值迹象，每年都应当进行减值测试。如果无形资产将来为企业创造的经济利益（可收回金额）还不足以补偿无形资产成本（摊余成本），即无形资产的账面价值超过其可收回金额，这说明无形资产发生了减值，需要计提减值损失。本企业计提无形资产减值损失时，按应计提减值损失的金额，借记"资产减值损失"账户，贷记"无形资产减值准备"账户，如图 7-1 所示。

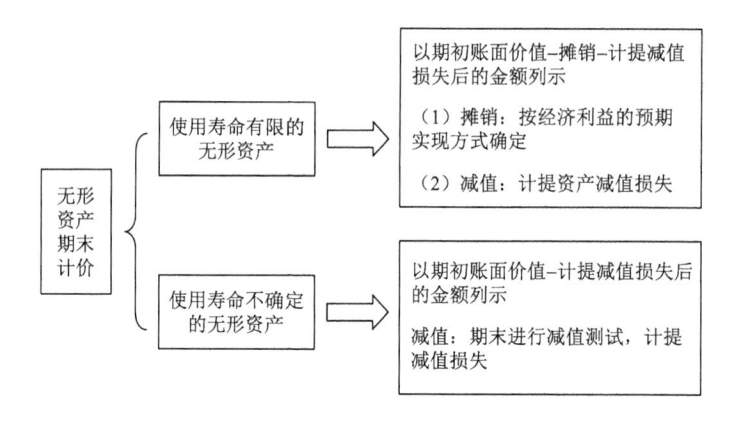

图 7-1　企业无形资产的期末计价

【例 7-15】 20×1 年末,天生公司在对外购专利权的账面价值进行检查时,发现市场上已存在类似专利技术所生产的产品,从而对天生公司产品的销售造成重大不利影响。当时,该专利权的账面价值为 600 万元,剩余摊销年限为 5 年。按 20×1 年末的技术市场的行情,如果天生公司将该专利权予以出售,则在扣除发生的律师费和其他相关税费后,可以获得 500 万元。但是,如果天生公司打算继续利用该专利权进行产品生产,则在未来 5 年内预计可以获得的现金流量的现值为 450 万元,假定使用年限结束时处置收益为零,且天生公司所拥有专利权在 20×1 年的减值准备期初余额为零。

分析:20×1 年末,无形资产的可收回金额为 500 万元,账面价值为 600 万元,天生公司应计提的减值准备为 100 万元(账面价值 600 万元超过可收回金额 500 万元的部分)。

天生公司需做如下账务处理:

借:资产减值损失　　　　　　　　　　　　　　　1 000 000
　　贷:无形资产减值准备　　　　　　　　　　　　　　　1 000 000

第六节　无形资产在财务报表中的列报

一、无形资产在报表内的列报

企业应当在资产负债表的非流动资产项下列示与无形资产有关的下列项目。

(1)"无形资产"项目,反映企业所持有的全部无形资产的账面价值。该项目应根据"无形资产"账户的期末借方余额减去"累计摊销"账户和"无形资产减值准备"账户的期末贷方余额后的金额填列。

(2)"开发支出"项目,反映仍处于开发阶段,尚未达到预定用途的无形资产应予以资本化的支出金额。该项目应根据"研发支出"账户所属的"资本化支出"明细账户的期末借方余额填列。

(3)在利润表中,无形资产的摊销在"管理费用"等项目列报,费用化的研发支出在"研发费用"中列报,出租无形资产的收入和成本在"其他业务收入""其他业务成本"项目列报,无形资产的减值损失在"资产减值损失"项目列报。

二、无形资产在报表附注中的披露

企业应当按照无形资产的类别在财务报表附注中披露与无形资产有关的下列信息。
(1)无形资产的期初和期末账面余额、累计摊销额及减值准备累计金额。
(2)使用寿命有限的无形资产,其使用寿命的估计情况;使用寿命不确定的无形资产,其使用寿命不确定的判断依据。
(3)无形资产的摊销方法。

（4）用于担保的无形资产账面价值、当期摊销额等情况。

（5）计入当期损益和确认为无形资产的研究开发支出金额。

复习思考题

1. 无形资产的特征主要表现在哪几个方面？
2. 不同来源取得的无形资产如何进行初始计量？
3. 我国会计准则对内部研究开发费用的确认和计量是如何规定的？
4. 无形资产的使用寿命如何确定？
5. 使用寿命有限的无形资产如何进行摊销？
6. 如何在资产负债表中列示与无形资产有关的项目？
7. 平台经济的发展对于无形资产，如软件信息系统的后续计量有何影响？

复习思考题参考答案

第八章

投资性房地产

【学习目标】

通过对本章学习,应能够:了解投资性房地产的内容和特征;熟悉和掌握投资性房地产取得的核算;投资性房地产的后续计量模式;投资性房地产的转换等。

第一节 投资性房地产概述

一、投资性房地产的性质

(一)投资性房地产的定义

房地产中的土地是指土地使用权。房屋是指土地上的房屋等建筑物及构筑物。投资性房地产是指为赚取租金或资本增值,或者两者兼有而持有的房地产。对某些企业而言,投资性房地产属于日常经常性活动,形成的租金收入或转让增值收益确认为企业的主营业务收入,但对于大部分企业而言,是与经营性活动相关的其他经营活动,形成的租金收入或转让增值收益构成企业的其他业务收入。

(二)投资性房地产的特征

1. 投资性房地产是一种经营性活动

投资性房地产的主要形式是出租建筑物、出租土地使用权,属于一种让渡资产使用权行为。房地产租金就是让渡资产使用权取得的使用费收入,是企业为完成其经营目标所从事的经营性活动以及与之相关的其他活动形成的经济利益总流入。投资性房地产的另一种形式是持有并准备增值后转让的土地使用权。按照国家有关规定认定的闲置土地,不属于持有并准备增值后转让的土地使用权。

2. 投资性房地产在用途、状态、目的等方面区别于作为生产经营场所的房地产和用于销售的房地产

企业应当根据投资性房地产的定义对企业资产进行分类,凡是符合投资性房地产定义和确认条件的建筑物和土地使用权,应当归为投资性房地产。

3. 投资性房地产有两种后续计量模式

企业通常应当采用成本模式对投资性房地产进行后续计量,只有在满足特定条件的情况下,即有确凿证据表明其所有投资性房地产的公允价值能够持续可靠取得时,才可以采用公允价值模式进行后续计量。同一企业只能采用一种模式对所有投资性房地产进

行后续计量，不得同时采用两种计量模式进行后续计量。

二、投资性房地产的范围

投资性房地产的范围包括：已出租的土地使用权、持有并准备增值后转让的土地使用权、已出租的建筑物。

（一）已出租的土地使用权

已出租的土地使用权是指企业通过出让或转让方式取得的、以经营租赁方式出租的土地使用权。企业取得的土地使用权通常包括在一级市场上以交纳土地出让金的方式取得土地使用权，也包括在二级市场上接受其他单位转让的土地使用权。对于以经营租赁方式租入土地使用权再转租给其他单位的，不能确认为投资性房地产。

（二）持有并准备增值后转让的土地使用权

持有并准备增值后转让的土地使用权是指企业取得的、准备增值后转让的土地使用权，符合投资性房地产的定义。企业依法取得土地使用权后，应当按照国有土地有偿使用合同或建设用地批准书规定的期限动工开发建设，超过规定的期限未动工开发建设的建设用地属于闲置土地。按照国家有关规定认定的闲置土地，不属于持有并准备增值后转让的土地使用权，也就不属于投资性房地产。

（三）已出租的建筑物

已出租的建筑物是指企业拥有产权的、以经营租赁方式出租的建筑物，包括自行建造或开发活动完成后用于出租的建筑物。企业在判断和确认已出租的建筑物时，应具有以下特点。

（1）用于出租的建筑物是指企业拥有产权的建筑物。企业以经营租赁方式租入再转租的建筑物不属于投资性房地产。

（2）已出租的建筑物是企业已经与其他方签订了租赁协议，约定以经营租赁方式出租的建筑物。一般应自租赁协议规定的租赁期开始日起，经营租出的建筑物才属于已出租的建筑物。通常情况下，对企业持有以备经营出租的空置建筑物，如董事会或类似机构作出书面决议，明确表明将其用于经营出租且持有意图短期内不再发生变化的，即使尚未签订租赁协议，也应视为投资性房地产。

（3）企业将建筑物出租，按租赁协议向承租人提供的相关辅助服务在整个协议中不重大的，应当将该建筑物确认为投资性房地产。例如，企业将其办公楼出租，同时向承租人提供维护、保安等日常辅助服务，企业应当将其确认为投资性房地产。

下列项目不属于投资性房地产。

（1）自用房地产。自用房地产是指为生产商品、提供劳务或者经营管理而持有的房地产。例如，企业生产经营用的厂房和办公楼属于固定资产；企业生产经营用的土地使用权属于无形资产。企业出租给本企业职工居住的宿舍，虽然也收取租金，但间接为企业自身的生产经营服务，因此具有自用房地产的性质。

（2）作为存货的房地产。作为存货的房地产通常是指房地产开发企业在正常经营过程中销售的或为销售而正在开发的商品房和土地。这部分房地产属于房地产开发企业的存货，其生产、销售构成企业的主营业务活动，具有存货性质的房地产不属于投资性房地产。

从事房地产经营开发的企业依法取得的、用于开发后出售的土地使用权，属于房地产开发企业的存货，即使房地产开发企业决定待增值后再转让其开发的土地，也不得将其确认为投资性房地产。

在实务中，存在某项房地产部分自用或作为存货出售、部分用于赚取租金或资本增值的情形。如果某项投资性房地产不同用途的部分能够单独计量和出售的，应当分别确认收固定资产、无形资产、存货和投资性房地产。

第二节 投资性房地产的确认和初始计量

投资性房地产在符合定义的前提下，同时满足下列条件的，才能予以确认：①与该投资性房地产有关的经济利益很可能流入企业；②该投资性房地产的成本能够可靠地计量。

对已出租的土地使用权、已出租的建筑物，其作为投资性房地产的确认时点一般为租赁期开始日，即土地使用权、建筑物进入出租状态、开始赚取租金的日期。对企业持有以备经营出租的空置建筑物，董事会或类似机构作出书面决议，明确表明将其用于经营出租且持有意图短期内不再发生变化的，即使尚未签订租赁协议，也应视为投资性房地产。

一、外购投资性房地产的确认和初始计量

在采用成本模式计量下，外购的土地使用权和建筑物，按照取得时的实际成本进行初始计量，包括购买价款、相关税费和可直接归属于该资产的其他支出。购入时借记"投资性房地产"账户，贷记"银行存款"等账户。企业购入的房地产，部分用于出租（或资本增值）、部分自用，用于出租（或资本增值）的部分应当予以单独确认的，应按照不同部分的公允价值占公允价值总额的比例将成本在不同部分之间进行分配。企业外购的房地产，只有在购入的同时开始对外出租或是用于资本增值，才能作为投资性房地产加以确认。外购投资性房地产在初始确认时应当采用成本模式计量。

在采用公允价值模式计量下，外购的投资性房地产应当按照取得时的实际成本进行初始计量，其实际成本的确定与采用成本模式计量的投资性房地产一致。企业应当在"投资性房地产"账户下设置"成本"和"公允价值变动"两个明细账户，按照外购的土地使用权和建筑物发生的实际成本，计入"投资性房地产——成本"账户。

【例 8-1】 20×1 年 1 月初，天生公司计划购入一栋写字楼用于对外出租。1 月 10 日，天生公司与甲企业签订了经营租赁合同，约定自写字楼购买日起将这栋写字楼出租给甲企业，为期 5 年。2 月 1 日，天生公司实际购入写字楼，支付价款共计 2 000 万元（天生公司采用成本模式进行后续计量）。

天生公司的账务处理如下：

借：投资性房地产——写字楼　　　　　　　　　　　　　　20 000 000
　　贷：银行存款　　　　　　　　　　　　　　　　　　　　　20 000 000

【例8-2】 沿用例8-1，假设天生公司拥有的投资性房地产符合采用公允价值计量模式的条件，采用公允价值模式进行后续计量。

天生公司的账务处理如下：
借：投资性房地产——成本（写字楼）　　　　　　　　　　20 000 000
　　贷：银行存款　　　　　　　　　　　　　　　　　　　　　20 000 000

二、自行建造投资性房地产的确认和初始计量

自行建造投资性房地产的成本由建造该项资产达到预定可使用状态前发生的必要支出构成，包括土地开发费、建筑成本、安装成本等。建造过程中发生的非正常性损失，直接计入当期损益，不计入建造成本。采用成本模式计量的，应按照确定的成本，借记"投资性房地产"账户，贷记"在建工程"或"开发成本"账户。采用公允价值模式计量的，应按照确定的成本，借记"投资性房地产——成本"账户，贷记"在建工程"或"开发成本"账户。

【例8-3】 20×1年1月，天生公司从其他单位购入一块土地的使用权，并在这块土地上开始自行建造两栋厂房。20×1年11月，天生公司预计厂房即将完工，与乙公司签订了经营租赁合同，将其中的一栋厂房租赁给乙公司使用。租赁合同约定，该厂房于完工（达到预定可使用状态）时开始起租。20×1年12月31日，两栋厂房同时完工（达到预定可使用状态）。该块土地使用权的成本为800万元；两栋厂房的实际造价均为2 000万元，能够单独出售。

（1）假设天生公司采用成本计量模式。
分析：土地使用权中的对应部分同时转换为投资性房地产 = 400（万元）
借：投资性房地产——厂房　　　　　　　　　　　　　　　20 000 000
　　贷：在建工程　　　　　　　　　　　　　　　　　　　　　20 000 000
借：投资性房地产——土地使用权　　　　　　　　　　　　 4 000 000
　　贷：无形资产——土地使用权　　　　　　　　　　　　　　 4 000 000

（2）假设天生公司采用公允价值计量模式。
借：投资性房地产——厂房（成本）　　　　　　　　　　　20 000 000
　　贷：在建工程　　　　　　　　　　　　　　　　　　　　　20 000 000
借：投资性房地产——土地使用权（成本）　　　　　　　　 4 000 000
　　贷：无形资产——土地使用权　　　　　　　　　　　　　　 4 000 000

第三节　投资性房地产的后续支出和计量

一、投资性房地产的后续支出

（一）资本化的后续支出

投资性房地产的后续支出，满足投资性房地产确认条件的，应当计入投资性房地产

成本。企业对某项投资性房地产进行改扩建等再开发且将来仍作为投资性房地产的，在再开发期间应继续将其作为投资性房地产，再开发期间不计提折旧或摊销。

采用成本模式计量的，投资性房地产进入改扩建或装修阶段后，应当将其账面价值转入改扩建工程。借记"投资性房地产——在建""投资性房地产累计折旧"等账户，贷记"投资性房地产"账户。发生资本化的改良或是装修支出，通过"投资性房地产——在建"账户归集，借记"投资性房地产——在建"账户，贷记"银行存款""应付账款"等账户。改扩建或装修完成后，借记"投资性房地产"账户，贷记"投资性房地产——在建"账户。采用公允价值模式进行计量的，投资性房地产进入改扩建或装修阶段，借记"投资性房地产——在建"账户，贷记"投资性房地产——成本""投资性房地产——公允价值变动"等账户；在改扩建或装修完成后，借记"投资性房地产——成本"账户，贷记"投资性房地产——在建"账户。

【例8-4】 20×1年1月，天生公司与甲企业的一项厂房经营租赁合同即将到期。该厂房按照成本模式进行后续计量，原价为2 000万元，已计提折旧800万元。为了提高厂房的租金收入，天生公司决定在租赁期满后对厂房进行改扩建，并与丙企业签订了经营租赁合同，约定自改扩建完工时将厂房出租给丙企业。3月15日，与甲企业的租赁合同到期，厂房随即进入改扩建工程。12月10日，厂房改扩建工程完工，共发生支出500万元，即日按照租赁合同出租给丙企业。假设天生公司采用成本计量模式。

天生公司的账务处理如下：

（1）20×1年3月15日，投资性房地产转入改扩建工程：

借：投资性房地产——厂房（在建）   12 000 000
    投资性房地产累计折旧   8 000 000
  贷：投资性房地产——厂房   20 000 000

（2）20×1年3月15日至12月10日改扩建阶段：

借：投资性房地产——厂房（在建）   5 000 000
  贷：银行存款等   5 000 000

（3）20×1年12月10日，改扩建工程完工：

借：投资性房地产——厂房   17 000 000
  贷：投资性房地产——厂房（在建）   17 000 000

【例8-5】 20×1年3月，天生公司与甲企业的一项厂房经营租赁进行改扩建，并与乙企业签订了经营租赁合同，约定自改扩建完工时将厂房出租给乙企业。3月15日，与甲企业的租赁合同到期，厂房随即进入改扩建工程。11月10日，厂房改扩建工程完工，共发生支出500万元，即日起按照租赁合同出租给丙企业。3月15日，厂房账面余额为2 400万元，其中成本2 000万元，累计公允价值变动400万元。假设天生公司采用公允价值计量模式。

天生公司的账务处理如下。

（1）20×1年3月15日，投资性房地产转入改扩建工程：

借：投资性房地产——厂房（在建）   24 000 000
  贷：投资性房地产——成本   20 000 000

　　　　　　　　——公允价值变动　　　　　　　　　　　　　4 000 000

（2）20×1年3月15日至11月10日改扩建阶段：
借：投资性房地产——厂房（在建）　　　　　　　　　5 000 000
　　贷：银行存款　　　　　　　　　　　　　　　　　　　5 000 000

（3）20×1年11月10日，改扩建工程完工：
借：投资性房地产——成本　　　　　　　　　　　　　29 000 000
　　贷：投资性房地产——厂房（在建）　　　　　　　　　29 000 000

（二）费用化的后续支出

与投资性房地产有关的后续支出，不满足投资性房地产确认条件的，应当在发生时计入当期损益。企业在发生投资性房地产费用化的后续支出时，借记"其他业务成本"等账户，贷记"银行存款"等账户。

【例8-6】 天生公司对其某项投资性房地产进行日常维修，发生维修支出1.5万元，用银行存款支付。

本例中，日常维修支出属于费用化的后续支出，应当记入当期损益。

天生公司的账务处理如下：

借：其他业务成本　　　　　　　　　　　　　　　　　　15 000
　　贷：银行存款　　　　　　　　　　　　　　　　　　　　15 000

二、投资性房地产的后续计量

投资性房地产的后续计量通常应当采用成本模式，只有满足特定条件的情况下才可以采用公允价值模式。但是，不得对一部分投资性房地产采用成本模式进行后续计量，对另一部分投资性房地产采用公允价值模式进行后续计量。

（一）采用成本模式进行后续计量的投资性房地产

采用成本模式进行后续计量的投资性房地产，应当按照《企业会计准则第4号——固定资产》或《企业会计准则第6号——无形资产》的有关规定，按期（月）计提折旧或摊销，借记"其他业务成本"等账户，贷记"投资性房地产累计折旧（摊销）"账户。取得的租金收入，借记"银行存款"等账户，贷记"其他业务收入"等账户。

投资性房地产存在减值迹象，应当适用资产减值的有关规定。经减值测试后确定发生减值的，应当计提减值准备，借记"资产减值损失"账户，贷记"投资性房地产减值准备"账户。如果已经计提减值准备的投资性房地产的价值又得以恢复，不得转回。

【例8-7】 天生公司的一栋新办公楼自20×1年1月1日出租给乙公司使用，已确认为投资性房地产，并采用成本模式进行后续计量。该办公楼的建造成本为500万元，预计使用寿命为50年，预计净残值为20万元，采用年限平均法计提折旧，该办公楼占用土地的使用权成本为240万元，其摊销年限为40年。双方约定，乙公司每年初应向甲公司支付租金 30 万元。20×1 年 12 月 31 日，该办公楼发生减值迹象，经测试其可回收金额为 480 万元。

（1）20×1 年初收取租金。

借：银行存款　　　　　　　　　　　　　　　　　　　300 000
　　贷：其他业务收入　　　　　　　　　　　　　　　　　　300 000

（2）20×1 年每月计提折旧和摊销

$$月折旧额 = (5\,000\,000 - 200\,000) \div 50 \div 12 = 8\,000（元）$$
$$月摊销额 = 2\,400\,000 \div 40 \div 12 = 5\,000（元）$$

借：其他业务成本　　　　　　　　　　　　　　　　　　13 000
　　贷：投资性房地产累计折旧　　　　　　　　　　　　　　8 000
　　　　投资性房地产累计摊销　　　　　　　　　　　　　　5 000

（3）20×1 年 12 月 31 日确认资产减值损失。

计提减值准备前办公楼的账面价值 = 5 000 000 - 8 000 × 12 = 4 904 000（元）
应计提的资产减值准备 = 4 904 000 - 4 800 000 = 104 000（元）

借：资产减值损失　　　　　　　　　　　　　　　　　　104 000
　　贷：投资性房地产减值准备　　　　　　　　　　　　　104 000

（二）采用公允价值模式进行后续计量的投资性房地产

企业存在确凿证据表明其投资性房地产的公允价值能够持续可靠取得的，可以对投资性房地产采用公允价值模式进行后续计量。

公允价值模式的最大特点是在会计期末按照公允价值调整投资性房地产的账面价值，并将公允价值变动计入当期损益。采用公允价值模式计量的投资性房地产，应当同时满足下列条件：①投资性房地产所在地有活跃的房地产交易市场。所在地通常指投资性房地产所在的城市。对于大中型城市，应当为投资性房地产所在的城区。②企业能够从活跃的房地产交易市场上取得同类或类似房地产的市场价格及其他相关信息，从而对投资性房地产的公允价值作出合理的估计。

确定投资性房地产的公允价值时，应当参照活跃市场上同类或类似房地产的现行市场价格（市场公开报价）；无法取得同类或类似房地产现行市场价格的，应当参照活跃市场上同类或类似房地产的最近交易价格，并考虑交易情况、交易日期、所在区域等因素，从而对投资性房地产的公允价值做出合理的估计；也可以基于预计未来获得的租金收益和相关现金流量的现值计量。

投资性房地产采用公允价值模式进行后续计量的，不计提折旧或摊销，应当以资产负债表日的公允价值计量。资产负债表日，投资性房地产的公允价值高于其账面余额的差额，借记"投资性房地产——公允价值变动"账户，贷记"公允价值变动损益"账户；公允价值低于其账面余额的差额作相反的会计分录。

【例 8-8】 天生公司为从事房地产经营开发的企业。20×1 年 1 月，天生公司与丙公司签订租赁协议，约定将天生公司开发的一栋精装修的写字楼于开发完成的同时开始租赁给丙公司使用，租赁期为 5 年。当年 2 月 1 日，该写字楼开发完成并开始起租，写字楼的造价为 6 000 万元。20×1 年 12 月 31 日，该写字楼的公允价值为 6 500 万元。假设天生公司采用公允价值计量模式。

天生公司的账务处理如下。

（1）20×1 年 2 月 1 日，天生公司开发完成写字楼并出租：

借：投资性房地产——成本　　　　　　　　　　　　60 000 000
　　贷：开发成本　　　　　　　　　　　　　　　　　60 000 000

（2）20×1 年 12 月 31 日，按照公允价值为基础调整其账面价值；公允价值与原账面价值之间的差额计入当期损益：

借：投资性房地产——公允价值变动　　　　　　　　 5 000 000
　　贷：公允价值变动损益　　　　　　　　　　　　　 5 000 000

（三）投资性房地产后续计量模式的变更

为保证会计信息的可比性，企业对投资性房地产的计量模式一经确定，不得随意变更。成本模式转为公允价值模式的，应当作为会计政策变更处理，并按计量模式变更时公允价值与账面价值的差额调整期初留存收益。已采用公允价值模式计量的投资性房地产，不得从公允价值模式转为成本模式。

【例 8-9】 20×1 年 1 月 1 日，天生公司将一栋写字楼对外出租，采用成本模式进行后续计量。20×1 年 1 月 1 日，假设天生公司持有的投资性房地产满足采用公允价值模式条件，天生公司决定采用公允价值模式计量对该写字楼进行后续计量。20×1 年 1 月 1 日，该写字楼的原价为 9 000 万元，已计提折旧 500 万元，账面价值为 8 500 万元，公允价值为 9 500 万元。天生公司按净利润的 10% 计提盈余公积。假定除上述对外出租的写字楼外，天生公司无其他的投资性房地产。

天生公司的账务处理如下。

借：投资性房地产——写字楼（成本）　　　　　　　95 000 000
　　投资性房地产累计折旧　　　　　　　　　　　　 5 000 000
　　贷：投资性房地产——写字楼　　　　　　　　　 90 000 000
　　　　利润分配——未分配利润　　　　　　　　　　 9 000 000
　　　　盈余公积　　　　　　　　　　　　　　　　　 1 000 000

第四节　投资性房地产的转换

一、投资性房地产转换形式和转换日

（一）房地产转换形式

房地产转换是因房地产用途发生改变而对房地产进行的重新分类。企业必须有确凿证据表明房地产用途发生改变，才能将投资性房地产转换为非投资性房地产或者将非投资性房地产转换为投资性房地产。这里的确凿证据包括两个方面，一是企业董事会或类

似机构应当就改变房地产用途形成正式的书面决议；二是房地产因用途改变而发生实际状态上的改变。房地产转换形式主要如下。

（1）投资性房地产转换为固定资产或无形资产或转为存货，企业将原来用于赚取租金或资本增值的房地产改为用于生产商品、提供劳务或者经营管理使用或销售。

（2）作为存货的房地产改为出租，通常指房地产开发企业将其持有的开发产品以经营租赁的方式出租，相应地由存货转换为投资性房地产。

（3）自用土地使用权停止自用，用于赚取租金或资本增值，相应地由无形资产转换为投资性房地产。

（4）自用建筑物停止自用，改为出租，相应地由固定资产转换为投资性房地产。

（5）房地产企业将用于经营出租的房地产重新开发用于对外销售，从投资性房地产转为存货。

（二）投资性房地产转换日的确定

转换日是指房地产的用途发生改变、状态相应发生改变的日期。转换日的确定标准主要如下。

（1）投资性房地产开始自用。转换日是指房地产达到自用状态，企业开始将房地产用于生产商品、提供劳务或者经营管理的日期。

（2）投资性房地产转换为存货。转换日为租赁期届满、企业董事会或类似机构作出书面决议明确表明将其重新开发用于对外销售的日期。

（3）作为存货的房地产改为出租，或者自用建筑物或土地使用权停止自用改为出租。转换日通常为租赁期开始日。租赁期开始日是指承租人有权行使其使用租赁资产权利的日期。

二、采用成本模式进行后续计量的投资性房地产相互转换

（一）投资性房地产转换为非投资性房地产

企业将投资性房地产转换为自用房地产，应当按该项投资性房地产在转换日的账面余额，借记"固定资产"或"无形资产"账户，贷记"投资性房地产"账户；按已计提的折旧或摊销，借记"投资性房地产累计折旧（摊销）"账户，贷记"累计折旧"或"累计摊销"账户；原已计提减值准备的，借记"投资性房地产减值准备"账户，贷记"固定资产减值准备"或"无形资产减值准备"账户。

【例 8-10】 20×1 年 1 月 1 日，天生公司将出租在外的厂房收回，开始用于本企业生产商品。该项房地产账面价值 3 500 万元，其中，原价 5 000 万元，累计已提折旧 1 500 万元。假设天生公司采用成本计量模式。

天生公司的账务处理如下。

借：固定资产		50 000 000
投资性房地产累计折旧		15 000 000
贷：投资性房地产		50 000 000

| | 累计折旧 | 15 000 000 |

（二）投资性房地产转换为作为存货的房地产

房地产开发企业将用于经营出租的房地产重新开发用于对外销售的，从投资性房地产转换为存货。转换日为租赁期届满、企业董事会或类似机构作出书面决议明确表明将其重新开发用于对外销售的日期。

企业将投资性房地产转换为存货时，应当按照该项房地产在转换日的账面价值，借记"开发产品"账户，按照已计提的折旧或摊销，借记"投资性房地产累计折旧（摊销）"账户，原已计提减值准备的，借记"投资性房地产减值准备"账户，按其账面余额，贷记"投资性房地产"账户。

（三）非投资性房地产转换为投资性房地产

（1）自用房地产转换为投资性房地产。企业将原本用于日常生产商品、提供劳务或者经营管理的房地产改用于出租，通常应于租赁期开始日，按照固定资产或无形资产的账面价值，将固定资产或无形资产相应地转换为投资性房地产。对不再用于日常生产经营活动且经整理后达到可经营出租状况的房地产，如果企业董事会或类似机构正式作出书面决议，明确表明其自用房地产用于经营出租且持有意图短期内不再发生变化的，应视为自用房地产转换为投资性房地产，转换日为企业董事会或类似机构正式作出书面决议的日期。

企业将自用土地使用权或建筑物转换为以成本模式计量的投资性房地产时，应当按该项建筑物或土地使用权在转换日的账面余额，建筑物或土地使用权在转换日的原价、累计折旧、减值准备等，分别转入"投资性房地产""投资性房地产累计折旧（摊销）""投资性房地产减值准备"账户，按其账面余额，借记"投资性房地产"账户，贷记"固定资产"或"无形资产"账户；按已计提的折旧或摊销，借记"累计摊销"或"累计折旧"账户，贷记"投资性房地产累计折旧（摊销）"账户；原已计提减值准备的，借记"固定资产减值准备"或"无形资产减值准备"账户，贷记"投资性房地产减值准备"账户。

【**例 8-11**】 天生公司拥有一栋办公楼，用于本企业总部办公。20×1 年 3 月 10 日，天生公司与甲企业签订了经营租赁协议，将该栋办公楼整体出租给甲企业使用，租赁期开始日为 20×1 年 4 月 15 日，为期 5 年。20×1 年 4 月 15 日，该栋办公楼的账面余额 4 500 万元，已计提折旧 300 万元。假设天生公司采用成本计量模式。

天生公司的账务处理如下：

借：投资性房地产——写字楼		45 000 000
累计折旧		3 000 000
贷：固定资产		45 000 000
投资性房地产累计折旧		3 000 000

（2）作为存货的房地产转换为投资性房地产。通常指房地产开发企业将其持有的开发产品以经营租赁的方式出租，存货相应地转换为投资性房地产。转换日通常为房地产

的租赁期开始日。租赁期开始日是指承租人有权行使其使用租赁资产权利的日期。

企业将作为存货的房地产转换为采用成本模式计量的投资性房地产,应当按该项存货在转换日的账面价值,借记"投资性房地产"账户,原已计提跌价准备的,借记"存货跌价准备"账户,按其账面余额,贷记"开发产品"等账户。

【例 8-12】 A 企业是从事房地产开发业务的企业,20×1 年 3 月 10 日,A 企业与乙企业签订了租赁协议,将其开发的一栋写字楼出租给乙企业使用,租赁期开始日为 20×1 年 4 月 15 日。20×1 年 4 月 15 日,该写字楼的账面余额 4 500 万元,未计提存货跌价准备。假设 A 公司采用成本模式对其投资性房地产进行后续计量。

A 企业的账务处理如下:

借:投资性房地产——写字楼　　　　　　　　　　　　45 000 000
　　贷:开发产品　　　　　　　　　　　　　　　　　　　　　45 000 000

三、采用公允价值模式进行后续计量的投资性房地产相互转换

(一)投资性房地产转换为非投资性房地产

(1) 投资性房地产转换为自用房地产。企业将采用公允价值模式计量的投资性房地产转换为自用房地产时,应当以其转换当日的公允价值作为自用房地产的账面价值,公允价值与原账面价值的差额计入当期损益。

转换日,按该项投资性房地产的公允价值,借记"固定资产"或"无形资产"账户,按该项投资性房地产的成本,贷记"投资性房地产——成本"账户,按该项投资性房地产的累计公允价值变动,贷记或借记"投资性房地产——公允价值变动"账户,按其差额,贷记或借记"公允价值变动损益"账户。

【例 8-13】 20×1 年 10 月 1 日,天生公司因租赁期满,将出租的写字楼收回,开始作为办公楼用于本企业的行政管理。20×1 年 10 月 1 日,该写字楼的公允价值为 5 000 万元。该项房地产在转换前采用公允价值模式计量,原账面价值为 4 600 万元,其中,成本为 4 000 万元,公允价值变动为增值 600 万元。

天生公司的账务处理如下:

借:固定资产　　　　　　　　　　　　　　　　　　　　50 000 000
　　贷:投资性房地产——成本　　　　　　　　　　　　　　40 000 000
　　　　　　　　——公允价值变动　　　　　　　　　　　　 6 000 000
　　　　公允价值变动损益　　　　　　　　　　　　　　　　 4 000 000

(2) 投资性房地产转换为作为存货的房地产。企业将采用公允价值模式计量的投资性房地产转换为存货时,应当以其转换当日的公允价值作为存货的账面价值,公允价值与原账面价值的差额计入当期损益。

转换日,按该项投资性房地产的公允价值,借记"开发产品"等账户,按该项投资性房地产的成本,贷记"投资性房地产——成本"账户;按该项投资性房地产的累计公允价值变动,贷记或借记"投资性房地产——公允价值变动"账户;按其差额,贷记或借记"公允价值变动损益"账户。

【例8-14】 A房地产开发企业将其开发的部分写字楼用于对外经营租赁。20×1年10月1日,因租赁期满,A企业将出租的写字楼收回,并作出书面决议,将该写字楼重新开发用于对外销售,即由投资性房地产转换为存货,当日的公允价值为6 000万元。该项房地产在转换前采用公允价值模式计量,原账面价值为5 600万元,其中,成本为5 000万元,公允价值增值为600万元。

A企业的账务处理如下:

借:开发产品	60 000 000
贷:投资性房地产——成本	50 000 000
——公允价值变动	6 000 000
公允价值变动损益	4 000 000

(二)非投资性房地产转换为投资性房地产

(1)自用房地产转换为投资性房地产。企业将自用房地产转换为采用公允价值模式计量的投资性房地产,应当按该项土地使用权或建筑物在转换日的公允价值,借记"投资性房地产——成本"账户,按已计提的累计摊销或累计折旧,借记"累计摊销"或"累计折旧"账户;原已计提减值准备的,借记"无形资产减值准备""固定资产减值准备"账户;按其账面余额,贷记"固定资产"或"无形资产"账户。同时,转换日的公允价值小于账面价值的,按其差额,借记"公允价值变动损益"账户;转换日的公允价值大于账面价值的,按其差额,贷记"其他综合收益"账户。当该项投资性房地产处置时,因转换计入其他综合收益的部分应转入当期损益。

【例8-15】 20×1年1月,天生公司打算搬迁至新建办公楼,由于原办公楼处于商业繁华地段,天生公司准备将其出租,以赚取租金收入。20×1年4月30日,天生公司完成了搬迁工作,原办公楼停止自用,并与甲企业签订了租赁协议,将其原办公楼租赁给甲企业使用,租赁期开始日为20×1年4月30日,租赁期限为5年。20×1年4月30日,该办公楼原价为5 000万元,已提折旧1 400万元,公允价值为3 500万元。假设天生公司对投资性房地产采用公允价值模式计量。

天生公司的账务处理如下:

借:投资性房地产——成本	35 000 000
累计折旧	14 000 000
公允价值变动损益	1 000 000
贷:固定资产	50 000 000

(2)作为存货的房地产转换为投资性房地产。企业将作为存货的房地产转换为采用公允价值模式计量的投资性房地产,应当按该项房地产在转换日的公允价值入账,借记"投资性房地产——成本"账户,原已计提跌价准备的,借记"存货跌价准备"账户;按其账面余额,贷记"开发产品"等账户。同时,转换日的公允价值小于账面价值的,按其差额,借记"公允价值变动损益"账户;转换日的公允价值大于账面价值的,按其差额,贷记"其他综合收益"账户。当该项投资性房地产处置时,因转换计入其他综合收益的部分应转入当期损益。

【例8-16】 20×1年2月1日，A房地产开发公司与甲企业签订了租赁协议，将其开发的一栋写字楼出租给甲企业。租赁期开始日为20×1年3月1日。20×1年3月1日，该写字楼的账面余额为40 000万元，公允价值为45 000万元。20×1年12月31日，该项投资性房地产的公允价值为46 000万元。

A房地产开发公司的账务处理如下。

（a）20×1年3月1日：

借：投资性房地产——成本	450 000 000
贷：开发产品	400 000 000
其他综合收益	50 000 000

（b）20×1年12月31日：

借：投资性房地产——公允价值变动	10 000 000
贷：公允价值变动损益	10 000 000

第五节 投资性房地产的处置

当投资性房地产被处置，或者永久退出使用且预计不能从其处置中取得经济利益时，应当终止确认该项投资性房地产。

企业可以通过对外出售或转让的方式处置投资性房地产取得收益。企业出售、转让、报废投资性房地产或者发生投资性房地产毁损，应当将处置收入扣除其账面价值和相关税费后的金额计入当期损益。

一、采用成本模式计量的投资性房地产的处置

处置采用成本模式进行后续计量的投资性房地产时，应当按实际收到的金额，借记"银行存款"等账户，贷记"其他业务收入""应交税费——应交增值税（销项税额）"账户；按该项投资性房地产的账面价值，借记"其他业务成本"账户，按其账面余额，贷记"投资性房地产"账户，按照已计提的折旧或摊销，借记"投资性房地产累计折旧（摊销）"账户，原已计提减值准备的，借记"投资性房地产减值准备"账户。

【例8-17】 天生公司将其出租的一栋写字楼确认为投资性房地产，采用成本模式计量。租赁期届满后，天生公司将该栋写字楼出售给乙公司，合同价款为36 000万元，乙公司已用银行存款付清。出售时，该栋写字楼的成本为38 000万元，已计提折旧8 000万元。假设不考虑相关税费。

天生公司的账务处理如下：

借：银行存款	360 000 000
贷：其他业务收入	360 000 000
借：其他业务成本	300 000 000
投资性房地产累计折旧	80 000 000
贷：投资性房地产——写字楼	380 000 000

二、采用公允价值模式计量的投资性房地产的处置

处置采用公允价值模式计量的投资性房地产，应当按实际收到的金额，借记"银行存款"等账户，贷记"其他业务收入""应交税费——应交增值税（销项税额）"账户；按该项投资性房地产的账面余额，借记"其他业务成本"账户，按其成本，贷记"投资性房地产——成本"账户，按其累计公允价值变动，贷记或借记"投资性房地产——公允价值变动"账户。同时结转投资性房地产累计公允价值变动。若存在原转换日计入其他综合收益的金额，也一并结转。

【例 8-18】 天生公司为一家房地产开发公司，20×1年1月10日，天生公司与乙企业签订了租赁协议，将其开发的一栋写字楼出租给甲企业使用，租赁期开始日为20×1年4月15日。20×1年4月15日，该写字楼的账面余额为45 000万元，公允价值为47 000万元。20×1年12月31日，该项投资性房地产的公允价值为48 000万元。20×2年6月租赁期届满，企业收回该项投资性房地产，并以55 000万元出售，出售款项已收讫。天生公司采用公允价值模式计量，不考虑相关税费。

天生公司的账务处理如下：

（1）20×1年4月15日，存货转换为投资性房地产：

借：投资性房地产——成本　　　　　　　　　　470 000 000
　　贷：开发产品　　　　　　　　　　　　　　450 000 000
　　　　其他综合收益　　　　　　　　　　　　 20 000 000

（2）20×1年12月31日，公允价值变动：

借：投资性房地产——公允价值变动　　　　　　 10 000 000
　　贷：公允价值变动损益　　　　　　　　　　　10 000 000

（3）20×2年6月，出售投资性房地产：

借：银行存款　　　　　　　　　　　　　　　　550 000 000
　　贷：其他业务收入　　　　　　　　　　　　 550 000 000
借：其他业务成本　　　　　　　　　　　　　　450 000 000
　　公允价值变动损益　　　　　　　　　　　　 10 000 000
　　其他综合收益　　　　　　　　　　　　　　 20 000 000
　　贷：投资性房地产——成本　　　　　　　　 470 000 000
　　　　　　　　　　——公允价值变动　　　　　10 000 000

知识链接

第六节 投资性房地产在财务报表中的列报

企业持有的投资性房地产期末应列示在资产负债表的"投资性房地产"项目。企业采用成本模式计量的投资性房地产,应根据"投资性房地产"账户的期末余额,减去"投资性房地产累计折旧(摊销)"和"投资性房地产减值准备"账户余额后的金额填列该项目;企业采用公允价值模式计量投资性房地产的,应根据"投资性房地产"账户的期末余额填列该项目。

准则要求企业应当在附注中披露下列信息:一是投资性房地产的种类、金额和计量模式;二是采用成本模式的,投资性房地产的折旧或摊销,以及减值准备的计提情况;三是采用公允价值模式的,公允价值的确定依据和方法,以及公允价值变动对损益的影响;四是房地产转换情况、理由,以及对损益或所有者权益的影响;五是当期处置的投资性房地产及其对损益的影响。

复习思考题

1. 什么是投资性房地产?有哪些特征?
2. 投资性房地产有哪几种后续计量模式?
3. 采用公允模式对投资性房地产进行后续计量需要满足哪些条件?
4. 如何进行投资性房地产后续计量模式的变更?
5. 其他长期资产包括哪些内容?
6. 如何在报表中列示投资性房地产?
7. 《企业会计准则第3号——投资性房地产》(新准则)为企业的投资性房地产提供了成本模式与公允价值模式两种可选的计量模式。在新时期房地产价格处于持续上涨的背景下,与历史成本相比,投资性房地产的公允价值更能合理地反映企业的财务状况,更准确地披露企业获得的现金流量和承担的风险,但是,为什么目前我国的上市企业中绝大部分的企业的投资性房地产仍采用成本模式进行后续计量,而不使用公允价值?

复习思考题参考答案

第九章 负　债

【学习目标】 通过本章学习，了解负债的概念及特征、负债的分类、流动负债的含义及分类、应付职工薪酬包括的内容、非流动负债的含义及特点、非流动负债包括的内容、负债的期末报表列示。熟悉和掌握短期借款、应付票据、应付账款、合同负债、应付职工薪酬、应交税费等流动负债的账务处理，长期借款、应付债券、长期应付款、预计负债以及专项应付款的账务处理。

第一节　负债概述

一、负债的含义及特征

（一）负债的含义

《企业会计准则——基本准则》（2014年）第二十三条规定：负债是指企业过去的交易或者事项形成的、预期会导致经济利益流出企业的现时义务。

（二）负债的特征

根据负债的定义可知，负债主要有以下三个特征。

1. **负债是企业承担的现时义务**

现时义务是负债最本质的特征。企业尚未发生的交易或者事项形成的义务，不属于现时义务，不构成负债，如企业估计未来经营很可能发生的损失不会形成一项现时义务。这里的义务，既包括法定义务，也包括推定义务。其中，法定义务是指由具有约束力的合同或者法律法规产生的义务。推定义务是指根据企业实务中形成的惯例、公开作出的承诺或者公开宣布的政策而导致企业承担的责任，有关各方都对企业履行该义务形成了合理预期，也构成企业的一项现时义务。

2. **负债预期会导致经济利益流出企业**

企业在履行现时义务时，会导致经济利益流出企业。经济利益流出企业的方式主要包括：支付现金、转移非现金资产或提供劳务等形式。如果企业在履行义务时，不一定导致经济利益的流出，如企业可以选择以发行普通股的方式来履行义务，就不构成负债。

3. 负债是由过去的交易或者事项形成的

负债应当由过去的交易或者事项所形成。换句话说，只有过去发生的交易或者事项才能形成负债，如企业将在未来发生的承诺、在未来将签订的购货合同等，均不构成负债。

二、负债的分类与确认

（一）负债的分类

负债是企业必须履行的义务，但不同的负债，要求的偿付方式和时间是不同的，为了便于分析企业的财务状况和偿债能力，会计上需要把负债划分为流动负债和非流动负债两类。

1. 流动负债

流动负债，是指满足下列情形之一的负债。

（1）预计在一个正常营业周期内清偿的负债，如企业采用商业信用方式购买货物或接受劳务形成的应付账款和应付票据。

（2）主要为交易目的而持有的负债，如银行发行的打算近期回购的短期票据。

（3）自资产负债表日起一年内（含一年）到期应予以清偿的负债，如企业以前期间发行的将在资产负债表日起一年内到期偿还的债券。

（4）企业无权自主地将清偿期限推迟至资产负债表日后一年以上的负债，如企业从银行借入的无权自主延长偿还期限的贷款。

流动负债主要包括短期借款、交易性金融负债、应付票据、应付账款、合同负债、应付职工薪酬、应交税费、其他应付款等。

2. 非流动负债

非流动负债是指流动负债以外的负债。非流动负债主要是企业为筹集长期资产购建所需资金而发生的负债，如企业为购买设备或建造厂房而从银行借入的中长期贷款等。非流动负债主要包括长期借款、应付债券、长期应付款等。

（二）确认负债的条件

将一项现时义务确认为负债，需要符合负债的定义，还应当同时满足以下两个条件。

1. 与该义务有关的经济利益很可能流出企业

从负债的定义来看，负债预期会导致经济利益流出企业，但是履行义务所需流出的经济利益带有不确定性，尤其是与推定义务相关的经济利益流出通常需要依赖于大量的估计。比如，企业因销售产品而承担的产品质量保证义务所发生的支出金额就存在很大的不确定性。因此，负债的确认应当与经济利益流出的不确定性程度的判断结合起来。如果有证据表明，与现时义务有关的经济利益很可能流出企业，就应当确认负债。反之，企业对于预期流出经济利益可能性较小或不复存在的现时义务，不应确认为一项负债。

2. 未来流出经济利益的金额能够可靠地估计

企业要确认负债，必须能够可靠地计量负债的金额，即能够可靠地计量未来经济利益流出的金额。企业因法定义务而预期发生的经济利益流出金额，通常可以根据法律或合同的规定予以确定。而企业因推定义务产生的未来经济利益的流出金额，则往往需要根据合理的估计才能确定履行相关义务所需支出的金额。如果未来期间较长，还需要考虑货币时间价值、风险等因素的影响。

第二节 流动负债

一、流动负债概述

（一）流动负债的含义

流动负债是指在一年内或超过一年的一个营业周期内需要偿还的债务，主要包括短期借款、应付票据、应付账款、合同负债、应付职工薪酬、应交税费、应付利息、应付股利、其他应付款等。

（二）流动负债的特征

流动负债的特征表现如下。

（1）偿还的时间较短。流动负债的偿还时间在一年或长于一年的一个营业周期以内。

（2）金额相对较小。流动负债的金额相比长期负债而言，一般都较小。

（3）一般不涉及利息。流动负债中除短期借款、带息应付票据外，其他的流动负债均不考虑利息问题。

（4）一般与取得流动资产或发生成本费用有关，即大多数流动负债是因企业为取得流动资产而产生的。例如，企业因赊购材料产生的应付账款或应付票据，企业因接受职工的服务而产生的应付职工薪酬等。

（5）计量时无须折现。因流动负债的偿还时间较短，所以流动负债一般按未来现金流出量计量，而不需要将未来现金流出量进行折现。

（三）流动负债的计量

流动负债一般应当按实际发生额记账，会计实务中以到期值入账（带息商业汇票除外）。流动负债入账金额的具体确定方法主要包括下列三种：一是按合同、协议上规定的金额入账；二是期末按经营情况确定的金额入账；三是需运用职业判断估计的金额入账。

二、短期借款

（一）短期借款的内容

短期借款是企业向银行或其他金融机构等借入的期限在一年以下（含一年）的各种

借款。企业通过银行取得短期借款主要是为了满足日常生产经营的需要。比如，企业可以根据协议在一定的信用额度内取得银行贷款，用以满足对流动性资金的需要。企业向银行或其他金融机构等借入的各种借款，不论是用于企业生产经营，还是用于购建固定资产或者其他用途，只要借款期限在一年以内，都属于短期借款。

短期借款的主要优点是筹资效率高、筹资弹性大；主要缺点是筹资风险高、实际利率较高。

（二）短期借款的会计核算

为了核算企业短期借款的借入、归还及结存情况，应设置"短期借款"账户，并按债权人名称和借款种类设置明细账。"短期借款"账户只记本金数，若有应付未付利息应作为"应付利息"处理。

具体而言，企业取得一项短期借款时，借记"银行存款"等账户，贷记"短期借款"账户。对于短期借款的利息，通常应当按季度支付。在每个月末计提借款利息时，将应付未付的利息借记"财务费用"账户，贷记"应付利息"账户。采用预提法核算短期借款的利息费，在预提或实际支付利息时，均不通过"短期借款"账户，而是通过"应付利息"进行核算。短期借款到期时，企业应于到期日偿还短期借款的本金以及尚未支付的利息，借记"短期借款""应付利息"等账户，贷记"银行存款"账户。

【例9-1】 天生公司20×1年10月1日从银行取得短期借款600 000元，年利率6%，期限6个月，借款期满一次还本付息，利息采用每月预提方式。根据上述资料，该公司的会计处理如下。

（1）20×1年10月1日，借入款项时：

借：银行存款　　　　　　　　　　　　　　　　　　　　600 000
　　贷：短期借款　　　　　　　　　　　　　　　　　　　　　600 000

（2）20×1年10月31日，预提利息费用时：

　　　　　　每月利息费用 = 600 000 × 6% ÷ 12 = 3 000（元）

借：财务费用　　　　　　　　　　　　　　　　　　　　3 000
　　贷：应付利息　　　　　　　　　　　　　　　　　　　　　3 000

以后每月预提利息均需做上述相同的会计分录。

（3）20×2年3月31日，归还借款本息时：

借：短期借款　　　　　　　　　　　　　　　　　　　　600 000
　　应付利息　　　　　　　　　　　　　　　　　　　　　18 000
　　贷：银行存款　　　　　　　　　　　　　　　　　　　　　618 000

三、应付票据与应付账款

现实经济生活中，企业之间赊购行为比较普遍，采用商业汇票和直接赊购的核算主要通过"应付票据"和"应付账款"两个账户反映。

（一）应付票据

应付票据是指企业签发的并承诺在一定期限内支付一定金额给持票人的一种书面证明。应付票据是一种延期付款的凭证，以承诺付款的票据为依据。从理论上讲，应付票据包括的内容很多，如支票、本票和汇票。在我国的会计实务中，应付票据是指企业根据合同进行延期付款的商品交易而采用商业汇票结算方式的票据。商业汇票按承兑人的不同分为：商业承兑汇票和银行承兑汇票。

我国有关法规规定，商业汇票的最长付款期限为 6 个月。商业汇票按票面是否注明利率，分为带息票据与不带息票据两种。对应付票据负债的产生、偿还，应通过"应付票据"账户进行核算。由于出票日与到期日相距很短，所以，应付票据不论是否带息，签发承兑时应按其面值记入该账户的贷方；对带息应付票据应于会计期末（半年末或者年末）计算应付票据利息，记入该账户的贷方；到期付款或因其他原因注销票据时，按票据的账面价值记入借方；账户余额应在贷方，表示尚未到期的应付票据本金及已计利息之和。该账户的明细核算，一般按收款人姓名或单位名称分户进行。

1. 不带息应付票据的会计核算

不带息应付票据的面值就是票据到期时的应付金额。在会计实务中，不带息应付票据的开出或偿付，会计上均按面值核算。

【例 9-2】 天生公司于 20×1 年 1 月 15 日从甲公司购入 A 材料一批，专用发票上列示不含税价款 300 000 元，增值税 39 000 元，购销合同规定采用商业汇票结算。天生公司开出并承兑一张面值 339 000 元、期限 5 个月的不带息商业承兑汇票与甲公司结算，所购材料尚未运到。票据到期支付票据款给甲公司。天生公司的有关账务处理如下。

（1）开出并承兑该商业汇票时：
借：材料采购——A 材料　　　　　　　　　　　　　300 000
　　应交税费——应交增值税（进项税额）　　　　　　39 000
　　　贷：应付票据——甲公司　　　　　　　　　　　　　　339 000

（2）票据到期付款时：
借：应付票据——甲公司　　　　　　　　　　　　　339 000
　　　贷：银行存款　　　　　　　　　　　　　　　　　　　339 000

假定票据到期天生公司无力支付票据款，应将"应付票据"转入"应付账款"核算：
借：应付票据——甲公司　　　　　　　　　　　　　339 000
　　　贷：应付账款——甲公司　　　　　　　　　　　　　　339 000

2. 带息应付票据的会计核算

（1）开出票据的核算与不带息应付票据开出的会计处理相同。

（2）应付票据利息的核算。在汇票到期时，一般情况下按照票据面值及约定的票面利率，计算支付利息，并计入当期的财务费用。但是若票据期限跨资产负债表日（6 月 30 日或者 12 月 31 日，下同），应在资产负债表日计算资产负债表日前产生的应付票据利息，同时计入财务费用并增加应付票据的账面价值。

（3）到期清偿的核算。票据到期付款时，借记"应付票据""财务费用"账户，贷记"银行存款"账户。

（4）到期无力清偿的核算。属于商业承兑汇票的，企业应按应付票据的到期值转入"应付账款"账户，并与收款单位重新协议清偿的日期与方式。需要注意的是，到期不能支付的带息应付票据，转入"应付账款"账户核算后，不再计提利息。

（5）银行承兑汇票如果票据到期，企业无力支付到期票款时，承兑银行除凭票向持票人无条件付款外，对承兑申请人尚未支付的汇票金额转作逾期贷款处理。企业无力支付到期银行承兑汇票，在接到银行转来的"××号汇票无款支付转入逾期贷款户"等有关凭证时，借记"应付票据"账户，贷记"短期借款"账户。对计收的利息，按短期借款利息的处理办法处理。

【例 9-3】 20×1 年 10 月 1 日，天生公司采用商业汇票方式从乙公司购入一批原材料，期限为 6 个月，票面利率为 10%。根据有关发票账单，购入材料的不含税价款为 120 000 元，增值税专用发票上注明的增值税为 15 600 元，材料已验收入库。该票据到期，天生公司按期支付票款。天生公司的有关账务处理如下。

（1）20×1 年 10 月 1 日以商业承兑汇票方式采购原材料入库时：

借：原材料　　　　　　　　　　　　　　　　　　　　120 000
　　应交税费——应交增值税（进项税额）　　　　　　 15 600
　　贷：应付票据——乙公司　　　　　　　　　　　　　　　　135 600

（2）20×1 年 12 月 31 日，计提票据利息时：

　　　　票据利息为：135 600×10%×3÷12 = 3 390（元）

借：财务费用　　　　　　　　　　　　　　　　　　　　 3 390
　　贷：应付票据——乙公司　　　　　　　　　　　　　　　　　 3 390

（3）票据到期支付本息时：

　　　　票据到期值 = 135 600×(1 + 10%×6÷12) = 142 380（元）

借：应付票据——乙公司　　　　　　　　　　　　　　 138 990
　　财务费用　　　　　　　　　　　　　　　　　　　　 3 390
　　贷：银行存款　　　　　　　　　　　　　　　　　　　　　 142 380

假定该商业汇票到期时，天生公司无力支付票据本息：

借：应付票据——乙公司　　　　　　　　　　　　　　 138 990
　　财务费用　　　　　　　　　　　　　　　　　　　　 3 390
　　贷：应付账款——乙公司　　　　　　　　　　　　　　　　 142 380

【例 9-4】 接例 9-3 的资料，假定结算所用商业汇票是银行承兑汇票，到期时企业在银行的存款仅为 52 380 元，则由银行无条件支付票据款，将扣付存款后的不足部分转作企业的短期贷款。20×2 年 4 月 21 日，天生公司偿还开户行的逾期借款及利息，假定逾期日利率按 0.5% 计。其账务处理如下。

（1）20×2 年 4 月 1 日票据到期被开户行扣款时：

借：应付票据——乙公司　　　　　　　　　　　　　　 138 990
　　财务费用　　　　　　　　　　　　　　　　　　　　 3 390

贷：银行存款	52 380
短期借款	90 000

（2）20×2年4月21日偿还开户行逾期借款并支付利息时：

支付的逾期借款利息 = 90 000×0.5‰×20 = 900（元）

借：短期借款	90 000
财务费用	900
贷：银行存款	90 900

（二）应付账款

企业在正常生产经营过程中，因购买商品、材料或接受劳务供应等业务而应付给供应单位的款项，称为应付账款。其包括未付的买价、增值税进项税额、对方代垫的运杂费等款项。

由于应付账款的付款期较短，因此它通常按发票账单等凭证上记载的金额登记入账。当购货附有现金折扣条件时，我国在核算应付账款金额时需采用总价法核算，不采用净价法。

应付账款的入账时间，理论上应以取得购进货物的所有权或实际使用外界提供的劳务为标志。但会计实务中应区别情况处理：一是当所购货物与发票账单同时到达的情况下，应付账款一般待货物验收后才按发票账单等登记入账。二是所购货物与发票账单非同时到达，且两者间隔较长时间的情况下，应付账款的入账时间以收到发票账单为准。对于货到但发票未到持续到月底，且未付款，由于该笔负债已经成立，为了完整地反映企业所拥有的资产和承担的债务，月末应暂估入账，下月初编制相反的会计分录予以冲回，待发票账单到达后再按正常程序处理。

为了反映、监督应付账款的结算情况，应设"应付账款"账户核算。发生购货欠款时记入该账户的贷方，偿还购货欠款时记入该账户的借方；其余额一般在贷方，表示尚未支付的应付账款数额。"应付账款"账户的明细核算应按供货单位的名称分户进行。

在预付账款业务发生不多的企业，可以不单独设置"预付账款"账户，将实际发生的预付款记入"应付账款"账户的借方。此种设账方法下，"应付账款"账户是双重性质账户，若"应付账款"总账或明细账期末有借方余额，则为预付账款。

1. 应付账款的一般核算

【例9-5】 天生公司于20×1年3月2日从乙公司购进材料一批入库，取得的增值税专用发票列明材料价款为500 000元，增值税为65 000元；另外，对方代垫运费20 000元（假定不考虑购货运输费的增值税抵扣问题）。

（1）购进材料并已验收入库，购货发票已到，但尚未付款：

借：原材料	520 000
应交税费——应交增值税（进项税额）	65 000
贷：应付账款——乙公司	585 000

（2）用银行存款清偿应付账款时：

借：应付账款——乙公司	585 000

贷：银行存款　　　　　　　　　　　　　　　　　　　　　585 000
（3）如果企业开出商业承兑汇票抵付应付账款，则：
借：应付账款——乙公司　　　　　　　　　　　　　　　　　585 000
　　贷：应付票据——乙公司　　　　　　　　　　　　　　　　585 000

2. 附有现金折扣条件的应付账款核算

附有现金折扣条件的应付账款，在总价法下其入账金额的确定直接按发票上的应付金额总额记账。

【例 9-6】 天生公司于 20×1 年 3 月 12 日从丙公司购入原材料一批已入库，取得的增值税专用发票所列明的材料价款为 600 000 元，增值税税额为 78 000 元，付款条件为"2/10、1/30、N/60"。天生公司有关的账务处理如下。

（1）在 20×1 年 3 月 12 日购入原材料入库时：
借：原材料　　　　　　　　　　　　　　　　　　　　　　　600 000
　　应交税费——应交增值税（进项税额）　　　　　　　　　　 78 000
　　贷：应付账款——丙公司　　　　　　　　　　　　　　　　678 000
（2）假定在 20×1 年 3 月 13 日到 22 日之内付款，则
　　　　　　享受现金折扣 = 600 000×2% = 12 000（元）
借：应付账款——丙公司　　　　　　　　　　　　　　　　　678 000
　　贷：银行存款　　　　　　　　　　　　　　　　　　　　　666 000
　　　　原材料　　　　　　　　　　　　　　　　　　　　　　 12 000
（3）假定在 20×1 年 3 月 23 日到 4 月 11 日之内付款，则：
　　　　　　享受现金折扣 = 600 000×1% = 6 000（元）
借：应付账款——丙公司　　　　　　　　　　　　　　　　　678 000
　　贷：银行存款　　　　　　　　　　　　　　　　　　　　　672 000
　　　　原材料　　　　　　　　　　　　　　　　　　　　　　　6 000
（4）假定在 20×1 年 4 月 11 日之后付款，则应全额付款：
借：应付账款——丙公司　　　　　　　　　　　　　　　　　678 000
　　贷：银行存款　　　　　　　　　　　　　　　　　　　　　678 000

四、合同负债

（一）合同负债的核算内容

根据《企业会计准则第 14 号——收入》（2017 年）的规定，合同负债是指企业已收或者应收客户对价而应向客户转让商品或服务的义务。比如，航空公司提前收取的旅客购票款、电信公司提前收取客户支付的网络数据服务使用费等。

因转让商品收到的预收款适用收入准则进行会计处理时，不再使用"预收账款""递延收益"科目。

(二)合同负债的会计核算

1. 收到客户支付价款时的会计核算

根据合同约定,企业收到客户对价而承担向客户转让商品或服务的义务时,应当按实际收到的金额借记"银行存款"等科目,贷记"合同负债"科目。

2. 销售商品或提供劳务时的会计核算

企业按照合同约定向客户转让相关商品或服务确认收入时,借记"合同负债"科目,贷记"主营业务收入""应交税费——应交增值税(销项税额)"等科目。

【例 9-7】 2×21 年 4 月 10 日,甲公司根据与客户乙公司的合同约定提前收到乙公司支付的部分货款为 200 000 元。2×21 年 4 月 20 日,甲公司按照合同约定向乙公司发出指定商品,开出的增值税专用发票上注明的不含税价款为 400 000 元,增值税税额为 52 000 元。该批商品的实际生产成本为 360 000 元。2×21 年 4 月 25 日,甲公司收到乙公司支付的剩余价款。

(1) 2×21 年 4 月 10 日,甲公司收到预收账款时应编制的会计分录为

借:银行存款 200 000
  贷:合同负债 200 000

(2) 2×21 年 4 月 20 日,甲公司发出商品并确认收入时应编制的会计分录为

借:合同负债 452 000
  贷:主营业务收入 400 000
    应交税费——应交增值税(销项税额) 52 000

同时结转销售商品成本:

借:主营业务成本 360 000
  贷:库存商品 360 000

(3) 2×21 年 4 月 25 日,甲公司收到剩余货款时应编制的会计分录为

借:银行存款 252 000
  贷:合同负债 252 000

五、应付职工薪酬

(一)职工薪酬的含义及内容

根据《企业会计准则第 9 号——职工薪酬》(2014 年)的规定,职工薪酬,是指企业为获得职工提供的服务或解除劳动关系而给予的各种形式的报酬或补偿。职工薪酬的内容包括短期薪酬、离职后福利、辞退福利和其他长期职工福利。企业提供给职工配偶、子女、受赡养人、已故员工遗属及其他受益人等的福利,也属于职工薪酬。

1. 职工的范围

职工薪酬中所指的职工,涵盖的范围非常广泛,具体包括以下三类人员。

(1) 与企业订立正式劳动合同的所有人员。

(2) 虽未与企业订立劳动合同但由企业正式任命的人员,如公司董事会的成员。

（3）未与企业订立劳动合同或未由其正式任命，但向企业所提供服务与职工所提供服务类似的人员，包括通过企业与劳务中介公司签订用工合同而向企业提供服务的人员。

2. 短期薪酬的内容

短期薪酬，是指企业在职工提供相关服务的年度报告期间结束后12个月内需要全部予以支付的职工薪酬，因解除与职工的劳动关系给予的补偿除外。短期薪酬是职工薪酬的主要形式，包括的内容如下。

（1）职工工资、奖金、津贴和补贴。这是指按照国家有关规定构成职工工资总额的计时工资、计件工资、各种因职工超额劳动报酬和增收节支而支付的奖金、为补偿职工特殊贡献或额外劳动而支付的津贴、支付给职工的交通补贴和通信补贴等各种补贴。

（2）职工福利费。这是指职工因工负伤赴外地就医路费、职工生活困难补助、未实行医疗统筹企业的职工医疗费用，以及按规定发生的其他职工福利支出。

（3）社会保险费。这是指企业按照国家规定的基准和比例计算的，并向社会保障经办机构缴纳的医疗保险费、工伤保险费和生育保险费等社会保险。

（4）住房公积金。这是指企业按照国家规定的基准和比例计算的，并向住房公积金管理机构缴存的用于购买商品房、支付住房租金的长期储金。住房公积金实行专款专用，一般由企业按照一定标准按月支付。

（5）工会经费和职工教育经费。这是指为改善职工文化生活、为职工学习先进技术和提高文化水平和业务素质，用于单位开展工会活动和职工教育及职业技能培训等活动的相关支出。

（6）非货币性福利。这是指企业以自产产品或外购商品等非货币性资产发放给职工作为福利、将自己拥有的资产或租赁的资产无偿提供给职工使用、为职工无偿提供医疗保健服务，或者向职工提供企业支付了一定补贴的商品或服务等职工福利。

（7）短期带薪缺勤。这是指企业支付工资或提供补偿的职工缺勤，包括年休假、病假、短期伤残、婚假、产假、丧假、探亲假等职工在带薪缺勤期间，按照规定可以获得全部或部分工资。

（8）短期利润分享计划。这是指企业因职工提供服务而与职工达成的基于利润或其他经营成果为标准计算并提供薪酬的协议。

3. 离职后福利的内容

离职后福利，是指企业为获得职工提供的服务而在职工退休或与企业解除劳动关系后，提供的各种形式的报酬和福利。

4. 辞退福利的内容

辞退福利是指在职工劳动合同尚未到期前与职工解除劳动关系，或者为鼓励职工自愿接受裁减而给予职工的补偿。辞退福利包括以下两个方面的内容。

（1）职工没有选择权的辞退福利。这是指在职工劳动合同尚未到期前，不论职工本人是否愿意，企业都决定解除与职工的劳动关系而给予的补偿。

（2）职工有选择权的辞退福利。这是指在职工劳动合同尚未到期前，企业为鼓励职工自愿接受裁减而给予的补偿，职工有权选择继续在职或接受补偿离职。

5. 其他长期福利的内容

其他长期职工福利是指除短期薪酬、离职后福利、辞退福利之外所有的职工薪酬，包括：长期带薪缺勤、长期残疾福利、长期利润分享计划等。

（二）短期薪酬的确认与计量

1. 短期薪酬的确认

企业应当在职工提供服务的会计期间，将短期薪酬确认为一项流动负债，记入"应付职工薪酬"账户，并根据职工所在部门、提供服务的性质和受益对象等情况，将短期薪酬计入当期损益或资产成本，具体分为以下几种情况。

（1）应由企业生产的产品或提供的劳务负担的短期薪酬，计入相关产品成本或劳务成本，借记"生产成本""劳务成本""制造费用"等账户，贷记"应付职工薪酬"账户。

（2）符合资本化条件，应当计入固定资产、无形资产等初始成本的工程部门、研发部门的短期薪酬，借记"固定资产""在建工程""研发支出——资本化支出"等账户，贷记"应付职工薪酬"账户。不符合资本化条件的研发部门职工的短期薪酬，应当计入当期损益，借记"研发支出——费用化支出"账户，贷记"应付职工薪酬"账户。

（3）公司管理部门的管理人员、董事会成员、监事会成员、财务人员，以及销售部门的销售人员等的短期薪酬，在发生时直接计入当期损益，借记"管理费用""销售费用"等账户，贷记"应付职工薪酬"账户。

2. 短期薪酬的计量

1）货币性职工薪酬的计量

货币性职工薪酬包括企业以货币形式支付给职工以及为职工支付的工资、职工福利、各种社会保险、住房公积金、工会经费以及职工教育经费等。

企业一般应于每期期末，按照货币性职工薪酬的应付金额，借记"生产成本""管理费用""销售费用"等账户，贷记"应付职工薪酬"账户。

【例9-8】 天生公司20×1年3月职工薪酬明细表见表9-1，假定天生公司职工的医疗保险费、住房公积金、工会经费和职工教育经费分别按照工资总额的10%、8%、2%和1.5%提取。

表9-1 20×1年3月天生公司职工薪酬明细表   单位：元

薪酬 部门	工资总额	医疗保险费 （10%）	住房公积金 （8%）	工会经费(2%)	职工教育经费 （1.5%）	合计
基本生产车间	80 000	8 000	6 400	1 600	1 200	97 200
车间管理部门	10 000	1 000	800	200	150	12 150
行政管理部门	30 000	3 000	2 400	600	450	36 450
财务部门	20 000	2 000	1 600	400	300	24 300
销售部门	25 000	2 500	2 000	500	375	30 375
合计	165 000	16 500	13 200	3 300	2 475	200 475

对于该业务，天生公司应编制的会计分录为

借：生产成本	97 200
制造费用	12 150
管理费用	60 750
销售费用	30 375
贷：应付职工薪酬——工资	165 000
——医疗保险费	16 500
——住房公积金	13 200
——工会经费	3 300
——职工教育经费	2 475

企业在实际支付货币性职工薪酬时，还需要为职工代扣代缴个人所得税、社会保险费、住房公积金等支出。因而，企业应当按照实际应支付给职工的金额，借记"应付职工薪酬"账户；按照实际支付薪酬的总额，贷记"银行存款"账户；将职工个人负担企业代扣代缴的职工个人所得税，贷记"应交税费——应交个人所得税"账户；将职工个人负担企业代扣代缴的医疗保险费、住房公积金等支出，贷记"其他应付款"账户。

【例 9-9】 天生公司 20×1 年 4 月实际发放职工工资时，应付职工工资的总额为 165 000 元，其中应由公司代扣代缴的个人所得税为 50 000 元，应由职工个人负担由公司代扣代缴各种社会保险费和住房公积金为 10 000 元，实发工资部分已经通过银行转账支付。

对于该业务，天生公司应编制的会计分录为

借：应付职工薪酬——工资	165 000
贷：银行存款	105 000
应交税费——应交个人所得税	50 000
其他应付款	10 000

2）非货币性职工薪酬的计量

企业向职工提供的非货币性职工薪酬，应当分以下情况处理。

（1）以自产产品或外购商品发放给职工作为福利。企业将自产的产品作为非货币性福利发放给职工时，应当按照该产品的公允价值和相关税费计量，并在产品发出时确认销售收入，根据职工提供服务的性质确认当期损益或资产成本，同时结转销售成本。企业将外购商品作为非货币性福利发放给职工时，应当按照该商品的公允价值和相关税费计量，计入当期损益或资产成本。

【例 9-10】 天生公司生产西服等正装，共有职工 105 人。20×1 年 1 月，天生公司决定以自产的一批服装发放给全体职工。该批服装的生产成本为每套 2 500 元，售价为每套 4 200 元（不含税），天生公司适用的增值税税率为 13%。假定天生公司直接参加生产的职工有 70 人、车间管理人员有 5 人、销售人员有 8 人，其余 22 人为行政管理人员。

分析：本例中，天生公司以自产的产品作为非货币性福利发放给职工，应当以该批产品的公允价值（即产品售价）以及增值税税额计算确定职工薪酬的金额，同时确认销售收入，并结转销售成本。

该批商品的公允价值合计 = 4 200×105 = 441 000（元）
该批商品的应交增值税税额 = 441 000×13% = 57 330（元）
该批产品的公允价值与相关税费合计 = 4 200×105×(1 + 13%) = 498 330（元）
计入生产成本的非货币性福利 = 498 330×70÷105 = 332 220（元）
计入制造费用的非货币性福利 = 498 330×5÷105 = 23 730（元）
计入销售费用的非货币性福利 = 498 330×8÷105 = 37 968（元）
计入管理费用的非货币性福利 = 498 330×22÷105 = 104 412（元）
该批产品的成本 = 2 500×105 = 262 500（元）

其具体的账务处理如下。

天生公司计提非货币性福利时：

借：生产成本　　　　　　　　　　　　　　　　　　　332 220
　　制造费用　　　　　　　　　　　　　　　　　　　 23 730
　　销售费用　　　　　　　　　　　　　　　　　　　 37 968
　　管理费用　　　　　　　　　　　　　　　　　　　104 412
　　贷：应付职工薪酬——非货币性福利　　　　　　　498 330

天生公司向职工实际发放非货币性福利时：

借：应付职工薪酬　　　　　　　　　　　　　　　　 498 330
　　贷：主营业务收入　　　　　　　　　　　　　　　441 000
　　　　应交税费——应交增值税（销项税额）　　　　 57 330

同时，结转产品成本：

借：主营业务成本　　　　　　　　　　　　　　　　 262 500
　　贷：库存商品　　　　　　　　　　　　　　　　　262 500

（2）企业将拥有的住房或租赁的住房等无偿提供给职工作为非货币性福利。企业将拥有的住房等固定资产无偿提供给职工作为非货币性福利时，应当按照企业对该固定资产每期计提的折旧来计量应付职工薪酬，同时根据职工提供服务的性质计入当期损益或资产成本。企业将租赁的住房无偿提供给职工作为非货币性福利时，应当按照企业每期支付的租金来计量应付职工薪酬，同时根据职工提供服务的性质计入当期损益或资产成本。

【例 9-11】 天生公司从 20×1 年 1 月 1 日起开始向公司的总经理提供一辆轿车作为非货币性福利，已知该轿车的成本为 200 000 元，预计净残值为 2 000 元，预计使用寿命为 6 年，采用直线法计提折旧。假定天生公司按年计提折旧。

分析：本例中，天生公司应当按照轿车每期计提的折旧费用来计量应付职工薪酬。

20×1 年该轿车应计提的折旧费用 = (200 000–2 000)÷6 = 33 000（元）

20×1 年 12 月 31 日，天生公司确认该管理人员的非货币性福利，并计提轿车折旧费用的账务处理为

借：管理费用　　　　　　　　　　　　　　　　　　　33 000
　　贷：应付职工薪酬——非货币性福利　　　　　　　 33 000
借：应付职工薪酬——非货币性福利　　　　　　　　　33 000

贷：累计折旧　　　　　　　　　　　　　　　　　　　　　　　　　　33 000

【例9-12】 天生公司从20×1年1月1日起开始租赁一单元房屋提供给公司的财务总监居住，并于年初预付该房屋上半年的租金24 000元。

分析：本例中，天生公司应当按照租赁房屋的租金来计量应付职工薪酬。

天生公司实际支付租金时的账务处理为

借：预付账款　　　　　　　　　　　　　　　　　　　　　　　　　　24 000
　　贷：银行存款　　　　　　　　　　　　　　　　　　　　　　　　　　240 00

天生公司每月末确认该管理人员非货币性福利的账务处理为

　　　　　　　　该房屋每月的租金 = 24 000÷6 = 4 000（元）

借：管理费用　　　　　　　　　　　　　　　　　　　　　　　　　　4 000
　　贷：应付职工薪酬——非货币性福利　　　　　　　　　　　　　　　　4 000
借：应付职工薪酬——非货币性福利　　　　　　　　　　　　　　　　4 000
　　贷：预付账款　　　　　　　　　　　　　　　　　　　　　　　　　　4 000

3）带薪缺勤的计量

带薪缺勤是指企业在职工因病假、婚假等缺勤期间支付的薪酬。带薪缺勤根据带薪的权利是否可以累积分为累积带薪缺勤和非累积带薪缺勤两种形式。

累积带薪缺勤是指带薪缺勤权利可以结转至下期的带薪缺勤，本期尚未用完的带薪缺勤权利可以在未来一定期间继续使用。企业应当在职工提供服务从而增加了其未来享有的带薪缺勤权利时，确认与累积带薪缺勤相关的职工薪酬，并以累积未行使权利而增加的预期支付金额进行计量。

非累积带薪缺勤是指带薪缺勤权利不能结转至下期的带薪缺勤，本期尚未用完的带薪缺勤权利将予以取消，并且职工离开企业时也无权获得现金支付，因而企业不会产生额外的义务。

【例9-13】 天生公司从20×1年起开始实行累积带薪缺勤制度。公司财务部门的一名出纳每个工作日的日标准工资为200元。根据公司相关制度规定：该出纳每年有5天的带薪休假。对其当年未使用的休假，可以无限期向后结转，而且在其离开公司时以现金结算。20×1年，该出纳实际休假3天。

分析：在本例中，由于天生公司实行累积带薪缺勤制度，而且可以无限期向后结转，因而天生公司应当于期末确认该职工未使用的累积带薪缺勤。

　　　　　　　该出纳未使用的累积带薪缺勤 = (5-3)×200 = 400（元）

20×1年12月31日，天生公司确认该出纳累积带薪缺勤时应当编制的会计分录为

借：管理费用　　　　　　　　　　　　　　　　　　　　　　　　　　400
　　贷：应付职工薪酬——累积带薪缺勤　　　　　　　　　　　　　　　　400

4）利润分享计划的计量

利润分享计划同时满足下列条件的，企业应当确认相关的应付职工薪酬。

(1) 企业因过去事项导致现在具有支付职工薪酬的法定义务或推定义务。

(2) 因利润分享计划所产生的应付职工薪酬金额能够可靠估计。

(三)辞退福利的确认与计量

企业向职工提供辞退福利的,应当在下列两者孰早日确认辞退福利产生的职工薪酬负债,并计入当期损益。

(1) 企业不能单方面撤回因解除劳动关系计划或裁减建议所提供的辞退福利时。
(2) 企业确认与涉及支付辞退福利的重组相关的成本或费用时。

与其他形式的职工薪酬不同的是,由于被辞退的职工不再为企业提供服务,所以不论被辞退的职工原先的工作性质,企业都应将本期确认的辞退福利全部借记"管理费用"账户,贷记"应付职工薪酬——辞退福利"账户。

六、应交税费

应交税费是企业在一定时期内取得的营业收入和实现的利润或发生特定经营行为,根据国家税法规定计算的应缴纳的各种税费。这些应交的税费,应按照权责发生制的原则确认,在尚未交纳之前暂时停留在企业,形成一项负债。

企业应依法交纳的各种税金主要有增值税、消费税、所得税、资源税、土地增值税、城市维护建设税、房产税、土地使用税、车船税。企业应交纳的费用有教育费附加、矿产资源补偿费等。

为了总括反映各种税费的交纳情况,会计核算中应设置"应交税费"账户,并在该账户下设置有关明细账户进行核算。由企业为职工代扣代缴的个人所得税也通过应交税费核算。

(一)应交增值税的会计核算

增值税是对在境内销售货物、无形资产或者不动产,提供服务,以及进口货物的单位和个人的增值额征收的一种流转税。增值税是我国目前的第一大税种,我国于2016年5月1日起全面推开营改增试点,将建筑业、房地产业、金融业、生活服务业纳入试点范围。根据应税销售额的水平,增值税的纳税人分为一般纳税人和小规模纳税人,年应税销售额超过财政部和国家税务总局规定标准的纳税人为一般纳税人,未超过规定标准的纳税人为小规模纳税人。

1. 一般纳税人应交增值税的核算

增值税实行比例税率,自2019年4月1日起,一般纳税人的税率具体规定如下。

(1) 销售或者进口除基本生活必需品之外的货物,提供加工、修理修配或有形动产租赁服务,适用的增值税税率为13%。

(2) 销售或者进口保证基本生活必需品,包括农产品(含粮食)、食用植物油、自来水、天然气、书刊、农药、化肥、电子出版物、音像制品、食用盐等商品,适用的增值税税率为9%。

(3) 提供交通运输服务、邮政服务、基础电信服务、建筑服务、不动产租赁服务,销售不动产,转让土地使用权,适用的增值税税率为9%。

(4) 提供生活服务、金融服务、研发和技术服务、信息技术服务、文化创意服务、物流辅助服务、鉴证咨询服务,销售无形资产等,适用的增值税税率为 6%。

(5) 零税率即税率为零,仅适用于法律不限制或不禁止的报关出口货物,以及输往保税区、保税工厂、保税仓库的货物。零税率不但不需要缴税,还可以退还以前纳税环节所缴纳的增值税,因而零税率意味着退税。

一般纳税人应纳增值税额采用扣税法计算,计算公式为

$$应纳税额 = 当期销项税额 - 当期进项税额$$

1) 增值税销项税额的核算

当期销项税额,是指纳税人发生应税行为按照销售额和增值税税率计算并收取的增值税额。一般纳税人在发生应税行为时,应向购买方开出增值税专用发票,按照应税行为的计税价格(不含税价格)和适用税率,计算应交增值税的销项税额,贷记"应交税费——应交增值税(销项税额)"账户。

【例 9-14】 20×1 年 7 月 15 日,天生公司销售给乙公司一批日用品。销售合同中注明的合同价款为 80 000 元(不含税),适用的增值税税率为 13%。已知天生公司生产该批产品的成本为 70 000 元。产品已经发出,货款尚未收到。

分析:本例中天生公司的增值税销项税额应当根据该批产品不含税的合同价款和适用税率计算。

$$应交增值税销项税额 = 80\,000 \times 13\% = 10\,400(元)$$

20×1 年 7 月 15 日,天生公司销售商品时应编制的会计分录为

借:应收账款——乙公司　　　　　　　　　　　　　　　90 400
　　贷:主营业务收入　　　　　　　　　　　　　　　　　　80 000
　　　　应交税费——应交增值税(销项税额)　　　　　　　10 400

同时结转产品销售成本:

借:主营业务成本　　　　　　　　　　　　　　　　　　70 000
　　贷:库存商品　　　　　　　　　　　　　　　　　　　　70 000

企业的某些行为虽然没有取得销售收入在税法上也视同销售行为,应当计算缴纳增值税。

常见的视同销售行为包括:企业将自产、委托加工或购买的货物分配给股东,将自产、委托加工的货物用于集体福利或个人消费,无偿转让无形资产或者不动产等行为,但用于公益事业或者以社会公众为对象的除外。

【例 9-15】 20×1 年 7 月 25 日,天生公司将自产的一批产品分配给股东。该批产品的成本为 50 000 元,一般售价(不含税)为 60 000 元,适用的增值税税率为 13%。

分析:该业务属于视同销售业务,天生公司应当按照该批产品的计税价格和适用税率计算增值税的销项税额。

$$销项税额 = 60\,000 \times 13\% = 7\,800(元)$$

20×1 年 7 月 25 日,天生公司应编制的会计分录为

借:利润分配　　　　　　　　　　　　　　　　　　　　57 800
　　贷:库存商品　　　　　　　　　　　　　　　　　　　　50 000
　　　　应交税费——应交增值税(销项税额)　　　　　　　　7 800

2）增值税进项税额的核算

当期进项税额是指纳税人当期购进货物或者接受应税劳务已缴纳的增值税额，进项税额可以从销项税额中予以抵扣。根据我国增值税税法规定，允许从当期销项税额中抵扣进项税的情形，主要包括以下几类。

（1）从销售方取得的增值税专用发票上注明的增值税额。

（2）从海关取得的海关进口增值税专用缴款书上注明的增值税额。

（3）购进用于生产或者委托加工 13%税率货物的农产品，除取得增值税专用发票或者海关进口增值税专用缴款书外，按照农产品收购发票或者销售发票上注明的农产品买价和9%的扣除率计算的进项税额。

（4）从境外单位或者个人购进服务、无形资产或者不动产，自税务机关或者扣缴义务人取得的解缴税款的完税凭证上注明的增值税额。

在上述 4 种情形下，企业可以将增值税的进项税额，借记"应交税费——应交增值税（进项税额）"账户。

【例 9-16】 20×1 年 5 月 10 日，天生公司从乙公司购买一批木材，取得的增值税专用发票上注明的材料价款（不含税）为 200 000 元，增值税为 26 000 元。另外天生公司取得的运输费用增值税专用发票上注明运输费（不含税）为 5 000 元，增值税为 450 元。货款和运输费尚未支付，材料已经收到并已验收入库。天生公司采用实际成本法对原材料进行计量，且为增值税一般纳税人。

分析：本例中，天生公司可以抵扣的增值税进项税额包括原材料的增值税进项税额和运输费用的增值税进项税额两个部分。

可抵扣的增值税进项税额 = 26 000 + 450 = 26 450（元）

原材料入账价值 = 200 000 + 5 000 = 205 000（元）

20×1 年 5 月 10 日，甲公司应编制的会计分录为

借：原材料　　　　　　　　　　　　　　　　　　　　205 000
　　应交税费——应交增值税（进项税额）　　　　　　 26 450
　　贷：应付账款　　　　　　　　　　　　　　　　　　　　231 450

在某些情况下，税法规定，企业发生的进项税额不得从销项税额中抵扣，主要如下。

（1）用于简易计税方法计税项目、免征增值税项目、集体福利或者个人消费的购进货物、加工修理修配劳务、服务、无形资产和不动产。

（2）非正常损失的购进货物，以及相关的加工修理修配劳务和交通运输服务。

（3）非正常损失的在产品、产成品所耗用的购进货物（不包括固定资产）、加工修理修配劳务和交通运输服务。

（4）非正常损失的不动产，以及该不动产所耗用的购进货物、设计服务和建筑服务。

（5）非正常损失的不动产在建工程所耗用的购进货物、设计服务和建筑服务。

（6）购进的贷款服务、餐饮服务、居民日常服务和娱乐服务。

在上述情形下，已经发生的增值税进项税额应当予以转出，贷记"应交税费——应交增值税（进项税额转出）"账户，不得从当期销项税额中抵扣。

【例 9-17】 20×1 年 12 月，甲餐饮公司对存货盘点发现之前购进的一批食材因管理

不善发生霉烂。该批原材料的材料成本为 30 000 元，增值税进项税额为 3 900 元。甲公司查明原因并经过批准，应由责任人赔偿损失 25 000 元，其余部分为净损失。

分析：本例中的原材料发生非正常损失，进项税额不允许从销项税额中抵扣，应当予以转出。

（1）甲公司发生材料损失时的账务处理。

借：待处理财产损溢　　　　　　　　　　　　　　　　　　33 900
　　贷：原材料　　　　　　　　　　　　　　　　　　　　　　30 000
　　　　应交税费——应交增值税（进项税额转出）　　　　　　3 900

（2）甲公司查明原因批准处理后的账务处理。

借：其他应收款　　　　　　　　　　　　　　　　　　　　25 000
　　管理费用　　　　　　　　　　　　　　　　　　　　　　8 900
　　贷：待处理财产损溢　　　　　　　　　　　　　　　　　33 900

3）缴纳增值税和期末结转的会计核算

企业在向税务部门实际缴纳本期的增值税额时，按照实际缴纳的增值税额，借记"应交税费——应交增值税（已交税金）"账户，贷记"银行存款"等账户。企业向税务部门缴纳以前期间的增值税额时，按照实际缴纳的增值税金额，借记"应交税费——未交增值税"账户，贷记"银行存款"等账户。

期末，企业应当将本期应交或多交的增值税，结转至"应交税费——未交增值税"账户。具体来说，对于企业当期应交未交的增值税，应当借记"应交税费——应交增值税（转出未交增值税）"账户，贷记"应交税费——未交增值税"账户；对于企业当期多交的增值税，应当借记"应交税费——未交增值税"账户，贷记"应交税费——应交增值税（转出多交增值税）"账户。

2．小规模纳税人增值税的会计核算

小规模纳税人是指应纳增值税销售额在规定的标准以下，并且会计核算不健全的纳税人。小规模纳税人增值税核算的主要特点如下。

（1）小规模纳税人购买货物或接受劳务时，按照所应支付的全部价款计入存货入账价值，不论是否取得增值税专用发票，其支付的增值税额均不确认为进项税额。

（2）小规模纳税人销售货物或者提供应税劳务时，如果向客户开具普通发票，销售额包含增值税额。

（3）小规模纳税人应纳增值税额采用简易办法计算，按照不含税销售额和征收率计算确定。应纳增值税的计算公式为

　　　　不含税销售额 = 含税销售额÷(1 + 适用的增值税税率)
　　　　应纳增值税额 = 不含税销售额×适用的增值税税率

【例 9-18】　甲企业为小规模纳税人。20×1 年 7 月，甲企业购买一批原材料，收到的增值税专用发票上注明的材料价款为 100 000 元，应当负担的运杂费为 3 000 元，增值税进项税额为 13 270 元。全部价款尚未支付，材料收到并已验收入库。

分析：本例中，由于甲企业为小规模纳税人，购买货物时缴纳的增值税不能抵扣，因而全部计入存货成本。

原材料成本 = 100 000 + 3 000 + 13 270 = 116 270（元）

对于上述业务，甲企业应当在该批材料验收入库时编制的会计分录为

借：原材料　　　　　　　　　　　　　　　　　　　　　　116 270
　　贷：应付账款　　　　　　　　　　　　　　　　　　　　　116 270

（二）应交消费税的会计核算

1. 消费税的征收范围

消费税，是以特定消费品的流转额为计税依据而征收的一种商品税。在我国，消费税是国家为了正确引导消费方向，对在我国境内生产、委托加工和进口应税消费品的单位和个人，就其销售额或销售数量在特定环节征收的一种税。

我国实行的是选择性的特种消费税，只在特定商品中征收消费税，目前征收消费税的商品主要包括以下四大类。

（1）过度消费会对人类健康、社会秩序和生态环境造成危害的特殊消费品，包括烟酒、鞭炮与烟火、木质一次性筷子、实木地板、电池、涂料等。

（2）奢侈品、非生活必需品，包括贵重首饰及珠宝宝石、高档化妆品、高尔夫球及球具、高档手表、游艇等。

（3）高能耗消费品，包括小汽车、摩托车等。

（4）使用和消耗不可再生和替代的稀缺资源的消费品，包括汽油、柴油等。

2. 消费税的计算方法

消费税应纳税额的计算方法有 3 种：从价定率计征法、从量定额计征法以及从价定率和从量定额复合计征法。

1）从价定率计征法

实行从价定率计征法的消费税以销售额为基数，乘以适用的比例税率来计算应交消费税的金额。其中，销售额不包括向购货方收取的增值税。目前，我国的消费税税率在 5% 至 56% 之间。其具体计算公式为

$$应纳消费税额 = 销售额 \times 比例税率$$

2）从量定额计征法

实行从量定额计征法的消费税以应税消费品销售数量为基数，乘以适用的定额税率来计算应交消费税的金额。其计算公式为

$$应纳消费税额 = 销售数量 \times 定额税率$$

3）从价定率和从量定额复合计征法

实行复合计征法的消费税，既规定了比例税率，又规定了定额税率，其应纳税额实行从价定率和从量定额相结合的复合计征方法。复合计征法目前只适用于卷烟和白酒应交消费税的计算。其具体计算公式为

$$应纳消费税额 = 销售额 \times 比例税率 + 销售数量 \times 定额税率$$

3. 销售应税消费品的会计核算

企业将生产的应税消费品对外销售时，应按照税法规定计算应交消费税的金额，

将其确认为一项负债,并直接计入当期损益,借记"税金及附加"账户,贷记"应交税费——应交消费税"账户。

【例9-19】 天生公司为增值税一般纳税人。20×1年4月,天生公司销售一批产品,不含税售价为300 000元,适用的增值税税率为13%。同时,该批产品为应税消费品,适用的消费税税率为10%。该批产品的生产成本为200 000元。产品已经发出,款项尚未收到。

分析:本例中,天生公司销售A产品,要计算应交增值税,同时由于该产品属于应税消费品还要计算应交消费税额。

$$应交增值税销项税额 = 300\ 000 \times 13\% = 39\ 000(元)$$
$$应纳消费税额 = 300\ 000 \times 10\% = 30\ 000(元)$$

天生公司销售商品是应当编制的会计分录为

借:应收账款	339 000
贷:主营业务收入	300 000
应交税费——应交增值税(销项税额)	39 000
借:税金及附加	30 000
贷:应交税费——应交消费税	30 000

同时结转产品销售成本:

借:主营业务成本	200 000
贷:库存商品	200 000

【例9-20】 天生公司为增值税一般纳税人。20×1年10月18日,天生公司将一批自产的应税消费品用于发放职工福利。该批产品的生产成本为60 000元,不含税售价为80 000元。该产品适用的增值税税率为13%,适用的消费税税率为5%。

分析:本例中,天生公司将自产的应税消费品用于发放职工福利,属于视同销售业务,要计算应交增值税的销项税额。同时,该产品属于应税消费品,还要计算应交消费税的金额。

$$应交增值税销项税额 = 80\ 000 \times 13\% = 10\ 400(元)$$
$$应交消费税额 = 80\ 000 \times 5\% = 4\ 000(元)$$

20×1年10月18日,天生公司具体的账务处理为

借:应付职工薪酬	94 400
贷:主营业务收入	80 000
应交税费——应交增值税(销项税额)	10 400
应交税费——应交消费税	4 000
借:主营业务成本	60 000
贷:库存商品	60 000

4. 委托加工应税消费品的会计核算

根据税法规定,企业委托加工应税消费品时,除受托方为个人的之外,应由受托方在向委托方交货时,代收代缴消费税(除受托加工或翻新改制金银首饰按规定由受托方缴纳消费税)。对于委托方用于连续生产的应税消费品,所纳税款允许按规定抵扣。这里

的委托加工应税消费品,是指由委托方提供原料和主要材料,受托方只收取加工费和代垫部分辅助材料加工的应税消费品。对于委托方收回后直接出售,并且售价不高于受托方计税价格的应税消费品,不再征收消费税。

【例 9-21】 20×1 年 3 月,天生公司委托乙公司加工一批材料(非金银首饰),该批材料为应税消费品,其实际成本为 20 000 元。天生公司支付给受托方的不含税加工费为 5 000 元,应支付的增值税进项税额为 650 元,应支付的消费税为 6 250 元,全部价款已使用支票付讫。天生公司收回该批委托加工物资后用于连续生产。该批材料已由乙公司加工完成,天生公司全部收回并已验收入库。

分析:本例中,由于委托加工的应税消费品收回后用于连续生产,因而支付的消费税允许抵扣,借记"应交税费——应交消费税"账户。

20×1 年 3 月天生公司具体的账务处理如下。

(1)天生公司发出材料时:

借:委托加工物资	20 000
贷:原材料	20 000

(2)天生公司支付加工费及相关税费时:

借:委托加工物资	5 000
应交税费——应交增值税(进项税额)	650
——应交消费税	6 250
贷:银行存款	11 900

(3)该批物资加工完成,天生公司收回并验收入库时:

借:原材料	25 000
贷:委托加工物资	25 000

【例 9-22】 20×1 年 3 月,天生公司委托乙公司加工一批材料(非金银首饰),该批材料为应税消费品,其实际成本为 20 000 元。天生公司支付给受托方的不含税加工费为 5 000 元,应支付的增值税进项税额为 650 元,应支付的消费税为 6 250 元,全部价款已用支票付讫。天生公司收回该批委托加工物资后直接出售。该批物资已由乙公司加工完成,天生公司全部收回并已验收入库。

分析:本例中,由于天生公司委托加工的应税消费品收回后直接出售,不再征收消费税。因而天生公司支付的消费税应当直接计入存货成本。

20×1 年 3 月天生公司具体的账务处理如下。

(1)天生公司发出材料时。

借:委托加工物资	20 000
贷:原材料	20 000

(2)天生公司支付加工费和相关税费时。

借:委托加工物资	11 250
应交税费——应交增值税(进项税额)	650
贷:银行存款	11 900

(3)该批物资加工完成,天生公司收回并验收入库时。

借：库存商品　　　　　　　　　　　　　　　　　　　　　31 250
　　贷：委托加工物资　　　　　　　　　　　　　　　　　　　31 250

5. 进口应税消费品的会计核算

企业进口应税消费品应交的消费税，由海关代征，于报关进口时纳税。因而，企业应当将进口应税消费品的消费税直接计入资产成本，借记"固定资产""原材料""材料采购"等账户，贷记"银行存款""应付账款"等账户。

6. 实际缴纳消费税的会计核算

企业应定期向税务部门缴纳消费税，按照规定计算应交消费税的金额，借记"应交税费——应交消费税"账户，贷记"银行存款"账户。

（三）其他应交税费的会计核算

1. 应交资源税的会计核算

1）资源税及计算

资源税是国家对在我国境内开采矿产品或者生产盐的单位和个人征收的一种税。资源税按照应税产品的课税数量和规定的单位税额计算，公式为

$$应纳资源税税额 = 课税数量 \times 单位税额$$

这里的课税数量为：开采或者生产应税产品销售的，以销售数量为课税数量；开采或者生产应税产品自用的，以自用数量为课税数量。

2）账户设置

企业按规定应交的资源税，应当在"应交税费"账户下设置"应交资源税"明细账户核算。

3）应交资源税的会计处理

在会计核算时，企业按规定计算出销售应税产品应交纳的资源税，借记"税金及附加"账户，贷记"应交税费——应交资源税"账户；企业计算出自产自用的应税产品应交纳的资源税，借记"生产成本""制造费用"等账户，贷记"应交税费——应交资源税"账户。

2. 应交土地增值税的会计核算

转让国有土地使用权、地上建筑物及其附着物并取得收入的单位和个人，均应缴纳土地增值税。土地增值税按照转让房地产所取得的增值额和规定的税率计算征收。这里的增值额是指转让房地产所取得的收入减除规定扣除项目金额后的余额。企业转让房地产所取得的收入，包括货币收入、实物收入和其他收入。

在会计处理时，企业交纳的土地增值税通过"应交税费——应交土地增值税"账户核算。

3. 应交房产税、土地使用税、车船税和印花税的会计核算

房产税是国家对在城市、县城、建制镇和工矿区征收的由产权所有人缴纳的一种税。房产税依照房产原值一次减除10%至30%后的余额计算交纳。没有房产原值作为依据的，由房产所在地税务机关参考同类房产核定；房产出租的，以房产租金收入为房产税的计税依据。

土地使用税是国家为了合理利用城镇土地，调节土地级差收入，提高土地使用效益，加强土地管理而开征的一种税，以纳税人实际占用的土地面积为计税依据，依照规定税额计算征收。

车船税由拥有并且使用车船的单位和个人交纳。车船税按照适用税额计算交纳。

企业按规定计算应交的房产税、土地使用税、车船税时，借记"管理费用"账户，贷记"应交税费——应交房产税（或土地使用税、车船税）"账户；上交时，借记"应交税费——应交房产税（或土地使用税、车船税）"账户，贷记"银行存款"账户。

印花税是对书立、领受购销合同等凭证行为征收的税款，实行由纳税人根据规定自行计算应纳税额，购买并一次贴足印花税票的交纳方法。

4. 应交城市维护建设税的会计核算

为了加强城市的维护建设，扩大和稳定城市维护建设资金的来源，国家开征了城市维护建设税。在会计核算时，企业按规定计算出的城市维护建设税，借记"税金及附加"账户，贷记"应交税费——应交城市维护建设税"账户；实际上交时，借记"应交税费——应交城市维护建设税"账户，贷记"银行存款"账户。

5. 应交所得税的会计核算

企业的生产、经营所得和其他所得，依照所得税税法及实施条例的规定需要缴纳所得税。企业应交纳的所得税，在"应交税费"账户下设置"应交所得税"明细账户核算；当期应计入损益的所得税，作为一项费用，在净收益前扣除。

6. 应交教育费附加的会计核算

教育费附加是国家为了发展我国的教育事业，提高人民的文化素质而征收的一项费用。

企业按规定计算出应交纳的教育费附加，借记"税金及附加"等账户，贷记"应交税费——应交教育费附加"账户；实际交纳时，借记"应交税费——应交教育费附加"账户，贷记"银行存款"账户。

七、应付利息

（一）应付利息的核算内容

应付利息，是指企业按照合同约定应当定期支付的利息。企业在取得银行借款或发行债券时，按照合同规定一般应定期支付利息，在资产负债表日确认当期利息费用时，应将当期应付未付的利息通过"应付利息"账户单独核算。

（二）应付利息的会计核算

1. 资产负债表日计算确认利息费用的会计核算

资产负债表日，企业应当采用实际利率法，按照银行借款或应付债券的摊余成本和实际利率计算确定当期的利息费用，属于筹建期间的借记"管理费用"账户；属于生产经营期间符合资本化条件的，借记"在建工程"等账户；属于生产经营期间，但不符合资本化条件的，借记"财务费用"账户。

2. 实际支付利息的会计核算

在按照合同规定的付息日，企业应当按照合同约定实际支付利息的金额，借记"应付利息"账户，贷记"银行存款"等账户。

八、应付股利

（一）应付股利的核算内容

应付股利是指企业根据股东大会或类似机构审议批准的利润分配方案确定应分配而尚未发放给投资者的现金股利或利润，在企业对外宣告但尚未支付前构成企业的一项负债。企业对外宣告的股票股利不属于一项现时义务，因而不能确认为负债。需要注意的是，企业董事会或类似机构作出的利润分配预案，尚未构成企业的现时义务，不能作为确认负债的依据，而只能在财务报表附注中予以披露。

（二）应付股利的会计核算

企业股东大会或类似机构审议批准利润分配方案时，按照应支付的现金股利或利润金额，借记"利润分配——应付现金股利或利润"账户，贷记"应付股利"账户；实际支付现金股利或利润时，借记"应付股利"账户，贷记"银行存款"等账户。

【例 9-23】 20×1 年 5 月 4 日，天生公司宣告 20×0 年度利润分配方案的具体内容：以公司现有总股本 600 000 股为基数，每 10 股派发现金 5 元（不考虑相关税费），剩余的未配利润结转以后年度分配。同时天生公司宣告本次股利分配的股权登记日为 20×1 年 5 月 9 日，除权除息日和股利发放日为 20×1 年 5 月 10 日。

分析：本例中天生公司对外宣告分配现金股利，形成一项现时义务，应当通过"应付股利"账户记录应付未付的股利。

天生公司应付股利总额 = 600 000×5÷10 = 300 000（元）

20×1 年 5 月 4 日，天生公司宣告分配现金股利时：

借：利润分配——应付现金股利　　　　　　　　　　　　300 000
　　贷：应付股利　　　　　　　　　　　　　　　　　　　　300 000

20×1 年 5 月 10 日，天生公司实际支付现金股利时：

借：应付股利　　　　　　　　　　　　　　　　　　　　300 000
　　贷：银行存款　　　　　　　　　　　　　　　　　　　　300 000

九、其他应付款

（一）其他应付款的核算内容

其他应付款是指除应付票据、应付账款、金融负债、应付职工薪酬、应付利息、应付股利、应交税费、长期应付款等以外的其他经营活动产生的各项应付、暂收的款项，其核算内容主要如下。

（1）企业应付租入包装物的租金。

（2）企业发生的存入保证金。
（3）企业代职工缴纳的社会保险费和住房公积金等。

（二）其他应付款的会计核算

企业发生的各种应付、暂收款项，借记"管理费用""银行存款"等账户，贷记"其他应付款"账户；实际支付其他各种应付、暂收款项时，借记"其他应付款"账户，贷记"银行存款"账户。

第三节 非流动负债

一、非流动负债概述

（一）非流动负债的概念及特点

非流动负债是相对于流动负债而言的，会计准则规定流动负债以外的负债归类为非流动负债。通常是偿还期在一年或超过一年的一个营业周期以上的债务（也称为长期负债）。非流动负债除了具有负债的共同特点外，还具有债务金额较大，偿还期限较长，可以采用分期偿还方式等特点。

（二）非流动负债的分类

按照负债的取得形式，非流动负债主要有三种，即长期借款、应付债券（公司债券）、长期应付款。

1. 长期借款

企业从银行、其他金融机构借入的、偿还期在一年以上的各种款项。

2. 应付债券（公司债券）

企业依照法定程序发行，约定在长于一年的一定期限内还本付息的债券。

3. 长期应付款

主要包括以分期付款方式购入固定资产、无形资产或存货等发生的应付款项等。这类长期负债往往具有分期付款的性质。

二、长期借款

对长期借款进行核算管理，应设置"长期借款"账户。其贷方登记借入的贷款本金及发生的应计利息；借方登记偿还的贷款本金及支付的借款利息；贷方余额为尚未偿还的贷款本息。该账户下应设置"本金"和"利息调整"明细账户分别核算长期借款的本金及因实际利率与合同利率不同而产生的利息调整。对于一次还本付息的长期借款，还应设置"应计利息"明细账户，用来核算企业按期依据借款本金与合同利率计算确定的利息。

企业借入各种长期借款时，按实际收到的款项，借记"银行存款"账户，按借款本金，贷记"长期借款——本金"账户，按其差额借记或贷记"长期借款——利息调整"账户。

在资产负债表日，企业应按长期借款的摊余成本与实际利率计算确定的长期借款的利息费用，借记"在建工程""财务费用"等账户，按借款本金与合同利率计算确定的应付未付利息，贷记"应付利息"账户（当在一次还本，分次付息情况下）或者"长期借款——应计利息"账户（当在一次还本付息情况下），按其差额贷记或借记"长期借款——利息调整"账户。

企业归还长期借款时，按归还的长期借款本金，借记"长期借款——本金"账户，按应付的利息，借记"应付利息"或"长期借款——应计利息"账户，按实际归还的借款本金和利息，贷记"银行存款"账户。

长期借款可以有不同的还款方式，它们的核算也有所不同。

（一）一次性还本付息的长期借款核算

长期借款的一次性偿还，亦称定期偿还，特点是取得借款后逐年计算借款利息（单利或复利），待借款期满后，一次性偿还本金和利息。

【例 9-24】 天生公司于 20×1 年初向银行借入为期 3 年的长期借款 400 000 元，年利率为 8%（假定与实际利率相等），每年计息一次，复利计算，借款期满后一次还本付息。借款用于设备购建。该工程工期三年。假定不考虑该专门借款本金存款的利息收入或投资收益。天生公司的有关账务处理如下。

（1）取得借款时：

借：银行存款　　　　　　　　　　　　　　　　　　　　400 000
　　贷：长期借款——本金　　　　　　　　　　　　　　　　　400 000

（2）20×1 年末计算利息：

$$20×1 \text{ 年应计利息} = 400\,000 × 8\% = 32\,000（元）$$

借：在建工程　　　　　　　　　　　　　　　　　　　　32 000
　　贷：长期借款——应计利息　　　　　　　　　　　　　　　32 000

（3）20×2 年末计算利息：

$$20×2 \text{ 年应计利息} = (400\,000 + 32\,000) × 8\% = 34\,560（元）$$

借：在建工程　　　　　　　　　　　　　　　　　　　　34 560
　　贷：长期借款——应计利息　　　　　　　　　　　　　　　34 560

（4）20×3 年末还本付息：

$$20×3 \text{ 年应计利息} = (400\,000 + 32\,000 + 34\,560) × 8\% = 37\,324.80（元）$$

借：在建工程　　　　　　　　　　　　　　　　　　　　37 324.80
　　贷：长期借款——应计利息　　　　　　　　　　　　　　　37 324.80

$$\text{应偿还本息} = 400\,000 + 32\,000 + 34\,560 + 37\,324.80 = 503\,884.80（元）$$

借：长期借款——本金　　　　　　　　　　　　　　　　400 000.00

　　　　　——应计利息　　　　　　　　　　　　　　　　103 884.80
　　贷：银行存款　　　　　　　　　　　　　　　　　　　503 884.80

（二）分期付息到期还本的长期借款的核算

分期付息到期还本的长期借款，是指按期支付当期的借款利息，借款本金在借款期满时才支付的长期借款。其特点在于借款利息不是到期才一次支付，而是按期支付，而本金在期满时偿还。

【例 9-25】 接例 9-24 的资料。假定借款条件改为从第二年后每年初偿还上年产生的利息，借款期为 4 年，本金在借款期满时偿还。其有关账务处理如下。

（1）取得借款时：
　　借：银行存款　　　　　　　　　　　　　　　　　　400 000
　　　贷：长期借款　　　　　　　　　　　　　　　　　　400 000

（2）20×1 年末计算利息时：
$$应计利息 = 400\,000 \times 8\% = 32\,000（元）$$
　　借：在建工程　　　　　　　　　　　　　　　　　　 32 000
　　　贷：应付利息　　　　　　　　　　　　　　　　　　 32 000

20×2 年末、20×3 年末计提利息的会计分录与上相同。

（3）20×2 年初支付利息时：
　　借：应付利息　　　　　　　　　　　　　　　　　　 32 000
　　　贷：银行存款　　　　　　　　　　　　　　　　　　 32 000

20×3 年初、20×4 年初支付利息的会计分录与上相同。

（4）20×4 年末计算付息：
　　借：财务费用　　　　　　　　　　　　　　　　　　 32 000
　　　贷：应付利息　　　　　　　　　　　　　　　　　　 32 000

（5）20×5 年初支付本金和 20×4 年的利息：
$$应偿还本息 = 400\,000 + 32\,000 = 432\,000（元）$$
　　借：长期借款　　　　　　　　　　　　　　　　　　400 000
　　　　应付利息　　　　　　　　　　　　　　　　　　 32 000
　　　贷：银行存款　　　　　　　　　　　　　　　　　　432 000

三、应付债券

（一）应付债券概述

1. 债券的概念及特点

债券是指发行单位依照法定程序发行，约定在一定期限内还本付息的具有一定价值的书面承诺。债券常见有国债和企业债券（或公司债券），在本章中的债券主要是指公司自己发行的债券。

2. 公司债券分类

公司债券可作如下分类。

（1）按能否转换为普通股股票，公司债券分为可转换公司债券和不可转换公司债券。可转换公司债券是指债券持有人可以按约定将所持公司债券转换为发行公司的普通股股票的债券。一经转换，债券持有者即从公司债权人转变为公司股东。

（2）按债券本金的偿还方式，公司债券可分为一次还本公司债券、分期还本公司债券和通知还本公司债券。

（3）按公司债券能否上市交易，分为上市债券和非上市债券。上市债券是指可以在证券交易所公开买卖的债券。

（4）按债券利息的支付时间分类，公司债券可分为分期付息到期还本公司债券和到期一次还本付息公司债券。

3. 公司债券发行价格

债券的发行价格应当是到期偿还的面值按市场利率折算出的复利现值加上债券票面利率计算的各期应计利息按市场利率折算出的年金现值。计算公式表示为

$$P = M \times (P/F, i, n) + I \times (P/A, i, n)$$

式中，P 为债券的发行价格；M 为到期偿还的面值；$(P/F, i, n)$ 为复利现值系数；$(P/A, i, n)$ 为年金现值系数；I 为按票面利率计算的每期票面利息。

【例 9-26】 天生公司于 20×1 年 1 月 1 日发行面值 1 000 元的债券 100 份，总面值计人民币 100 000 元，票面利率 10%，每半年付息一次，四年期满，假定债券发行时的市场利率分别为 10%、12%、8%，不考虑债券发行费用。该债券的发行价格应分别如下。

（1）市场利率为 10%，等于票面利率，债券发行价格等于债券面值 100 000 元，即平价发行。

（2）市场利率为 8% 时，低于票面利率，每半年利率为 4%，期数 8 期，查得每 1 元的现值系数和年金现值系数分别为 0.730 7 和 6.732 7，则

债券发行价格 = 100 000×0.730 7 + 5 000×6.732 7 = 106 733.5（元）

这时债券的发行价格为 106 733.5 元，产生债券溢价为 6 733.5 元。此类情形称为溢价发行。

（3）市场利率为 12%，高于票面利率，每半年利率为 6%，查得每 1 元的现值系数和年金现值系数分别是 0.627 4 和 6.209 8，则

债券发行价格 = 100 000×0.627 4 + 5 000×6.209 8 = 93 789（元）

这时债券的发行价格 93 789 元，产生债券折价为 6 211 元。此类情形称为折价发行。

（二）公司债券发行的核算

企业应设置"应付债券"账户核算公司债券的发行、计提债券利息、利息调整与摊销、利息支付和本金偿还等情况，该账户下设置"面值""利息调整""应计利息"明细账户进行明细核算。其中的"面值"明细账户用来核算债券的票面金额；"利息调整"明细账用来核算发行债券实际收到的款项（发行价款扣除发行费用）与债券面值之间的差

额;"应计利息"明细账户用来核算到期一次还本付息债券每期计提的票面利息;若是分期付息到期还本债券,每期计提的票面利息则应当通过"应付利息"账户核算。

【例 9-27】 接例 9-26 的资料,20×1 年 1 月 1 日天生公司发行债券的账务处理如下。

(1)平价发行时:

借:银行存款　　　　　　　　　　　　　　　　　　　　　　　100 000
　　贷:应付债券——面值　　　　　　　　　　　　　　　　　　　　100 000

(2)溢价发行时:

借:银行存款　　　　　　　　　　　　　　　　　　　　　　　106 733.50
　　贷:应付债券——面值　　　　　　　　　　　　　　　　　　　　100 000.00
　　　　　　——利息调整　　　　　　　　　　　　　　　　　　　　6 733.50

(3)折价发行时:

借:银行存款　　　　　　　　　　　　　　　　　　　　　　　93 789
　　应付债券——利息调整　　　　　　　　　　　　　　　　　　6 211
　　贷:应付债券——面值　　　　　　　　　　　　　　　　　　　　100 000

(三)溢价、折价摊销的核算

对公司债券各期溢价或折价摊销额的计算,准则规定应采用实际利率法计算。所谓实际利率法,是指在应付债券存续期间,每期的溢价或折价摊销金额按该期期初债券摊余成本乘以实际利率所计算的实际利息费用与该债券票面利息的差额确定摊销额的一种摊销方法。

1. 债券溢价摊销

【例 9-28】 接例 9-26 的资料,进行债券溢价摊销。

从表 9-2 中可知,在实际利率法下,每期的利息调整摊销额(溢价摊销)为该期债券票面利息与该期实际利息费用的差额。企业应根据表 9-2 计算结果,在各期末做相应的账务处理。

表 9-2　应付债券利息费用及债券溢价摊销计算表(实际利率法)　　　　单位:元

计息期数	票面利息 (1) =100 000×5%	利息费用 (2) =上期(5)×4%	利息调整摊销额 (3) =(1)-(2)	利息调整未摊销余额 (4) =上期(4)-(3)	摊余成本 (5) =上期(5)-(3)
20×1 年 1 月 1 日				6 733.5	106 733.5
20×1 年 6 月 30 日	5 000	4 269.34	730.66	6 002.84	106 002.84
20×1 年 12 月 31 日	5 000	4 240.11	759.89	5 242.95	105 242.95
20×2 年 6 月 30 日	5 000	4 209.72	790.28	4 452.67	104 452.67
20×2 年 12 月 31 日	5 000	4 178.11	821.89	3 630.78	103 630.78
20×3 年 6 月 30 日	5 000	4 145.23	854.77	2 776.01	102 776.01
20×3 年 12 月 31 日	5 000	4 111.04	888.96	1 887.05	101 887.05
20×4 年 6 月 30 日	5 000	4 075.48	924.52	962.53	100 962.53
20×4 年 12 月 31 日	5 000	4 037.47	962.53		100 000.00
合计	40 000	33 266.50	6 733.50		

有关账务处理如下。

（1）在 20×1 年 6 月 30 日确认实际利息费用和利息调整摊销时：

借：财务费用　　　　　　　　　　　　　　　　　　　　　4 269.34
　　应付债券——利息调整　　　　　　　　　　　　　　　　730.66
　　　贷：应付利息　　　　　　　　　　　　　　　　　　　　　　　5 000

（2）实际支付债券利息时：

借：应付利息　　　　　　　　　　　　　　　　　　　　　5 000
　　　贷：银行存款　　　　　　　　　　　　　　　　　　　　　　　5 000

以后各期末确认实际利息费用和利息调整摊销的分录与（1）类似，支付第二期至第七期的债券利息的分录与（2）相同，故不再详细写出。

2. 债券折价摊销

【例 9-29】　接例 9-26 的资料，进行债券折价摊销。

从表 9-3 中可知，在实际利率法下，每期的利息调整摊销额（折价摊销）为该期实际利息费用与该期债券票面利息的差额。企业应根据表 9-3 计算结果，在各期末做相应的账务处理。

表 9-3　应付债券利息费用及债券折价摊销计算表（实际利率法）　　单位：元

计息期数	票面利息 （1） =100 000×5%	利息费用 （2） =上期（5）×6%	利息调整摊销额 （3） =（2）-（1）	利息调整未摊销余额 （4） =上期（4）-（3）	摊余成本 （5） =上期（5）+（3）
20×1 年 1 月 1 日				6 211	93 789
20×1 年 6 月 30 日	5 000	5 627.34	627.34	5 583.66	94 416.34
20×1 年 12 月 31 日	5 000	5 664.98	664.98	4 918.68	95 081.32
20×2 年 6 月 30 日	5 000	5 704.88	704.88	4 213.80	95 786.2
20×2 年 12 月 31 日	5 000	5 747.17	747.17	3 466.63	96 533.37
20×3 年 6 月 30 日	5 000	5 792.00	792.00	2 674.63	97 325.37
20×3 年 12 月 31 日	5 000	5 839.52	839.52	1 835.11	98 164.89
20×4 年 6 月 30 日	5 000	5 889.89	889.89	945.22	99 054.78
20×4 年 12 月 31 日	5 000	5 945.22*	945.22		100 000.00
合计	40 000	46 211	6 211		

注：最后一期 5 945.22* 为尾差调整，5 945.22* =（100 000−99 054.78）+ 5 000。

有关账务处理如下。

（1）在 20×1 年 6 月 30 日确认实际利息费用和利息调整摊销时：

借：财务费用　　　　　　　　　　　　　　　　　　　　　5 627.34
　　　贷：应付利息　　　　　　　　　　　　　　　　　　　　　　　5 000.00
　　　　　应付债券——利息调整　　　　　　　　　　　　　　　　627.34

（2）实际支付债券利息时：

借：应付利息	5 000
贷：银行存款	5 000

以后各期末确认实际利息费用和利息调整摊销的分录与（1）类似，支付第二期至第七期的债券利息的分录与（2）相同。

（四）公司债券到期偿还的核算

应付债券到期偿还时，无论债券发行价是按面值、溢价或折价，到期偿还的都是面值。若债券到期一次支付利息，还应支付全部利息。

【例9-30】 接例9-28或例9-29的资料，到期归还债券本金和支付最后一期利息。其账务处理为

借：应付债券——面值	100 000
应付利息	5 000
贷：银行存款	105 000

（五）应付债券提前赎回的会计核算

在个别情况下，债券合同中允许发行方提前赎回债券。比如，当市场利率下跌时，发行债券的企业为了节约利息成本，在债券合同允许而且企业有多余的现金时，会考虑提前赎回发行在外未到期的债券。此时，债券的赎回价格与赎回日摊余成本之间的差额，应当计入当期损益（财务费用）。

四、长期应付款

企业如果在购买固定资产、无形资产或存货过程中，延期支付的购买价款超过正常信用条件，实质上具有融资性质。企业应当按照未来分期付款的现值借记"固定资产""无形资产""原材料"等账户；按照未来分期付款的总额贷记"长期应付款"账户；按照差额借记"未确认融资费用"账户。企业在按照合同约定的付款日分期支付价款时，借记"长期应付款"账户，贷记"银行存款"等账户。

五、其他长期负债

（一）递延收益

1. 递延收益的核算内容

递延收益，是指不能计入当期损益，而应当在以后期间确认为收益的负债。常常涉及企业给予客户奖励积分计划形成的负债，或者企业因政府补助形成的负债。本章主要介绍因政府补助形成的递延收益的核算。

根据《企业会计准则第16号——政府补助》的规定，政府补助，是指企业从政府无偿取得货币性资产或非货币性资产。政府包括各级政府及其机构，国际的类似组织也在

其范围之内。政府补助是来源于政府的经济资源，具有无偿性。其主要包括：财政拨款、财政贴息、税收返还、政府无偿划拨非货币性资产等形式。

从会计核算的角度，政府补助应当区分为与资产相关的政府补助和与收益相关的政府补助。

（1）与资产相关的政府补助，是指企业取得的、用于购建或以其他方式形成长期资产的政府补助。

（2）与收益相关的政府补助，是指除与资产相关的政府补助之外的政府补助。

2. 递延收益的会计核算

1）政府补助的确认条件

政府补助的同时满足下列条件的，才能予以确认。

（1）企业能够满足政府补助所附条件。

（2）企业能够收到政府补助。

2）政府补助的计量

政府补助为货币性资产的，应当按照收到或应收的金额计量。政府补助为非货币性资产的，应当按照公允价值计量；公允价值不能可靠取得的，按照名义金额计量。

3）与资产相关的政府补助的会计核算

与资产相关的政府补助，应当冲减相关资产的账面价值或确认为递延收益。确认为递延收益的，应当在相关资产使用寿命内按照合理、系统的方法分期计损益。按照名义金额计量的政府补助，直接计入当期损益。

【例9-31】 20×1年6月5日，天生公司购入一台设备，金额为400 000元，增值税进项税额52 000元，款项已支付，同日收到政府补助200 000元。该设备预计使用寿命为4年。天生公司采用直线法对该设备计提折旧，预计净残值为4 000元。不考虑相关税费。

分析：在本例中，天生公司收到的政府补助属于与资产相关的政府补助，应当先记入"递延收益"账户，并在该设备的使用期间进行摊销，冲减"制造费用"账户。

20×1年6月5日，天生公司购入设备并收到政府补助时：

借：固定资产	400 000
应交税费——应交增值税（进项税额）	52 000
贷：银行存款	452 000
借：银行存款	200 000
贷：递延收益	200 000

20×1年12月31日，天生公司计提折旧并摊销递延收益时：

应计提的折旧费 = (400 000–4 000)÷4×6÷12 = 49 500（元）

应摊销的递延收益 = 200 000÷4×6÷12 = 25 000（元）

借：制造费用	49 500
贷：累计折旧	49 500
借：递延收益	25 000
贷：制造费用	25 000

其余会计分录略。

4）与收益相关的政府补助的会计核算

与收益相关的政府补助，应当分情况按照以下规定进行会计处理。

（1）用于补偿企业以后期间的相关成本费用或损失的确认为递延收益，并在确认相关成本费用或损失的期间，分期计入当期损益或冲减相关成本。

（2）用于补偿企业已发生的相关成本费用或损失的，直接计入当期损益或冲减相关成本。

【例9-32】 甲粮食储备公司根据国家有关政策规定，每年按照上年12月1日实际储存粮食的储备量获得下一年度的财政补贴，每吨补助800元。20×1年12月1日，甲公司粮食实际储备12 000吨。20×1年12月23日，甲公司从财政部门获得下一年度的财政补贴9 600 000元。假定甲公司按照总额法核算政府补助。

分析：该政府补助属于与收益相关的政府补助，而且补助的期间是以后期间，所以先记入"递延收益"账户，以后期间再分摊至"其他收益"账户。

20×1年12月23日，甲公司获得政府补助时：

借：银行存款　　　　　　　　　　　　　　　　　　　　9 600 000
　　贷：递延收益　　　　　　　　　　　　　　　　　　　　9 600 000

20×2年每月末摊销递延收益时：

每月应摊销的递延收益 = 9 600 000 ÷ 12 = 800 000（元）

借：递延收益　　　　　　　　　　　　　　　　　　　　　800 000
　　贷：其他收益　　　　　　　　　　　　　　　　　　　　800 000

知识链接

（二）预计负债

企业在生产经营活动中会面临诉讼、债务担保、产品质量保证等具有较大不确定性的经济事项，这些事项可能会对企业的财务状况和经营成果产生较大影响。企业应当提前考虑或有事项可能会给企业带来的风险，及时确认、计量或披露相关信息，如果符合负债的定义及确认条件应当及时予以确认。

1. 或有事项的含义及特征

根据《企业会计准则第13号——或有事项》（2006年）的规定，或有事项，是指过去的交易或者事项形成的，其结果须由某些未来事项的发生或不发生才能决定的不确定事项。常见的或有事项主要包括：未决诉讼或未决仲裁、债务担保、产品质量保证、承诺、亏损合同、重组义务、环境污染整治等。

2. 预计负债的含义及确认条件

企业承担的与或有事项有关的义务如果同时满足以下三个条件，应当确认为一项预计负债。

（1）该义务是企业承担的现时义务。

预计负债确认的第一个条件是，与或有事项有关的经济义务是企业在当前条件下已经承担的现时义务，企业没有其他现实的选择，只能履行该现时义务。这里的义务既包括法定义务，也包括推定义务。

（2）履行该义务很可能导致经济利益流出企业。

不确定事项根据其发生的可能性可以分为基本确定、很可能、可能和极小可能四种，从发生的概率来看，在实务中进行职业判断时可以参照一定的标准，各种类型不确定事项发生的概率见表9-4。

表 9-4 不确定事项发生的概率

不确定事项	发生概率
基本确定	大于 95%但小于 100%
很可能	大于 50%但小于等于 95%
可能	大于 5%但小于等于 50%
极小可能	小于等于 5%

预计负债确认的第二个条件是履行与该或有事项有关的现时义务导致经济利益流出企业的可能性应当超过 50%但小于等于 95%。如果或有事项包含多项类似的义务，在判断经济利益流出可能性时应当总体考虑才能确定。比如产品质量保证，对于单个产品来说经济利益流出的可能性较小，但对于全部产品承担的义务来说很可能导致经济利益流出企业，因而应当以总体来判断经济利益流出的可能性。

（3）该义务的金额能够可靠地计量。

由于或有事项产生现时义务的金额具有不确定性，因而需要估计。企业要将或有事项确认一项预计负债，履行相关义务的金额应当能够可靠估计。

3. 预计负债的计量

预计负债的计量需要对未来经济利益的流出金额作出合理的估计，以确定最佳估计数，并要考虑预期可能得到的补偿金额。

1）最佳估计数的确定

最佳估计数是在考虑当前各种信息的条件下作出的最优估计结果，具体确定时应当分别以下两种情况处理。

（1）所需支出存在一个连续范围，且该范围内各种结果发生的可能性相同，则最佳估计数应当按照该范围内的中间值确定，即按照上下限金额的算术平均数确定。

【例 9-33】 20×1 年 10 月，天生公司因为合同违约而被乙公司起诉。截至 20×1 年 12 月 31 日，法院尚未对该诉讼进行审理。根据律师的估计，天生公司很可能败诉，赔偿的金额根据相关法律规定估计在50万元至70万元之间，其中包括天生公司应承担的诉讼费用5万元。

分析：本例中，20×1年12月31日，尽管该诉讼尚未判决，但是根据律师的估计，天生公司很可能败诉，赔偿金额的范围估计为50万元至70万元之间，而且这个区间内每个金额的可能性都大致相同。因而，天生公司应当在年末按照估计范围的中间值60万元确认一项预计负债，同时在附注中进行披露。具体的账务处理如下：

借：管理费用　　　　　　　　　　　　　　　　　　　　　　50 000
　　营业外支出　　　　　　　　　　　　　　　　　　　　　550 000
　　贷：预计负债——未决诉讼　　　　　　　　　　　　　　　　600 000

（2）所需支出不存在连续范围的，或虽然存在一个连续范围，但在该范围内各种结果发生的可能性不相同。在这种情况下，要进一步考虑或有事项涉及单个项目还是多个项目。如果或有事项涉及单个项目，如一项未决诉讼、一项未决仲裁或一项债务担保，最佳估计数按照最可能发生的金额确定；如果或有事项涉及多个项目，比如产品质量保证中提出产品保修服务要求的可能有许多客户，则按照各种可能结果及相关概率计算确定。

【例9-34】 20×1年1月，天生公司与乙公司签订了债务担保协议，为乙公司一项银行款作担保。20×1年11月，由于乙公司到期无法偿还该贷款被银行起诉，天生公司因债务担保协议而成为该诉讼的第二被告。截至20×1年1月31日，该诉讼尚未判决。根据律师的估计，由于乙公司经营困难，天生公司很可能要承担连带责任，承担还款责任1 000 000元的可能为70%，承担还款责任600 000元的可能性为30%。

分析：由于天生公司很可能因债务担保而承担连带责任，而且赔偿的金额能合理地估计，因而天生公司应当根据最有可能发生的金额1 000 000元确认一项预计负债，有关账务处理如下：

借：营业外支出　　　　　　　　　　　　　　　　　　　1 000 000
　　贷：预计负债——未决诉讼　　　　　　　　　　　　　　1 000 000

【例9-35】 天生公司20×1年销售A产品的收入共计2 000 000元。天生公司根据惯例为A产品提供一年的质量保证。质量保证条款规定A产品出售后一年内，如果发生正常质量问题，天生公司负责免费修理。根据以往的销售经验，如果产品发生较小的质量问题，需要发生的修理费用为销售额的1%；如果发生较大的质量问题，需要发生的修理费用为销售额的3%。天生公司预测本年销售的A产品中有90%不会发生质量问题，有8%将发生较小的质量，有2%将发生较大的质量问题。

分析：本例中，尽管天生公司销售的A产品就单个产品来说，发生经济利益流出的可能性很小，但就总体而言，天生公司很可能会发生产品质量保证费用，而且金额可以根据各种可能的结果及相关概率合理地估计，因而天生公司应当于销售产品的当期确认一项预计负债，同确认一项费用，与当期的销售收入相配比。

产品质量保证的最佳估计数 = 2 000 000×(1%×8% + 3%×2%) = 2 800（元）

天生公司20×1年12月31日应编制的会计分录为

借：销售费用　　　　　　　　　　　　　　　　　　　　　　2 800
　　贷：预计负债——产品质量保证　　　　　　　　　　　　　　2 800

假定天生公司20×2年实际发生的A产品修理费用为2 000元,其中原材料支出1 300元,人工成本700元。则天生公司实际发生产品质量保证费用时应编制的会计分录为

借:预计负债——产品质量保证　　　　　　　　　　　　　2 000
　　贷:原材料　　　　　　　　　　　　　　　　　　　　　　1 300
　　　　应付职工薪酬　　　　　　　　　　　　　　　　　　　　700

2）预期可能获得补偿的确定

企业在某些情况下,在履行因或有事项产生的现时义务时,所需支出的全部或部分金额可能会得到第三方的补偿。对于企业可能从第三方得到的补偿,由于存在很大的不确定性,因而企业只能在估计补偿金额基本确定能够收到时,才能将补偿金额作为资产单独确认,而不能作为预计负债的抵减项目,而且确认的补偿金额也不能超过预计负债的账面价值。

3）预计负债计量需要考虑的其他因素

企业在确定或有事项的最佳估计数时,应当综合考虑与或有事项有关的风险和不确定性、货币时间价值及未来事项等因素的影响。

4）预计负债账面价值的复核

企业应当在资产负债表日对预计负债的账面价值进行复核。如果有确凿证据表明该账面价值不能真实反映当前最佳估计数的,则应当按照当前最佳估计数对预计负债的账面价值进行调整。

(三)亏损合同

企业因亏损合同而产生的义务如果符合预计负债的确认条件,应当将其确认为一项预计负债。亏损合同,是指履行合同义务时会不可避免地发生成本超过预期经济利益的合同。对于因亏损合同而产生的预计负债的计量,应当反映企业退出该合同的最低成本,即履行该合同的亏损与未能履行该合同而发生的违约成本二者中的较低者。

【例9-36】　天生公司20×1年9月1日与乙公司签订了一批A产品的销售合同。双方约定天生公司须在20×2年4月30日向乙公司销售100件A品,合同单价为每件1 600元。天生公司签订合同时,估计A产品的单位成本为每件1 200元。该合同同时规定,如果天生公司20×2年4月30日未能按期交货,须向乙公司支付未按期交货部分合同价款的20%作为违约金。20×1年12月31日,由于天生公司在组织生产A产品时原材料价格突然大幅上涨,预计生产A产品的单位成本会上升至每件1 700元。

分析:在本例中,由于原材料上涨导致生产A产品的成本超过合同单价,所以天生公司与乙公司签订的销售合同变为亏损合同,销售每件A产品亏损100元,总亏损金额为10 000(=100×100)元。而如果天生公司不能按期交货支付的违约金金额为32 000(=100×1 600×20%)元。因而天生公司应确认预计负债的金额为二者中的较低者10 000元。其有关账务处理如下。

(1) 20×1年12月31日,确认亏损合同产生的预计负债。

借:营业外支出　　　　　　　　　　　　　　　　　　　　10 000

　　　　贷：预计负债——亏损合同　　　　　　　　　　　　　　　　　　10 000
　（2）待相关产品生产完成后,再将已确认的预计负债冲减产品成本。
　　　借：预计负债——亏损合同　　　　　　　　　　　　　　　　　　10 000
　　　　贷：库存商品　　　　　　　　　　　　　　　　　　　　　　　10 000
　　需要注意的是,如果亏损合同存在标的资产,则企业应当首先对标的资产进行减值测试。如果标的资产存在减值,应当按照资产减值和存货准则的相关规定先确认资产减值损失。如果预计亏损超过已确认的减值损失,应将超过部分确认为预计负债。

(四) 弃置费用

　　弃置费用也叫弃置成本,是指根据国家法律、行政法规和国际公约等规定,企业承担的环境保护和生态恢复等义务所确定的支出,如核电站、油气行业相关设施的弃置支出。弃置费用是特定行业在取得相关固定资产时根据相关法律规定所承担的现时义务,而且金额较大,因而企业应当在取得相关固定资产时将弃置费用确认为一项预计负债。由于弃置费用发生在相关固定资产到期报废时,货币的时间价值较大,因而应当以弃置费用的现值进行初始计量,同时增加固定资产的入账价值。在固定资产的使用寿命内,应当将按弃置费用现值确认的预计负债的摊余成本和实际利率计算的利息确认为财务费用。

　　【例 9-37】　天生公司经过国家批准建造一座核电站,20×1 年 1 月 1 日工程完工并交付使用,建造成本为 50 000 000 元,预计使用寿命为 10 年。根据法律规定,天生公司有义务在该核电站使用期满时恢复环境,估计将发生弃置费用 20 000 000 元,假定实际利率为 8%。

　　分析：本例中,天生公司预计核电站使用期满时发生的弃置费用,不同于一般企业固定资产发生的清理费用,应当在核电站初始确认时按照现值确认为预计负债,同时计入固定资产的初始成本。

　（1）20×1 年 1 月 1 日,天生公司核电站达到预定使用状态时确认固定资产及预计负债。

　　弃置费用的现值 = 20 000 000×(P/F, 8%, 10) = 20 000 000×0.463 2 = 9 264 000（元）
　　　　固定资产的入账价值 = 50 000 000 + 9 264 000 = 59 264 000（元）
　　天生公司应编制的会计分录为
　　　借：固定资产　　　　　　　　　　　　　　　　　　　　　　　59 264 000
　　　　贷：在建工程　　　　　　　　　　　　　　　　　　　　　　50 000 000
　　　　　　预计负债——弃置费用　　　　　　　　　　　　　　　　 9 264 000
　（2）20×1 年 12 月 31 日,天生公司确认预计负债的利息费用。
　　　　　　利息费用 = 9 264 000×8% = 741 120（元）
　　　借：财务费用　　　　　　　　　　　　　　　　　　　　　　　　741 120
　　　　贷：预计负债　　　　　　　　　　　　　　　　　　　　　　　741 120

以后年度的会计分录略。

(五) 或有负债

或有负债,指过去的交易或者事项形成的潜在义务,其存在须通过未来不确定事项的发生或不发生予以证实;或者过去的交易或者事项形成的现时义务,但履行该义务不是很可能导致经济利益流出企业或该义务的金额不能可靠计量。当或有事项产生的义务不能同时满足预计负债确认的三个条件时,则应当作为或有负债进行处理。

随着或有负债形成因素的不断变化,或有负债对应的潜在义务可能会转化为现时义务,未来经济利益流出的可能性也会增大,金额也会可靠地计量,此时或有负债就会转化为真正的负债,企业应当及时地将该或有负债确认为一项预计负债。

(六) 递延所得税负债

递延所得税负债主要核算在资产负债表法下企业确认的应纳税暂时性差异产生的所得税负债。资产负债表日,企业确认的递延所得税负债,借记"所得税费用——递延所得税费用"账户,贷记"递延所得税负债"账户。

资产负债表日,递延所得税负债的应有余额大于其账面余额的,应按其差额确认,借记"所得税费用——递延所得税费用"账户,贷记"递延所得税负债"账户;资产负债表日,递延所得税负债的应有余额小于其账面余额的做相反的会计分录。

确认与直接计入所有者权益的交易或事项相关的递延所得税负债,借记"资本公积——其他资本公积"账户,贷记"递延所得税负债"账户。

企业合并中取得资产、负债的入账价值与其计税基础不同形成应纳税暂时性差异的,应于购买日确认递延所得税负债,同时调整商誉,借记"商誉"等账户,贷记"递延所得税负债"账户。

第四节 负债在财务报表中的列报

一、流动负债和非流动负债信息列报

1. 符合负债定义和负债确认条件的项目

符合负债定义和负债确认条件的项目,应当列入资产负债表;否则不应当列入资产负债表。

2. 类别列报要求

资产负债表上的负债应当包括流动负债和非流动负债等主要类别的合计项目。

3. 单独列报的项目

短期借款、应付账款、预收款项、应交税费、应付职工薪酬、预计负债、长期借款、长期应付款、应付债券、递延收益、其他应付款(包含应付股利)、租赁负债等应单独列报。

4. 负债列报的特殊考虑

（1）展期债务的列报。企业对于自资产负债表日起一年内到期的负债，预计能够自主地将清偿义务展期至自资产负债表日起一年以上的，应当归类为非流动负债；不能自主地将清偿义务展期的，应当归类为流动负债。

（2）重新安排清偿协议债务的列报。企业在资产负债表日后、财务报表批准报出日前重新安排清偿计划协议，但在资产负债表日实质上属于流动负债的债务，仍应按流动负债列报。

（3）违约长期债务的列报。①企业在资产负债表日或之前违反了长期借款协议条款，导致贷款人可随时要求清偿，应当归类为流动负债。②贷款人在资产负债表日或之前同意提供自资产负债表日起一年以上的宽限期，并且企业能够在此期限内改正违约行为，且贷款人不能要求随时清偿，应当归类为非流动负债。

二、或有事项有关信息的列报与披露

1. 预计负债的列报

企业因多项或有事项确认了预计负债，在资产负债表上一般通过"预计负债"项目进行总括反映。与所确认负债有关的费用或支出应在扣除确认的补偿金额后，在利润表中列报。还应当在财务报表附注中披露以下内容：

（1）预计负债的种类、形成原因以及经济利益流出不确定性的说明。

（2）各类预计负债的期初、期末余额和本期变动情况。

（3）与预计负债有关的预期补偿金额和本期已确认的预期补偿金额。

2. 企业应当在附注中披露有关或有负债的信息

（1）或有负债的种类及其形成原因。

（2）经济利益流出不确定性的说明。

（3）或有负债预计产生的财务影响，以及获得补偿的可能性；无法预计的，应当说明原因。

复习思考题

1. 什么是负债？负债有哪些特征？
2. 什么是流动负债？流动负债有何特征？
3. 带息应付票据的核算内容有哪些？
4. 如何核算带现金折扣条件的应付账款？
5. 职工薪酬包括哪些内容？
6. 如何核算非货币性福利？
7. 应付利息的核算内容有哪些？
8. 什么是或有事项？常见的或有事项有哪些？

9. 非流动负债有哪些特点？
10. 公司债券折价或溢价的摊销方法是什么？应如何进行会计处理？
11. 其他长期应付款的核算内容包括有哪些？
12. 大数据对确认预计负债会产生影响吗？

复习思考题参考答案

第十章 所有者权益

【学习目标】

通过对本章的学习，了解所有者权益的分类、不同性质企业所有者权益的特点；理解其他权益工具的概念和核算；掌握实收资本或股本的概念和核算、资本溢价和其他综合收益的概念和核算、库存股的核算、股份支付的核算以及留存收益的核算等。

第一节 所有者权益概述

一、所有者权益的性质

所有者权益也称为净资产，是所有者对企业资产的剩余索取权。我国《企业会计准则——基本准则》规定："所有者权益是指企业资产扣除负债后由所有者享有的剩余权益。"这一规定既体现了保护债权人权益的理念，又反映了所有者投入资本的保值增值情况。实际上，这种从定量角度对所有者权益进行的界定，也可以通过对会计恒等式变形来表示，即"所有者权益 = 资产总计−负债总计"。

二、所有者权益的构成

所有者权益是由企业的投资者投入资本及其增值所构成的，包括所有者投入的资本、直接计入所有者权益的利得和损失、留存收益等。现代企业的组织形式多种多样，按照财产的组织形式和所承担的法律责任划分，通常分类为：独资企业、合伙企业和公司制企业。不同组织形式的企业，其所有者权益的构成也有所不同。

（一）独资企业所有者权益的构成

独资企业是由一个自然人投资并兴办的企业。依照许多国家的法律规定，独资企业在法律上并不具有独立的人格，因而不能单独拥有行为能力，其所有者权益一般不必进行投资者投入资本及其增值部分的详细划分，而可以统称为业主权益。业主对企业进行投资，以及从企业中提取款项，完全是其自主行为，可以直接增加或减少业主权益；企业赚取的利润视为业主个人所得，可以转为业主权益，而无须单独以"未分配利润"项目反映。

此外，在独资企业的会计报表中，设置"业主权益表"，用于反映业主权益的增减变动。需要指出的是，国有独资企业是指企业全部资产归国家所有，国家依照所有权和经营权分离的原则授予企业经营管理。国有独资企业依法取得法人资格，实行自主经营、自负盈亏、独立核算，以国家授予其经营管理的财产承担民事责任。

（二）合伙企业所有者权益的构成

合伙企业是由两个以上的自然人订立合伙协议，共同出资、合伙经营、共享收益、共担风险，并对合伙企业债务承担无限连带责任的营利性组织。合伙企业与独资企业基本相同，不是法律主体，负有无限责任，取得的收益由出资人（也称合伙人）按个人所得缴纳个人所得税。各合伙人对企业进行的投资，应分别记入业主权益中各合伙人的名下；各合伙人从企业中抽减资金，意味着将减少其在合伙企业业主权益中的份额；合伙企业的损益，应按照合伙契约中规定的方法进行分配，记入业主权益中各合伙人的名下。与独资企业不同的是，就某个合伙人来说，不论是向企业投入资本，还是从企业中抽减资金，或是将其出资额转让给他人，都要受到其他合伙人意图的制约。

（三）公司制企业所有者权益的构成

公司制企业是以营利为目的，由许多投资者共同出资组建，股东以其投资额为限对公司负责，公司以其全部财产对外承担民事责任的企业法人。公司制企业包括股份有限公司、有限责任公司和国有独资公司等。

公司所有者权益又被称为股东权益，即股东投入资本及其增值部分，通常包括实收资本（或股本）、其他权益工具、资本公积、其他综合收益和留存收益五个部分。

（1）实收资本（或股本）。实收资本是指所有者在企业注册资本的范围内实际投入的资本。注册资本是指企业在设立时向工商管理部门登记的资本总额，是全部出资者设定的出资额之和。注册资本是企业的法定资本，是企业承担民事责任的财力保证。在不同的企业中，实收资本的表现形式有所不同：在股份有限公司，实收资本表现为实际发行股票的面值，也称股本；其他企业，实收资本表现为所有者在注册资本范围内的实际出资额。按照所有者的性质不同，实收资本又分为国家投入资本、法人投入资本、个人投入资本和外方投入资本。

（2）其他权益工具。其他权益工具是指企业发行的扣除普通股以外的归类为权益工具的各种金融工具，主要包括归类为权益工具的优先股、永续债（如长期限含权中期票据）、认股权、可转换债券等金融工具。

（3）资本公积。资本公积是指所有者投入的尚未确认为实收资本（或股本）的其他资本，主要包括资本溢价或股本溢价、发行可转换债券、认股权证以及实行股权激励等形成的归属于所有者的资本。

（4）其他综合收益。其他综合收益是指在企业经营活动中形成的未计入当期损益但归所有者所共有的利得或损失，主要包括其他债权投资和其他权益工具投资公允价值变动、权益法下被投资单位其他综合收益调整、债权投资重分类为其他债权投资公允价值变动以及非投资性房地产转换为投资性房地产转换日公允价值高于账面价值差额等形成的利得或损失。

（5）留存收益。留存收益是指归所有者共有的、由利润转化而来的所有者权益，主要包括法定盈余公积、任意盈余公积和未分配利润。

第二节 实收资本与其他权益工具

一、实收资本

（一）实收资本的性质

实收资本（或股本）是投资者投入资本形成法定资本的价值，所有者向企业投入的资本，在一般情况下无须偿还，可以长期周转使用。实收资本（或股本）的构成比例，通常是确定所有者在企业所有者权益中所占的份额和参与企业财务经营决策的基础，也是企业进行利润分配或股利分配的依据，同时还是企业清算时确定所有者对净资产的要求权的依据。

（二）关于注册资本的主要法律规定

1. 有限责任公司和国有独资公司的注册资本

有限责任公司的注册资本为在公司登记机关登记的全体股东认缴的出资额。

股东应当按期、足额缴纳公司章程中规定的各自所认缴的出资额。股东以货币出资的，应当将货币出资额足额存入公司法人在银行开设的账户中；以非货币财产出资的，应当依法办理其财产权的转移手续。股东不按照前款规定缴纳出资的，除应当向公司足额缴纳外，还应当向已按期足额缴纳出资的股东承担违约责任。

2. 股份有限公司的注册资本

股份有限公司是指全部资本由等额股份构成并通过发行股票筹集资本、股东以其认购的股份为限对公司承担责任、公司以其全部财产对公司债务承担责任的企业法人。与其他企业相比，股份有限公司最显著的特点就是将企业全部资本划分为等额股份，并通过发行股票的方式来筹集资本。

（三）实收资本的会计处理

1. 有限责任公司和国有独资企业的实收资本

企业接受股东和国家投入的资本，应当通过"实收资本"账户进行核算。在有限责任公司中,"实收资本"账户应按股东设置明细账,反映各股东实缴注册资本的数额。股东和国家投入的资本,从其形态上看,可以分为接受货币投资、实物投资、无形资产投资和股权投资等。

1)接受货币投资

当企业接受股东或国家的货币资金投资时,由于不存在投资的计价问题,账务处理比较简单,应以实际收到的货币资金,借记"银行存款"等账户,贷记"实收资本"账户。

【例 10-1】 甲、乙、丙三方共同出资设立天生公司,注册资本 12 000 000 元,甲、乙、丙持股比例分别为 50%、30%、20%。20×1 年 1 月 1 日,天生公司如期收到各投资者一次性缴足的款项。根据上述资料,天生公司应做以下账务处理:

借:银行存款 12 000 000
　　贷:实收资本——甲 6 000 000
　　　　　　——乙 3 600 000
　　　　　　——丙 2 400 000

2)接受实物投资

当企业接受股东或国家的原材料、固定资产等实物投资时,应对接受的投资实物进行价值评估,以评估确认的价值作为实收资本入账。需要说明的是,评估价值当中一般包括运杂费。但如果投资协议规定运杂费由受资企业负担,那么运杂费虽仍被计入实物价值,但并不计入投资额。

若企业接受的是原材料投资,其投资额为原材料评估价值。企业根据原材料不含增值税的评估价值,借记"原材料"等账户;根据增值税额,借记"应交税费——应交增值税(进项税额)"账户;根据原材料全部评估价值,贷记"实收资本"账户。

【例 10-2】 天生公司收到股东投入的原材料一批。该批原材料不含增值税的评估价值为 100 000 元,增值税为 13 000 元。根据上述资料,天生公司应做以下账务处理:

借:原材料 100 000
　　应交税费——应交增值税(进项税额) 13 000
　　贷:实收资本 113 000

若企业接受的是机器设备等不动产投资,其投资额为机器设备等的评估价值(一般包含运杂费)。投入的机器设备如不需要安装,则入账价值为不含增值税的评估价值,借记"固定资产"账户;根据增值税额,借记"应交税费——应交增值税(进项税额)"账户;根据机器设备的全部评估价值,贷记"实收资本"账户。投入的机器设备如需要安装,则入账价值为不含增值税的评估价值与安装费用之和,借记"在建工程"账户;根据增值税额,借记"应交税费——应交增值税(进项税额)"账户;根据机器设备含增值税的评估价值,贷记"实收资本"账户;根据安装费,贷记"银行存款"等账户。安装工程完工后,借记"固定资产"账户,贷记"在建工程"账户。

【例 10-3】 天生公司收到股东投入的需要安装的机器设备一台,确认的不含增值税的评估价值为 600 000 元,增值税为 78 000 元。投资协议规定运杂费由受资企业负担,受资企业用银行存款实际支付运输费为 2 000 元，运输费增值税为 180 元。天生公司收到机器设备后自行进行安装，安装过程中，用银行存款实际支付相关费用 6 000 元（未取得增值税专用发票）。根据上述资料，天生公司应做以下账务处理：

收到机器设备：

$$在建工程入账价值 = 600\ 000 + 2\ 000 = 602\ 000（元）$$
$$增值税进项税额 = 78\ 000 + 180 = 78\ 180（元）$$

借：在建工程	602 000
应交税费——应交增值税（进项税额）	78 180
贷：实收资本	678 000
银行存款	2 180

支付安装费用：

借：在建工程	6 000
贷：银行存款	6 000

安装工程完工：

$$固定资产入账价值 = 602\ 000 + 6\ 000 = 608\ 000（元）$$

借：固定资产	608 000
贷：在建工程	608 000

3）接受无形资产投资

当企业接受股东或国家的无形资产投资时，其投资额为无形资产含增值税的评估价值。企业接受无形资产投资时，应借记"无形资产"账户；根据增值税额，借记"应交税费——应交增值税（进项税额）"账户；根据无形资产的全部评估价值，贷记"实收资本"账户。

4）接受股权投资

当企业接受股东或国家的无形资产投资时，其投资额为股权的评估价值。企业接受股权投资时，应借记"长期股权投资""交易性金融资产"或"其他权益工具投资"等账户，贷记"实收资本"账户。

2. 股份有限公司的股本

股份有限公司设置"股本"账户，核算公司发行的普通股股票的面值部分，并在"股本"账户下按股东单位或姓名设置明细账，提供公司股本的构成情况。按目前规定，我国股票的发行价格可以按票面金额，也可以超过票面金额，但不能低于票面金额。也就是说，目前仅允许股票溢价、平价发行，不允许折价发行。

企业在发行普通股时，记入"股本"账目的金额必须按照股票的票面金额入账；超过部分作为股票溢价，记入"资本公积——股本溢价"。

【例 10-4】　天生公司发行普通股 10 000 000 股，每股面值 1 元。假定均按面值发行（未考虑手续费）。收到股款时，其账务处理如下：

借：银行存款	10 000 000
贷：股本——普通股	10 000 000

【例 10-5】　承例 10-4，假定上述普通股，按照每股 1.3 元的价格溢价发行（未考虑

手续费）。收到股款时，天生公司应做以下账务处理：

借：银行存款　　　　　　　　　　　　　　　　　　　　　13 000 000
　　贷：股本——普通股　　　　　　　　　　　　　　　　　10 000 000
　　　　资本公积——股本溢价　　　　　　　　　　　　　　 3 000 000

需要特别说明的是，资产负债表中的所有者权益报告项目中单独列示了"库存股"。库存股是指已发行但由于各种原因又回到公司手中，为公司所持有的股票。尚未发行的股票不属于库存股。库存股主要有经批准减资而回购的股票、为奖励员工而回购的股票以及日后还要再出售而回购的股票（我国目前尚不允许此类回购）。回购的库存股，应按实际支付的价款，借记"库存股"账户，贷记"银行存款"等账户。回购股票注销时，应首先冲减股本，若库存股实际成本大于股票面值，应冲减资本公积（股本溢价），资本公积不足冲减的，则应冲减留存收益；若公司回购股票的实际成本低于面值，其差额应计入资本公积，增加股本溢价。

二、其他权益工具

（一）其他权益工具的性质

其他权益工具是指企业发行的除普通股以外的归类为权益工具的各种金融工具，如优先股、永续债、可转换债券等。本节以企业发行优先股为例进行说明。

（二）其他权益工具的会计处理

股份有限公司发行优先股，应设置"其他权益工具——优先股"账户进行核算。该账户贷方登记发行优先股收到的价款，借方登记可转换优先股转换为普通股的账面价值，贷方余额反映发行在外的优先股账面价值。公司发行优先股时，应按照收到的价款，借记"银行存款"等账户，贷记"其他权益工具——优先股"账户。在优先股发行之前或发行过程中，可能会发生各项发行费支出，如手续费和佣金等，这部分支出应冲减优先股的账面价值。

【例10-6】　天生公司发行归类为权益工具的优先股100 000股，扣除相关交易费用后实收价款160 000元。根据上市资料，天生公司账务处理如下：

借：银行存款　　　　　　　　　　　　　　　　　　　　　　　160 000
　　贷：其他权益工具——优先股　　　　　　　　　　　　　　　160 000

可转换优先股转换为普通股时，应按照可转换优先股的账面价值，借记"其他权益工具——优先股"账户；按照普通股的面值，贷记"股本"账户；按照其差额，贷记"资本公积——股本溢价"账户。

第三节 资本公积与其他综合收益

一、资本公积

资本公积是所有者投入资本的组成部分，主要由资本（或股本）溢价和以权益结算的股份支付等构成，包括资本溢价（或股本溢价）和其他资本公积。企业应设置"资本公积"账户核算该类业务。

（一）资本（或股本）溢价

资本（或股本）溢价是指股东的出资额大于其在企业注册资本中所占份额的差额，属于股东投入资本的组成部分。

1. 资本溢价

一般来说，有限责任公司初创时股东按照其在企业注册资本中所占的份额出资，不会出现资本溢价。在企业创立时，出资者认缴的出资额全部记入"实收资本"账户，而在企业重组并有新的投资者加入时，出于风险补偿、维护原有投资者权益等目的，新股东的出资额往往会高于其在企业注册资本中所占的份额。此时，按其投资比例计算的出资额部分，记入"实收资本"账户，溢价部分则记入"资本公积"账户。

2. 股本溢价

股份有限公司是以发行股票的方式筹集股本的，因此股本溢价是指企业收到投资者的超出其在企业股本中所占份额的投资。形成股本溢价的原因有溢价发行股票、投资者超额缴入资本等。在采用溢价发行股票的情况下，企业应将相当于股票面值的部分记入"股本"账户，实际收到的款项大于股票面值的部分记入"资本公积——股本溢价"账户。需要说明的是，在股票发行之前或发行过程中可能会发生各项发行费支出，如委托证券商代理发行股票所发生的手续费、佣金等。在溢价发行情况下，各项发行费用减去发行股票冻结期间所产生的利息收入的差额，应先抵减溢价收入。也就是说，溢价收入扣除发行费净支出后的余额，最终作为股本溢价，被记入资本公积。

【例10-7】 天生公司委托西南证券公司代理发行普通股股票 10 000 000 股，每股面值1元，按每股价格1.50元溢价发行。证券公司按发行收入的1%收取手续费150 000元，从溢价收入中扣除。发行股票资金冻结期间所产生的利息收入为5 000元。

根据上述资料，天生公司应作以下账务处理：

公司实收价款 = 1.50×10 000 000–(150 000–5 000) = 14 855 000（元）

普通股股本 = 10 000 000（元）

股本溢价 = 14 855 000–10 000 000 = 4 855 000（元）

借：银行存款　　　　　　　　　　　　　　　　　14 855 000
　　贷：股本——普通股　　　　　　　　　　　　　　　10 000 000
　　　　资本公积——股本溢价　　　　　　　　　　　　 4 855 000

（二）资本公积转增资本

《中华人民共和国公司法》第一百六十七条规定，股份有限公司以超过股票票面金额的发行价格发行股份所得的溢价款以及国务院财政部门规定列入资本公积金的其他收入，应当列为公司资本公积金。第一百六十八条规定，公司的公积金用于弥补公司的亏损、扩大公司生产经营或者转为增加公司资本。但是，资本公积金不得用于弥补公司的亏损。因此，资本溢价或股本溢价形成的资本公积的主要用途是转增资本。经股东大会或类似机构决议后，公司用资本公积转增资本时，应冲减资本公积，同时按照转增前的实收资本（或股本）的结构或比例，将转增的金额记入"实收资本"（或"股本"）账户下各所有者的明细分类账。

【例10-8】 天生公司由甲、乙、丙、丁四人共同投资设立，注册资本为 20 000 000 元，甲、乙、丙、丁持股比例分别为 40%、24%、16% 和 20%。为扩大经营规模，经批准，天生公司按照原出资比例将资本公积 4 000 000 元转增资本。天生公司账务处理如下：

借：资本公积　　　　　　　　　　　　　　　　　 4 000 000
　　贷：实收资本——甲　　　　　　　　　　　　　　　 1 600 000
　　　　　　　　——乙　　　　　　　　　　　　　　　　 960 000
　　　　　　　　——丙　　　　　　　　　　　　　　　　 640 000
　　　　　　　　——丁　　　　　　　　　　　　　　　　 800 000

（三）其他资本公积

其他资本公积，是指除资本溢价（或股本溢价）项目以外所形成的资本公积，主要包括企业涉及的以权益结算的股份支付。股份支付是指企业为更好地激励员工为企业服务而授予的股票期权奖励政策，或者承担以股票期权为基础确定的负债的交易，其实质上属于职工薪酬的组成部分。按实现方式的不同，分为以权益结算的股份支付和以现金结算的股份支付[①]。其中，以权益结算的股份支付，是指企业为获取服务以期权等作为对价进行结算的交易。企业应当以授予员工期权授予日的公允价值为基础计量，计入相关成本费用，同时确认资本公积。也就是说，以权益结算的股份支付确认的资本公积，属于股东投入资本的组成部分。

（1）授予日，指股份支付协议获得批准的日期。企业在期权授予日不进行账务处理。

---

① 以现金结算的股份支付，是指企业为获取服务承担以股票增值权为基础计算确定的交付现金或其他资产义务的交易。因其业务核算过程中不涉及资本公积（其他资本公积）账户变动，故此处不作赘述。

（2）授予日至可行权日，也称股份支付的约定期。①授予后立即可行权的换取员工服务的以权益结算的股份支付，应当在授予日按照权益工具的公允价值计入相关成本费用，借记"管理费用"等账户，贷记"资本公积——其他资本公积"账户。②员工完成约定期内的服务或达到规定的业绩条件才可行权的，在约定期内的每个资产负债表日，应按照可行权期权数量的最佳估计数和期权授予日的公允价值确定的金额，分期计入相关成本费用，借记"管理费用"等账户，贷记"资本公积——其他资本公积"。资产负债表日，后续信息表明可行期权的数量与以前估计不同的，应当进行调整，并在可行权日调整至实际可行权的期权数量。

（3）可行权日至行权日，也称股份支付的等待期。企业在股份支付等待期，不再对已确认的相关成本费用和资本公积进行调整。

（4）行权日，指员工和其他方行使权利，获取权益工具的日期。在行权日，企业应按实际行权的权益工具数量计量确定的金额，借记"资本公积——其他资本公积"账户，按计入实收资本或股本的金额，贷记"实收资本"或"股本"账户，并将其差额记入"资本公积——资本溢价"或"资本公积——股本溢价"。

二、其他综合收益

其他综合收益主要是指直接计入所有者权益的利得（或损失）。其他综合收益一般是由特定资产的计价变动而形成的，当处置特定资产时，其他综合收益也应一并处置。因此，其他综合收益不得用于转增资本（或股本）。

1. 享有的被投资单位其他综合收益变动的份额

在长期股权投资采用权益法核算的情况下，被投资单位资本公积、其他综合收益等发生变动时，企业应按持股比例计算享有的份额，计入其他综合收益，同时增加或减少长期股权投资的账面价值；处置该项长期股权投资时，应转销与其相关的其他综合收益。享有的被投资单位其他综合收益变动的份额，属于企业在经营过程中形成的利得（或损失）。

2. 自用房地产或存货转换为投资性房地产公允价值与账面价值的差额

企业将自用房地产或存货转换为采用公允价值模式计量的投资性房地产时，转换日的公允价值大于原账面价值的差额，应计入其他综合收益；处置该项投资性房地产时，应转销与其相关的其他综合收益。自用房地产或存货转换为投资性房地产的公允价值与账面价值的差额，属于企业在经营过程中形成的利得。

3. 债权投资转换为其他债权投资公允价值与账面价值的差额

企业将债权投资转换为其他债权投资时，转换为该项债权投资的公允价值与其账面价值的差额，应计入其他综合收益；债权投资转换为其他债权投资时公允价值与账面价值的差额，属于企业在经营过程中形成的利得（或损失）。

4. 其他债权投资、其他权益工具投资的公允价值变动

其他债权投资、其他权益工具投资的公允价值高于其账面余额的差额，应计入其他综合收益；反之，应冲减其他综合收益；处置其他债权投资、其他权益工具投资时，应转销与其相关的其他综合收益。

第四节 留存收益

一、留存收益的性质及构成

(一)留存收益的性质

留存收益也被称为累积收益,是企业历年剩余的净收益积累而成的资本。作为股东权益的重要组成部分,按照公司章程或其他有关规定,公司将留存收益在股东间进行分配,作为公司股东的投资所得,也可以为了某些特殊用途和目的,将其中一部分留在公司而不予分配。

(二)留存收益的构成

留存收益由盈余公积和未分配利润构成,其中法定盈余公积和任意盈余公积属于已拨定的留存收益,而未分配利润属于未拨定的留存收益。

1. 盈余公积

1)法定盈余公积

法定盈余公积是指企业按照《中华人民共和国公司法》的规定,根据企业净利润和法定比例提取的盈余公积。法定,意味着提取是由国家法规强制规定的。企业必须提取法定盈余公积,目的是确保企业不断积累资本,固本培元。因而,法定盈余公积可以用于企业扩大再生产,也可以用于弥补企业亏损或转增资本。需要说明的是,公司的法定盈余公积金不足以弥补以前年度亏损的,在提取法定公积金之前,应当先用当年利润弥补亏损。

《中华人民共和国公司法》第一百六十六条规定,公司分配当年税后利润时,应当提取利润的10%列入公司法定公积金。公司法定公积金累计额为公司注册资本的50%以上的,可以不再提取。需要注意的是,《公司法》第一百六十八条还对法定公积金转为资本时的限额作出了相关规定,即所留存的该项公积金不得少于转增前公司注册资本的25%。

2)任意盈余公积

任意盈余公积是公司出于实际需要或采取审慎经营策略,在计提了法定盈余公积后,继续从税后利润中提取的一部分留存收益。由于任意盈余公积是企业自愿拨定的留存收益,其数额也视实际情况而定。需要指出的是,如果公司有优先股,必须在支付了优先股利之后,才能提取任意盈余公积。任意盈余公积的用途与法定盈余公积相同,企业在用盈余公积弥补亏损或转增资本时,一般先使用任意盈余公积,在任意盈余公积用完以后,再按规定使用法定盈余公积。

A. 弥补亏损

企业发生亏损时,应由企业自行弥补。弥补亏损的渠道主要有三条:一是用以后年度税前利润弥补。按照现行税法规定,企业发生亏损时,可以用以后五年内实现的税前利润弥补,即税前利润弥补亏损的期间为五年。二是用以后年度税后利润弥补。企业发生的亏损经过五年期间未弥补足额的，尚未弥补的亏损应用所得税后的利润弥补。三是以盈余公积弥补亏损。企业以提取的盈余公积弥补亏损时，应当由公司董事会提议，并经股东大会批准。

B. 转增资本

企业将盈余公积转增资本时，必须经股东大会决议批准。在实际将盈余公积转增资本时，要按股东原有持股比例结转。

2. 未分配利润

未分配利润是企业实现的净利润中留待以后年度向投资者分配的利润，也是企业股东权益的组成部分。从数量上来说，未分配利润是期初未分配利润，加上本期实现的税后利润，减去提取的各种盈余公积和分出利润后的余额；从权益上来说，相对于股东权益的其他部分来说，企业对于未分配利润的使用分配有较大的自主权。

二、留存收益的会计处理

（一）盈余公积的会计处理

为了反映盈余公积的形成及使用情况，企业应设置"盈余公积"账户，并按其种类设置"法定盈余公积"和"任意盈余公积"明细账，分别进行明细核算。

1. 提取盈余公积

企业从实现的净利润中提取盈余公积时，借记"利润分配"账户，贷记"盈余公积"（法定盈余公积、任意盈余公积）账户。

【例 10-9】 天生公司本年实现净利润 3 000 000 元，按 10%的比例提取法定盈余公积 300 000 元。又根据股东大会决议，按净利润的 8%提取任意盈余公积 240 000 元。根据上述资料，天生公司应编制会计分录如下。

提取法定盈余公积：

借：利润分配——提取法定盈余公积　　　　　　　　　　　　300 000
　　贷：盈余公积——法定盈余公积　　　　　　　　　　　　　　　300 000

提取任意盈余公积：

借：利润分配——提取任意盈余公积　　　　　　　　　　　　240 000
　　贷：盈余公积——任意盈余公积　　　　　　　　　　　　　　　240 000

2. 盈余公积补亏或转增资本

企业用盈余公积弥补亏损时，应按照补亏金额，借记"盈余公积"账户，贷记"利润分配——盈余公积补亏"账户；将盈余公积转增资本时，应借记"盈余公积"账户，贷记"实收资本"或"股本"账户。

【例 10-10】 天生公司经研究决定，用以前年度提取的法定盈余公积弥补当年亏损 400 000 元。根据上述资料，天生公司应编制会计分录如下：

借：盈余公积——法定盈余公积　　　　　　　　　　　　　　400 000
　　贷：利润分配——盈余公积补亏　　　　　　　　　　　　　　　400 000

【例 10-11】 天生公司经批准，将本期的任意盈余公积 700 000 元用于转增资本。根据上述资料，天生公司应编制会计分录如下：

借：盈余公积——任意盈余公积 700 000
　　贷：股本 700 000

（二）未分配利润的会计处理

在会计处理上，企业对未分配利润的核算是通过"利润分配——未分配利润"账户进行的，具体来说，是通过"利润分配"账户之下的"未分配利润"明细账户进行核算的。

企业在生产经营过程中取得的收入和发生的费用，最终通过"本年利润"账户进行归集，计算出当年盈利或亏损，然后转入"利润分配——未分配利润"账户进行分配。如结存于"利润分配——未分配利润"账户的贷方余额，则为未分配利润；如为借方余额，则为未弥补亏损。年度终了，再将"利润分配"账户下的其他明细账户（如提取法定盈余公积、提取任意盈余公积、应付现金股利或利润、转作股本的股利、盈余公积补亏等）的余额，转入"未分配利润"明细账户。结转后，"未分配利润"明细账户的贷方余额，就是未分配利润的数额；如出现借方余额，则表示未弥补亏损的数额。"利润分配"账户所属的其他明细账户应无余额。关于未分配利润详细的会计处理参见本书第十一章，此处不再赘述。

（三）弥补亏损的会计处理

企业生产经营过程中既有可能发生盈利，也有可能出现亏损，应通过"利润分配"账户核算有关亏损的弥补情况。

企业以前年度发生的亏损可以当年实现的利润弥补。在以当年实现的利润弥补以前年度结转的未弥补亏损的情况下，不需要进行专门的账务处理。这是因为，企业将当年实现的利润自"本年利润"账户转入"利润分配——未分配利润"账户的贷方，其贷方发生额与"利润分配——未分配利润"的借方余额可以自然抵补。需要指出的是，由于未弥补亏损形成时间长短不同，因此，以前年度未弥补亏损有的可以以企业当年实现的税前利润弥补，有的则须用税后利润弥补。但无论是以税前利润还是以税后利润弥补亏损，其会计处理方法均如上所述，二者主要差别在于在计算交纳所得税时的处理并不相同——以税前利润弥补亏损时，其弥补的数额可以抵减当期企业应纳税所得额，而以税后利润弥补时，则不能作相应抵扣。

【例 10-12】 天生公司 20×1 年发生亏损 100 万元。适用的所得税税率为 25%，假设不考虑由未弥补亏损确认的递延所得税资产。在年度终了时，企业应当结转本年发生的亏损。根据上述资料，天生公司的账务处理如下：

借：利润分配——未分配利润 1 000 000
　　贷：本年利润 1 000 000

【例 10-13】 假设 20×2 年至 20×5 年，天生公司每年均实现利润 20 万元。按照现行规定，企业在发生亏损以后的 5 年内可以以税前利润弥补亏损。天生公司在 20×3 年至 20×5 年均在税前弥补亏损。根据上述资料，天生公司 20×2 年至 20×5 年每年年度终了时，均应进行账务处理如下：

借：本年利润　　　　　　　　　　　　　　　　200 000
　　贷：利润分配——未分配利润　　　　　　　　　　　200 000

按照上述会计处理结果，20×5 年末"利润分配——未分配利润"账户期末余额为借方余额 20 万元，即 20×6 年初未弥补亏损为 20 万元。假设天生公司 20×6 年实现税前利润 50 万元，按现行规定，此时公司只能用税后利润弥补以前年度亏损。在 20×6 年年度终了时，天生公司首先应当按照当年实现的税前利润计算当年应缴纳负担的所得税，然后再将当期扣除应交所得税后的净利润，转入"利润分配"账户。天生公司在 20×6 年度计算交纳所得税时，其应纳税所得额为 50 万元，当年应交纳的所得税为 12.5（=50×25%）万元。此时，天生公司的账务处理如下。

（1）计算缴纳所得税。

借：所得税费用　　　　　　　　　　　　　　　125 000
　　贷：应交税费——应交所得税　　　　　　　　　　125 000
借：本年利润　　　　　　　　　　　　　　　　125 000
　　贷：所得税费用　　　　　　　　　　　　　　　　125 000

（2）结转本年利润，弥补以前年度未弥补亏损。

借：本年利润　　　　　　　　　　　　　　　　375 000
　　贷：利润分配——未分配利润　　　　　　　　　　　375 000

（3）上述处理的结果，该企业在 20×8 年"利润分配——未分配利润"账户的期末贷方余额为 17.5（=-20+37.5）万元。

三、股利分派

股利是指公司型企业依据公司章程规定发放给股东的投资报酬，其实质是公司财富中属于股东收益盈余的一部分。在通常情况下，股利只能依据公司本期和前期的净收益来分派，发放形式可以为现金股利、财产股利、负债股利，也可以是股票股利。其中，分派现金股利、财产股利和负债股利，都会使股东权益减少，而分派股票股利则不影响股东权益总额，因为它一方面减少了留存收益，另一方面又增加了实缴股本。我国常采用的有现金股利和股票股利。《中华人民共和国公司法》规定，税后利润提取了法定盈余公积之后，余下部分应先发放优先股股利，然后依董事会决定提取任意盈余公积，再余下的部分可向普通股股东分派普通股股利。在未付清优先股股利之前，公司不得发放普通股股利。

1. 现金股利

现金股利是指以现金方式分配给股东的股利。按规定，董事会或类似机构通过的利润分配方案中拟分配的现金股利或利润，暂不做账务处理，只需在附注中披露。但利润分配方案在已经获得股东大会或类似机构审议批准后，一经宣布，就成为公司对股东的偿付责任。因此，企业要及时按应支付的现金股利或利润，借记"利润分配"账户，贷记"应付股利"账户；实际支付现金股利或利润时，借记"应付股利"账户，贷记"银行存款"等账户。

【例 10-14】 天生公司总股本为 10 000 000 股。某年度，董事会通过利润分配方案，拟向全体股东每股派发 0.4 元的现金股利。经股东大会审议，批准了该方案。天生公司的账务处理如下。

董事会拟分配方案，暂不做账务处理。

（1）宣告派发现金股利：

借：利润分配——应付现金股利或利润　　　　　　　　　　4 000 000
　　贷：应付股利　　　　　　　　　　　　　　　　　　　　4 000 000

（2）实际发放现金股利：

借：应付股利　　　　　　　　　　　　　　　　　　　　　4 000 000
　　贷：银行存款　　　　　　　　　　　　　　　　　　　　4 000 000

2. 财产股利

财产股利是指以现金资产以外的资产形式向股东派发的股利。公司虽有留存收益，但无现金可供分配股利，就可以发放财产股利。最为常见的财产股利是以其持有的有价证券代替现金发给股东。

在进行会计处理时，应以股利宣告日的公允市价作为入账基准，而不能以实际支付日为基准。这样确定的理由是：用作股利分配的资产，在宣告之日起便已有了指定用途，公司不能因其市价的上下波动而获益或受损。

【例 10-15】 天生公司某年度经股东大会审议，将以公允价值计量且其变动记入当期损益的金融资产（所持 D 公司的股票）向股东派发 800 万元的财产股利。用于派发财产股利的 D 公司股票的账面价值为 750 万元，股利宣告日的市价为 800 万元。根据上述资料，天生公司的账务处理如下。

（1）宣告派发财产股利：

借：交易性金融资产　　　　　　　　　　　　　　　　　　500 000
　　贷：投资收益　　　　　　　　　　　　　　　　　　　　500 000

借：利润分配——应付股利（财产股利）　　　　　　　　　8 000 000
　　贷：应付股利　　　　　　　　　　　　　　　　　　　　8 000 000

（2）派发财产股利：

借：应付股利　　　　　　　　　　　　　　　　　　　　　8 000 000
　　贷：交易性金融资产　　　　　　　　　　　　　　　　　8 000 000

3. 负债股利

负债股利是指公司用债券、应付票据等证券来发放的股利。有时公司已宣告了现金股利，但在股利发放期间，临时出现现金不足，难以支付的情况。在这种特定情况下，可向股东开出短期应付票据等，在约定的日期付款。这种股利实际上是负债股利，公司应于派发时，将应付股利转为应付票据。发放负债股利，一方面会相应地减少留存收益，另一方面会相应地增加负债。

【例 10-16】 天生公司某年度经股东大会审议，决定派发 500 万元的负债股利，并于股利发放日签发了期限为 6 个月、票面利率 6% 的应付票据。根据上述资料，天生公司的账务处理如下。

（1）宣告派发负债股利：

借：利润分配——应付股利（负债股利）   5 000 000
  贷：应付股利   5 000 000

（2）派发负债股利：

借：应付股利   5 000 000
  贷：应付票据   5 000 000

（3）票据到期支付票据本息：

借：应付票据   5 000 000
  财务费用   150 000
  贷：银行存款   5 150 000

4. 股票股利

股票股利是公司用增发的股票分给股东当作股利，通常都是按现有股东持有股份的比例来分派，俗称红股。公司宣布和分发股票股利，既不影响公司的资产和负债，也不影响股东权益总额。它只是在股东权益内部各项目之间发生变动，即减少留存收益项目，增加股本项目。获得股票股利的股东，虽然所持有的股票数量有所增加，但在公司中所占权益的份额并未发生变化。

在会计实务中，股票股利在股东看来就好比是无偿配股，基于这种考虑，一般都按其面值从留存收益转入"股本"，即经股东大会或类似机构决议，分配给股东的股票股利，应在办理增资手续后，借记"利润分配——转作股本的股利"账户，贷记"股本"账户。

【例 10-17】 天生公司 20×1 年度经股东大会审议，通过了向股东每 10 股派发 3 股股票股利的分配方案。天生公司总股本为 10 000 000 股，每股面值为 1 元。宣告派发股票股利当日每股市价为 3 元。

宣告发放股票股利，按股票面值将留存收益转入"股本"账户。

    派发的股票股利总数 = 10 000 000×3÷10 = 3 000 000（股）
    用于派发股票股利的留存收益 = 3 000 000×1 = 3 000 000（元）

借：利润分配——转作股本的股利   3 000 000
  贷：待发股票股利   3 000 000

实际发放股票股利：

借：待发股票股利   3 000 000
  贷：股本   3 000 000

5. 清算股利

清算股利是指公司在无留存收益的情况下，以现金或公司其他资产形式分配的股利。清算股利并不是真正的股利，其实质是资本的返回。从股东的角度看，如果公司所分配的股利大于其投资后公司所获得的收益，其超过部分也可归属于清算股利。公司分配清算股利时，其账务处理为，借记"股本"账户，贷记相关资产类账户。

四、股票分割

股票分割是指公司型企业征得董事会和股东的认可后，将一张较大面值的股票拆成几张面值较小的股票，也称股票拆细。我国采用无票流通方式，股票分割不需要办理任何法律手续，因而董事会作出决定即可。通常是证券公司接到公司通知后，在各股东账号上进行分割，表明其分割后的股数，然后股东就可按新的股数进行交易。在账务处理上，股票分割时，虽然股票股数增加面值变小，但股本的面值总额及其他股东权益并不因之而发生任何增减变化，故不必做任何会计处理。

第五节 所有者权益在财务报表中的列报

所有者权益是指所有者在企业资产中享有的经济利益，其金额为企业资产扣除负债后的余额。由于我国企业资产负债表通常是按照"资产＝负债＋所有者权益"这个会计平衡公式设计的，所以在账户式资产负债表中，所有者权益列示在该表右方负债部分的下面。

资产负债表中的所有者权益部分一般按照净资产的不同来源及其特定用途进行分类，应当按照实收资本（或股本）、资本公积、盈余公积及未分配利润等项目分项列示。其中，"实收资本（或股本）"项目，反映企业各投资者实际投入的资本（或股本）总额，该项目应根据"实收资本（或股本）"账户的期末余额填列；"资本公积"项目，反映企业资本公积的期末余额，该项目应根据"资本公积"账户的期末余额填列；"库存股"项目，反映企业持有尚未转让或注销的本公司股份金额，该项目应根据"库存股"账户的期末余额填列；"盈余公积"项目，反映企业盈余公积的期末余额，该项目应根据"盈余公积"账户的期末余额填列；"未分配利润"项目，反映企业尚未分配的利润，该项目应根据"本年利润"账户和"利润分配"账户的余额计算填列，如为未弥补的亏损，则在该项目内以"－"号填列。

【课程思政】

结合课程教学内容，提炼出"公正、诚信、责任感"三个关键的思政元素，并融入具体的案例中。如通过剖析"控制权转移中的内幕交易监管案例"，深入分析了内幕交易如何违反"公开、公平、公正"原则而对投资者和资本市场造成不良影响，使学生树立人格要正、自律要严的价值思想；通过引用"云南绿大地财务舞弊案例"，分析财务舞弊对投资者和资本市场造成的严重负面影响，告诫学生诚信从业不仅是每一位会计人必须承担的社会责任，更是会计行业赖以生存和发展的基础；通过引入"河南村镇银行案件"，向广大青年学子传递，企业不仅仅是谋取自身利益最大化的经济体，更是社会整体财富积累、文明进步、环境可持续发展的重要推动者，肩负着"企业公民"的社会责任，让学生在案例中体会"人生须知负责任的苦处，才能知道有尽责任的乐趣"这一哲理，提醒学生始终不忘初心使命，勇挑重担、勇克难关，增强服务国家、服务人民的社会责任感。

复习思考题

1. 简述企业的组织形式及其特征。
2. 简述所有者权益的来源构成项目。
3. 何为注册资本？其意义如何？
4. 何谓资本公积？其构成内容如何？
5. 留存收益包括哪些内容？
6. 简述我国公司常采用的现金股利和股票股利的分配特征及其账务处理方法。

复习思考题参考答案

第十一章 收入、费用与利润

【学习目标】

通过对本章的学习,了解收入、费用、利润的定义;理解费用、成本、支出的关系,营业收入的确认,资产减值损失、信用减值损失、公允价值变动损益、投资收益的核算;掌握营业收入与营业成本的核算,税金及附加的核算,销售费用、管理费用、财务费用的核算,资产处置损益的核算,所得税费用的核算,利润分配的程序与核算等。

第一节 收入

一、收入的概念与分类

(一)收入的概念与性质

根据我国《企业会计准则第 14 号——收入》(2017 年)的定义:收入,是指企业在日常活动中形成的、会导致所有者权益增加的、与所有者投入资本无关的经济利益的总流入。该准则适用于所有与客户之间的合同。客户,是指与企业订立合同以向该企业购买其日常活动产出的商品或服务并支付对价的一方。合同,是指双方或多方之间订立有法律约束力的权利义务的协议,包括书面形式、口头形式以及其他形式。《企业会计准则第 14 号——收入》(2017 年)所规范的收入,包括《企业会计准则第 14 号——收入》(2006 年)和《企业会计准则第 15 号——建造合同》(2006 年)所规范的收入,即在新收入准则下,建造合同收入可视为企业提供服务所取得收入的一种特殊类型。需要说明的是,本节后续所涉及的收入限定为狭义的营业收入,即企业在从事销售商品、提供服务等日常经营业务过程中所取得的收入。

知识链接

(二)收入的分类

1. 按经济业务所占比重,营业收入可被分为主营业务收入和其他业务收入。

(1)主营业务收入也称基本业务收入,是指企业通过完成其经营目标所从事的主要经营活动所实现的收入,一般占企业总收入的比重较大,对企业整体经营绩效有较大影响。不同行业的企业，在不同性质的主营业务内容下，形成不同来源的主营业务收入。比如，工业企业的主营业务收入来源是制造和销售产品及半成品，商业企业的主营业务收入来源是销售商品，租赁公司的主营业务收入来源是出租资产，咨询公司的主营业务收入来源是提供咨询服务，软件开发企业的主营业务收入来源是提供软件开发服务，安装公司主营业务收入来源是提供安装服务等。

（2）其他业务收入也称附营业务收入，是指企业通过主要经营业务以外的其他经营活动实现的收入。相比主营业务收入而言，其他业务收入不经常发生，在营业收入当中所占的比重一般较小，如工业企业出租固定资产、出租无形资产、出租周转材料、销售不需要的原材料等实现的收入。

企业应当设置"主营业务收入"账户和"其他业务收入"账户，分别核算主营业务形成的经济利益的总流入和其他业务形成的经济利益的总流入。但在利润表中，应将二者合并为"营业收入"项目反映。

2. 按收入确认的期间分类，营业收入可分为跨期收入和非跨期收入。

（1）跨期收入，是指某项经济业务的总收入需要在多个会计期间内分期确认的收入。

（2）非跨期收入，是指某项经济业务的总收入在一个会计期间内一次性确认的收入。

二、营业收入确认与计量的应用步骤

为进一步规范收入确认、计量和相关信息披露，国际会计准则理事会于 2014 年 5 月发布了《国际财务报告准则第 15 号——与客户之间的合同产生的收入》，自 2018 年 1 月 1 日起生效。该准则改革了现有的收入确认模型，突出强调了主体确认收入的方式应当反映其向客户转让商品或服务的模式，确认金额应当反映主体因交付该商品或服务而预期有权获得的金额。为保持我国企业会计准则与国际财务报告准则趋同，财政部借鉴《国际财务报告准则第 15 号——与客户之间的合同产生的收入》，并结合我国实际情况，修订形成了《企业会计准则第 14 号——收入》（2017 年）。

该准则设定了统一的收入确认与计量的五步法模型，即识别与客户订立的合同、识别合同中的单项履约义务、确定交易价格、将交易价格分摊至各单项履约义务、履行每一单项履约义务时确认收入（图 11-1）。

第一步	第二步	第三步	第四步	第五步
·识别与客户订立的合同	·识别合同中的单项履约义务	·确定交易价格	·将交易价格分摊至各单项履约义务	·履行每一单项履约义务时确认收入

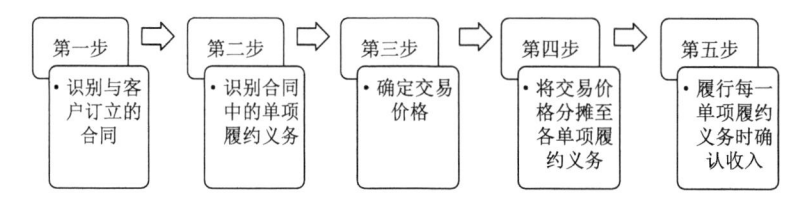

图 11-1 企业对营业收入确认与计量的应用步骤

【课程思政】

互联网经济多年来的迅速发展，给传统商业模式带来了颠覆性的发展机遇。通过对收入确认的五步法分析，特别是针对特殊经济业务的确认分析，引导学生关注收入确认背后潜在的财务风险及信息披露问题，增强学生的责任和担当意识，同时引导学生理解保证会计信息披露质量的系列原则，特别是可靠性原则，培养学生遵守会计法规和会计准则，提升会计职业道德和职业素养。

（一）识别与客户订立的合同

合同是指双方或多方之间达成的确立可执行权利和义务的协议。识别与客户订立的合同是指，识别合同各方是否已批准该合同并承诺将履行各自义务，以便在合同开始日即满足收入确认的前提条件，在客户取得相关商品控制权时确认收入。合同开始日，是指合同开始赋予合同各方具有法律约束力的权利和义务的日期，通常指合同生效日。

1. 营业收入的确认时点

《企业会计准则第14号——收入》（2017年）更强调客户合同的履约义务，规定企业应当在履行了合同中的履约义务即客户取得了相关商品的控制权时，确认收入。履约义务是指合同中企业向客户销售商品、提供劳务等的承诺，既包括合同中明确的承诺，也包括企业已公开宣布的政策、特定声明或以往的习惯做法等导致合同订立时客户合理预期企业将履行的承诺。

企业履行了合同履约义务，可以分为某一时段内的分期履约和在某一时点上的完成履约，而根据履约义务的完成时间，营业收入的确认可分为在某一时段内分期确认和在某一时点确认。

（1）在判断营业收入的确认时点时，企业应当根据以下条件，首先判断履约义务是否满足在某一时段内履行履约义务的条件。

（a）客户在企业履约的同时即取得并消耗企业履约所带来的经济利益。如果企业在履约过程中是持续地向客户转移该服务控制权的，则表明客户在企业履约的同时即取得并消耗企业履约所带来的经济利益，该履约义务属于在某一时段内履行的履约义务。

（b）客户能够控制企业履约过程中在建的商品。企业在履约过程中在建的商品包括在产品、在建工程、尚未完成的研发项目、正在进行的服务等。如果在企业创建这些商品的过程中客户就能够控制这些在建商品，则表明该履约义务属于在某一时段内履行的履约义务。

（c）企业履约过程中所产出的商品具有不可替代用途，且该企业在整个合同期间内有权就累计至今已完成的履约部分收取款项。具有不可替代用途，是指因合同限制或实际可行性限制，企业不能轻易地将商品用于其他用途；有权就累计至今已完成的履约部分收取款项，是指在由于客户或其他方原因终止合同的情况下，企业有权就累计至今已完成的履约部分收取能够补偿其已发生成本和合理利润的款项，并且该权利具有法律约束力。

例如，企业与客户签订意向为期一年的服务合同，该服务仅为该客户提供，具有不可替代性；合同规定客户每半年按照服务完工进度付款，客户对服务质量具有控制的权利。根据判断条件，可认定该合同属于在某一时段内履行的履约义务，企业应当在该段时间内根据履约进度确认相应的营业收入（履约进度不能合理确定的除外）。

（2）当一项履约义务不属于在某一时段内履行的履约义务时，应当属于在某一时点履行的履约义务。对于在某一时点履行的履约义务，企业应当在客户取得相关商品或服务控制权的时点确认收入。

客户取得相关商品控制权，是指能够主导该商品的使用并从中获得几乎全部的经济利益。在判断客户是否已经取得商品或服务控制权时，企业应当考虑下列迹象。

（a）企业就该商品享有现时收款权利，即客户就该商品负有现时付款义务。

（b）企业已将该商品的法定所有权转移给客户，即客户已拥有该商品的法定所有权。

（c）企业已将该商品实物转移给客户，即客户已实际占有该商品。

（d）企业已将该商品所有权上的主要风险和报酬转移给客户，即客户已取得该商品所有权上的主要风险和报酬。

（e）客户已接受该商品。

（f）其他表明客户已取得商品控制权的迹象。

需要注意的是，上述判断客户是否已经取得商品控制权所应当考虑的迹象中，没有哪一项是决定性的，企业应当根据合同条款和交易实质进行综合分析，以判断客户是否以及何时取得商品的控制权，并据以确定收入确认的时点。例如，商品零售企业销售空调等大型商品，客户付款后由企业负责送货、安装。在这种情境下，企业尚未将该商品实物转移给客户。如果该商品属于标准产品，根据以往经验，几乎未出现过客户拒收商品的现象，则可视为客户已接受该商品，在收款时确认营业收入；如果该商品属于客户特殊定制的商品，且客户能否接受该商品尚不能确定，则收款时不应确认营业收入，应在商品安装调试完成且客户签收商品时确认营业收入。

2. 营业收入的确认条件

如上所述，企业履行了合同中的履约义务即客户取得了相关商品的控制权，只是确认收入的时间节点。只有当企业与客户之间的合同同时满足下列条件时，企业才能在客户取得相关商品控制权时确认收入。

（1）合同各方已批准该合同并承诺将履行各自义务。

（2）该合同明确了合同各方与所转让商品相关的权利与义务。

（3）该合同有明确的与所转让商品相关的支付条款。

（4）该合同具有商业实质，即履行该合同将改变企业未来现金流量的风险、时间分布或金额。

（5）企业因向客户转让商品而有权取得对价很可能收回。

同时满足上述条件，才能说明企业取得了内容完整、合法有效、具有商业实质的合同，且很可能收到相关价款。在这种情况下，企业在履行了履约义务即客户取得相关商品控制权时，可以确认收入。在合同开始日即能够同时满足上列条件的合同，企业在后续期间无须对其进行重新评估，除非有迹象表明相关事实和情况发生了重大变化；在合同开始日尚不能同时满足上列条件的合同，企业应当对其进行持续评估，并在能够同时满足上列条件后，在客户取得相关商品控制权时确认收入。

在评估企业与客户之间的合同是否同时满足上列条件时，应当着重关注对以下三个方面的判断。

（1）合同约定的权利和义务是否具有法律约束力，需要根据企业所处的法律环境和实务操作进行判断，包括合同订立的方式和流程、具有法律约束力的权利和义务的时间等。

（2）合同是否具有商业实质，应当根据履行该合同是否会对企业未来现金流量在风险、时间分布、金额任何一个方面或多个方面带来显著改变进行判断，或者根据履行该合同对企业未来现金流量现值的改变是否重大进行判断。

（3）企业因向客户转让商品而有权取得的对价是否很可能收回，判断时仅应考虑客户到期时支付对价的能力和意图，即客户的信用风险。企业预期很可能无法收回全部合同对价时，应当判断是客户的信用风险所致还是企业向客户提供了价格折让所致。

根据上述判断标准，对不能同时满足营业收入确认的 5 个条件的合同，企业只有在不再负有向客户转让商品的剩余义务，且已向客户收取的对价无须退回时，才能将已收取的对价确认为收入；否则，应当将已收取的对价作为负债进行会计处理。

例如，天生公司就一栋建筑物与乙公司签订了销售合同，合同价款 100 万元。该建筑物成本 65 万元，乙公司在合同开始日即取得了该建筑物的控制权。根据合同约定，乙公司在合同开始日支付了 5%的保证金 5 万元，并就剩余的 95%价款与天生公司签订了不附追索权的长期融资协议。如果乙公司违约，天生公司可重新拥有该建筑物，即使收回的建筑物不能涵盖所欠款项的总额，天生公司也不能向乙公司索取进一步的赔偿。实际上，乙公司对于建筑物的用途在于：计划在该建筑物内开设一家餐馆，并以该餐馆的收益偿还天生公司的欠款。但在该建筑物所在的地区，餐饮行业面临激烈竞争，而乙公司自身是缺乏相关的行业经营经验的。根据上述条件，天生公司对乙公司的还款能力和意图存在疑虑，判断该合同不满足合同价款很可能收回的条件。因此，天生公司将已经收到的 5 万元对价确认为一项负债，而非营业收入。

3. 合同合并

与同一客户（或该客户的关联方）同时订立或在相近时间内先后订立两份或多份合同且合同内容基本相同等情况下，在满足下列条件之一时，企业可将两份或多份合同合并为一份合同进行会计处理。

（1）该两份或多份合同基于同一商业目的而订立并构成一揽子交易。

（2）该两份或多份合同中的一份合同的对价金额取决于其他合同的定价或履行情况。

（3）该两份或多份合同中所承诺的商品（或每份合同中所承诺的部分商品）构成单项履约义务。

例如，企业与客户签订了形式上的多份合同，但这几份合同其实都是基于同一项资产进行的，在设计、技术、功能、最终用途上密不可分，且根据整体施工进度统一办理价款结算。因此在实质上企业可将这多份合同合并为一份合同进行会计核算。

4. 合同变更

合同变更是指经合同各方批准对原合同范围或价格作出的变更。企业应当区分下列三种情形对合同变更分别进行会计处理。

（1）合同变更部分作为单独合同。合同变更增加了可明确区分的商品及合同价款，且新增合同价款反映了新增商品单独售价的，应当将该合同变更部分作为一份单独的合同进行会计处理。其中，单独售价是指企业向客户单独销售商品的价格。

例如，天生公司承诺向客户销售100件产品，每件售价90元，且将于未来3个月内陆续转让给客户。实际执行过程中，天生公司在转让了70件产品以后，承诺将按照每件85元的价格额外销售给客户20件产品。这20件产品与原合同中的产品是可明确区分的，每件85元的单独售价反映了合同变更时的该产品的市场价格。本例中，由于新增的20件产品是可明确区分的，且新增的合同价款反映了新增产品的单独售价，因此，该合同实际上构成了一份单独的、在未来销售20件产品的新合同。因此，该合同并不影响对原合同的会计处理。天生公司应当对原合同的100件产品按每件90元确认收入，对新合同中的20件产品按每件85元确认收入。

再如，某建筑公司与客户签订了一座实验大楼的建造合同。合同履行一段时间后，客户决定追加建造一段环楼绿化带，并就追加工程造价与建筑公司进行协商并达成一致。本例中，由于追加建造的环楼绿化带与原合同的实验大楼在用途、功能、建造方式上等存在重大差异，且双方就其工程造价进行了专门协商并达成一致，表明合同变更增加了可明确区分的商品及合同价款，则该建筑公司应当将变更部分作为一份单独的合同进行会计处理。

（2）合同变更作为原合同终止及新合同订立。合同变更不属于上述（1）的情形，且合同变更日已转让的商品或已提供的服务与未转让的商品或未提供的服务之间可明确区分的，应当视为原合同终止，同时，将原合同未履约部分与合同变更部分合并为新合同进行会计处理。

例如，天生公司承诺向客户销售100件产品，每件售价90元，且将于未来3个月内陆续转让给客户。在天生公司向客户销售了70件产品后，客户提出再追加购买20件，且这20件协定价格为每件85元，该售价反映了产品在合同变更日的单独售价。同时，客户发现天生公司已转让的70件产品存在质量瑕疵，要求天生公司对已转让的产品提供每件10元的销售折让以弥补其损失。经协商，双方同意将价格折让在销售新增的20件产品的合同价款中进行抵减，金额为700元。本例中，700元的折让金额与已经转让的70件产品有关，因此，天生公司应将其视为已销售的70件产品的销售价格的抵减，而合同变更新增的20件产品，其售价不能反映该产品在合同变更时的单独售价，因此，天生公司不能将合同变更作为单独合同进行会计处理，而应将其视为原合同的终止，并将原合同未履约部分与合同变更部分合并为新合同进行会计处理。在新合同中，天生公司应向客户销售产品50（=100−70+20）件，对价为4 200元，即原合同下尚未确认收入的客户已承兑对价2 700（=90×30）元与合同变更部分的对价1 500（=75×20）元之和，那么新合同中的50件产品每件产品应确认的单独售价为每件84元。

再如，某劳务服务公司与客户签订合同，每周为客户的办公楼提供保洁服务，合同期限为3年，客户每年向该公司支付服务费10万元，且该价格反映了合同开始日该项服务的单独售价。在第 2 年末，合同双方对合同进行了变更，将第 3 年的服务费调整为 8 万元，且该价格也反映了合同变更日该项服务的单独售价；同时以 21 万元的价格将合同期限延长 3 年，即每年服务费为 7 万，该价格不能反映合同变更日该 3 年服务的单独售价。本例中，在合同变更日，由于新增的 3 年保洁服务的价格不能反映该项服务的单独售价，因此，该合同变更不能作为单独的合同进行会计处理；由于在剩余合同期间提供的服务与已提供的服务是可明确区分的，所以劳务公司应将该合同变更作为原合同的终止，同时，将原合同中未履约的部分与合同变更合并为一份新合同进行会计处理。新合同的合同期限为 4 年，对价为 29 万元，即原合同下尚未确认收入的对价 8 万元与新增的 3 年服务合同对应的对价 21 万元之和，新合同中劳务公司每年确认的收入为 7.25（= 29÷4）万元。

（3）合同变更部分作为原合同的组成部分。合同变更不属于上述（1）的情形，且在合同变更日已转让的商品或已提供的服务与未转让的商品或未提供的服务之间不可明确区分的，应当将该合同变更部分作为原合同的组成部分进行会计处理，由此产生的对已确认收入的影响，应当在合同变更日调整当期收入。

例如，某建筑公司 20×0 年 1 月 1 日与客户签订了一项总价款 800 万元的办公楼建造合同，在客户自有使用权的土地上建造一栋办公大楼。建设期 2 年，造价成本预计 600 万元。假定该建造服务属于在某一时段内履行的履约义务，并根据累计发生的合同成本占合同预计总成本的比例确定履约进度。截至 20×0 年末，该建筑公司累计已发生成本 360 万元，履约进度为 60%（= 360÷600×100%）。因此，建筑公司在 20×0 年应确认的收入为 480（= 800×60%）万元。20×1 年初，客户要求修改办公楼屋顶设计，双方就此进行协商并达成一致，合同造价因此增加 100 万元。成本预计增加 80 万元。在本例中，由于合同变更后拟提供的剩余服务与合同变更日或之前已提供的服务不可明确区分（即该合同仍为单项履约义务），建筑公司应当将合同变更作为原合同的组成部分进行会计处理。合同变更后的交易价格 900（= 800 + 100）万元，建筑公司重新估计的履约进度为 52.94%[= 360÷(600 + 80)×100%]，在合同变更日，建筑公司应转回前期多确认的收入 3.54（= 52.94%×900–480）万元。

（二）识别合同中的单项履约义务

履约义务是指合同中企业向客户转让可明确区分商品的承诺。履约义务既包括合同中明确的承诺，也包括企业已公开宣布的政策、特定声明或以往的习惯做法等导致合同订立时客户合理预期企业将履行的承诺。需要指出的是，企业为履行合同而应开展的初始活动，通常不构成履约义务，除非该活动向客户转让了承诺的商品。合同开始日，企业应当对合同进行评估，识别该合同所包含的各单项履约义务。企业应当将下列客户转让商品的承诺作为单项履约义务。

1. 企业向客户转让可明确区分商品（或商品组合）的承诺

可明确区分商品，是指企业向客户承诺的商品同时满足下列条件。

（1）客户能够从该商品本身或从该商品与其他易于获得资源一起使用中受益，即该商品能够明确区分。例如，企业通常会将该商品单独销售给客户，则表明该商品能够明确区分。在评估某项商品是否能够明确区分时，应当基于该商品自身的特征，而与客户可能使用该商品的方式无关。

（2）企业向客户转让该商品的承诺与合同中其他承诺可单独区分，即转让该商品的承诺在合同中是可以明确区分的。在确定了商品能够明确区分后，还应当在合同层面继续评估转让该商品的承诺与合同中的其他承诺之间是否可以明确区分。

例如，天生公司与客户签订合同，销售一台其生产的可直接使用的专用设备，并且未来 5 年内向该客户提供用于该设备的专用耗材。该耗材只有天生公司才能生产，因此，客户只能从天生公司采购该耗材。该耗材既可以与设备一起销售，也可单独对外销售。本例中，天生公司在合同中对客户的承诺包括销售设备和专用耗材，虽然客户同时采购了设备和专用耗材，但由于耗材是可以单独出售的，客户可以从将该设备与单独购买的耗材一起使用中获益，表明设备和专用耗材能够明确区分。此外，天生公司并未对设备和耗材提供重大的整合服务以将两者形成组合产出，设备和耗材并未对彼此做出重大修改或定制，也不具有高度关联性，表明设备和耗材在合同中是彼此可以明确区分的。因此，该项合同包含两项履约义务，即销售设备和提供专用耗材。

2. 企业向客户转让不可明确区分商品（或商品组合）的承诺

下列情形通常表明企业向客户转让商品的承诺与合同中的其他承诺不可单独区分。

（1）企业需提供重大的服务以将该商品与合同中承诺的其他商品整合成合同约定的组合产出转让给客户。例如，天生公司与客户签订办公大楼建造合同。那么，天生公司向客户提供的单项商品可能包括钢筋、水泥、人工等，虽然这些单项商品本身都能够使客户获益（如客户可将这些建筑材料以高于残值的价格出售，也可以将其与其他建筑商提供的材料或人工等资源一起使用），但是，在该建造合同下，天生公司向客户承诺的是为其建造一栋办公大楼，而非提供这些单项建筑材料。天生公司需要提供重大的服务将这些单项商品进行整合，以形成合同约定的一项组合产出（即办公大楼）转让给客户。因此，在该合同中，钢筋、水泥、人工等商品之间不能单独区分。

（2）该商品将对合同中承诺的其他商品予以重大修改或定制。例如，天生公司与客户签订了一项合同，向客户销售一款自行开发的现有软件并提供安装服务。合同明确规定，天生公司须对该软件作重大定制以增添重要的新功能，从而使该软件能够与客户使用的其他定制软件应用程序相对接。由于天生公司在提供安装服务过程中，需要对销售的软件在现有的基础上进行定制化的重大修改，以此作为安装服务的一部分，因此提供定制安装服务的承诺和转让软件的承诺在该合同中是不能明确区分的。

（3）该商品与合同中承诺的其他商品具有高度关联性。例如，天生公司与客户签订了一项合同，按照客户的要求为其专门设计并制造一台专用设备。在设备制造和调试过程中，天生公司根据实际情况，对专用设备的设计方案进行了数次修正，并根据修正的设计，对设备相应的结构、装置、部件等进行了不同程度的返工、改进。由于专用设备的设计和制造两项承诺是不断交替反复进行的，具有高度的关联性，因此，二者在该合同中是不能明确区分的。

3. 企业向客户转让一系列实质相同且转让模式相同的、可明确区分商品的承诺

当企业向客户连续转让某项承诺的商品时，应当将这实质相同且转让模式相同的一系列商品作为单项履约义务，即使这些商品本身可以明确区分。其中，转让模式相同，是指每一项可明确区分商品均满足在某一时段内履行履约义务的条件，且采用相同方法确定其履约进度。企业在判断所转让的一系列商品是否实质上相同时，应当考虑合同中承诺的性质。

（1）如果企业承诺的是提供确定数量的商品，需要考虑这些商品本身是否实质相同。

（2）如果企业承诺的是在某一期间内随时向客户提供某项服务，则需要考虑企业在该期间内各个时间段的服务承诺是否相同，而不是具体的服务行为是否相同。

例如，天生公司与客户签订一项为期一年的保洁服务合同，承诺为客户写字楼提供每天的保洁维护服务。本例中，虽然天生公司每天为客户提供的具体服务可能并不完全相同，但每天对客户的服务承诺都是相同的，即随时提供保洁维护服务，符合实质相同的条件，并且根据控制权转移的判断标准，每天的服务都属于在某一时段内履行的履约义务。因此，天生公司为客户提供的保洁维护服务属于一系列实质上相同且转让模式相同、可明确区分的服务承诺，应当将其合并在一起作为单项履约义务进行会计处理。

（三）确定交易价格

合同标价并不一定代表交易价格，企业应当根据合同条款，并结合其以往的习惯做法确定交易价格。在确定交易价格时，企业应当考虑合同中存在可变对价、重大融资成分、应付客户对价等因素的影响。

1. 确定可变对价最佳估计数

可变对价是指对最终交易价格产生影响的不确定的对价。企业与客户的合同中约定的交易金额可能会因折扣、价格折让、返利、退款、奖励积分、激励措施、业绩奖金、索赔等因素而变化。此外，根据一项或多项或有事项的发生而收取不同对价金额的合同，也属于可变对价的情形。合同中存在可变对价的，企业应当按照期望值或最可能发生金额确定可变对价的最佳估计数。每一资产负债表日，企业应当重新估计应计入交易价格的可变对价金额。

（1）如果企业拥有大量具有类似特征的合同，企业据此估计合同可能产生多个结果时，按照期望估计值估计可变对价金额通常是恰当的。

例如，20×1年1月1日，天生公司与客户签订了一份1 000件的产品销售合同，每件售价100元。合同规定，如果客户在20×1年度内累计购买产品超过5 000件，则产品售价将追溯调整为每件90元，即该产品销售合同是存在可变对价的。20×1年第一季度，天生公司向该客户实际出售产品500件。根据以往与该客户交易的大量经验，天生公司估计该客户在20×1年度内累计购买的产品数量不会超过5 000件。基于这一事实，天生公司认为在不确定性因素消除时（即获悉20×1年度客户购买总量时），按合同售价每件100元确认的收入极可能不会发生重大转回，因此天生公司20×1年第一季度确认收入50 000（＝100×500）元。20×1年第二季度，客户收购了另一家企业，扩大了营业规模，

天生公司第二季度向该客户出售产品 2 000 件。基于这一新的事实，天生公司经过重新评估认为，该客户在 20×1 年度内累计购买的产品数量极可能会超过 5 000 件，即产品的最终售价极可能为每件 90 元，与此同时，为了避免相关不确定因素消除时发生转回之前已经确认收入的情况，天生公司 20×1 年第二季度确认的收入金额应当为 175 000（= 90×2 000–10×500）元。

（2）对于某一事项的不确定性对可变对价金额的影响，企业应当在整个合同期间一致地采用同一种方法进行估计。

企业使用期望值或最可能发生金额确定可变对价的最佳估计数，包含可变对价的交易价格，应当不超过在相关不确定性消除时累计已确认收入极可能不会发生重大转回的金额。企业在评估累计已确认收入是否极可能不发生重大转回时，应当同时考虑收入转回的可能性及其比重。可能增加收入转回的可能性或转回金额比重的因素包括但不限于下列各项：①对价金额极易受到超出企业影响范围之外的因素影响。此类因素可能包括市场波动性、第三方判断或行动、天气以及已承诺商品或服务较高的陈旧过时风险。②关于对价金额的不确定性预计在较长时期内均无法消除。③企业对类似类型合同的经验有限，或相关经验的预测价值有限。④企业在实务中相似情形下的类似合同提供了较多不同程度的价格折让或不同的付款条款和条件。⑤合同具有大量且分布广泛的可能发生的对价金额。

但是，当存在多个不确定性事项均会影响可变对价金额时，企业可以采用不同的方法对其进行估计。

例如，某建筑公司与客户签订办公大楼建造合同，合同价款 500 万元。根据合同约定，该工程的完工日期为 20×1 年 3 月 31 日，如果建筑公司能够在该日期之前完成，则每提前一天，合同价款将增加 3 万元；相反，如果未能按期完工，则每推迟一天，合同价款将会减少 3 万元。此外合同规定，该项工程完工之后将参与省级优质工程奖的评选，如果能够获奖，那么客户将额外奖励建筑公司 30 万元。本例中，产生可变对价的事项有两项：一是是否按期完工，二是能否获得省级优质工程奖。建筑公司可以采用不同的方法对其进行估计：对于前者，按照期望值进行估计；对于后者，按照最有可能发生的金额进行估计。

（3）最有可能发生金额是一系列可能发生的对价金额中最可能发生的单一金额，合同最可能产生的单一结果。当合同仅有两个可能结果（例如，企业能够达到或不能达到某业绩奖励目标）时，按照最可能发生金额估计可变对价金额可能是恰当的。

例如，沿用情形（2）中的例子，建筑公司对合同结果的估计如下：工程按时完工的概率为 90%，工程延期的概率为 10%。本例中，由于该合同涉及两种可能结果，建筑公司认为按照最可能发生金额能够更好地预测其有权获取的对价金额。因此，建筑公司估计的交易价格为 100 万元，即为最可能发生的单一金额。

2. 合同中存在重大融资成分

重大融资成分是指销售商品或提供服务等收款期较长导致分期收款的总对价高于其现销价格的差额。企业与客户签订的合同中存在重大融资成分的，应当按照假定客户在取得商品控制权时即以现金支付的应付金额确定交易价格。该交易价格与合同对价之间的差额,应当在合同期间内采用实际利率法摊销。

例如,企业与客户签订一项分期收款商品销售合同,不含增值税的总对价为500万元,收款期为5年,每年末收款100万元;该商品的现销价格为440万元,则判定该合同存在重大融资成分,其交易价格不应按照分期收款总对价500万元确定,而应按照现销价格440万元确定。

需要指出的是,按照重要性原则,合同开始日,企业预计客户取得商品控制权与客户支付价款间隔不超过一年的,可以不考虑合同中存在的重大融资成分,即按照分期收款总额确定交易价格。

3. 合同中存在非现金对价

客户支付非现金对价的,企业应当按照非现金对价的公允价值确定交易价格。非现金对价的公允价值不能合理估计的,企业应当参照其承诺向客户转让商品的单独售价间接确定交易价格。非现金对价的公允价值因对价形式以外的原因而发生变动的,应当作为可变对价进行会计处理。

例如,天生公司为客户生产一台专用设备。双方约定,如果天生公司能够在30天内交货,则可以额外获得100股客户的股票作为奖励。合同开始日,该股票的价格为每股5元;由于缺乏执行类似合同的经验,所以当日天生公司估计,该100股股票的公允价值计入交易价格将不能满足累计已确认的收入极可能不会发生重大转回的限制条件。合同开始日之后的第25天,企业将该设备交付给客户,从而获得了100股股票,该股票在此时的价格为每股6元。假定企业将该股票作为以公允价值计量且其变动计入当期损益的金融资产。本例中,天生公司应当将股票(非现金对价)的公允价值因对价形式以外的原因而发生的变动,即500(=5×100)元确认为收入,因对价形式而发生的变动,即100(=600-500)元计入公允价值变动损益。

4. 合同中存在应付客户对价

应付客户对价是指企业销售商品明确承诺给予客户的优惠等。企业与客户签订的合同存在应付客户对价的,应当将该应付对价冲减交易价格,并在确认相关收入与支付(或承诺支付)客户对价二者孰晚的时点冲减当期收入。

例如,天生公司20×1年3月8日在电商平台进行优惠活动推广:客户当天一次购买商品总价满1 000元,赠送100元抵扣券一张。未来30天内,若再次购买商品总价满500元,则该抵扣券可直接抵扣商品价款100元。3月8日,某客户购买了总价1 200元的商品,获得100元抵扣券一张;4月2日,该客户又购买了总价520元的商品,使用100元抵扣券一张,实际付款420元。因此,天生公司3月确认的商品交易价格为1 200元,确认营业收入1 200元;4月确认营业收入520元,同时由于客户使用抵扣券100元,天生公司应将该笔向客户支付的对价作为对合同交易价格的抵减,冲减当期营业收入100元。

需要说明的是,企业应付客户对价是为了向客户取得其他可明确区分商品的,应当采用与本企业其他采购一致的方式确认所购买的商品;企业应付客户对价超过向客户取得可明确区分商品公允价值的,超过金额应当冲减交易价格;向客户取得的可明确区分商品公允价值不能合理估计的,企业应当将应付客户对价全额冲减交易价格。

例如,天生公司采用以旧换新的方式销售B产品,售价为1 000元,承诺回收旧商品的对价为100元。如果回收到的旧商品的公允价值为100元，那么天生公司销售B产品的交易价格为1 000元，回收旧商品的对价100元就是旧商品的采购价格100元；如果回收旧商品的公允价值为60元，那么应付客户对价超过其公允价值的40（=100−60）元，应冲减销售价格，也就是说，此时，天生公司销售B产品的交易价格为960元，回收旧商品的采购价格为60元；如果回收旧商品属于已完全被市场淘汰的落后产品，无法合理估计，那么应付客户对价100元全额冲减交易价格，此时，B产品的交易价格为900元，回收旧商品的采购价格为0。

（四）将交易价格分摊至各单项履约义务

合同中包含两项或多项履约义务的，交易价格则为该两项或多项履约义务的对价之和。在合同开始日，企业应按照各单项履约义务所承诺商品的单独售价的相对比例，将交易价格分摊至各单项履约义务，并按照分摊至各单项履约义务的交易价格计量收入。

需要指出的是，企业不得因合同开始日之后单独售价的变动而重新分摊交易价格。

1. 确定单独售价

企业在类似环境下对类似客户单独销售商品的价格，应作为确定该商品单独售价的最佳证据。在估计单独售价时，企业应当最大限度地采用可观察的输入值，并对类似的情况采用一致的估计方法。单独售价无法直接观察的，企业采用以下方法合理估计单独售价。

（1）市场调整法，是指企业根据某商品或类似商品的市场售价考虑本企业的成本和毛利等进行适当调整后，确定其单独售价的方法。

（2）成本加成法，是指企业根据某商品的预计成本加上其合理毛利后的价格，确定其单独售价的方法。

（3）余值法，是指企业根据合同交易价格减去合同中其他商品可观察的单独售价后的余值，确定某商品单独售价的方法。企业在商品近期售价波动幅度巨大，或者因未定价且未曾单独销售而使售价无法可靠确定时，可采用余值法估计其单独售价。

例如，天生公司以10万元的价格向客户销售A和B两种可明确区分的商品，其中A商品经常单独对外销售，销售价格为6.5万元。B商品作为新产品，尚未定价且未曾单独销售，市场上也无类似商品出售，在这种情况下，企业采用余值法估计B商品单独售价为3.5（=10−6.5）万元。

2. 分摊合同折扣

合同折扣是指合同中各单项履约义务所承诺商品的单独售价之和高于合同交易价格的金额。具体而言，合同折扣的分摊需要区分以下情况。

（1）通常情况下，企业应当在各单项履约义务之间按比例分摊合同折扣。

例如，天生公司与客户签订了一项合同，打包销售A、B、C三种产品，总的交易对价130万元。其中，A产品是天生公司定期单独对外销售的产品，单独售价可直接观察；B产品和C产品的单独售价不可直接观察，天生公司采用市场调整法估计B产品的单独售价，采用成本加成法估计C产品的单独售价。天生公司确定的合同产品单独售价见表11-1。

表11-1 单独售价估计表（一） 单位：元

合同产品	单独售价	方法
A产品	750 000	直接观察法
B产品	600 000	市场调整法
C产品	150 000	成本加成法
合计	1 500 000	

从表11-1可知，A、B、C三种产品单独售价之和超过了合同对价，也就是说，天生公司实际上是因为客户一揽子购买商品而给予了客户折扣的。天生公司认为，没有可观察的证据表明该项折扣是针对一项或多项特定产品的，因此，将该项折扣在三种产品之间按单独售价的相对比例进行分摊。A、B、C三种产品合同折扣的分摊见表11-2。

表11-2 合同折扣分摊表（一） 单位：元

合同产品	按比例分摊	交易价格
A产品	750 000÷1 500 000×1 300 000	650 000
B产品	600 000÷1 500 000×1 300 000	520 000
C产品	150 000÷1 500 000×1 300 000	130 000
合计		1 300 000

（2）有确凿证据表明合同折扣仅与合同中一项或多项（而非全部）履约义务相关的，企业应当将该合同折扣分摊至相关一项或多项履约义务。

例如，天生公司与客户签订了一项合同，打包销售A、B、C三种产品，总的交易对价130万元。虽然三种产品均为天生公司定期向外销售的产品，单独售价均可直接观察（表11-3）。但按照过往经验，天生公司经常以75万元的价格单独销售A产品，并且经常将B产品和C产品组合在一起以70万元的价格销售。该合同中A产品的单独售价与其公允价值一致，因此，该合同的折扣20（=150–130）万元仅归属于B产品和C产品。天生公司应当按照B产品和C产品的单独售价的相对比例，将该价格在B、C产品间进行分摊，见表11-4。

表11-3 单独售价估计表（二） 单位：元

合同产品	单独售价	方法
A产品	750 000	直接观察法
B产品	600 000	直接观察法
C产品	150 000	直接观察法
合计	1 500 000	

表 11-4 合同折扣分摊表（二）　　　　　　　　　　　单位：元

合同产品	按比例分摊	交易价格
B 产品	600 000−600 000÷(600 000 + 150 000)×200 000	440 000
C 产品	150 000−150 000÷(600 000 + 150 000)×200 000	110 000
合计		550 000

3. 分摊可变对价

合同中包含可变对价的，该可变对价可能与整个合同相关，也可能仅与合同中的某一特定组成部分有关。后者包括两种情形：一是可变对价可能与合同中的一项或多项（而非全部）履约义务有关；二是可变对价可能与企业向客户转让的构成单项履约义务的一系列可明确区分商品中的一项或多项（而非全部）商品有关。企业应当按照与分摊合同折扣相同的方法，将其分摊至与之相关的一项或多项履约义务，或者分摊至构成单项履约义务的一系列可明确区分商品中的一项或多项商品。其中，对于已履行的履约义务，其分摊的可变对价后续变动额应当调整变动当期的收入。

例如，天生公司与丁企业签订合同，将其拥有的两项专利技术 X 和 Y 授权给丁企业使用。假定两项授权均构成单项履约义务，且都属于在某一时点履行的履约义务。合同约定，授权使用 X 的价格为 80 万元，授权使用 Y 的价格为丁企业使用该专利技术所生产的产品销售额的 3%。X 和 Y 的单独售价分别为 80 万元和 100 万元。天生公司估计其就授权使用 Y 技术而有权收取的特许使用费为 100 万元。本例中，该合同中包含固定对价和可变对价。其中，授权使用 X 的价格为固定对价，且与其单独售价一致；授权使用 Y 的价格属于可变对价，该可变对价全部与授权使用 Y 能够收取的对价有关，且天生公司估计基于实际销售情况收取的特许使用费的金额接近 Y 的单独售价。因此，天生公司将可变对价部分的特许使用费金额全部由 Y 承担，符合交易价格的分摊目标。

4. 分摊合同变更之后发生的可变对价后续变动

合同开始日之后，由于相关不确定性的消除或环境的其他变化等原因，交易价格可能会发生变化，从而导致企业因向客户转让商品而预期有权收取的对价金额发生后续变化，此时企业应当按照在合同开始日所采用的基础将该后续变动金额分摊至合同中的履约义务。

（1）合同变更属于将合同变更部分作为一份单独的合同进行会计处理的情况下，企业应当判断可变对价后续变动与哪一项合同相关，并按照分摊可变对价的要求进行会计处理。

例如，天生公司与乙公司签订合同，向其销售 E 产品和 F 产品。其中 E 产品先于 F 产品两个月交付。合同约定的对价包括 70 000 元的固定对价和估计金额为 10 000 元的可变对价，该可变对价计入交易价格。E 产品和 F 产品均为天生公司定期向外销售的产品，可直接观察的单独售价分别为 46 000 元和 34 000 元，合计 80 000 元，大于合同对价，即天生公司因为客户一揽子购买商品而给予了客户折扣。天生公司认为，没有可观察的证据表明可变对价和合同折扣是专门针对 E 产品或者 F 产品的，因此，可变对价和合同折扣应在 E、F 两种产品之间按比例进行分摊。

（2）合同变更属于将原合同视为终止并将原合同未履约部分与合同变更部分合并为新合同进行会计处理的情况下，如果可变对价后续变动与合同变更前已承诺可变对价相关的，企业应首先将该可变对价后续变动额以原合同开始日确定的基础进行分摊，然后再将分摊至合同变更日尚未履行履约义务的该可变对价后续变动额以新合同开始日确定的基础进行二次分摊。

接上例，假设天生公司已将 E 产品交付乙公司，在确认 E 产品相应销售收入后，在 F 产品交付之前，又与乙公司重新签订了额外销售 G 产品的合同。双方确定的 G 产品合同价格为 20 000 元。G 产品为天生公司定期向外销售的产品，可直接观察的单独售价为 26 000 元。因此，G 产品的合同价格不能反映 G 产品的单独售价，并且在合同变更日已转让的 E 产品与未转让的 F 产品之间可明确区分，因此，天生公司将合同变更作为原合同终止，同时将原合同未履行部分与合同变更部分合并为新合同进行会计处理。在新合同下，天生公司将新合同的交易价格和可变对价在 F 产品和 G 产品之间重新进行分摊。

（3）合同变更之后发生除上述（1）、（2）情形以外的可变对价后续变动的，企业应当将该可变对价后续变动额分摊至合同变更日尚未履行的履约义务。

接上例，假设在 F 产品和 G 产品交付前的资产负债表日，天生公司对合同可变对价金额进行了重新估计，由原先估计的 10 000 元变更为 12 000 元，该可变对价的后续变动与合同变更前已承诺的可变对价相关，并且应计入交易价格。天生公司应当首先将该可变对价后续变动额 2 000 元在原合同的 E 产品和 F 产品之间进行分摊，然后再将分摊至合同变更日尚未履行履约义务的 F 产品的可变对价后续变动额在新合同的 F 产品和 G 产品之间进行二次分摊。由于可变对价发生后续变动时，E 产品已经销售并已确认了收入，因此，应将分摊至 E 产品的可变对价后续变动额全部确认为变动当期的收入。同时，应将分摊至 F 产品的可变对价后续变动额，在 F 产品和 G 产品之间进行二次分摊。

（五）履行每一单项履约义务时确认收入

合同开始日，企业应当在对合同进行评估并识别该合同所包含的各单项履约义务的基础上，确定各单项履约义务是在某一时段内履行，还是在某一时点履行；在履行了各单项履约义务即客户取得相关商品控制权时，分别确认收入。

例如，合同规定客户每季度按照服务完工进度付款，且客户对服务质量具有控制的权利。那么，根据判断条件，可认定该合同属于在某一时段内履行的履约义务，企业应当在该段时间内根据履约进度确认相应的营业收入。再如，商品零售商销售的商品属于标准产品，若根据以往几乎未出现过客户拒收商品的经验，则可视为客户已接受该商品，在收款时确认营业收入；如果该商品属于客户特殊定制的商品，且客户能否接受该商品尚不能确定，则收款时不应确认营业收入，应在商品安装调试完成且客户签收商品时确认营业收入。

实际上，本节所述营业收入确认与计量的应用步骤主要是为了满足企业在各种合同安排下，特别是在某些包含多重交易、可变对价等复杂合同安排下，对相关收入进行确认和计量的需要而设定的。在会计实务中，如若企业大部分业务为履约义务单一、交易价格基本确定的简单业务,则有些步骤可以简化或者省略。例如,客户合同中不包含可变对价、重大融资成分及应付客户对价等,则合同规定的交易价格即为最终交易价格;再如,客户合同中的商品为单件商品,则不需要再单独识别合同中的履约义务及交易价格的分摊。

三、合同成本

(一)合同履约成本

企业为履行合同会发生的各种成本,不属于其他会计准则规范范围且同时满足下列三个条件的,应当作为合同履约成本确认为一项资产。

(1)该成本与一份当前或预期取得的合同直接相关,包括直接人工、直接材料、制造费用(或类似费用)、明确由客户承担的成本以及仅因该合同而发生的其他成本。

(2)该成本增加了企业未来用于履行履约义务的资源。

(3)该成本预期能够收回。

例如,天生公司与客户签订合同,为其信息中心提供管理服务,合同期限为3年。在向客户提供服务之前,天生公司设计并搭建了一个信息技术平台供客户内部使用,该信息技术平台由相关的硬件和软件组成。该平台并不会转让给客户,但是将用于向客户提供服务,与客户现有的信息系统对接,并进行相关测试。天生公司为该平台的设计、购买硬件和软件以及信息中心的测试发生了成本。除此之外,天生公司还专门指派了两名员工,负责给客户提供服务,这两名负责该项目的员工的工资费用由天生公司支付。本例中,天生公司为履行合同发生的上述成本中,购买硬件和软件的成本应当分别按照固定资产和无形资产进行会计处理;设计服务成本和信息中心的测试成本不属于收入准则的规范范围,但是这些成本与履行该合同直接相关,并且增加了天生公司未来用于履行履约义务(即提供管理服务)的资源,如果天生公司预期该成本可通过未来提供服务收取的对价收回,则天生公司应当将这些成本确认为一项资产,记入"合同履约成本"账户,并在未来提供服务的3年内分期摊销;向两名员工支付日常管理工资,虽然与向客户提供服务有关,但是由于其并未增加企业未来用于履行履约义务的资源,因此应当于发生时计入当期损益。

下列支出发生时,企业也应当将其作为费用的发生,计入当期损益。

(1)管理费用。

(2)非正常消耗的直接材料、直接人工和制造费用(或类似费用),这些支出为履行合同发生,但未反映在合同价格中。

(3)与履约义务中已履行部分相关的支出。

(4)无法在尚未履行的与已履行的履约义务之间区分的相关支出。

(二)合同取得成本

企业为取得合同发生的增量成本预期能够收回的,应当作为合同取得成本确认为一项资产；但是，该资产摊销期限不超过一年的，可以在发生时计入当期损益。

增量成本，是指企业不取得合同就不会发生的成本（如销售佣金等）。

企业为取得合同发生的、除预期能够收回的增量成本之外的其他支出（如无论是否取得合同均会发生的差旅费、投标费等），应当在发生时计入当期损益，但是，明确由客户承担的除外。例如，某咨询公司通过竞标赢得一个新客户。为取得和该客户的合同，该咨询公司发生下列支出。

（1）聘请外部律师进行尽职调查的支出为 15 000 元。
（2）因投标发生的差旅费为 8 000 元。
（3）基于年度销售目标、企业整体盈利情况以及个人业绩，酌情向其销售主管支付年度奖金 10 000 元。
（4）销售人员佣金 5 000 元。

本例中，该咨询公司聘请外部律师进行尽职调查发生的支出，为投标发生的差旅费，无论是否取得合同都会发生，因而不属于增量成本，应当在发生时直接计入当期损益；向销售主管支付的年度奖金，也不是为取得合同发生的增量成本，因为该奖金发放与否以及发放金额还取决于其他因素（年度销售目标、企业整体盈利情况以及个人业绩等），因而并不能直接归属于所取得的合同，应当作为职工薪酬，在发生时计入当期损益；向销售人员支付的佣金则属于企业不取得合同该笔佣金就不会发生的情形，因而属于取得合同的增量成本，且咨询公司预期将通过未来向客户收取服务费收回该成本，因而可以在发生时将其确认为一项资产，记入"合同取得成本"，并在未来提供服务的期间分期摊销。

四、一般销售业务的会计处理

（一）在某一时段内履行履约义务的会计处理

对于在某一时段内履行的履约义务，资产负债表日，企业应当按照合同收入总额乘以履约进度再扣除以前会计期间累计确认的合同收入后的金额，确认当期收入；同时，按照履行合同估计发生的总成本乘以履约进度再扣除以前会计期间累计确认的合同成本后的金额，结转当期成本。用公式表示如下：

本期确认的收入 = 合同总收入×本期末止履约进度 – 以前期间已确认的收入

本期确认的成本 = 合同总成本×本期末止履约进度 – 以前期间已确认的成本

企业应当考虑商品的性质，采用产出法或投入法确定恰当的履约进度，且对于类似情况下的类似履约义务，企业应当采用相同的方法确定履约进度。

1. *产出法确定履约进度*

产出法主要是根据已转移给客户的商品对于客户的价值确定履约进度的方法，主要包括按照实际测量的完工进度、评估已实现的结果、已达到的里程碑、时间进度、已完工或交付的产品等确定履约进度的方法。

【例 11-1】 20×0 年 8 月 22 日，天生公司与客户签订了一项为期 2 年的劳务保洁合同，为其办公大楼提供保洁服务。合同总额 900 000 元，该合同于 20×0 年 9 月 1 日开始执行。合同开始日预付 300 000 元，每年的 8 月 31 日等额支付剩余部分。天生公司判断，在履约过程中自身是持续地向客户提供服务的，客户在企业履约的同时即取得并消耗企业履约所带来的经济利益，因此该项服务属于在某一时段内履行的履约义务，且因向客户提供保洁、维修服务而有权取得的对价很可能收回，因此天生公司按已完成的时间进度确定履约进度，并分别确认收入。假定不考虑相关税费。

根据上述资料，天生公司应进行如下账务处理。

（1）20×0 年 9 月 1 日，收到合同价款：

借：银行存款　　　　　　　　　　　　　　　　　　　　　　　300 000
　　贷：合同负债——甲公司　　　　　　　　　　　　　　　　　300 000

其中，合同负债，是指企业已收或应收客户对价而应向客户转让商品的义务。

（2）20×0 年 12 月 31 日，确认收入：

$$应确认收入 = 900\,000 \times \frac{4}{2 \times 12} = 150\,000（元）$$

借：合同负债——甲公司　　　　　　　　　　　　　　　　　　150 000
　　贷：主营业务收入　　　　　　　　　　　　　　　　　　　　150 000

（3）20×1 年 8 月 31 日，收到合同价款：

$$应收合同价款 = (900\,000 - 300\,000) \div 2 = 300\,000（元）$$

借：银行存款　　　　　　　　　　　　　　　　　　　　　　　300 000
　　贷：合同负债——甲公司　　　　　　　　　　　　　　　　　300 000

（4）20×1 年 12 月 31 日，确认收入。

$$应确认收入 = 900\,000 \times \frac{4+12}{2 \times 12} - 150\,000 = 450\,000（元）$$

借：合同负债——甲公司　　　　　　　　　　　　　　　　　　450 000
　　贷：主营业务收入　　　　　　　　　　　　　　　　　　　　450 000

（5）20×2 年 8 月 31 日，合同到期，收到剩余合同价款并确认收入。

借：银行存款　　　　　　　　　　　　　　　　　　　　　　　300 000
　　贷：合同负债——甲公司　　　　　　　　　　　　　　　　　300 000

$$应确认收入 = 900\,000 - (150\,000 + 450\,000) = 300\,000（元）$$

借：合同负债——甲公司　　　　　　　　　　　　　　　　　　300 000
　　贷：主营业务收入　　　　　　　　　　　　　　　　　　　　300 000

2. 投入法确定履约进度

投入法主要是根据企业履行履约义务的投入确定履约进度的方法，主要包括以投入的材料数量、花费的人工工时或机器工时、发生的成本和时间进度等投入指标确定履约进度。企业在采用投入法确定履约进度时，可能需要对已发生的成本进行适当调整的情形如下。

（1）已发生的成本并未反映企业的履约义务的进度。

（2）已发生的成本与企业履行其履约义务的进度不成比例。

【例 11-2】 20×1 年 10 月 20 日,天生公司与客户签订合同,为客户装修一栋办公楼并安装一部电梯,合同总金额为 100 万元。天生公司预计的合同总成本为 80 万元,其中包括电梯的采购成本 30 万元。20×1 年 12 月 20 日,天生公司将电梯运达施工现场并经过客户验收,客户已取得对电梯的控制权,但是根据装修进度,预计到 20×2 年 2 月才会安装该电梯。截至 20×1 年 12 月 31 日,天生公司累计发生成本 40 万元,其中支付给电梯供应商的采购成本 30 万元以及采购电梯发生的运输和人工等相关成本 5 万元。本例中,天生公司为客户提供的装修服务(包括安装电梯)构成单项履约义务,并属于在某一时段内履行的履约义务,天生公司是主要责任人,但不参与电梯的设计和制造,因此在采用投入法确定履约进度时,如果考虑电梯成本,则已发生的成本和履约进度不成比例,故计算履约进度应将电梯成本扣除。假定不考虑相关税费。

根据上述资料,天生公司账务处理如下。

(1) 20×1 年 12 月 20 日,登记实际发生的合同成本(总括分录):

借:合同履约成本——工程施工　　　　　　　　　　　　400 000
　　贷:原材料、应付职工薪酬、机械作业等　　　　　　　　400 000

(2) 20×1 年 12 月 31 日,天生公司根据履约进度,确认本年的合同收入和合同费用。

$$履约进度 = \frac{400\,000 - 300\,000}{800\,000 - 300\,000} \times 100\% = 20\%$$

应确认收入 = (1 000 000 – 300 000) × 20% + 300 000 = 440 000(元)
应结转成本 = (800 000 – 300 000) × 20% + 300 000 = 400 000(元)

借:应收账款　　　　　　　　　　　　　　　　　　　　440 000
　　贷:主营业务收入　　　　　　　　　　　　　　　　　　440 000
借:主营业务成本　　　　　　　　　　　　　　　　　　400 000
　　贷:合同履约成本——工程施工　　　　　　　　　　　400 000

(二)在某一时点履行履约义务的会计处理

对于在某一时点履行的履约义务,企业应当在客户取得相关商品控制权的时点确认收入。当客户取得商品控制权时,企业应当按已收或预期有权收取的合同价款确认销售收入,同时或在资产负债表日,按已销商品的账面价值结转销售成本。如果销售的商品已经发出,但客户尚未取得相关商品的控制权或者尚未满足收入确认的条件,则发出商品应通过"发出商品"账户进行核算,企业不应确认销售收入。资产负债表日,"发出商品"账户的余额,应在资产负债表日的"存货"项目中反映。

【例 11-3】 20×1 年 6 月 1 日,天生公司与丙公司签订了一项合同,以 30 000 元的价格(不含增值税)向丙公司出售 A、B 两种产品。A、B 两种产品的生产成本依次为 13 500 元和 9 000 元;单独售价(不含增值税)依次为 18 000 元和 12 000 元。合同约定,A 产品于 6 月 1 日交付丙公司,B 产品于 7 月 1 日交付丙公司,只有当 A、B 两种产品全部交付丙公司后,天生公司才有权收取 30 000 元的合同对价。天生公司按合同约定的日期先后发出 A 产品和 B 产品,丙公司收到上列产品并验收入库。

在这项交易中,天生公司于6月1日将A产品交付丙公司后,其收取对价的权利还要取决于时间流逝之外的其他因素——必须向丙公司交付B产品,因此,该项收款权利是有条件的,从而形成一项合同资产。

需要说明的是,合同资产不同于应收款项。应收款项是企业拥有的无条件向客户收取对价的权利,企业随时间的流逝即可收款;而合同资产,是指企业已向客户转让商品而有权收取对价的权利,该权利还取决于时间流逝之外的其他因素。也就是说,合同资产和应收款项的风险是不同的,二者都面临信用风险,但合同资产同时还面临其他风险,如履约风险等。

根据上述资料,天生公司应进行如下账务处理。

(1) 20×1年6月1日,向丙公司交付A产品。

借:合同资产——丙公司 20 340
 贷:主营业务收入 18 000
  应交税费——应交增值税(销项税额) 2 340
借:主营业务成本 13 500
 贷:库存商品 13 500

(2) 20×1年7月1日,向丙公司交付B产品。

借:应收账款——丙公司 33 900
 贷:主营业务收入 12 000
  应交税费——应交增值税(销项税额) 1 560
  合同资产——丙公司 20 340
借:主营业务成本 9 000
 贷:库存商品 9 000

五、特殊销售业务的会计处理

特殊销售业务,是指前述销售商品一般业务以外的业务。企业在销售商品时,有时还会附有一些销售折扣条件,也会因售出的商品质量不符等而在价格上给予客户一定的折让或为客户办理退货。当企业发生销售折扣、销售折让以及销售退回时,将会对收入金额以及销售成本、有关费用金额产生一定的影响。

(一)销售折扣的会计处理

销售折扣是指企业在销售商品时为鼓励客户多购商品或尽早付款而给予的价款折扣,包括商业折扣和现金折扣。

1. 商业折扣

商业折扣,是指企业为促进商品销售而在商品标价的基础上给予客户的价格扣除。商业折扣的目的是鼓励客户多购商品,通常根据客户不同的购货数量而给予不同的折扣比率。商品标价扣除商品折扣后的金额,为双方的实际交易价格,即发票价格。由于会计记录是以实际交易价格为基础的,而商业折扣是在交易成立之前予以扣除的折扣,它只是购销双方确定交易价格的一种方式,因此,并不影响销售的会计处理。

2. 现金折扣

现金折扣,是指企业为鼓励客户在规定的折扣期限内付款而给予客户的价格扣除。现金折扣的目的是鼓励客户尽早付款,如果客户能够取得现金折扣,则发票金额扣除现金折扣后的余额,为客户的实际付款金额。

按照现行收入准则的规定,现金折扣条款属于可变对价,影响收入金额计量,企业应当按照期望值或者最有可能发生金额确定可变对价的最佳估计数。每一资产负债表日,企业应当重新估计应计入交易价格的可变对价金额。可变对价金额发生变动的,对于已履行的履约义务,后续变动额应当调整变动当期的营业收入。例如,天生公司20×1年5月25日采用赊销方式销售商品,赊销期为90天,不含增值税的价款为200万元,现金折扣条件为"2/30,1/60,N/90"。赊销当日,天生公司已履行承诺的履约义务。

(1)若企业与该客户其实是多年的购销合作伙伴,根据以往双方交易经验,天生公司判断该客户很可能在30天内付款,那么按照最可能发生金额确定该项业务可变对价的最佳估计数为196(=200–200×2%)万元,由此确认营业收入196万元;此时,若6月30日该客户尚未付款,那么企业重新估计客户将于合同签订后60天内付款,则企业将交易价格调整为198(=200–200×1%)万元——调增当期营业收入2万元。

(2)反之,若按照以往双方交易经验,预计该客户享受现金折扣的概率几乎为0,那么按照最可能发生金额确定该项业务的交易价格为200万元,因而确认营业收入200万元。此时,如果6月20日该客户支付货款,那么将取得现金折扣4万元,则企业应将交易价格调整为196(=200–200×2%)万元——调减当期营业收入4万元。

(二)销售折让的会计处理

销售折让,是指企业因售出商品质量不符合要求等原因而在售价上给予的减让。销售折让可能发生在企业确认收入之前,也可能发生在企业确认收入之后。如果销售折让发生在企业确认收入之前,企业应直接从原定的销售价格中扣除给予客户的销售折让作为实际销售价格,并据以确认收入;如果销售折让发生在企业确认收入之后,企业应按实际给予客户的销售折让,冲减当期销售收入。销售折让属于资产负债表日后事项的,应当按照资产负债表日后事项的相关规定进行会计处理。

(三)销售退回的会计处理

销售退回,是指企业售出的商品由于质量、品种不符合要求等而发生的退货。发生销售退回时,如果企业尚未确认销售收入,应将已记入"发出商品"等账户的商品成本转回"库存商品"账户;如果企业已经确认了销售收入,则不论是本年销售本年退回,还是以前年度销售本年退回,除属于资产负债表日后事项的销售退回外,均应冲减退回当月的销售收入和销售成本;如果属于资产负债表日后事项,应按照资产负债表日后事项的相关规定进行会计处理。

六、关于特定交易的会计处理

企业交易的方式是多种多样的,若销售商品的特殊业务为复杂业务,则应结合各种交易的特点,按照前述收入确认和计量的五步法进行分析和判断。

(一)附有销售退回条款的销售

附有销售退回条款的销售,是指购买方依照有关合同有权退货的销售方式。合同中有关退货权的条款可能会在合同中明确约定,也有可能是隐含的。隐含的退货权可能来自企业在销售过程中向客户做出的声明或承诺,也有可能来自法律法规的要求或企业以往的习惯做法等。例如,企业为了推销一项新产品,为该产品规定了一个月的试用期,凡对产品不满意的购买者,均可以在试用期内退货。客户选择退货时,可能有权要求返还其已经支付的全部或部分对价、抵减其对企业已经产生或将会产生的欠款或者要求换取其他商品。因此,对于附有销售退回条款的销售,企业向客户收取的对价实际上是可变的。

在会计处理上,企业应在客户取得相关商品控制权时,按照因向客户转让商品而预期有权收取的对价金额(即在不确定性消除时极可能不会发生重大转回的金额)确认收入,按照预期因销售退回将退还的金额确认负债;同时,按照预期将退回商品转让时的账面价值,扣除收回该商品预计发生的成本(包括退回商品的价值减损)后的余额,确认为一项资产,按照所转让商品转让时的账面价值,扣除上述资产成本的净额结转成本。每一资产负债表日,企业应当重新估计未来销售退回情况,并对上述资产和负债进行重新计量。如有变化,应当作为会计估计变更进行会计处理。此外,附有销售退回条款的销售,在客户要求退货时,如果企业有权向客户收取一定金额的退货费,则企业在估计预期有权收取的对价金额时,应当将该退货费包括在内。

(二)存在重大融资成分的销售

在企业将商品的控制权转移给客户的时间或与客户实际付款的时间不一致的情况下(如企业以赊销的方式销售商品或者要求客户支付预付款等),如果合同各方以在合同中(或者以隐含的方式)约定的付款时间为客户或企业就该交易提供了重大融资利益时,则合同中存在重大融资成分。合同中存在重大融资成分的,企业应当按照现销价格确定交易价格。现销价格是指假定客户在取得商品控制权时即以现金支付的应付金额。合同对价与现销价格之间的差额,应当在合同期间采用实际利率法摊销。实际利率是指将合同对价折现为现销价格所使用的利率。实际利率一经确定,不得因后续市场利率或客户信用风险等情况的变化而变更。

合同开始日,企业预计客户取得商品控制权与客户支付对价款的时间间隔不超过一年的,可以不考虑合同中存在的重大融资成分。

【例 11-4】 天生公司与客户签订 B 产品销售合同。客户在合同开始日即取得了 B 产品的控制权,并在 90 天内有权退货。由于 B 产品是最新推出的产品,天生公司尚无有关该产品退货率的历史数据,也没有其他可参考的市场信息。该合同对价为121 000元,根据合同约定,客户应于合同开始日后的第二年末付款。B产品在合同开始日的现销价格为100 000元。B产品的成本为80 000元。退货期满后,未发生退货。上述价格均不包含增值税,假定不考虑相关税费的影响。客户有退货权,因此,该合同的对价是可变的。天生公司缺乏有关退货情况的历史数据,考虑将可变对价计入交易价格的限制要求,在合同开始日不能将可变对价计入交易价格,因此,天生公司在B产品控制权转移时确认的收入为0,其应当在退货期满后,根据实际退货情况,按照预期有权收取的对价金额确定交易价格。此外,考虑到B产品控制权转移与客户付款之间的时间间隔以及该合同对价与B产品现销价格之间的差异等因素,天生公司认为该合同存在重大融资成分。

根据上述资料,天生公司的有关会计处理如下。

(1) 合同开始日,天生公司将B产品的控制权转移给客户。

借:应收退货成本　　　　　　　　　　　　　　　　　　80 000
　　贷:库存商品　　　　　　　　　　　　　　　　　　　　80 000

(2) 在90天的退货期内,天生公司尚未确认合同资产和应收款项,因此,无须确认重大融资成分的影响。

(3) 退后期满后,天生公司确认合同收入和合同费用。

借:长期应收款　　　　　　　　　　　　　　　　　　121 000
　　贷:主营业务收入　　　　　　　　　　　　　　　　　100 000
　　　　未实现融资收益　　　　　　　　　　　　　　　　21 000
借:主营业务成本　　　　　　　　　　　　　　　　　　80 000
　　贷:应收退货成本　　　　　　　　　　　　　　　　　80 000

在后续期间,天生公司应当考虑在剩余合同期限确定实际利率,将上述应收款项的金额与合同对价之间的差额(未实现融资收益)21 000元按照实际利率法进行摊销,确认相关的利息收入。此外,天生公司还应当按照金融工具相关会计准则评估上述应收款项是否发生减值,并进行相应的会计处理。

(三) 附有质量保证条款的销售

对于附有质量保证条款的销售,企业应当评估该质量保证是否在向客户保证所销售商品符合既定标准之外提供了一项单独的服务。企业提供额外服务的,应当作为单项履约义务,按照收入确认的相关要求进行会计处理;否则,质量保证责任应当按照《企业会计准则第13号——或有事项》的规定进行会计处理。在评估质量保证是否在向客户保证所销售商品符合既定标准之外提供了一项单独的服务时,企业应当考虑的主要因素如下。

(1) 该质量保证是否为法定要求。法定要求通常是为了使客户避免购买瑕疵或缺陷商品的风险而采取的保护措施,旨在保证客户购买的商品符合既定标准,并非为客户提供一项单独的质量保证服务。

(2) 质量保证期限。质量保证期限越长,越有可能是单项履约义务。

(3) 企业承诺履行义务的性质。如果企业必须履行某些特定的义务以保证所转让的商品符合既定标准(如承担客户退回瑕疵商品的运费),则这些特定的义务一般不构成单项履约义务。客户能够选择单独购买质量保证的,该质量保证构成单项履约义务。

例如，A 公司与客户签订合同，向其销售一台电脑设备。合同规定，电脑自售出起一年内如果发生质量问题，A 公司负责提供质量保证服务。此外，在此期间内，客户使用不当（如摔砸、进水等）原因造成的产品故障，A 公司也免费提供维修服务。该维修服务不能单独购买。本例中，A 公司的承诺包括：销售电脑、提供质量保证服务以及维修服务。其中，针对产品的质量问题提供的质量保证服务是为了向客户保证所销售商品符合既定标准，因此，不构成单项履约义务；对客户使用不当而导致的产品故障提供的免费维修服务，属于在向客户保证所销售商品符合既定标准之外提供的单独服务，尽管其没有单独销售，但是该服务与电脑可明确区分，应作为单项履约义务。因此，在该合同下，A 公司的履约义务有两项：销售手机和提供维修服务，应当按照其各自单独售价的相对比例，将交易价格分摊至这两项履约义务，并在各项履约义务履行时分别确认收入；而 A 公司提供的产品质量保证服务，应当按照《企业会计准则第 13 号——或有事项》的规定进行会计处理。

（四）主要责任人和代理人

企业向客户销售商品时，涉及其他方参与其中的，企业应当根据其在向客户转让商品前是否拥有对该商品的控制权，来判断其从事交易时的身份是主要责任人还是代理人。主要责任人应当按照已收或应收对价总额确认收入；代理人应当按照预期有权收取的佣金或手续费的金额确认收入，该金额应当按照已收或者应收对价总额扣除应支付给其他相关方的价款后的净额，或者按照既定的佣金金额或比例等确定。

在第三方参与企业向客户提供商品的活动时，企业向客户转让特定商品之前能够控制该商品的，应当作为主要责任人。企业作为主要责任人，向客户转让商品前能够控制该商品的情形如下。

（1）企业自第三方取得商品或其他资产控制权后，再转让给客户。

（2）企业能够主导第三方代表本企业向客户提供服务。

（3）企业自第三方取得商品控制权后，通过提供重大的服务将该商品与其他商品整合成某组合产出转让给客户。

企业在判断其是主要责任人还是代理人时，应当以该企业在特定商品转让给客户之前是否能够控制该商品为原则，而不应仅局限于合同的法律形式，应当综合考虑所有相关事实和情况，这些事实和情况如下。

（1）企业承担向客户转让商品的主要责任。

（2）企业在转让商品之前或之后承担了该商品的存货风险。

（3）企业有权自主决定所交易商品的价格。

（4）其他相关事实和情况。

上述相关事实和情况仅为支持对控制权的评估，不能取代控制权的评估，也不能凌驾于控制权评估之上，其目的在于帮助企业进行相关判断，并不构成一项单独或额外的评估。企业应当根据相关商品的性质、合同条款的约定以及其他具体情况，对在向客户转让商品前是否拥有对该商品的控制权进行综合判断。

例如，某旅行社从航空公司订购了一定数量的折扣机票，并对外销售。合同约定，旅行社向客户销售机票时，可自行决定机票的价格等，未售出的机票不能退还给航空公司。本例中，旅行社向客户提供的特定商品为机票，并在确定特定客户之前已经预先从航空公司购买了机票，因此，该权利在转让给客户之前就已经存在。此外，旅行社从航空公司购入机票后，可自行决定售价、客户等，即旅行社有能力主导该机票的使用并能够获得几乎全部的经济利益。因此，旅行社在将机票销售出去之前，能够控制该机票，其身份是主要责任人。

（五）附有客户额外购买选择权的销售

某些情况下，企业在销售商品的同时，会向客户授予选择权，允许客户可以据此免费或者以折扣价格购买额外的商品。客户可免费或按折扣取得额外商品的选择权有多种形式，如销售激励措施、客户奖励积分、续约选择权、针对未来购买商品的折扣券等。

对于附有客户额外购买选择权的销售，企业应当评估该选择权是否向客户提供了一项重大权利。如果客户只有在订立了一项合同的前提下才能取得额外购买选择权，并且客户行使该选择权购买额外商品时，能够享受到超过该地区或该市场中其他同类客户所能够享有的折扣，则通常认为该选择权向客户提供了一项重大权利。企业提供重大权利的，应当作为单项履约义务。在这种情况下，客户在该合同下支付的价款实际上购买了两项单独的商品：一是客户在该合同下原本购买的商品；二是客户可以免费或者以折扣价格购买额外商品的权利。企业应当按照单项履约义务所承诺商品的单独售价的相对比例，将交易价格分摊至各单项履约义务。其中，分摊至后者的交易价格与未来商品相关，因此，企业应当在客户未来行使购买选择权取得相关商品控制权时，或者该选择权失效时，按照分摊至该单项履约义务的交易价格确认相应的收入。

例如，天生公司20×1年1月1日开始推行一项奖励积分计划。根据该计划，客户在天生公司每消费10元可获得1个积分，不足10元部分不予积分；从下月开始，每个积分在购物时可以抵减1元的购物款。截至20×1年12月31日，客户共消费100 000元，共获得10 000个积分。根据历史经验，天生公司估计该积分的兑换率为95%。上述金额不包含增值税，且假定不考虑相关税费影响。

本例中，天生公司认为授予客户积分为客户提供了一项重大权利，应当作为一项单独的履约义务。考虑积分的兑换率，天生公司估计积分的单独售价为9 500（=10 000×95%×1）元。天生公司按照商品和积分单独售价的相对比例对交易价格进行分摊。

分摊至商品的交易价格 = 100 000÷(100 000 + 9 500)×100 000 = 91 324（元）

分摊至积分的交易价格 = 9 500÷(100 000 + 9 500)×100 000 = 8 676（元）

因此，天生公司应当在商品的控制权转移时，确认收入91 324元，同时，确认合同负债8 676元。天生公司账务处理如下：

借：银行存款　　　　　　　　　　　　　　　　　　100 000
　　贷：主营业务收入　　　　　　　　　　　　　　　91 324
　　　　合同负债　　　　　　　　　　　　　　　　　8 676

假设20×1年12月31日，客户共兑换了4 500个积分，天生公司对积分的兑换率重新进行了估计，仍然预计客户将会兑换的积分总数为9 500个。因此，天生公司以客户兑换的积分数占预期将兑换的积分总数的比例为基础确认收入。积分当年应当确认的收入为 4 110（= 4 500÷9 500×8 676）元；剩余未兑换的积分为 4 566（= 8 676–4 110）元，仍然作为合同负债。天生公司账务处理如下：

借：合同负债　　　　　　　　　　　　　　　　　　　　　　　4 110
　　贷：主营业务收入　　　　　　　　　　　　　　　　　　　　　4 110

假设 20×2 年 12 月 31 日，客户累计兑换了 8 500 个积分。天生公司对该积分的兑换率进行了重新估计，预计客户将会兑换的积分总数为 9 700 个。积分当年应确认的收入为 3 493（= 8 500÷9 700×8 676–4 110）元；剩余未兑换的积分为 1 073（= 8 676–4 110–3 493）元，仍然作为合同负债。天生公司账务处理如下：

借：合同负债　　　　　　　　　　　　　　　　　　　　　　　3 493
　　贷：主营业务收入　　　　　　　　　　　　　　　　　　　　　3 493

（六）向客户授予知识产权许可

授予知识产权许可，是指企业授予客户对企业拥有的知识产权享有相应权利。常见的知识产权包括：软件和技术、影视和音乐等的版权，特许经营权以及专利权，商标权和其他版权等。企业向客户授予知识产权许可的，应当评估该知识产权许可是否构成单项履约义务，构成单项履约义务的，应当进一步确定其是在某一时段内履行还是在某一时点履行。

1. 授予知识产权许可是否构成单项履约义务

企业向客户授予知识产权许可时，可能也会同时销售商品，这些承诺可能在合同中明确约定，也可能隐含于企业已公开宣布的政策、特定声明或者企业以往的习惯做法中。授予客户的知识产权许可不构成单项履约义务的，企业应当将该知识产权许可和所售商品一起作为单项履约进行会计处理。知识产权许可与所售商品不可明确区分的情形如下。

（1）该知识产权许可构成有形商品的组成部分并且对于该商品的正常使用不可或缺。例如，企业向客户销售设备和相关软件，该软件内嵌于设备之中，该设备必须安装了该软件之后才能正常使用。

（2）客户只有将该知识产权许可和相关服务一起使用才能从中受益。例如，客户取得授权许可，但是只有通过企业提供的在线服务才能访问相关内容等。

2. 授予知识产权许可属于在某一时段内履行的履约义务

企业向客户授予知识产权许可，在同时满足下列 3 项条件时，应当作为在某一时段内履行的履约义务确认相关收入；否则，应当作为在某一时点履行的履约义务确认相关收入。

（1）合同要求或客户能够合理预期企业将从事对该项知识产权有重要影响的活动。

（2）该活动对客户将产生有利或不利影响。

（3）该活动不会导致向客户转让某项商品。

例如，某动漫设计制作公司，授权某游乐场运营商在未来 3 年内可以使用其制作的 2 部漫画当中的角色形象和名称在其游乐场内进行绘图、展览或演出。合同约定，漫画公司后续在漫画中进行的新角色创造和已有角色形象更新，都必须在运营商的使用中进行最新运用。在授权期内,漫画公司每年收取运营商 800 万元。本例中,漫画公司除了授予知识产权许可外不存在其他履约义务。基于以下考虑,漫画公司认定该许可的相关收入应当在某一时段内确认:一是运营商合理预期(根据动漫公司自身习惯做法)自己将实施对该知识产权许可产生重大影响的活动,包括新角色创造以及继续出版包含这些角色的动漫制作等;二是合同要求运营商必须使用动漫公司创作的最新角色,这些角色塑造成功与否,会直接对运营商产生有利或不利影响;三是尽管运营商可以通过该知识产权许可从这些活动中受益,但在这些活动发生时并没有导致动漫公司向其转让任何商品。此外,合同规定,运营商在一段固定时期内可无限制地使用其取得授权许可的角色,因此,动漫公司应按照时间进度确定履约进度。

3. 授予知识产权许可属于在某一时点履行的履约义务

授予知识产权许可不属于在某一时段内履行的履约义务的,应当作为在某一时点履行的履约义务,在履行该义务时,确认相关收入。在客户能够使用某项知识产权许可并开始从中获利之前,企业不能对此类知识产权许可确认收入。

例如,某唱片公司将其拥有版权的一首经典曲目授予甲公司。合同约定,甲公司在三年内有权在国内所有商业渠道(包括线上线下)使用该曲目。因提供该版权许可,唱片公司每月收取 800 元的固定对价。除该版权外,唱片公司无须提供任何其他商品。该合同不可撤销。本例中,合同未要求唱片公司从事对该版权许可有重大影响的活动,甲公司对此也没有形成合理预期,唱片公司授予该版权许可属于在某一点时点履行的履约义务,应在甲公司能够主导该版权的使用并从中获得几乎全部经济利益时,确认收入。

4. 基于销售或使用情况的特许使用费

企业向客户授予知识产权许可,并约定按客户实际销售或使用情况收取特许权使用费的,应当在下列两项孰晚的时点确认收入。

(1)客户后续销售或使用行为实际发生。

(2)企业履行相关履约义务。

例如,某动漫设计制作公司,授权乙公司在其设计生产的服装、盲盒、家居用品等产品上使用其拥有版权的动漫形象和图标,授权期间为 2 年。合同约定,动漫公司收取的合同对价由两部分组成:一是 100 万元固定金额的使用费;二是按照乙公司销售上述商品所取得销售额的 5%计算的提成。乙公司预期该动漫作品会冲击国内外顶级制作大赛并取得优异奖项。本例中,该合同仅包括一项履约义务,即授予使用许可,动漫公司继续冲击大赛并取得奖项等活动是该许可的组成部分。由于乙公司能够合理预期动漫公司的上述活动会对其品牌的价值产生重大影响,而该品牌价值可能会进一步影响乙公司产品的销量。动漫公司从事的上述活动并未向乙公司转让任何可明确区分的商品,所以其授予的该使用许可,属于在未来 2 年内履行的履约义务。动漫公司收取的 200 万元固定金额的使用费应当在 2 年内平均确认收入,按照乙公司销售相关商品所得的销售额的 5%计算的提成则应当在乙公司的销售发生时确认收入。

(七)售后回购

售后回购,是指企业销售商品的同时承诺或有权选择日后再将该商品购回的销售方式。被购回的商品包括原销售给客户的商品、与该商品几乎相同的商品，或者以该商品作为组成部分的其他商品。对于不同类型的售后回购交易，企业应当区分下列两种情形分别进行会计处理。

（1）企业因存在与客户的远期安排而负有回购义务或企业享有回购权利的，表明客户在销售时点并未取得相关商品控制权，企业应当作为租赁交易或融资交易进行会计处理。

（a）回购价格低于原售价的，应当视为租赁交易，按照《企业会计准则第21号——租赁》的相关规定进行会计处理。

（b）回购价格不低于原售价的，应当视为融资交易，在收到客户款项时确认金融负债，而不是终止确认该资产，并将该款项和回购价格的差额在回购期间内确认为利息费用等。

例如，20×1年3月1日，天生公司向客户销售一台设备，销售价格为20万元。同时约定，两年之后，即20×3年3月1日，天生公司将以12万元的价格回购该设备。本例中，根据合同约定，天生公司负有在两年后回购该设备的义务，因此，客户并未取得该设备的控制权。假定不考虑货币时间价值，该交易的实质是客户支付了8（=20–12）万元的对价取得了该设备两年的使用权。天生公司应该将该交易作为租赁交易进行会计处理。

再如，沿用上例，假定天生公司将在20×3年3月1日，以25万元的价格回购该设备。那么，本例中假定不考虑货币的时间价值，该交易的实质是天生公司以该设备作为质押取得了20万元的借款，2年后归还本息合计25万元。天生公司应当将该交易视为融资交易，不应当终止确认该设备，而应当在收到客户款项时确认金融负债，并将该款项和回购价格的差额在回购期间内确认为利息费用等。

（2）企业负有应客户要求回购商品义务的，应当在合同开始日评估客户是否具有行使该要求权的重大经济动因。客户具有行使该要求权重大经济动因的，企业应当将售后回购作为租赁交易或融资交易，按照上述（1）的要求进行会计处理；否则，企业应当将其作为附有销售退回条款的销售交易进行会计处理。在判断客户是否具有行权的重大动因时，企业应当综合考虑各种相关因素，包括回购价格与预计回购时市场价格之间的比较，以及权利的到期日等。如果回购价格明显高于该资产回购时的市场价值，则表明客户有行权的重大经济动因。

例如，天生公司向丙公司销售一台设备，销售价格为30万元。双方约定，丙公司在2年后有要求天生公司以20万元的价格回购该设备的权利。天生公司预计该设备在回购时的市场价值将远低于20万元。本例中，假定不考虑时间价值的影响，天生公司的回购价格20万元低于原售价30万元，但远高于该设备在回购时的市场价值，天生公司判断丙公司有重大经济动因行使其权利要求天生公司回购该设备。因此，天生公司应当将该交易作为租赁交易进行会计处理。

（八）客户未行使的权利

企业向客户预收销售商品款项的，应当首先将该款项确认为负债，待履行了相关履约义务时再转为收入。当企业预收款项无须退回，且客户可能会放弃其全部或部分合同权利时，企业预期将有权获得客户所放弃的合同权利相关的金额的，应当按照客户行使合同权利的模式按比例将上述金额确认为收入；否则，企业只有在客户要求其履行剩余履约义务的可能性极低时，才能将上述负债的相关余额转为收入。企业在确定其是否预期将有权获得客户所放弃的合同权利相关金额时，应当考虑将估计的可变对价计入交易价格的限制要求。

【例 11-5】 某连锁健身公司于 20×1 年度向客户销售了 5 000 张充值卡，每张卡的面值为 200 元，总额为 1 000 000 元。客户可在该健身公司经营的任何一家门店使用该充值卡进行消费。根据历史经验，健身公司预计充值卡中将有大约相当于面值金额5%（即50 000 元）的部分不会被消费。截至 20×1 年 12 月 31 日，客户使用该充值卡面值消费的金额为 40 000 元。该健身公司为一般纳税人，在客户使用该充值卡消费时发生增值税纳税义务。本例中，健身公司预计将有权获得与客户未行使的合同权利相关的金额为50 000 元，该金额应当按照客户行使合同权利的模式按比例确认为收入。

根据上述资料，健身公司账务处理如下。

（1）销售充值卡：

借：银行存款　　　　　　　　　　　　　　　　　　　1 000 000
　　贷：合同负债　　　　　　　　　　　　　　　　　　　　884 956
　　　　应交税费——待转销项税额　　　　　　　　　　　　115 044

（2）20×1 年 12 月 31 日，根据充值卡的消费金额确认收入，同时将对应的待转销项税额确认为销项税。

借：合同负债　　　　　　　　　　　　　　　　　　　　37 261
　　应交税费——待转销项税额　　　　　　　　　　　　　4 602
　　贷：主营业务收入　　　　　　　　　　　　　　　　　　37 261
　　　　应交税费——应交增值税（销项税额）　　　　　　　4 602

（九）无须退回的初始费

企业在合同开始（或接近合同开始）日向客户收取的无须退回的初始费（如俱乐部的入会费等）应当计入交易价格。企业应当评估该初始费是否与向客户转让已承诺的商品相关。

（1）该初始费与向客户转让已承诺的商品相关，并且该商品构成单项履约义务的，企业应当在转让该商品时，按照分摊至该商品的交易价格确认收入。

（2）该初始费与向客户转让已承诺的商品相关，但该商品不构成单项履约义务的，企业应当在包含该商品的单项履约义务履行时，按照分摊至该单项履约义务的交易价格确认收入。

（3）该初始费与向客户转让已承诺的商品不相关的，应当作为未来转让商品的预收款，在未来转让该商品时确认收入。企业收取了无须退回的初始费且为履行合同应开展初始活动，但这些活动本身并没有向客户转让已承诺的商品的，该初始费与未来将转让的已承诺商品相关，应当在未来转让该商品时确认为收入，企业在确定履约进度时不应考虑这些初始活动；企业为该初始活动发生的支出应当作为合同成本，确认为一项资产或计入当期损益。

第二节 费用

一、费用的概念及分类

根据我国《企业会计准则——基本准则》（2014年）将费用表述为："费用是指企业在日常活动中发生的、会导致所有者权益减少的、与向所有者分配利润无关的经济利益的总流出。"很明显这是狭义的费用定义，而应计入当期损益的损失，即营业外支出、所得税费用均属于广义费用范畴。

按照费用对净利润的影响情况，可以将费用分为三类，即与营业利润相关的费用、与利润总额相关的费用和与净利润相关的费用。其中营业成本、营业税金及附加、期间费用、投资损失、公允价值变动损失、资产减值损失、信用减值损失、资产处置损失属于与营业利润相关的费用；营业外支出也可统称为损失，它们与营业利润无关，但在计算利润总额时需要予以扣除，因此可以说是与利润总额相关的费用；所得税费用则比较特殊，它是在确定了利润总额以后，在计算税后利润时需予以扣除的费用。对费用进行恰当的分类有利于我们对费用与收入进行配比，对正确计算损益有着十分重要的意义。

二、费用的确认与计量

（一）费用的确认

企业发生的费用如何进行确认，是正确计算企业损益的重要问题。确认费用的标准主要有两点：一是某项资产的减少或负债的增加，如果不会减少企业的经济利益，就不能确认为费用；二是某项资产的减少或负债的增加必须能够准确地加以计量。如果某项资产的耗费既不能够加以计量，也无法作出合理的估计，那么就不能在利润表中确认为费用。

费用的确认一般以权责发生制和配比原则为基础。

1. 按照支出效益涉及的期间来确认费用

在费用的确认过程中，要为费用的确认划定一个时间上的总体界限，即按照支出效益涉及的期间来确认费用。如果某项支出的效益仅涉及本会计年度（或一个营业周期），就应将其作为收益性支出，在一个会计期间内确认为费用；如果某项支出的效益涉及几个会计年度（或几个营业周期），该项支出应进行资本化处理，不能作为当期费用。

2. 按照与费用关联的收入实现的期间来确认费用实现的期间

在权责发生制的基础上，再按照费用与收入的关联关系来确认费用的实现，即按照与费用关联的收入实现的期间来确认费用实现的期间。需要指出的是，费用与收入之间的关联或一致性不仅表现在经济性质上的因果性方面，也表现在时间方面，因此，联系收入来确认费用的配比原则也就表现为以下几个方面。

1) 按因果关系直接确认

这种确认方法是以所发生的费用与所取得的具体收益项目之间的直接联系为基础，直接地、联合地将来自相同交易或其他事项的营业收入与费用合并起来予以确认。例如，在确认产品销售收入时，同时确认构成产品销售成本的各种费用，包括销售产品的生产成本、销售费用等。因为产品销售成本与产品销售收入之间存在着直接的因果关系。

2) 按系统且合理的分配方法加以确认

这种确认方法是以系统的、合理的分配程序为基础，在利润表中确认费用。收入与费用之间的内在联系不光表现为经济性质上的因果性，而且还表现为时间上的一致性。收入与费用的期间性特征决定了费用必须与同一期间的收入相配比，即本期确认的收入应该与本期的费用相配比。如果收入要等到未来期间实现，相应的费用或已耗成本就要递延到未来的实际受益期间。这时，费用便应当系统、合理地分配于各受益期间。例如，许多资产是跨及若干会计期间使得企业受益的，并且只能大致、间接地确定费用与收益的联系，如固定资产、无形资产等资产。使用这些资产而发生的费用，一般用系统且合理的分配方法，在估计的有效期间内进行分配。

3) 按期间配比确认

在现实工作中，有些支出很难找到直接相关、对应的收入，它们不能与特定营业收入相关联，在其发生期间内消耗，但不产生未来的经济利益，或者是其受益期难以确定。有些支出与当期收入虽然存在着间接联系，但却找不出一个系统而合理分配的基础。会计中将这些支出与其发生的期间相联系，称为期间配比。例如，企业管理人员的工资，管理部门的办公费、水电费、差旅费等。我们一般将这类费用称为期间费用，应当在它们的发生期内确认为费用。

（二）费用的计量

由于费用一般被视为资产价值的减少，而理论上已耗用的资产又可以从不同的角度来计量，所以，与之相适应的费用也可采用不同的计量属性。实务中，费用采用实际成本计量属性来计量。这是由于实际成本代表了企业获得商品或劳务时的交换价值由交易双方认可，具有客观性和可验证性，从而能够使会计信息具有足够的可靠性。进一步地，费用的实际成本是按企业为取得商品和劳务而放弃的资源的实际价值来计量的，即按交换价值或市场价格计量的。这种市场价格的确定取决于交易中具体采用的支付方式，一般有三种可能的情形。

1. 现金支出与费用同时发生

当现金支出与费用同时发生时，市场价格可恰当地用于确认现金支出时所发生的费用，如用现金支付的管理部门的办公费和水电费。费用的实际成本就代表了当时的市场价格。

2. 现金支出先于费用发生

当费用后于现金支出发生时，费用的实际成本与费用发生时的市场价格可能会出现一定的背离。如费用发生后于现金支出的最常见的例证是固定资产折旧。固定资产折旧的计提基础是固定资产的购入成本，它在取得资产时是当时的市场价格，但一经入账就固定下来，成为历史成本。费用发生时，费用的实际成本并非固定资产现时的市场价格。

3. 现金支出后于费用发生

对于那些先于现金支出而发生的费用来说，由于实际的交易尚未发生，没有市场价格可供计量，因而一般采用预计价值确认入账。常见的情况有预提借款利息、预提大修理费用、预提产品保证费用等。这些费用只有实际支付时才能确认其市场价格。因此，费用的实际成本不一定是费用发生时所支出或耗费资产的现行成本。完全采用现行成本来计量费用是难以操作的，这是因为在实际工作中，对于以前取得的同类商品或劳务可能没有现行成本，或者即使有现行成本，也会缺少可以验证的计量标准。

三、生产成本

（一）生产成本的概念

生产成本，是指一定期间生产产品所发生的直接费用和间接费用的总和。生产成本与费用之间的区别与联系，可总结如下。

1. 成本是对象化的费用

生产成本是相对于一定的产品而言所发生的费用，是按照产品品种等成本计算对象对当期发生的费用进行归集所形成的。在按照费用的经济用途所进行的分类中，企业一定期间发生的直接费用和间接费用的综合构成一定期间产品的生产成本。费用的发生过程同时也是产品成本的形成过程。

2. 成本与费用是相互转化的

企业在一定期间发生的直接费用按照成本计算对象进行归集，间接费用则通过分配计入各成本计算对象，转化为成本。

企业的产品成本项目可以根据企业的具体情况自行设定，一般如下。

（1）直接材料，是指企业在生产产品和提供劳务过程中所消耗的，直接用于产品生产并构成产品实体的原料、主要材料、外购半成品及有助于产品形成的辅助材料和其他材料费用。

（2）燃料及动力，是指直接用于产品生产的外购和自制的燃料及动力。

（3）直接人工，是指企业在生产产品和提供劳务过程中，直接参加产品生产的工人的工资以及按生产工人工资总额和规定的比例计算提取的职工福利费、社会保险费、住房公积金、工会经费、职工教育经费等职工薪酬。

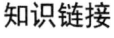

（4）制造费用，是指企业在生产过程中发生的未单独设置成本项目的生产费用以及各生产单位（如生产车间）为组织和管理生产而发生的各项费用，包括生产单位管理人员职工薪酬、折旧费、修理费、办公费、水电费、机物料消耗、劳动保护费以及其他制造费用。

(二) 生产成本核算的账户设置

企业应设置"生产成本"账户和"制造费用"账户核算各种产品所发生的各项生产费用。

1. "生产成本"账户

"生产成本"账户是用来核算企业进行工业性生产所发生的各项生产费用,包括生产各种产成品、自制半成品、提供劳务、自制材料、自制工具以及自制设备等所发生的各项费用。账户借方记录企业在生产过程中发生的直接材料、直接人工和期末分配转入的制造费用;贷方记录期末完工入库的产成品、自制半成品应结转的实际生产成本;期末若有余额应在借方,反映期末尚未加工完成的在产品的生产成本。

根据实际生产需要,"生产成本"账户应按不同的成本计算对象(包括产品的品种、产品的批次和产品生产的步骤等)来设置明细分类账户,并按直接材料、直接人工和制造费用等成本项目设置专栏,进行明细核算,以便于分别归集各成本计算对象所发生的各项生产费用,计算各成本计算对象的总成本、单位成本和期末在产品成本。此外,企业还可根据自身生产特点和管理要求,将"生产成本"账户分为"基本生产成本"和"辅助生产成本"两个明细账户。其中,"基本生产成本"二级账户下应当分别按照成本计算对象设置明细账(或成本计算单),并按照成本项目设置专栏进行明细核算;"辅助生产成本"二级账户核算企业为基本生产服务而进行的产品生产和劳务供应所发生的费用,计算辅助生产成本和劳务成本。

2. "制造费用"账户

"制造费用"账户核算企业为生产产品而发生的除直接材料和直接人工以外的其他各项生产费用。该账户可按不同的生产车间、部门设置明细账户,账内按制造费用项目设专栏进行明细核算。生产车间发生的机物料消耗,车间管理人员的工资等职工薪酬,计提的固定资产折旧,支付的办公费、水电费等,发生季节性的停工损失等记入本账户的借方;期末将制造费用分配计入有关的成本计算对象时记入本账户的贷方。本账户期末一般应无余额。

实务中,"制造费用"账户通常按不同的车间、部门设置明细账,并按费用的经济用途和费用的经济性质设置专栏,而不应将各车间、部门的制造费用汇总起来,在整个企业范围内统一进行分配。

(三) 生产费用的归集和分配

1. 材料费用的归集和分配

财会部门在月份终了时,将当月发生应计入成本的全部领料单、限额领料单、退料单等各种原始凭证,按产品和用途进行归集,编制"发出材料汇总表"。对直接用于制造产品的材料费用,能够直接计入的,直接计入该产品成本计算单中"直接材料"项下。归集和分配之后,根据分配的结果编制"发出材料汇总表",据此登记有关明细账和产品成本计算单。

【例11-6】 天生公司20×1年12月发出材料汇总表如表11-5所示。

表 11-5　20×1 年 12 月 31 日发出材料汇总表　　　单位：元

会计账户	领用单位及用途	原材料	低值易耗品
生产成本	一车间：A 产品	20 200	
	B 产品	15 400	
	二车间：A 产品	10 000	
	B 产品	12 200	
	小计	57 800	
制造费用	一车间	1 000	7 500
	二车间	1 500	3 000
	小计	2 500	10 500
生产成本	机修	2 500	300
管理费用	厂部	200	450
合计		63 000	11 250

根据表 11-5 的资料，天生公司进行账务处理如下：
（1）借：生产成本——基本生产成本——A 产品　　　　　30 200
　　　　　　——基本生产成本——B 产品　　　　　27 600
　　　　　　——辅助生产成本　　　　　　　　　　2 500
　　　　制造费用　　　　　　　　　　　　　　　　2 500
　　　　管理费用　　　　　　　　　　　　　　　　200
　　　贷：原材料　　　　　　　　　　　　　　　　　　63 000
（2）借：制造费用　　　　　　　　　　　　　　　　10 500
　　　　生产成本——辅助生产成本　　　　　　　　300
　　　　管理费用　　　　　　　　　　　　　　　　450
　　　贷：低值易耗品　　　　　　　　　　　　　　　　11 250

在实际工作中，材料费用常用的分配方法是按各种产品的材料定额耗用量的比例，或按各种产品的重量比例分配。

2. 工资费用的归集和分配

1）职工薪酬的确认和计量

职工薪酬，是指企业为获得职工提供的服务或解除劳动关系而给予的各种形式的报酬或补偿，包括短期薪酬、离职后福利、辞退福利和其他长期职工福利 4 类内容。职工薪酬作为企业的一项负债，除因解除与职工的劳动关系给予的补偿外，应根据职工提供服务的受益对象分别进行处理。

（1）应由生产产品、提供劳务负担的职工薪酬，计入产品成本或劳务成本。生产产品、提供劳务中的直接生产人员和直接提供劳务人员发生的职工薪酬，应计入生产成本，借记"生产成本"账户，贷记"应付职工薪酬"账户。

（2）应由在建工程负担的职工薪酬，计入固定资产成本。自行建造固定资产过程中发生的职工薪酬，应计入固定资产成本，借记"在建工程"账户，贷记"应付职工薪酬"账户。

（3）应由无形资产负担的职工薪酬，计入无形资产成本。企业自行研发无形资产过程中发生的职工薪酬，要区别情况进行处理，在研究阶段发生的职工薪酬不能计入无形资产成本，在开发阶段发生的职工薪酬应当计入无形资产成本，借记"研发支出——资本化支出"账户，贷记"应付职工薪酬"账户。

（4）除以上三项外的职工薪酬，如公司管理人员、董事会和监事会成员等人员的职工薪酬，难以确定受益对象，均应当在发生时确认为当期损益。当支出发生时，借记"管理费用"账户，贷记"应付职工薪酬"账户。

2）工资费用的分配

企业工资费用应按其发生的地点和用途进行分配。企业工资费用的归集和分配，是根据工资结算凭证和工时统计记录，通过编制"工资结算汇总表"和"工资费用分配表"进行的。当支出发生时，借记"生产成本""制造费用""管理费用"账户，贷记"应付职工薪酬"账户。

3. 制造费用的归集和分配

制造费用是企业为组织和管理生产所发生的各项费用，主要包括：企业各个生产单位（分厂、车间）为组织和管理生产所发生的生产单位管理人员工资、职工福利费、生产单位房屋建筑物及机器设备等的折旧费、机物料消耗、低值易耗品、水电费、办公费、劳动保护费、季节性及修理期间的停工损失以及其他制造费用。

制造费用是管理和组织生产而发生的间接费用，需要通过"制造费用"账户进行归集，然后分配计入各种产品成本。"制造费用"账户属于集合分配账户，借方登记制造费用的发生数，贷方登记制造费用的分配数。在一般情况下，期末应将全部费用都分配出去，不留余额。此外，为了正确反映制造费用的发生和分配，控制费用预算的执行情况，企业应将发生的制造费用记入"制造费用"账户，并建立"制造费用明细账"，按不同车间、部门和费用项目进行明细核算。常用的有生产工时比例法、生产工人工资比例法、预算分配率法。在分配时，应从"制造费用"账户的贷方转入"生产成本"账户的借方。在实际工作中，企业应设置"制造费用明细账"，按费用项目归集这些费用。

【例 11-7】 天生公司 20×1 年 12 月制造费用的发生和分配核算过程如下。

（1）计提本月车间使用的固定资产折旧，共计 50 000 元。

借：制造费用　　　　　　　　　　　　　　　　　　　50 000
　　贷：累计折旧　　　　　　　　　　　　　　　　　　　　50 000

（2）车间领用一般性消耗材料，其实际成本为 6 000 元。

借：制造费用　　　　　　　　　　　　　　　　　　　6 000
　　贷：原材料　　　　　　　　　　　　　　　　　　　　6 000

（3）以银行存款支付本月制造车间设备租金 3 000 元。

借：制造费用　　　　　　　　　　　　　　　　　　　3 000
　　贷：银行存款　　　　　　　　　　　　　　　　　　　3 000

（4）以库存现金 100 元购买车间零星用品。

```
借：制造费用                                    100
    贷：库存现金                                100
```
（5）车间小组长张某报销差旅费 1 500 元，预借款为 2 000 元。
```
借：制造费用                                    1 500
    库存现金                                    500
    贷：其他应收款——张某                      2 000
```
（6）计提本月车间管理人员工资 7 000 元。
```
借：制造费用                                    7 000
    贷：应付职工薪酬                            7 000
```
（7）将本期制造费用 67 600 元在甲产品和乙产品之间进行分摊，其中甲产品负担 35 400 元，乙产品负担 32 200 元。
```
借：生产成本——基本生产成本（甲产品）         35 400
            ——基本生产成本（乙产品）         32 200
    贷：制造费用                                67 600
```

（四）辅助生产费用的归集和分配

辅助生产主要是为基本生产服务的，它所生产的产品和劳务，大部分都被基本生产车间和管理部门所消耗，一般很少对外销售。辅助生产按其提供产品或劳务的种类不同，可以分为以下两类。

（1）只生产一种产品或劳务的辅助生产，如供电、供水、蒸汽、运输等。

（2）生产多种产品或劳务的辅助生产，如工具、模型、机修等。

辅助生产的类型不同，其费用分配、转出的程序也不一样。

（1）生产多种产品的辅助生产车间，如工具、模型等车间所发生的费用，应在产品完工入库后，从辅助生产账户和明细账中转出，记入"原材料"或"低值易耗品"账户，有关车间或部门领用时，再从"原材料"或"低值易耗品"账户转入"生产成本"或"管理费用"账户。

（2）生产单一品种的辅助生产车间，如供电、蒸汽、供水等产品或劳务所发生的费用，应在月末汇总后，按各受益车间或部门耗用劳务的数量，选择适当的分配方法进行分配后，从"生产成本"账户的"辅助生产成本"账户和明细账中转出，计入有关账户。

在实务中，辅助生产费用的分配，应通过编制"辅助生产费用分配表"进行。

（五）在产品成本的计算和完成产品成本的结转

工业企业生产过程中发生的各项生产费用，经过在各种产品之间的归集和分配，都已集中登记在"生产成本明细账"和"产品成本计算单"中。在"产品成本计算单"中，减去交库废料价值后，就是该产品本月发生的费用。当月初、月末都没有在产品时，本月发生的费用就等于本月完工产品的成本；如果月初、月末都有在产品时，本月发生的生产费用加上月初在产品成本之后的合计数额，还要在完工产品和在产品之间进行分配，计算完工产品成本。完工产品成本一般按下式计算：

完工产品成本 = 月初在产品成本 + 本月发生费用 – 月末在产品成本

从上述公式可以看出，完工产品成本是在月初在产品成本加本期发生费用的合计数额基础上，减去月末在产品成本后计算出来的。因此，计算月末在产品成本是计算完工产品成本的条件。在实际工作中正确地计算在产品成本，是正确计算完工产品成本的关键。

1. 在产品成本的计算

工业企业的在产品是指生产过程中尚未完工的产品。从整个企业来讲，在产品包括正在加工中的产品和加工已经告一段落的自制半成品，这叫广义在产品。从某一加工阶段来讲，在产品是指正在加工中的产品，一般将它叫作狭义在产品。

企业应根据生产特点、月末在产品数量的多少、各项费用比重的大小，以及定额管理基础的好坏等具体条件，采用适当的方法计算在产品成本。

如果在产品数量很少，计算或不计算在产品成本对完工产品成本的影响都很小，为了简化计算工作，可以不计算在产品成本；在产品数量较多，而且各月之间变化也较大的企业，要根据实际结存的产品数量，计算在产品成本。一般来说，在产品成本计算的方法通常有：在产品成本按其所耗用的原材料费用计算、按定额成本计算、按约当产量计算、按定额比例分配计算。

2. 完工产品成本的结转

在计算出当期完工产品成本后，对验收入库的产成品，应结转成本。结转本期完工产品成本时，借记"产成品"或"库存商品"账户，贷记"生产成本"账户。通过在产品成本的计算，生产费用在完工产品和月末在产品之间进行分配之后，就可以确定完工产品的成本，根据计算的完工产品成本，从有关"产品成本计算单"中转出，编制"完工产品成本汇总计算表"，计算出完工产品总成本和单位成本。结转时，借记"产成品"账户，贷记"生产成本"账户。

四、期间费用

期间费用是指企业当期发生的，不能直接归属于某个特定产品成本的费用。由于难以判定其所归属的产品，因而不能列入产品制造成本，而在发生的当期直接计入当期损益。期间费用主要包括销售费用、管理费用和财务费用。

（一）销售费用

1. 销售费用的概念及内容

销售费用是指企业在销售产品过程中发生的各项费用，以及为销售本企业商品而专设的销售机构（含销售网点、售后服务网点等）的经营费用。其具体项目如下。

（1）产品自销费用，包括应由本企业负担的包装费、运输费、装卸费、保险费。

（2）产品促销费用，包括展览费、广告费、经营租赁费、销售服务费。

（3）销售部门的费用，一般是指专设销售机构的职工工资及福利费、类似工资性质的费用、业务费等经营费用。企业内部销售部门所发生的费用，不包括在销售费用中，而应列入管理费用中。

（4）委托代销费用，主要是指企业委托其他单位代销，按代销合同规定支付的委托代销手续费。

（5）商品流通企业的进货费用，是指商品流通企业在进货过程中发生的运输费、装卸费、包装费、保险费、运输途中的合理损耗费和入库前的挑选整理费等。

2. 销售费用的核算

企业应设置"销售费用"账户核算企业发生的销售费用，并按费用项目进行明细核算。主要账务处理内容包括：企业在销售商品过程中发生的包装费、保险费、展览费和广告费、运输费、装卸费等费用，借记"销售费用"账户，贷记"库存现金""银行存款"等账户；发生的为销售本企业商品而专设的销售机构的职工薪酬、业务费等经营费用，借记"销售费用"账户，贷记"应付职工薪酬""银行存款""累计折旧"等账户；期末，应将"销售费用"账户的发生净额转入"本年利润"账户借方，结转后本账户无余额。

【例11-8】 天生公司本月销售部门各项经费发生额共计11 500元，其中固定资产折旧1 500元，销售部门人员工资4 400元，应计福利费476元，领用修理用材料600元，以银行存款支付广告费用4 524元。根据上述资料，天生公司账务处理如下：

（1）计提固定资产折旧。

借：销售费用　　　　　　　　　　　　　　　　　　　　　1 500
　　贷：累计折旧　　　　　　　　　　　　　　　　　　　　　1 500

（2）分配职工工资及提取福利费。

借：销售费用——工资及福利费　　　　　　　　　　　　　4 876
　　贷：应付职工薪酬——工资　　　　　　　　　　　　　　4 400
　　　　　　　　　　——福利费　　　　　　　　　　　　　476

（3）领用修理用材料。

借：销售费用　　　　　　　　　　　　　　　　　　　　　600
　　贷：原材料　　　　　　　　　　　　　　　　　　　　　600

（4）支付广告费。

借：销售费用　　　　　　　　　　　　　　　　　　　　　4 524
　　贷：银行存款　　　　　　　　　　　　　　　　　　　　4 524

（5）月末结转销售费用。

借：本年利润　　　　　　　　　　　　　　　　　　　　　11 500
　　贷：销售费用　　　　　　　　　　　　　　　　　　　　11 500

（二）管理费用

1. 管理费用的概念及内容

管理费用是公司行政管理部门为组织和管理生产经营活动而发生的各项费用。其具体内容如下。

（1）企业管理部门发生的直接管理费用，如公司经费等。

（2）用于企业直接管理之外的费用，主要包括董事会费、咨询费、聘请中介机构费、诉讼费等。

（3）提供生产技术条件的费用，主要包括研究费用、无形资产摊销、长期待摊费用摊销。
（4）业务招待费。
（5）其他费用，是指不包括在以上各项之内又应列入管理费用的费用。

2. 管理费用的核算

企业应设置"管理费用"账户，发生的管理费用在"管理费用"账户中核算，并按费用项目设置明细账进行明细核算。企业发生的各项管理费用借记该账户，贷记"库存现金""银行存款""原材料""应付职工薪酬""累计折旧""累计摊销""研发支出""应交税费"等账户；期末，将本账户借方归集的管理费用全部由本账户的贷方转入"本年利润"账户的借方，计入当期损益。结转管理费用后，"管理费用"账户期末无余额。

【例 11-9】 天生公司本月发生以下管理费用：以银行存款支付业务招待费 8 200 元；计提管理部门使用的固定资产折旧费 6 000 元；分配管理人员工资 10 000 元，提取职工福利费 1 680 元；以银行存款支付董事会成员差旅费 3 700 元；摊销无形资产 2 000 元。月末结转管理费用。

根据上述资料，天生公司账务处理如下。

（1）支付业务招待费。

借：管理费用——业务招待费　　　　　　　　　　　　　　8 200
　　贷：银行存款　　　　　　　　　　　　　　　　　　　　　　　　8 200

（2）计提折旧费。

借：管理费用——折旧费　　　　　　　　　　　　　　　　6 000
　　贷：累计折旧　　　　　　　　　　　　　　　　　　　　　　　　6 000

（3）分配工资及计提福利费。

借：管理费用——工资及福利费　　　　　　　　　　　　11 680
　　贷：应付职工薪酬——工资　　　　　　　　　　　　　　　　10 000
　　　　　　　　　　——福利费　　　　　　　　　　　　　　　　 1 680

（4）支付董事会成员差旅费。

借：管理费用——董事会费　　　　　　　　　　　　　　　3 700
　　贷：银行存款　　　　　　　　　　　　　　　　　　　　　　　　3 700

（5）摊销无形资产。

借：管理费用——无形资产摊销　　　　　　　　　　　　 2 000
　　贷：累计摊销　　　　　　　　　　　　　　　　　　　　　　　　2 000

（6）结转管理费用。

借：本年利润　　　　　　　　　　　　　　　　　　　　31 580
　　贷：管理费用　　　　　　　　　　　　　　　　　　　　　　　31 580

（三）财务费用

1. 财务费用的概念及内容

财务费用是指企业为筹集生产经营所需资金而发生的费用。财务费用的主要构成项目如下。

（1）利息净支出，指企业短期借款利息、应付票据利息、票据贴现利息、长期借款利息、应付债券利息、长期应付引进外国设备款利息等利息支出减去银行存款等利息收入后的净额。

（2）汇兑净损失，是企业因向银行结售或购入外汇而产生的银行买入、卖出价与记账所采用的汇率之间的差额，以及月度终了，各种外币账户的外币期末余额，按照期末汇率折合的记账本位币金额与账面记账本位币金额之间的差额等。

（3）金融机构手续费，是指发行债券所需支付的手续费、开出汇票的银行手续费、调剂外汇手续费等。

（4）其他费用，如融资租入固定资产发生的融资租赁费用，以及筹集生产经营资金发生的其他费用等。

2. 财务费用的核算

企业发生的财务费用在"财务费用"账户中核算，并按费用项目设置明细账进行明细核算。企业发生的各项财务费用借记该账户，贷记"银行存款"等账户；企业发生利息收入、汇兑收益时，借记"银行存款"等账户，贷记该账户。月终，将借方归集的财务费用全部由该账户的贷方转入"本年利润"账户的借方，计入当期损益。结转当期财务费用后，"财务费用"账户期末无余额。

【例11-10】 天生公司本月发生如下事项：接银行通知，已从本企业存款户头扣收本月短期借款利息3 000元，银行转入本企业存款利息1 000元。月末结转财务费用。

根据上述资料，天生公司有关账务处理如下。

借：财务费用——利息净支出　　　　　　　　　　　　　　3 000
　　贷：银行存款　　　　　　　　　　　　　　　　　　　　3 000
借：银行存款　　　　　　　　　　　　　　　　　　　　　　1 000
　　贷：财务费用——利息净支出　　　　　　　　　　　　　1 000
借：本年利润　　　　　　　　　　　　　　　　　　　　　　2 000
　　贷：财务费用　　　　　　　　　　　　　　　　　　　　2 000

第三节　利润

一、利润及其构成

（一）利润的概念与确认

利润是指企业在一定会计期间的经营成果，包括收入减去费用后的净额、直接计入当期利润的利得和损失等。也就是说，利润的确认主要依赖于收入和费用以及直接计入当期利润的利得和损失的确认，利润金额的计量主要取决于收入和费用金额以及直接计入当期利润的利得和损失金额的计量。

（二）利润的构成与计算

在利润表中，利润的金额由营业利润、利润总额和净利润三个层次与计算步骤构成。

1. 营业利润

营业利润是指企业通过一定期间的日常活动取得的利润。营业利润的具体构成，可用公式表示如下：

营业利润＝营业收入－营业成本－税金及附加－销售费用－管理费用－研发费用－财务费用－资产减值损失－信用减值损失＋其他收益±投资净损益±公允价值变动净损益±资产处置净损益

式中，营业收入是指企业经营业务所实现的收入总额，如前所述，包括主营业务收入和其他业务收入；营业成本是指企业经营业务所发生的实际成本总额，包括主营业务成本和其他业务成本；税金及附加是指应由营业收入（包括主营业务收入和其他业务收入）补偿的各种税金及附加费用，主要包括消费税、城市维护建设税、教育费附加、房产税、土地使用税、车船税、印花税等；销售费用、管理费用、财务费用详见前节内容，此处不再赘述。需要指出的是，研发费用是指企业在研究与开发过程中发生的费用化支出，在发生时可作为管理费用的组成部分，但在利润表中列报时，应将其从管理费用中分离出来，单独列示；资产减值损失是指企业存货、长期股权投资、固定资产、在建工程、工程物资、无形资产等发生减值确认的减值损失；信用减值损失是指金融资产中应收款项、债权投资、其他债权投资等资产价值下跌发生的损失；其他收益是指与企业日常活动相关、但不宜冲减成本费用的政府补贴形成的收益，如增值税即征即退、与资产相关的政府补助确认为递延收益后的分期摊销额等；投资净损益是企业对外投资收益抵减投资损失后的余额；公允价值变动净损益是指企业以各种资产，如投资性房地产、债务重组、非货币交换、交易性金融资产等公允价值变动形成的应计入当期损益的利得或损失，反映了资产在持有期间因公允价值变动而产生的损益；资产处置损益是指企业出售划分为持有待售的非流动资产（金融工具、长期股权投资和投资性房地产除外）或处置组时确认的利得或损失，以及处置未划分为持有待售的固定资产、在建工程、生产性生物资产及无形资产而产生的处置利得或损失。

2. 利润总额

利润总额是指企业一定期间的营业利润，加上营业外收入减去营业外支出后的所得税前利润总额，即

利润总额＝营业利润＋营业外收入－营业外支出

式中，营业外收入和营业外支出，是指企业发生的与日常活动无直接关系的各项利得或损失。事实上，虽然营业外收入和营业外支出与企业日常生产经营活动无直接关系，但站在企业主体的角度来看，同样是其经济利益的流入或流出，从而构成利润的一部分，对企业盈亏状况具有不可忽视的影响。

1）营业外收入

营业外收入，是指企业取得的与日常活动没有直接关系的各项利得，主要包括非流

动资产毁损报废利得、债务重组利得、罚没利得、政府补助利得、无法支付的应付款项、捐赠利得、盘盈利得等，主要包括如下。

（1）非流动资产毁损报废利得，是指因自然灾害等发生毁损、已经丧失使用功能而报废的固定资产等非流动资产所产生的清理净收益。

（2）债务重组利得，是指企业在进行债务重组时，债务人重组债务的账面价值高于用于偿债的现金及非现金资产公允价值、债权人放弃债权而享有股份的公允价值、重组后债务的账面价值的差额所形成的利得。

（3）罚没利得，是指企业收取的滞纳金、违约金以及其他形式的罚款，在弥补了由对方违约而造成的经济损失后的净收益。

（4）政府补助利得，指企业取得的与日常活动无关的政府补助，如企业因遭受重大自然灾害而获得的政府补助。

（5）无法支付的应付款项，是指由于债权单位撤销或其他原因而无法支付或无须支付，按规定程序报经批准后转入当期损益的应付款项。

（6）捐赠利得，指企业接受外部现金或非现金资产捐赠而产生的利得。

（7）盘盈利得，指企业财产清查中发现的原因不明的库存现金盘盈而获得的资产溢余利得。

企业应通过"营业外收入"账户核算营业外收入的取得及结转情况。该账户贷方登记企业确认的各项营业外收入，借方登记期末结转入本年利润的营业外收入。结转后该账户应无余额。该账户应按照营业外收入的项目进行明细核算。

需要指出的是，如果企业接受控股股东（或控股股东的子公司）以及非控股股东（或非控股股东子公司）直接或间接代为偿债、债务豁免或捐赠，其经济实质表明属于股东对企业的资本性投入的，应当将相关利得计入所有者权益（资本公积——其他资本公积）。

2）营业外支出

营业外支出，是指企业发生的与日常活动没有直接关系的各项损失，主要包括如下。

（1）非流动资产毁损报废损失，是指因自然灾害等发生毁损、已经丧失使用功能而报废的固定资产等非流动资产所产生的清理净损失。

（2）债务重组损失，是指企业在进行债务重组时，债权人重组债权的账面价值高于接受抵债取得的现金及非现金资产公允价值、放弃债权而享有股份的公允价值、重组后债权的账面价值的差额所形成的损失。

（3）罚没支出，是指企业由于违反合同、违法经营、偷税漏税、拖欠税款等而支付的违约金、罚款、滞纳金等支出。

（4）捐赠支出，指企业对外进行公益性和非公益性捐赠而付出资产的公允价值。

（5）非常损失，是指企业由自然灾害等客观原因造成的财产损失，在扣除保险公司赔款和残料价值后.应计入当期损益的净损失。

（6）盘亏损失，是指企业在财产清查中发现的固定资产实存数量少于账面数量而发生的资产短缺损失。

为了核算发生的各项营业外支出项目，应设置"营业外支出"账户。企业发生的各项营业外支出，借记"营业外支出"，贷记"固定资产清理""待处理财产损溢""银行存款"等账户；期末，将"营业外支出"账户的余额转入"本年利润"账户，即借记"本年利润"账户，贷记"营业外支出"账户，结转之后无余额。

3. 净利润

净利润是指企业一定期间的利润总额减去所得税费用后的净额，即

$$净利润 = 利润总额 - 所得税费用$$

式中，所得税费用是指企业按照会计准则的规定确认的应从当期利润总额中扣除的当期所得税费用和递延所得税费用。

【例11-11】 天生公司20×1年度取得主营业务收入3 000万元，其他业务收入1 000万元，其他收益100万元，投资净收益800万元，营业外收入200万元；发生主营业务成本1 700万元，其他业务成本600万元，税金及附加40万元，销售费用100万元，管理费用240万元（其中研发费用40万元），财务费用120万元，资产减值损失70万元，信用减值损失30万元，公允价值变动净损失50万元，资产处置净损失80万元，营业外支出120万元。本年度确认的所得税费用为520万元。

根据上述资料，得到天生公司20×1年度的利润构成情况，如表11-6所示。

表11-6 20×1年度利润表（简表）　　　　　　　　　　单位：元

项目	本年金额
一、营业收入	40 000 000
减：营业成本	23 000 000
税金及附加	400 000
销售费用	1 000 000
管理费用	2 000 000
研发费用	400 000
财务费用	1 200 000
资产减值损失	700 000
信用减值损失	300 000
加：其他收益	1 000 000
投资收益	8 000 000
公允价值变动收益	−500 000
资产处置收益	−800 000
二、营业利润	18 700 000
加：营业外收入	2 000 000
减：营业外支出	1 200 000
三、利润总额	19 500 000
减：所得税费用	5 200 000
四、净利润	14 300 000

二、利润的结转与分配

（一）利润的结转

企业应设置"本年利润"账户，用于核算企业当期实现的净利润或发生的净亏损。利润计算与结转的基本会计处理程序如下。

（1）会计期末，企业应当将各损益类账户的余额转入"本年利润"账户，结平各损益类账户。此时，若"本年利润"账户为贷方余额，反映本年度自年初开始累计实现的净利润；如为借方余额，反映本年度自年初开始累计发生的净亏损。

（2）年度终了，企业应将收入和支出相抵后结出的"本年利润"账户余额，转入"利润分配"账户，如为净利润，则借记"本年利润"账户，贷记"利润分配——未分配利润"账户；如为净亏损，作相反会计分录。年度结账后，"本年利润"账户无余额。

为了简化核算，企业在期末也可以不进行上述利润结转，年内各期实现的利润直接通过利润表计算；年度终了，再将各损益类账户全年累计金额一次转入"本年利润"账户。

【例11-12】 上接例11-11的资料，假定天生公司不进行中期利润结转，只在年末一次结转利润。根据上述资料，天生公司账务处理如下。

（1）20×1年12月31日，结转本年损益类账户余额。

借：	主营业务收入	30 000 000
	其他业务收入	10 000 000
	其他收益	1 000 000
	投资收益	8 000 000
	营业外收入	2 000 000
贷：	本年利润	51 000 000
借：	本年利润	36 700 000
贷：	主营业务成本	17 000 000
	其他业务成本	6 000 000
	税金及附加	400 000
	销售费用	1 000 000
	管理费用	2 000 000
	研发费用	400 000
	财务费用	1 200 000
	资产减值损失	700 000
	信用减值损失	300 000
	公允价值变动损益	500 000
	资产处置损益	800 000
	营业外支出	1 200 000

　　　　所得税费用　　　　　　　　　　　　　　　　　　　　　　　　　5 200 000

（2）20×1年12月31日，结转本年净利润。

　　借：本年利润　　　　　　　　　　　　　　　　　　　　　　　　14 300 000

　　　　贷：利润分配——未分配利润　　　　　　　　　　　　　　　14 300 000

（二）利润的分配

利润分配，是将企业实现的净利润，按照国家财务制度规定的分配形式和分配顺序，在企业和投资者之间进行的分配。利润分配的过程与结果，是关系到所有者的合法权益能否得到保护，企业能否长期、稳定发展的重要问题，为此，企业必须加强利润分配的管理和核算。

按照相关法律规定，企业利润分配的内容主要包括弥补以前年度亏损、提取盈余公积和向投资者分配利润等。企业应设置"利润分配"账户，并下设"提取法定盈余公积""提取任意盈余公积""应付现金股利（或利润）""转作股本的股利""盈余公积补亏""未分配利润"等明细账户进行明细核算。

1. 弥补以前年度亏损

所得税法规定，企业某年度发生的纳税亏损，在其后5年内可用应税所得弥补，从其后第6年开始，只能用净利润弥补。如果净利润不够弥补亏损，则可用发生亏损以前提取的盈余公积来弥补（因为从发生亏损的年度开始，在亏损完全弥补之前不应提取盈余公积）。用盈余公积弥补亏损时，应借记"盈余公积"账户，贷记"利润分配——盈余公积补亏"账户。

2. 提取法定盈余公积

提取法定盈余公积，是指按照公司法的规定，企业的净利润在弥补了以前年度亏损以后，如果仍有剩余，应按当年实现的净利润的10%提取法定盈余公积。法定盈余公积累计余额超过注册资本的50%以上时，可以不再提取。计提法定盈余公积时，应借记"利润分配——提取法定盈余公积"账户，贷记"盈余公积——法定盈余公积"账户。

3. 支付优先股股利

支付优先股股利，是指企业按公司章程规定支付给优先股股东的股利。由于优先股股东拥有股息分配的优先权，因此，普通股股东分派股利时，要以付清当年或积欠的优先股股利为条件。优先股股利的分派必须在普通股股利的分派之前。计提优先股股利时，应借记"利润分配——应付优先股股利"账户，贷记"应付股利——优先股股利"账户。

4. 提取任意盈余公积金

提取任意盈余公积金，是指企业按股东大会的决议提取的盈余公积。任意盈余公积是公司制度规定的，比例不做要求。计提任意盈余公积时，应借记"利润分配——提取任意盈余公积"账户，贷记"盈余公积——任意盈余公积"账户。

5. 应付现金股利或利润

应付现金股利或利润，是指企业按照经股东大会批准的利润分配方案应分配给普通股股东的现金股利，也包括非股份有限公司分配给投资者的利润。一般而言，公司当年亏损不会分配股东现金股利，但根据公司自己的股利政策，可以动用以前年度累积的未分配利润来分配股东现金股利。按股东大会或类似机构决议分配给股东的现金股利，借记"利润分配——应付现金股利（或利润）"账户，贷记"应付股利"账户。

6. 转作股本的股利

转作股本的股利，是指企业按照股东大会批准的利润分配方案以分派股票股利的形式转作股本的股利，也包括非股份有限公司以利润转增的资本。按股东大会或类似机构决议分配给股东的股票股利，在办理增资手续后，借记"利润分配——转作股本的股利"账户，贷记"股本"或"实收资本"账户，如有差额，贷记"资本公积——股本溢价（或资本溢价）"账户。

【例 11-13】 天生公司 20×1 年度实现净利润 1 450 万元，按净利润的 10% 提取法定盈余公积，按净利润的 10% 提取任意盈余公积，向股东分派现金股利 550 万元，同时分派每股面值 1 元的股票股利 300 万股。根据上述资料，天生公司进行账务处理如下。

（1）提取盈余公积。

借：利润分配——提取法定盈余公积	1 450 000
——提取任意盈余公积	1 450 000
贷：盈余公积——法定盈余公积	1 450 000
——任意盈余公积	1 450 000

（2）分配现金股利。

借：利润分配——应付现金股利	5 500 000
贷：应付股利	5 500 000

（3）分配股票股利，已办妥增资手续。

借：利润分配——转作股本的股利	3 000 000
贷：股本	3 000 000

（三）利润的结算

为了反映本年净利润的形成及分配情况，应在"利润分配"账户下设置"未分配利润"二级账户进行利润结算的核算。年度终了，企业应将"本年利润"账户余额转入"利润分配——未分配利润"账户，并将"利润分配"所属的其他二级账户的余额转入"未分配利润"二级账户。结算本年所实现利润时，应借记"本年利润"账户，贷记"利润分配——未分配利润"账户，如为亏损，则编制相反分录；结算本年分配的利润时，应借记"利润分配——未分配利润"账户，贷记"利润分配——提取法定盈余公积""利润分配——提取任意盈余公积""利润分配——应付现金股利"等账户。需要指出的是，如果发生盈余公积补亏，则应借记"利润分配——盈余公积补亏"，贷记"利润分配——未分配利润"。经过上述结算以后，"本年利润"账户应无余额；"利润分配"账户所属二级账户，除"未分配利润"二级账户外，其他二级明细账户也应无余额。此时，"利润分配——未分配利润"账户如为贷方余额，表示累积未分配的利润数额；如为借方余额，则表示累积未弥补的亏损数额。

【例 11-14】 上接例 11-13 天生公司对年末利润进行结算。天生公司进行账务处理如下。

（1）结算本年利润。

借：本年利润　　　　　　　　　　　　　　　　　　　14 500 000
　　贷：利润分配——未分配利润　　　　　　　　　　　　14 500 000

（2）结算本年利润分配。

借：利润分配——未分配利润　　　　　　　　　　　　11 400 000
　　贷：利润分配——提取法定盈余公积　　　　　　　　　1 450 000
　　　　　　　　——提取任意盈余公积　　　　　　　　　1 450 000
　　　　　　　　——应付现金股利　　　　　　　　　　　5 500 000
　　　　　　　　——转作股本的股利　　　　　　　　　　3 000 000

第四节　所得税

所得税是指应在会计税前利润中扣除的所得税费用，包括当期所得税费用和递延所得税费用（或收益，下同）。企业在计算确定当期所得税费用以及递延所得税费用的基础上，应将两者之和确认为利润表中的所得税费用。

一、资产负债表债务法

我国《企业会计准则第 18 号——所得税》采用了基于资产负债表观下的债务法对所得税费用进行确认。在资产负债表债务法下，企业一般应于每一资产负债表日进行所得税的相关会计处理。发生特殊交易或事项时，如企业合并，在确认因交易或事项产生的资产、负债时即应确认相关的所得税影响。资产负债表债务法的基本核算程序如下。

1. 确定资产、负债的账面价值

资产、负债的账面价值，是指企业按照会计准则的相关规定确定对资产、负债进行会计处理后，确定的资产负债表中应列示的金额。例如，企业存货的账面余额为 1 000 万元，会计期末，企业对存货计提了 50 万元的跌价准备，则存货的账面价值为 950 万元，该金额即是应在资产负债表中列示的存货金额。资产和负债的账面价值可以直接根据有关账簿的记录确定。

2. 确定资产、负债的计税基础

所得税会计的关键在于确定资产、负债的计税基础。资产、负债的计税基础，虽然是会计准则中的概念，但实质上与税法法规的规定密切关联，应按照会计准则中对于资产和负债计税基础的确定方法，以适用的税收法规为基础进行确定。

3. 确定递延所得税

比较资产、负债的账面价值与其计税基础，对于两者之间存在差异的，分析其性质，除会计准则中规定的特殊情况外，分别按照应纳税暂时性差异与可抵扣暂时性差异和适用税率，确定该资产负债表日递延所得税负债和递延所得税资产的应有金额，并与期初递延所得税负债和递延所得税资产的余额相比较，确定当期应予进一步确认的递延所得税负债和递延所得税资产金额或应予转销的金额，同时，将二者的差额作为构成利润表中所得税费用的组成部分——递延所得税。

4. 确定当期所得税

按照现行税法规定计算确定当期应纳税所得额，将应纳税所得额乘以适用的所得税税率计算确定当期应交所得税，同时，作为利润表中应予确认的所得税费用的另一组成部分——当期所得税。

5. 确定利润表中的所得税费用

利润表中的所得税费用包括当期所得税费用和递延所得税费用两个组成部分。企业在计算确定当期所得税费用和递延所得税费用后，两者之和（或之差），即为利润表中的所得税费用。

综上所述，资产负债表债务法是以"资产负债观"为理论基础，从资产负债表出发，通过分析暂时性差异产生的原因及其性质，将其对未来所得税的影响分别确认为递延所得税负债和递延所得税资产，并在此基础上倒推出各期所得税费的方法。

二、当期所得税

当期所得税是指企业对当期发生的交易和事项，按照税法规定计算确定的应向税务部门缴纳的所得税金额，即当期应交所得税。企业应在会计税前利润的基础上，将所得税法规定的收入、费用与企业计入会计税前利润的收入、费用之间的差异进行调整，确定应纳税所得额，并按照应纳税所得额与适用所得税税率计算确定当期应交所得税。一般情况下，应纳税所得额可在会计利润的基础上，考虑会计处理与纳税处理之间的差异，按照下列公式计算确定：

应纳税所得额 = 会计利润 + 计入利润表但不允许税前扣除的费用 ± 计入利润表的费用与可予税前抵扣的费用之间的差额 ± 计入利润表的收入与计入应纳税所得额的收入之间的差额 – 计入利润表但不计入应纳税所得额的收入 ± 其他需要调整的因素当期应交所得税费用 = 应纳税所得额 × 适用的所得税税率

为准确理解当期所得税费用，首先需要明确辨析会计税前利润与应纳税所得额是两个既有联系又有区别的概念。会计税前利润，是指企业根据会计准则的要求，采用一定的会计程序与方法确定的所得税前利润总额，其目的是向财务报告使用者提供关于企业经营成果的会计信息，为其决策提供相关、可靠的依据；应纳税所得额，则是指企业按照所得税法的要求，以一定期间应税收入扣减税法准予扣除的项目后计算的应税所得，其目的是为企业进行纳税申报和国家税收机关对企业的经营所得征税提供依据。

事实上，企业会计准则和所得税法是基于不同目的、遵循不同原则分别制定的，二者在资产与负债的计量标准、收入与费用的确认原则等诸多方面存在着一定的分歧，导致企业在一定期间内按企业会计准则的要求确认的会计利润往往不等于按税法规定计算的应纳税所得额。

例如，企业购买国库券取得的利息收入，属于企业收益的构成内容，在会计核算中作为投资收益计入了会计税前利润，而所得税法规定企业购买国库券取得的利息收入免征所得税，不计入应纳税所得额，应从会计税前利润中扣除上述差异，计算应纳税所得额。又如，超过所得税法规定的业务招待费标准的支出等，在会计核算中作为费用抵减了会计税前利润，但所得税法不允许其在税前扣除。企业应在会计税前利润的基础上，补加上述差异，计算应纳税所得额。再如，企业确认的公允价值变动损益等，在会计核算中已经调整了税前会计利润，但所得税法规定不计入应纳税所得额。企业应在会计税前利润的基础上调整上述差异，计算应纳税所得额。

总之，企业应在会计税前利润的基础上，将所得税法规定的收入、费用与企业计入会计税前利润的收入、费用之间的差异进行调整，确定应纳税所得额。为此，有专门的所得税会计作为研究如何处理会计利润和应纳税所得额之间差异的会计理论与方法。

三、递延所得税

递延所得税是指按照会计准则的规定应当计入当期利润表的递延所得税费用，其金额为当期应予确认的递延所得税负债减去当期应予确认的递延所得税资产的差额，公式表示如下：

$$递延所得税 = \left(\begin{array}{c} 期末递延 \\ 所得税负债 \end{array} - \begin{array}{c} 期初递延 \\ 所得税负债 \end{array} \right) - \left(\begin{array}{c} 期末递延 \\ 所得税资产 \end{array} - \begin{array}{c} 期初递延 \\ 所得税资产 \end{array} \right)$$

式中，期末递延所得税负债 = 期末应纳税暂时性差异 × 适用税率；期末递延所得税资产 = 期末可抵扣暂时性差异 × 适用税率。需要说明的是，关于递延所得税费用的具体计算方法将在后续"税法"等课程中进行详述，此处不做赘述。

四、所得税费用

企业在计算确定当期所得税费用以及递延所得税费用的基础上，应将两者之和确认为利润表中的所得税费用，即

$$所得税费用 = 当期所得税费用 + 递延所得税费用$$

【例 11-15】 天生公司适用的所得税税率为 25%，某年度按照税法规定计算的应交所得税为 1 200 万元。天生公司不存在可抵扣亏损和税款抵减。根据上述资料，天生公司有关所得税的会计处理如下。

借：所得税费用——当期所得税　　　　　　　　　　　12 000 000
　　贷：应交税费——应交所得税　　　　　　　　　　　　12 000 000

复习思考题

1. 简述收入的概念及分类。

2. 简述收入确认与计量的五步法模型。
3. 判断履约义务满足在某一时段内履行履约义务的条件是什么？
4. 判断履约义务满足在某一时点履行履约义务的条件是什么？
5. 简述营业收入的确认条件。
6. 什么是合同履约成本？其确认条件是什么？
7. 什么是合同取得成本？如何确认与计量？
8. 简述费用的概念及特征。
9. 费用的确认标准是什么？
10. 什么是营业利润？营业利润由哪些损益项目构成？
11. 会计利润与应纳税所得额有何主要区别？
12. 简述资产负债表债务法的核算程序。
13. 什么是所得税费用？如何确认所得税费用？

复习思考题参考答案

第十二章

财务报告

【学习目标】

通过对本章的学习，了解综合收益的列报；理解财务报表的结构原理和意义，报表附注的重要性和附注披露的主要内容；掌握资产负债表、利润表、现金流量表、所有者权益变动表的编制方法。

第一节 财务报告概述

一、财务报告的性质与意义

在市场经济中，现代公司制度下的企业所有权与经营权的分离，决定了企业必须面向市场进行筹资活动、投资活动以及经营活动，从而在客观上要求企业须对外向市场披露信息，以帮助投资者、债权人和其他信息使用者做出投资、信贷以及经营等方面的正确决策。与此同时，国家在实施宏观层面的调控举措时，也需要企业提供微观层面的基本数据。财务报告也称财务会计报告，就是企业正式对外揭示或表述财务信息的总结性书面文件。换言之，企业定期地将日常会计核算资料加以分类、调整、汇总，并形成一定标准格式的财务报告，总括、综合地反映企业的经济活动过程和结果，为有关方面进行管理和决策提供所需的财务信息。我国《企业会计准则——基本准则》将其定义为"财务会计报告是指企业对外提供的反映企业某一特定日期的财务状况和某一会计期间的经营成果、现金流量等会计信息的文件。"

二、财务报告的构成

财务报告由财务报表和其他财务报告构成，其中，财务报表主要提供反映过去的财务信息，是对企业财务状况、经营成果和现金流量的结构性表述；其他财务报告作为财务报表的辅助报告，主要提供未来的信息，且提供的信息十分广泛，不限于财务信息，形式也更加灵活多样。

（一）财务报表

财务报表作为财务报告的核心，是根据公认会计准则，以表格形式概括反映企业财务状况、现金流动、经营绩效及所有者权益变动的书面文件，企业对外提供的主要财务信息都应纳入财务报表当中。按《企业会计准则第30号——财务报表列报》的规定，财务报表是对企业财务状况、经营成果和现金流量的结构性表述，至少应当包括资产负债表、利润表、现金流量表、所有者权益（或股东权益）变动表等基本财务报表及其附注部分，其中附注是对基本财务报表的信息进行的进一步说明、补充或解释，以便帮助使用者理解和使用报表信息。

财务报表一般分为表首、正表两个部分。其中，在表首部分企业应当在财务报表的显著位置至少披露下列各项：①编报企业的名称；②资产负债表日或财务报表涵盖的会计期间；③人民币金额单位；④财务报表是合并财务报表的，应当予以标明。财务报表格式和附注分别按照一般企业、商业银行、保险公司、证券公司等企业类型予以规定。企业应当根据其经营活动的性质，确定本企业适用的财务报表格式和附注。

按照编报期间的不同，财务报表还可以分为中期财务报表和年度财务报表。中期财务报表是指以短于一个完整会计年度的报告期为基础编制的财务报表，包括月报、季报和半年报等；年度财务报表是指以一个完整会计年度的报告期间为基础编制的财务报表。与年度财务报表相比，中期财务报表附注披露可适当简略。

（二）其他财务报告

其他财务报告的编制基础与方式可以不受企业会计准则的约束，而以灵活多样的形式提供各种相关的信息，包括定性信息和非会计信息。其他财务报告作为财务报表的辅助报告，提供的信息十分广泛，既包括货币性和定量信息，又包括非货币性和定性信息；既包括历史性信息，又包括预测性信息。根据现行国际惯例，其他财务报告的内容主要包括：管理层的分析与讨论预测报告，物价变动影响报告，社会责任报告等。

三、财务报告的编制原则与要求

财务报告上的数据直接涉及许多集团的利益，也是许多外部集团进行经济决策的依据。因此，为了保证其信息质量，编制财务报告时，必须符合下列原则和要求。

（1）企业在编制财务报告时，应当遵循国家统一的会计制度规定的编制基础、编制依据、编制原则和方法，以真实的交易、事项以及登记完整准确、核对无误的账簿记录和其他有关资料为依据，做到财务报告列报的内容完整、数据真实、计算准确。不得通过任意取舍、瞒报漏报的方式影响会计报表使用者的正确决策。也就是说，财务报表中的数据应由不同的会计人员在采用相同方法下做出相同的结果，否则财务报表的作用无从谈起。

（2）企业在编制年度财务报告前，应当通过全面清查资产、核实债务等规定的清查、核实制度与手段，查明财产物资的实存数量与账面数量是否一致通过；此外，还应当通过对各会计账簿记录与会计凭证的内容、金额是否一致，记账方向是否相符等内容进行账证是否一致的清查、核实。

（3）企业在编制年度财务报告前，应按期结账，不得为赶编报表而提前结账；在结账之前，必须将本期发生的全部经济业务和转账业务都登记入账，在此基础上结清各个账户的本期发生额和期末余额。财务报表之间、财务报表各项目之间凡有对应关系的数字，应当相互一致；财务报表中本期与上期的有关数字应当相互衔接；财务报表项目的列报应当在各个会计期间保持一致，不得随意变更，便于会计报表使用者利用和分析。

（4）财务报告的编制要符合相关性的基本要求，财务报表提供的信息应是通用信息，它是不同使用者集团都能同时得到并为各自进行决策所共同需要的。因此，从财务报表的内容选择、指标体系设置到项目分类和排列顺序等都要考虑使用者的决策需要，此外，还要求财务报告的编制与报送都必须及时进行。

（5）财务报表的编制还应体现效益大于成本的原则。从整个社会角度来看，财务报表的编制、使用是具有效益的，但为了达成这种效益也必须付出一定的代价，如财务数据的收集、加工、传递成本，信息使用成本，信息不足、超量、错误或不公允，给使用者带来的损失或影响，信息披露过量给企业带来的竞争劣势或给管理人员带来额外的约束等。很显然，无论是财务报表的成本还是效益都是比较难以确切计量的。但当人们在确定财务表内容、披露方式和披露频率等问题时，总不能不考虑财务报表的成本效益问题。从理论上说，只有提供财务报表的效益超过其编制披露所费成本，财务报表对企业乃至市场经济而言才是一种可取的信息披露手段。

第二节　资产负债表

一、资产负债表的内容与作用

资产负债表是总括反映企业在资产负债表日（或报告期末）全部资产、负债和所有者权益情况的报表，它根据资产、负债和所有者权益之间的相互关系，按照一定的分类标准和一定顺序，集中反映企业在某一特定时点所拥有或控制的经济资源、所承担的现时义务和所有者对净资产的要求权。由于资产负债表是一张揭示企业在一定时点上财务状况的静态报表，因而又被称为财务状况表。

资产负债表是根据"资产＝负债＋所有者权益"这一会计基本等式编制的，其最主要的内容和作用可概括为以下几点。

（1）企业所拥有的各种经济资源（资产）。资产负债表把企业在某一时点所拥有或控制的资产按照经济性质、用途分类列报，在各类别下，又分为若干明细项目。这样，报表使用者就可以清楚地了解到企业在某一特定日期所拥有或控制的资产总量及其结构。

（2）企业所负担的债务（负债），以及企业的偿债能力（包括短期与长期的偿债能力）。其中，短期偿债能力主要体现为企业资产和负债的流动性上，通过资产负债表上流动资产与流动负债的比较可以分析企业的短期偿债能力。企业长期偿债能力取决于获利能力和资本结构,通过长期偿债能力分析可为管理部门和债权人信贷决策提供重要的依据。

（3）企业所有者在企业所持有的权益（所有者权益）。资产负债表把企业的资金来源分为负债和所有者权益两大类，同时，又把各种不同性质的负债和所有者权益进行划分。这些信息充分反映企业的资本结构情况，有助于报表使用者了解企业的资金来源及其构成。

二、资产负债表项目的列报要求

（1）分类别列报。资产负债表列报，最根本的目标就是应如实反映企业在资产负债表日所拥有的资源、所承担的负债以及所有者所拥有的权益。因此，资产负债表应当按照资产、负债和所有者权益三大类别分类列报。

（2）资产和负债按流动性列报。一般来说，在资产负债表上，资产按其流动程度从高到低排列，即先流动资产（变现或耗用时间短），后非流动资产（变现或耗用时间长）；负债按其到期日由近至远的顺序排列，即先流动负债（偿还时间短），后非流动负债（偿还时间长）。

（3）所有者权益按永久性列报。资产负债表中，所有者权益一般按永久性递减的顺序排列：实收资本（股本），其他权益工具（优先股和永续债）、资本公积、其他综合收益、专项储备、盈余公积、未分配利润。

（4）列报相关的合计、总计项目。资产负债表中资产类至少应当列示流动资产、非流动资产以及资产的合计项目；负债类至少应当列示流动负债、非流动负债以及负债的合计项目；所有者权益类应当列示所有者权益的合计项目。由于资产负债表遵循了"资产＝负债＋所有者权益"这一会计恒等式，因此，资产负债表还应当分别列示资产总计项目、负债与所有者权益之和的总计项目，且二者金额应相等。

（5）企业需要提供比较资产负债表，以便报表使用者通过比较不同时点资产负债表的数据，掌握企业财务状况的变动情况及发展趋势。所以，资产负债表还将各项目再分为"期末数"和"年初数"两栏分别填列。

三、资产负债表的格式

由于企业各异，资产负债表项目排列及采用的结构也会有所区别。根据财务报表列报准则的规定，我国现行资产负债表采用账户式的格式。

账户式资产负债表分左右两方，左方列报资产项目，一般按资产的流动性大小排列；右方列报负债与所有者权益项目，一般按要求清偿时间的先后顺序排列。通过账户式资产负债表，左右两方的合计数保持平衡，可以反映资产、负债、所有者权益之间的内在关系，即"资产＝负债＋所有者权益"。

根据财务报表列报准则的规定，我国现行资产负债表采用账户式的格式，具体格式见表12-1。

表 12-1　资产负债表　　　　　会企 01 表

编制单位：天生公司　　20×1 年 12 月 31 日　　单位：元

资产	期末数	年初数	负债和所有者权益（或股东权益）	期末数	年初数
流动资产：			流动负债：		
货币资金	800 000	562 520	短期借款	470 000	520 000
交易性金融资产	56 600	16 000	交易性金融负债	0	0
衍生金融资产	0	0	衍生金融负债	0	0
应收票据	0	30 000	应付票据	120 000	155 000
应收账款	670 200	592 000	应付账款	545 000	360 000
应收款项融资	0	0	预收款项	0	0
预付款项	0	5 000	合同负债	0	0
其他应收款	40 000	17 000	应付职工薪酬	63 000	41 000
存货	618 520	448 000	应交税费	7 800	20 000
其中：消耗性生物资产			其他应付款	170 000	99 000
合同资产	400 000	0	持有待售负债	0	0
持有待售资产	0	0	一年内到期的非流动负债	100 000	0
一年内到期的非流动资产	0	0	其他流动负债	0	0
其他流动资产	0	0	流动负债总计	1 475 800	1 195 000
流动资产合计	2 585 320	1 670 520	非流动负债：		
非流动资产：			长期借款	1 650 000	850 000
债权投资	133 500	105 500	应付债券	0	0
其他债权投资	0	0	长期应付款	0	0
长期应收款	0	0	预计负债	0	0
长期股权投资	155 000	155 000	递延所得税负债	0	8 000
其他权益工具投资	70 000	80 000	其他非流动负债	0	0
其他非流动金融资产	0	0	非流动负债总计	1 650 000	858 000
投资性房地产	0	0	负债总计	3 125 800	2 053 000
固定资产	4 790 000	3 350 000	所有者权益（或股东权益）：		
在建工程	650 000	430 200	实收资本（或股本）	1 500 000	1 200 000
生产性生物资产	0	0	其他权益工具	0	0
油气资产	0	0	其中：优先股	0	0
使用权资产	0	0	永续债	0	0
无形资产	290 000	277 000	资本公积	350 000	1 050 000

续表

资产	期末数	年初数	负债和所有者权益（或股东权益）	期末数	年初数
开发支出	0	0	减：库存股	0	0
商誉	0	0	其他综合收益	100 000	14 500
长期待摊费用	200 000	335 000	专项储备	0	0
递延所得税资产	0	0	盈余公积	1 580 000	1 030 000
其他非流动资产	0	0	未分配利润	2 218 020	1 055 720
非流动资产合计	6 288 500	4 732 700	所有者权益（或股东权益）合计	5 748 020	4 350 220
资产总计	8 873 820	6 403 220	负债和所有者权益（或股东权益）总计	8 873 820	6 403 220

四、资产负债表项目的计量属性和编制方法

（一）资产负债表项目的计量属性

知识链接

现行会计准则对资产负债表项目的计价采用的是一种混合模式，它综合运用了历史成本、可变现净值、现值、公允价值、摊余成本等计量属性。这种混合模式虽然在一定程度上更为全面地反映了企业在一定时点上的财务状况，但也提高了对信息使用者的理解和使用门槛，因此，对资产负债表采用混合计量模式，能否很好地满足会计信息的质量要求，仍值得进一步研究。

（二）资产负债表的列报内容与编制方法

由于企业的每一项资产、负债和所有者权益余额都是以各有关账目的余额来表示的，因此，作为总括反映企业资产、负债和所有者权益的资产负债表项目，原则上都可以直接根据有关总账账户的期末余额填列。

需要指出的是，为了如实地反映企业的财务状况，更好地满足报表使用者的需要，资产负债表的某项项目需要根据总账账户和明细账户的记录分析、计算后填列。因此，资产负债表项目的填列方法，在很大程度上取决于企业日常会计核算所设置的总账账户的明细程度。

下面按照账户式资产负债表列报格式当中的流动资产、非流动资产、流动负债、非流动负债和所有者权益五大类别，分别说明企业资产负债表主要项目的"期末余额"栏的填列方法。

1. 流动资产项目的填列内容与编制方法

（1）"货币资金"项目，反映资产负债表日企业持有的货币资金余额，包括企业库存现金、银行结算户存款、外埠存款、银行汇票存款、银行本票存款、信用卡存款、信用证保证金存款等的合计数。本项目应根据"库存现金""银行存款""其他货币资金"账户的期末余额合计填列。

（2）"交易性金融资产"项目，反映资产负债表日企业分类为以公允价值计量其变动计入当期损益的金融资产，以及企业持有的指定为以公允价值计量且其变动计入当期损益的金融资产的期末账面价值。本项目应根据"交易性金融资产"账户相关明细账户的期末余额分析填列。自资产负债表日起超过一年到期且预期持有超过一年的以公允价值计量且其变动计入当期损益的非流动金融资产的期末账面价值，在"其他非流动金融资产"项目反映。

（3）"衍生金融资产"项目，反映衍生金融工具的资产价值。本项目应根据"衍生金融资产"账户的期末余额填列。

（4）"应收票据"项目，反映资产负债表日以摊余成本计量的，企业因销售商品、提供服务等而收到的商业汇票，包括银行承兑汇票和商业承兑汇票。本项目应根据"应收票据"账户的期末余额，减去"坏账准备"期末余额后的金额填列。

（5）"应收账款"项目，反映资产负债表日以摊余成本计量的、企业因销售商品、提供服务等经营活动应收取的款项。本项目应根据"应收账款"账户的期末余额，减去"坏账准备"账户中相关坏账准备期末余额后的金额分析填列。

（6）"应收款项融资"项目，反映资产负债表日以公允价值计量且其变动计入其他综合收益的应收票据和应收账款等。本项目应根据"应收款项融资"账户的余额分析填列。

（7）"预付款项"项目，反映企业按照购货合同规定预付给供应单位的款项等。本项目应根据"预付账款"和"应付账款"账户所属各明细账户的期末借方余额合计数，减去"坏账准备"账户中有关预付款项计提的坏账准备期末余额后的金额填列。如"预付账款"账户所属各明细账户期末有贷方余额，应在资产负债表"应付账款"项目内填列。

（8）"其他应收款"项目，反映企业除应收票据、应收账款、预付账款等经营活动以外的其他各种应收、暂付的款项。本项目应根据"其他应收款""应收股利""应收利息"账户的期末余额分析填列。

（9）"存货"项目，反映企业期末在库、在途和在加工中的各种存货的成本或可变现净值。本项目应根据"材料采购""原材料""低值易耗品""库存商品""周转材料""委托加工物资""生产成本""受托代销商品"等科目的期末余额及"合同履约成本"科目的明细科目中初始确认时摊销期限不超过一年或一个正常营业周期的期末余额合计，减去"受托代销商品款""存货跌价准备"账户期末余额及"合同履约成本减值准备"科目后的金额填列。材料采用计划成本核算的，还应按加或减材料成本差异后的金额填列。

（10）"合同资产"项目，反映企业按照《企业会计准则第14号——收入》（2017年）的相关规定，根据企业履行履约义务与客户付款之间的关系应确认的合同资产在资产负债表日的余额中的流动部分。本项目应根据"合同资产"账户及相关明细账户的期末余额填列。

同一合同下的合同资产和合同负债应当以净额列示，其中净额为借方余额的，应当根据其流动性在"合同资产"或"其他非流动资产"项目中填列，已计提减值准备的，还应减去"合同资产减值准备"账户中相关的期末余额后的金额填列。资产负债表日，"合同结算"账户的期末余额在借方的,根据其流动性在"合同资产"或"其他非流动资产"项目中填列。

（11）"持有待售资产"项目,反映资产负债表日划分为持有待售类别的非流动资产及被划分为持有待售类别的处置组中的流动资产和非流动资产的期末账面价值。本项目应根据"持有待售资产"账户的期末余额,减去"持有待售资产减值准备"账户余额后的金额填列。

（12）"一年内到期的非流动资产"项目,反映预计自资产负债表日起一年内变现的非流动资产项目金额。本项目应根据有关账户的期末余额分析填列。

（13）"其他流动资产"项目,反映资产负债表日企业持有的除以上各个流动资产项目之外的其他流动资产净额。本项目应根据有关账户的期末余额填列,包括的内容主要如下。

（a）企业购入的以摊余成本计量的一年内到期的债权投资的期末账面价值。该部分金额应当根据"债权投资"账户的相关明细账户期末余额,减去"债权投资减值准备"账户中相关减值准备的期末余额后的金额确定。

（b）企业购入的以公允价值计量且其变动计入其他综合收益的一年内到期的债权投资的期末账面价值。该部分金额应当根据"其他债权投资"账户相关明细账户的期末余额确定。

（c）按照《企业会计准则第14号——收入》（2017年）的相关规定确认为资产的合同取得成本的期末余额中的流动部分。该部分金额应当根据"合同取得成本"账户的明细账户初始确认时摊销期限在一年或长于一年的一个正常营业周期之内的部分,减去"合同取得成本减值准备"账户中相关的期末余额后的金额确定。

（d）按照《企业会计准则第14号——收入》（2017年）的相关规定确认为资产的应收退货成本的期末余额中的流动部分。该部分金额应当根据"应收退货成本"的明细账户余额分析确定。

2. 非流动资产项目的填列内容与编制方法

（1）"债权投资"项目,反映资产负债表日企业以摊余成本计量的长期债权投资的账面价值。本项目应根据"债权投资"账户的相关明细账户期末余额,减去"债权投资减值准备"账户中相关减值准备的期末余额后的金额分析填列。自资产负债表日起一年内到期的长期债权投资的期末账面价值,在"一年到内到期的非流动资产"项目反映。企业购入的以摊余成本计量的一年内到期的债权投资的期末账面价值,在"其他流动资产"项目反映。

（2）"其他债权投资"项目,反映资产负债表日企业分类为以公允价值计量且其变动计入其他综合收益的长期债权投资的期末账面价值。本项目应根据"其他债权投资"账户的相关明细账户期末余额分析填列。自资产负债表日起一年内到期的长期债权投资的期末账面价值,在"一年内到期的非流动资产"项目反映。企业购入的以公允价值计量且其变动计入其他综合收益的一年内到期的债权投资的期末账面价值,在"其他流动资产"项目反映。

（3）"长期应收款"项目,反映企业融资租赁产生的应收款项、采用递延方式具有融资性质的销售商品和提供劳务等产生的长期应收款项等。本项目应根据"长期应收款"账户的期末余额,减去相应的"未实现融资收益"账户和"坏账准备"账户所属相关明细账户期末余额后的金额填列。

(4)"长期股权投资"项目,反映企业持有的对子公司、联营企业和合营企业的长期股权投资。本项目应根据"长期股权投资"账户减去"长期股权投资减值准备"账户后的期末余额金额填列。

(5)"其他权益工具投资"项目,反映资产负债表日企业指定为以公允价值计量且其变动计入其他综合收益的非交易性权益工具投资的期末账面价值。本项目应根据"其他权益工具投资"账户的期末余额填列。

(6)"其他非流动金融资产"项目,反映企业自资产负债表日起超过一年到期且预期持有超过一年的以公允价值计量且其变动计入当期损益的非流动金融资产的期末账面价值。本项目应根据"交易性金融资产"账户的期末余额分析填列。

(7)"投资性房地产"项目,反映企业持有的投资性房地产。企业采用成本模式计量投资性房地产的,本项目应根据"投资性房地产"账户的期末余额,减去"投资性房地产累计折旧(或摊销)"和"投资性房地产减值准备"账户期末余额后的金额填列。企业采用公允价值模式计量投资性房地产的,本项目应根据"投资性房地产"账户的期末余额填列。

(8)"固定资产"项目,反映资产负债表日企业固定资产的期末账面价值和企业尚未清理完毕的资产清理净损益。本项目应根据"固定资产"账户的期末余额,减去"累计折旧"和"固定资产减值准备"账户期末余额后的金额,以及"固定资产清理"账户的期末余额填列。

(9)"在建工程"项目,反映资产负债表日企业尚未达到预定可使用状态的在建工程的期末账面价值和企业为在建工程准备的各种物资的期末账面价值。本项目应根据"在建工程"账户的期末余额,减去"在建工程减值准备"账户的期末余额后的金额,以及"工程物资"账户的期末余额,减去"工程物资减值准备"账户的期末余额后的金额填列。

(10)"生产性生物资产"项目,反映企业持有的生产性生物资产。本项目应根据"生产性生物资产"账户的期末余额,减去"生产性生物资产累计折旧"和"生产性生物资产减值准备"账户期末余额后的金额填列。

(11)"油气资产"项目,反映企业持有的矿区权益和油气井及相关设施的原价减去累计折耗和累计减值准备后的净额。本项目应根据"油气资产"账户的期末余额,减去"累计折耗"账户期末余额和相应减值准备后的金额填列。

(12)"使用权资产"项目,反映资产负债表日承租人企业持有的使用权资产的期末账面价值。本项目应根据"使用权资产"账户的期末余额,减去"使用权资产累计折旧"和"使用权资产减值准备"账户的期末余额后的金额填列。

(13)"无形资产"项目,反映企业持有的无形资产,包括专利权、非专利技术、商标权、著作权、土地使用权等。本项目应根据"无形资产"账户的期末余额,减去"累计摊销"和"无形资产减值准备"账户期末余额后的金额填列。

(14)"开发支出"项目,反映企业开发无形资产过程中能够资本化形成无形资产成本的支出部分。本项目应根据"研发支出"账户中所属的"资本化支出"明细账户的期末余额填列。

（15）"商誉"项目，反映企业在合并中形成的商誉的价值。本项目应根据"商誉"账户的期末余额，减去相应减值准备后的金额填列。

（16）"长期待摊费用"项目，反映企业已经发生但应由本期和以后各期负担的分摊期限在一年以上的各项费用。长期待摊费用中在一年内（含一年）摊销的部分，仍在"长期待摊费用"项目中列示，不转入"一年到期的非流动资产"项目。

（17）"递延所得税资产"项目，反映企业确认的可抵扣暂时性差异产生的递延所得税资产。本项目应根据"递延所得税资产"账户的期末余额填列。

（18）"其他非流动资产"项目，反映资产负债表日企业持有的除以上各个非流动资产项目之外的其他非流动资产净额。本项目应根据有关账户的期末余额填列，包括的内容主要有：

①按照《企业会计准则第14号——收入》（2017年）的相关规定，根据本企业履行履约义务与客户付款之间的关系应确认的合同资产在资产负债表日的余额中的非流动部分。该部分金额应根据"合同资产""合同负债"账户的相关明细账户期末余额分析确定，同一合同下的合同资产和合同负债应当以金额列示，其中净额为借方余额的，其非流动性部分在"其他非流动资产"项目中填列，已计提减值准备的，还应减去"合同资产减值准备"账户中相关的期末余额后的金额填列。

②按照《企业会计准则第14号——收入》（2017年）的相关规定确认为资产的应收退货成本的期末余额中的非流动部分。该部分金额应当根据"应收退货成本"账户的明细账户分析确定。

③按照《企业会计准则第14号——收入》（2017年）的相关规定确认为资产的合同取得成本以及合同履约成本的期末余额中的非流动部分。该部分金额应当根据"合同取得成本"和"合同履约成本"账户的明细账户初始确认时摊销期限在一年或长于一年的一个正常营业周期以上的部分，减去"合同取得成本减值准备""合同履约成本减值准备"账户中相关的期末余额后的金额确定。

3. 流动负债项目的填列内容与编制方法

（1）"短期借款"项目，反映企业向银行或其他金融机构等借入的期限在一年以下（含一年）的各种借款。本项目应根据"短期借款"账户的期末余额填列。

（2）"交易性金融负债"项目，反映资产负债表日企业承担的交易性金融负债，以及企业持有的指定以公允价值计量且其变动计入当期损益的金融负债的期末账面价值。本项目应根据"交易性金融负债"账户的相关明细账户的期末余额填列。

（3）"衍生金融负债"项目，反映衍生金融工具的负债价值。本项目根据"衍生金融负债"账户的期末余额填列。

（4）"应付票据"项目，反映资产负债表日以摊余成本计量的，企业因购买材料、商品和接受服务等而开出、承兑的商业汇票，包括银行承兑汇票和商业承兑汇票。本项目应根据"应付票据"账户的期末余额填列。

（5）"应付账款"项目，反映资产负债表日以摊余成本计量的，企业因购买材料、商品和接受服务等经营活动应支付的款项。本项目应根据"应付账款"和"预付账款"账户所属的相关明细账户的期末贷方余额合计数填列。

（6）"预收款项"项目，反映企业按照销货合同规定预收购买单位的款项。本项目应根据"预收账款"和"应收账款"账户所属各明细账户的期末贷方余额合计数填列。

（7）"合同负债"项目，反映企业已收客户对价而应向客户转让商品的义务的价值。本项目应根据"合同负债"账户及相关明细账户的期末余额填列。

同一合同下的合同资产和合同负债应当以净额列示，其中净额为贷方余额的，应当根据其流动性在"合同负债"或"其他非流动负债"项目中填列。资产负债表日，"合同结算"账户的期末余额在贷方的，根据其流动性在"合同负债"或"其他非流动负债"项目中填列。

（8）"应付职工薪酬"项目，反映企业根据有关规定应付给职工的工资、职工福利、社会保险费、住房公积金、工会经费、职工教育经费、非货币性福利、辞退福利等各种薪酬。

（9）"应交税费"项目，反映企业按照税法规定计算应缴纳的各种税费，包括增值税、消费税、所得税、资源税、土地增值税、城市维护建设税、房产税、城镇土地使用税、车船税、教育费附加、矿产资源补偿费等。本项目应根据"应交税费"账户的期末贷方余额填列。如"应交税费"账户期末为借方余额，应以"-"号填列。

（10）"其他应付款"项目，反映企业除应付票据、应付账款、预收账款、应付职工薪酬、应交税费等经营活动以外的其他各项应付、暂收的款项。本项目应根据"其他应付款""应付股利""应付利息"账户的期末余额合计数填列。

（11）"持有待售负债"项目，反映资产负债表日处置组中与划分为持有待售类别的资产直接相关的负债的期末账面价值。本项目应根据"持有待售负债"账户的期末余额填列。

（12）"一年内到期的非流动负债"项目，反映企业非流动负债中将于资产负债表日后一年内到期部分的金额，如将于一年内偿还的长期借款。本项目应根据有关账户的明细账户期末余额分析填列。

（13）"其他流动负债"项目，反映企业除短期借款、交易性金融负债、应付票据及应付账款、应付职工薪酬、应交税费等流动负债以外的其他流动负债。本项目应根据有关账户的期末余额填列。

4. 非流动负债项目的填列内容与编制方法

（1）"长期借款"项目，反映企业向银行或其他金融机构借入的期限在一年以上（不含一年）的各项借款。本项目应根据"长期借款"账户的期末余额填列。

（2）"应付债券"项目，反映企业为筹集长期资金而发行的债券本金和利息。本项目应根据"应付债券"账户的期末余额填列。

（3）"租赁负债"项目，反映资产负债日承租人企业尚未支付的租赁付款额的期末账面价值。本项目应根据"租赁负债"账户的期末余额填列。自资产负债表日起一年内到期应予清偿的租赁负债的期末账面价值，在"一年内到期的非流动负债"项目反映。

（4）"长期应付款"项目，反映资产负债表日企业除长期借款和应付债券以外的其他各种长期应付款项的期末账面价值。本项目应根据"长期应付款"账户的期末余额,减去相关的"未确认融资费用"账户期末余额后的金额,以及"专项应付款"账户的期末余额填列。

(5)"预计负债"项目,反映企业确认的对外提供担保、未决诉讼、产品质量保证、重组义务、亏损性合同等预计负债。本项目应根据"预计负债"账户的期末余额填列。

(6)"递延收益"项目,反映企业应当在以后期间计入当期损益的政府补助。本项目应根据"递延收益"账户的填列。本项目中摊销期限只剩一年或不足一年的,或预计在一年内(含一年)进行摊销的部分,不得归类为流动负债,应在该项目中填列,不转入"一年内到期的非流动负债"项目。

(7)"递延所得税负债"项目,反映企业确认的应纳税暂时性差异产生的所得税负债。本项目应根据"递延所得税负债"账户的期末余额填列。

(8)"其他非流动负债"项目,反映企业除长期借款、应付债券等负债以外的其他非流动负债。本项目应根据有关账户的期末余额减去将于一年内(含一年)到期偿还数后的余额填列。非流动负债各项目中将于一年内(含一年)到期的非流动负债,应在"一年内到期的非流动负债"项目内单独反映。

5. 所有者权益(或股东权益)项目的填列内容与编制方法

(1)"实收资本(或股本)"项目,反映企业各投资者实际投入的资本(或股本)总额。本项目应根据"实收资本(或股本)"账户的期末余额填列。

(2)"其他权益工具"项目,反映资产负债表日企业发行在外的除普通股以外分类为权益工具的金融工具的期末账面价值。对于资产负债表日企业发行的金融工具,分类为金融负债的,应在"应付债券"项目填列,对于优先股和永续债,还应在"应付债券"账户下的"优先股"项目和"永续债"项目分别填列;分类为权益工具的,应在"其他权益工具"项目填列,对于优先股和永续债,还应在"其他权益工具"项目下设的"优先股"项目和"永续债"项目分别填列。

(3)"资本公积"项目,反映企业资本公积的期末余额。本项目应根据"资本公积"账户的期末余额填列。

(4)"库存股"项目,反映企业持有尚未转让或注销的本公司股份金额。本项目应根据"库存股"账户的期末余额填列。

(5)"其他综合收益"项目,是指企业根据其他会计准则规定未在当期损益中确认的各项利得和损失。本项目应根据"其他综合收益"账户的期末余额填列。

(6)"专项储备"项目,反映高危行业企业按国家规定提取的安全生产费的期末账面价值。本项目应根据"专项储备"账户的期末余额填列。

(7)"盈余公积"项目,反映企业盈余公积的期末余额。本项目应根据"盈余公积"账户的期末余额填列。

(8)"未分配利润"项目,反映企业尚未分配的利润。本项目应根据"本年利润"账户和"利润分配"账户的余额计算填列。未弥补的亏损在本项目内以"−"号填列。

资产负债表"年初余额"栏内的各项目数字应根据上年末资产负债表"期末余额"栏内所列数字填列,且保持一致;如果本年度财务报表项目的列报发生变更的,应当对上年末资产负债表各项目的名称和数字按照本年度的规定进行调整,然后再填入表中"年初余额"栏内,并在附注中披露调整的原因和性质,以及调整的各项目金额。

第三节 利润表与综合收益表

一、利润表的性质及作用

利润表(又称收益表、损益表),是反映企业在某一会计期间的生产经营成果的财务报表。利用利润表,主要可以实现以下几方面作用。

1. 反映企业一定期间的经营成果

经营成果是企业一定期间取得的各类收入扣抵相关的各类费用后的余额,体现着企业财富增长的规模。通过利润表反映的收入、费用等情况,能够反映企业生产经营的收入实现和费用发生情况,直接揭示了企业一定会计期间经营成果的形成。

2. 预测企业的未来利润和获利能力

获利能力是企业运用一定的经济资源获取经营成果的能力。根据利润表提供的经营成果数据,报表使用者通过比较同一企业在不同时期的利润数字(本月数、本年累计数、上年数),或同一行业中不同企业在相同时期的有关指标,可以分析企业今后的利润变化趋势,评价和预测企业获利能力,并据此作出相关决策。

3. 考核企业管理当局的经营业绩

利润表中所提供的盈利信息是综合性的,它是企业在生产、经营、理财、投资等各项活动中管理效率和效益的直接表现,是生产经营过程中投入与产出对比的结果,基本上能够反映企业管理当局的经营业绩和管理效率。

4. 改善企业管理层的经营管理水平

企业管理层通过比较和分析利润表中的各种构成要素,可以把握各项收入、费用与利润之间的此消彼长关系,发现工作中存在的问题,找出差距,采取措施,改善经营管理。

二、利润表的格式

为了提供与报表使用者的经营决策相关的信息,收入和费用在利润表中有不同的列示方法,因而利润表的本体部分可以有多步式和单步式两种。需要说明的是,单步式利润表的优点在于编制方式简单,避免了项目分类上的困难,但缺点也是因为不加区分收入、费用的明细性质，不利于使用者进行报表分析。因此，我们重点介绍实务中更为常用的多步式利润表。

多步式利润表将企业日常经营活动过程中发生的收入和费用项目与在该过程外发生的收入与费用分开，按同类属性分别加以归集。

在多步式利润表上，净利润是分若干个步骤计算出来的，一般可以分为以下几步。

第一步，计算营业利润。

从营业收入开始，减去营业成本、税金及附加、销售费用、管理费用、研发费用、财务费用、信用减值损失、资产减值损失，加上投资收益（或减去投资损失）、公允价值变动收益（或减去公允价值变动净损失）、资产处置收益（或减去资产处置损失）和其他收益，得出营业利润。

第二步，计算利润总额。

在营业利润的基础上，加上营业外收入，减去营业外支出，计算得出本期实现的利润总额。

第三步，计算净利润。

从利润总额中减去所得税费用，计算得出本期的净利润（或净亏损）。

此外，普通股或潜在普通股已公开交易的企业，以及正处于公开发行普通股或潜在普通股过程中的企业，还应当在利润表中列示每股收益信息，以便报表使用者评价企业的获利能力。

我国及世界各国一般采用多步式利润表，其格式见表 12-2。

表 12-2　利润表（多步式）　　会企 02 表

编制单位：天生公司　　20×1 年度　　单位：元

项目	本期金额	上期金额（略）
一、营业收入	2 500 000	
减：营业成本	1 050 000	
税金及附加	41 250	
销售费用	46 000	
管理费用	250 600	
研发费用	78 000	
财务费用	260 500	
其中：利息费用		
利息收入		
加：其他收益	—	
投资收益（损失以"-"填列）	104 000	
其中：对联营企业和合营企业的投资收益		
以摊余成本计量的金融资产终止确认收益（损失以"-"填列）		

续表

项目	本期金额	上期金额（略）
净敞口套期收益（损失以"-"填列）		
公允价值变动收益（损失以"-"填列）	20 000	
信用减值损失（损失以"-"填列）	-106 750	
资产减值损失（损失以"-"填列）	-300 900	
资产处置收益（损失以"-"号填列）	-250 000	
二、营业利润（亏损以"-"号填列）	240 000	
加：营业外收入	-	
减：营业外支出	30 000	
三、利润总额（亏损总额以"-"号填列）	210 000	
减：所得税费用	49 600	
四、净利润（净亏损以"-"号填列）	160 400	
五、其他综合收益的税后净额	（略）	
（一）不能重分类进损益的其他综合收益		
（二）将重分类进损益的其他综合收益		
六、综合收益总额	（略）	
七、每股收益		
（一）基本每股收益	0.143 8	
（二）稀释每股收益	0.143 8	

利润表是动态会计报表，"本期金额"栏各项目主要根据各损益类账户的发生额分析填列，反映自年初起至本月末止的累计实际发生额。

在采用表结法进行本年利润核算的情况下，应根据年末各相关账户结转"本年利润"账户的数额填列；在采用账结法进行本年利润核算的情况下，应根据各相关账户各月末结转"本年利润"账户数额的累计数填列。"本期金额"栏的"营业利润""利润总额""净利润"项目，应根据各相关项目计算填列。

此外，我国利润表要求编制两期比较报表，分别列示"本期金额"和"上期金额"的数据。年度利润表上的"上期金额"栏的各项目，应根据上年利润表的相关项目填列。

三、综合收益表

（一）综合收益的性质

综合收益是企业在一定时期内除所有者投资和对所有者分配等与所有者之间资本业

务之外的交易或其他事项所形成的所有者权益的变化额,包括净利润和其他综合收益。其中,净利润是综合收益的主要组成部分;其他综合收益是除净利润之外的所有综合收益,包括以公允价值计量且其变动计入其他综合收益的金融资产的公允价值变动,按照权益法核算的在被投资单位其他综合收益中所享有的份额等。

(二)综合收益的列报

我国现行会计准则要求将其他综合收益数据与利润表数据列示于同一张报表,并且将其称为"利润表"(而非"综合收益表"),上半部分列示传统的利润表数据,下半部分则列示其他综合收益数据,如表12-3所示。

表 12-3 利润表   会企02表

编制单位:天生公司   20×1年度   单位:元

项目	本期金额	上期金额(略)
一、营业收入	1 500 000	
减:营业成本	900 000	
税金及附加	21 250	
销售费用	28 000	
管理费用	157 600	
研发费用	67 100	
财务费用	56 500	
其中:利息费用		
利息收入		
加:其他收益	—	
投资收益(损失以"-"填列)	40 000	
其中:对联营企业和合营企业的投资收益		
以摊余成本计量的金融资产终止确认收益(损失以"-"填列)		
净敞口套期收益(损失以"-"填列)		
公允价值变动收益(损失以"-"填列)	2 000	
信用减值损失(损失以"-"填列)	−6 740	
资产减值损失(损失以"-"填列)	−31 190	
资产处置收益(损失以"-"号填列)	−40 000	
二、营业利润(亏损以"-"号填列)	233 620	
加:营业外收入	—	
减:营业外支出	30 000	
三、利润总额(亏损总额以"-"号填列)	203 620	
减:所得税费用	59 600	
四、净利润(净亏损以"-"号填列)	144 020	

续表

项目	本期金额	上期金额（略）
五、其他综合收益的税后净额	75 000	
（一）不能重分类进损益的其他综合收益	75 000	
1. 重新计量设定受益计划变动额		
2. 权益法下不能转损益的其他综合收益		
3. 其他权益工具投资公允价值变动	750 500	
4. 企业自身信用风险公允价值变动		
（二）将重分类进损益的其他综合收益		
1. 权益法下可转损益的其他综合收益		
2. 其他债权投资公允价值变动		
3. 金融资产重分类计入其他综合收益的金额		
4. 其他债权投资信用减值准备		
5. 现金流量套期储备		
6. 外币财务报表折算差额		
7. 其他		
六、综合收益总额	219 020	
七、每股收益		
（一）基本每股收益	0.173 6	
（二）稀释每股收益	0.173 6	

四、利润表与综合收益表的列报内容与编制方法

1. 净利润相关项目的列报内容与编制方法

（1）"营业收入"项目，反映企业经营主要业务和其他业务所确认的收入总额。本项目应根据"主营业务收入"和"其他业务收入"账户的发生额分析填列。

（2）"营业成本"项目，反映企业经营主要业务和其他业务发生的实际成本总额。本项目应根据"主营业务成本"和"其他业务成本"账户的发生额分析填列。

（3）"税金及附加"项目，反映企业经营业务应负担的消费税、城市维护建设税、资源税、土地增值税和教育费附加等。本项目应根据"税金及附加"账户的发生额分析填列。

（4）"销售费用"项目，反映企业在销售商品过程中发生的包装费、广告费等费用和为销售商品而专设的销售机构的职工薪酬、业务费等经营费用。本项目应根据"销售费用"账户的发生额分析填列。

（5）"管理费用"项目，反映企业为组织和管理生产经营发生的管理费用。本项目应根据"管理费用"账户的发生额分析填列。

（6）"研发费用"项目，反映企业进行研究与开发过程中发生的费用化支出，以及计入管理费用的自行开发无形资产的摊销。本项目应根据"管理费用"账户下的"研究费用"明细账户的发生额，以及"管理费用"账户下的"无形资产摊销"明细账户的发生额分析填列。

（7）"财务费用"项目，反映企业筹集生产经营所需资金等而发生的筹资费用。本项目下的"利息费用"项目，反映企业为筹集生产经营所需资金等而发生的予以费用化的利息支出；本项目下的"利息收入"项目，反映企业按相关会计准则确认的应冲减财务费用的利息收入。"利息费用"和"利息收入"项目，应根据"财务费用"账户的相关明细账户的发生额分析填列。两项目作为"财务费用"的其中项，均以正数列示。

（8）"其他收益"目，反映计入其他收益的政府补助，以及其他与日常活动相关且计入其他收益的项目。本项目应根据"其他收益"账户的发生额分析填列。

（9）"投资收益"项目，反映企业以各种方式对外投资所取得的收益。本项目应根据"投资收益"账户的发生额分析填列。如为投资损失，本项目以"-"填列。其中，"以摊余成本计量的金融资产终止确认收益"项目，反映企业因转让等情形导致终止确认以摊余成本计量的金融资产而产生的利得或损失；此外，"对联营企业和合营企业的投资收益"项目，反映采用权益法核算的对联营企业和合营企业投资在被投资单位实现的净损益中应享有的份额（不包括处置投资形成的收益）。

（10）"净敞口套期收益"项目，反映净敞口套期下被套期项目累计公允价值变动转入当期损益的金额或现金流量套期储备转入当期损益的金额。本项目根据"净敞口套期损益"账户的发生额分析填列；如为套期损失，以"-"填列。

（11）"公允价值变动收益"项目，反映企业交易性金融资产、交易性金融负债以及采用公允价值模式计量的投资性房地产等公允价值变动形成的应计入当期损益的利得或损失。本项目应根据"公允价值变动损益"账户的发生额分析填列；如为损失，以"-"填列。

（12）"信用减值损失"项目，反映企业按照《企业会计准则第22号——金融工具确认和计量》的要求计提的各项金融工具减值准备形成的预期信用损失。本项目应根据"信用减值损失"账户的发生额分析填列。

（13）"资产减值损失"项目，反映企业各项资产发生的减值损失。本项目应根据"资产减值损失"账户的发生额分析填列。

（14）"资产处置收益"项目，反映企业出售划分为持有待售资产的非流动资产或处置组时确认的处置利得或损失，以及处置未划分为持有待售的固定资产、在建工程、生产性生物资产以及无形资产而产生的处置利得或损失。本项目应根据"资产处置损益"账户的发生额分析填列；如为处置损失，则以"-"填列。

（15）"营业利润"项目，反映企业实现的营业利润。如为营业亏损，本项目以"-"号填列。

（16）"营业外收入"项目，反映企业发生的除营业利润以外的收益，主要包括与企业日常活动无关的政府补助、盘盈利得、捐赠利得等。本项目应根据"营业外收入"账户的发生额分析填列。

（17）"营业外支出"项目，反映企业发生的除营业利润以外的支出，主要包括公益性捐赠支出、非常损失、盘亏损失、非流动资产毁损报废损失等。本项目应根据"营业外支出"账户的发生额分析填列。非流动资产毁损报废损失通常包括因自然灾害发生毁损、已丧失使用功能等原因而报废清理产生的损失。企业在不同的交易中形成的非流动资产毁损报废利得和损失，不得相互抵销，应分别以"营业外收入"项目和"营业外支出"项目进行填列。

（18）"利润总额"项目，反映企业实现的利润总额。如为亏损，本项目以"－"号填列。

（19）"所得税费用"项目，反映企业按规定确认的应从当期利润总额中扣除的所得税费用。本项目应根据"所得税费用"账户的发生额分析填列。

（20）"净利润"项目，反映企业实现的净利润。如为亏损，本项目以"－"号填列。

（21）"基本每股收益"项目，只考虑当期实际发行在外的普通股股份，按照归属于普通股股东的当期净利润除以当期实际发行在外普通股的加权平均数计算确定。企业应当按照归属于普通股股东的当期净利润，除以发行在外普通股的加权平均股数计算基本每股收益。发行在外普通股加权平均数＝期初发行在外普通股数＋当期新发行普通股股数×已发行时间÷报告期时间－当期回购普通股股数×已回购时间÷报告期时间。需要指出的是，已发行时间、报告期时间和已回购时间一般按照天数计算；在不影响计算结果合理性的前提下，也可以采用简化的计算方法，如按月数计算。公司库存股不属于发行在外的普通股，且无权参与利润分配，应当在计算分母时扣除。

（22）"稀释每股收益"项目，是以基本每股收益为基础，假设企业发行在外的稀释性潜在普通股均已转换为普通股，分别调整归属于普通股股东的当期净利润和发行在外普通股的加权平均数，并据以计算稀释每股收益。稀释性潜在普通股是指假设当期转换为普通股会减少每股收益的潜在普通股。潜在普通股是指赋予其持有者在报告期或以后期间享有取得普通股权利的一种金融工具或其他合同，主要包括可转换公司债券、认股权证、股份期权等。

2. 其他综合收益相关项目的列报内容与编制方法

（1）"其他综合收益的税后净额"项目，反映企业根据其他会计准则规定未在当期损益中确认的各项利得和损失扣除所得税影响后的净额的合计数。

①"重新计量设定受益计划变动额"项目，反映企业重新计量设定受益计划净负债或净资产导致的变动。该项目根据"其他综合收益"账户的相关明细账户的发生额分析填列。

②"权益法下不能转损益的其他综合收益"项目，反映企业按照权益法核算因被投资单位重新计量设定受益计划净负债或净资产变动、被投资企业其他权益工具投资公允价值变动、被投资企业自身信用风险公允价值变动等不能转损益的其他综合收益，投资企业按持股比例计算确认的该部分其他综合收益。该项目应根据"其他综合收益"账户的明细账户的发生额分析填列。

③"其他权益工具投资公允价值变动"项目，反映企业指定为以公允价值计量且其变动计入其他综合收益的非交易性权益工具投资发生的公允价值变动。该项目应根据"其他综合收益"账户的相关明细账户的发生额分析填列。

④"企业自身信用风险公允价值变动"项目，反映企业指定为以公允价值计量且其变

动计入当期损益的金融负债,由企业自身信用风险变动引起的公允价值变动而计入其他综合收益的金额。该项目应根据"其他综合收益"账户的相关明细账户的发生额分析填列。

⑤"权益法下可转损益的其他综合收益"项目,反映企业按照权益法核算因被投资企业确认可转损益的其他综合收益,投资企业按持股比例计算确认的该部分其他综合收益。该项目应根据"其他综合收益"账户的相关明细账户的发生额分析填列。

⑥"其他债权投资公允价值变动"项目,反映企业分类为以公允价值计量且其变动计入其他综合收益的债权投资发生的公允价值变动。企业将一项以公允价值计量且其变动计入其他综合收益的金融资产重分类为以摊余成本计量的金融资产,或重分类为以公允价值计量且其变动计入当期损益的金融资产时,之前计入其他综合收益的累计利得或损失从其他综合收益中转出的金额作为该项目的减项。该项目应根据"其他综合收益"账户的相关明细账户的发生额分析填列。

⑦"金融资产重分类计入其他综合收益的金额"项目,反映企业将一项以摊余成本计量的金融资产重分类为以公允价值计量且其变动计入其他综合收益的金融资产时,计入其他综合收益的原账面价值与公允价值之间的差额。该项目应根据"其他综合收益"账户的相关明细账户的发生额分析填列。

⑧"其他债权投资信用减值准备"项目,反映企业按照《企业会计准则第22号——金融工具确认和计量》(2017年)规定分类为以公允价值计量且其变动计入其他综合收益的金融资产的损失准备。该项目应根据"其他综合收益"账户下的"信用减值准备"明细账户的发生额分析填列。

(2)"综合收益总额"项目,反映企业在某一期间除与所有者以其所有者身份进行的交易之外的其他交易或事项所引起的所有者权益变动。综合收益总额项目反映的是净利润和其他综合收益税后净额的合计金额。

京沪高速铁路股份有限公司作为"中国高铁第一股",开通运营十年来,客流规模、运输效率、经营效益屡创新高,服务质量、安全性能、科技创新持续领先。近五年的财务报告信息显示,其资产规模和实现利润呈稳步上升趋势,成为中国速度引领世界的一张优秀名片。京沪高铁财报当中所展现的巨额资产和高额利润不但体现了交通强国背景下中国政府集中力量办大事的制度优势,也充分展示了中国特色社会主义制度自信下交通强国战略的社会责任和可持续发展路径。

第四节 现金流量表

一、现金流量表的概念及作用

现金流量表是反映企业在一定会计期间关于现金流入、现金流出及投资与筹资活动方面信息的财务报表。换言之,它是一张从动态的角度反映企业资金运行过程和结果的会计报表。现金流量表的作用可体现在以下几个方面。

1. 有助于报表使用者对企业整体财务状况做出客观评价

现金流量表以收付实现制为前提,分别提供有关经营活动、投资活动、筹资活动现金流入、流出方面的会计信息对企业财务状况和经营成果的影响，可以使会计报表使用者客观地对企业经营业绩、财务资源和财务风险进行总体评价，从而进一步了解企业经营活动能否顺利开展、经营资金周转是否顺畅等。

2. 有助于分析和评价企业的支付能力、偿债能力以及筹资能力

现金流量表披露的经营活动净现金流入本质上代表了企业自我创造现金的能力，尽管企业取得现金还可以通过对外筹资的途径，但债务本金的偿还最终取决于经营活动的净现金流入。因此，经营活动的净现金流入占总的现金流量净额的比例越高，企业的财务基础越稳固，支付能力和偿债能力越强，企业管理当局也可据此做出合理的投资和筹资决策。

3. 有助于预测企业未来现金流量

现金流量表可以揭示企业过去现金流入、流出及现金净流量的能力，而过去的现金流量是未来现金流量金额、时间和不确定性的指示器。因此，通过现金流量表既有助于预测企业创造未来现金流量的能力，同时还有助于检查过去对现金流量估量的准确性。

4. 有助于评价企业的收益质量

通过现金流量表，报表使用者可以了解、分析净利润与经营活动现金净流量之间产生差异的原因、程度，揭示差异出现的规律性，评价企业利润的质量。一般来说，净利润与经营活动现金净流量之间的伴随关系越强，两者之间的差异越小，表示企业的利润质量越好。

二、现金流量表的编制基础

现金流量表以现金为编表基础。需要说明的是，此处的"现金"含义是广义的。根据我国《企业会计准则第31号——现金流量表》的规定，现金流量表所指的现金包括库存现金、可以随时用于支付的存款以及现金等价物，具体内容如下。

（1）库存现金。库存现金是指企业持有可随时用于支付的现金，即与会计核算中"库存现金"账户所包括的内容一致。

（2）银行存款。银行存款是指企业存入金融企业随时可以用于支付的存款，与会计核算中"银行存款"账户所包括的内容基本一致，区别在于：如果存入金融企业的不能随时用于支取的存款（如不能随时支取的定期存款），不能作为现金流量表中的现金。

（3）其他货币资金。其他货币资金是指企业存放在金融企业有特定用途的资金，也就是"其他货币资金"账户核算的外埠存款、银行汇票存款、银行本票存款、信用证保证金存款、在途货币资金、信用卡存款等。

（4）现金等价物。现金等价物是指企业持有的期限短、流动性强、易于转换为已知金额现金、价值变动风险很小的投资。虽然不是严格意义上的现金，但现金等价物支付能力与现金的差别不大，故而在实务中也常被视为现金。认定现金等价物时，期限短通常是指从购买日起3个月内到期，如在取得时即将在3个月内到期的债权投资。企业应当根据具体情况，确定现金等价物的范围，一经确定不得随意变更。如果发生变更，应当按照会计政策变更处理。

三、现金流量的分类

编制现金流量表的目的,是为会计信息使用者提供企业一定会计期间内有关现金流入和流出的信息。企业一定时期内现金流入和流出是由各种因素产生的,如企业为生产产品需要用现金支付购入原材料的价款,支付职工工资,购买固定资产也需要支付现金。事实上,影响现金流量的因素主要是企业的日常经营业务,但不是所有的业务都会对现金流量有影响。因而编制现金流量表,首先要对企业各项经营业务产生或运用现金流量进行合理的分类。我国《企业会计准则第 31 号——现金流量表》将企业的业务活动按其性质分为经营活动、投资活动与筹资活动,为了在现金流量中反映企业在一定时期内现金净流量变动的原因,相应地将企业一定期间内产生的现金流量分为以下三类。

1) 经营活动产生的现金流量

经营活动是指企业投资活动和筹资活动以外的所有交易和事项,包括销售商品或提供劳务、经营性租赁、购买货物、接受劳务、制造产品、广告宣传、推销产品、交纳税款等。经营活动产生的现金流量是企业运用所拥有或控制的资产获取的现金流量,主要是与企业净利润有关的现金流量。也就是说,经营活动的现金流量是现金净利润。通过现金流量表中反映的经营活动产生的现金流入和流出,可以说明企业经营活动对现金流入和流出及净额的影响程度。

2) 投资活动产生的现金流量

投资活动是指企业长期资产的构建和不包括在现金等价物范围内的投资及其处置活动。这里的长期资产是指固定资产、在建工程、无形资产、其他资产等持有期限在 1 年或一个营业周期以上的资产。投资活动主要包括取得或收回投资、构建和处置长期资产、处置或取得子公司或其他营业单位等。通过现金流量表中所反映的投资活动产生的现金流量,可以分析企业通过投资获取现金流量的能力,以及投资产生的现金流量对企业现金流量净额的影响程度。

3) 筹资活动产生的现金流量

筹资活动是指导致企业资本及债务规模和构成发生变化的活动,包括吸收投资、发行股票、分配利润等。这里的债务是指企业对外举债,如发行债券、向金融企业借入款项以及偿还债务等。通过现金流量表中筹资活动产生的现金流量,可以分析企业筹资的能力,以及筹资产生的现金流量对企业现金流量净额的影响程度。

对于企业日常活动之外的,不经常发生的特殊项目,如自然灾害损失、保险索赔等特殊项目,应当根据其性质,分别归并到经营活动、投资活动和筹资活动现金流量类别中单独列报。

按我国企业会计准则规定,现金流量表由正表与附注两部分组成,按正表与附注分别表达企业现金流量是为了更完整地披露现金流量的信息。正表部分要求企业采用直接法列示经营活动产生的现金流量,同时揭示企业投资活动与筹资活动产生的现金流量;附注部分要求披露按间接法重新计算与表达的经营活动现金流量、当期取得或处置子公司或其他营业单位以及不涉及现金收支的重大投资和筹资活动。

四、现金流量表的列报内容与编制方法

(一)经营活动产生的现金流量的列报内容与编制方法

经营活动产生的现金流量是一项重要的指标,它可以说明企业在不动用外部筹集资金的情况下,通过经营活动产生的现金流量是否足以偿还负债、支付股利和对外投资。

经营活动产生的现金流量通常可以采用直接法和间接法两种方法反映。

其一,直接法。直接法是以利润表中的营业收入为起点,指通过现金流入和现金流出的主要类别来反映企业经营活动产生的现金流量。直接法下的现金流入可分为:销售商品、提供劳务收到的现金,收到的税费返还,收到的其他与经营活动有关的现金等类别。现金流出可分为:购买商品、接受劳务支付的现金,支付给职工以及为职工支付的现金,支付的各项税费,支付的其他与经营活动有关的现金等类别。

其二,间接法。间接法是以本期净利润为起算点,调整不涉及现金的收入、费用、营业外收支等有关项目的增减变动,据此计算出经营活动产生的现金流量。

需要指出的是,采用直接法提供的信息有助于评价企业未来现金流量,国际会计准则鼓励企业采用直接法编制现金流量表;而采用间接法则便于将净利润与经营活动产生的现金流量净额进行比较,分析净利润的质量。我国准则规定,企业现金流量表正表也应以直接法编制,但在现金流量表的附注补充资料中还要按照间接法反映经营活动现金流量的情况。

1. 直接法下经营活动现金流量的列报内容与编制方法

采用直接法编制经营活动的现金时,各个现金流入与流出项目的数据可以从会计记录中直接获得,也可以在利润表上通过对营业收入、营业成本等数据调整的基础上获得。

(1)"销售商品、提供劳务收到的现金"项目,反映企业销售商品、提供劳务实际收到的现金(含销售收入和应向购买者收取的增值税销项税额),包括本期销售商品、提供劳务收到的现金,以及前期销售商品、提供劳务本期收到的现金和本期预收的款项,减去本期销售本期退回商品和前期销售本期退回商品支付的现金。企业销售材料和代购代销业务收到的现金,也在本项目反映。

确定本项目的金额通常可以以利润表上的"营业收入"项目为基础进行调整。

(a)由于该项目包括应向购买者收取的增值税销项税额,因此应在营业收入的基础上加上本期的增值税销项税额。

(b)由于企业的商品销售和劳务供应往往并不都是现金交易,因而应加上应收账款与应收票据的减少数,或减去应收账款与应收票据的增加数。

(c)如果企业有预收货款业务,还应加上预收账款增加数,或减去预收账款减少数。

(d)如果企业采用备抵法核算坏账,且本期发生了坏账,或有坏账收回,则应减去本期确认的坏账,加上本期坏账收回。因为发生坏账减少了应收账款余额,但没有实际的现金流入;坏账收回有现金流入,但与营业收入无直接关系,且不影响应收账款余额。

(e)如果企业本期有应收票据贴现,发生了贴现息,则应减去应收票据贴现息,因为贴现息代表了应收票据的减少,但并没有相应的现金流入。

(f)如果企业发生了按税法规定应视同销售的业务,如将商品用于工程项目,则应减去相应的销项税额,因为这部分销项税额没有相应的现金流入,也与应收账款或应收票据无关。

综上分析,可总结出如下计算公式:

销售商品、提供劳务收到的现金 = 营业收入 + 应交增值税(销项税额)–(经营性应收项目期末余额–经营性应收项目期初余额) + (预收账款期末余额–预收账款期初余额)–本期计提的坏账准备–应收票据贴现息–视同销售的销项税额

(2)"收到的税费返还"项目,反映企业收到返还的各种税费,如收到的所得税、增值税、营业税、消费税、关税和教育费附加等各种税费返还款。本项目可根据"银行存款""营业税金及附加""营业外收入"等账户的记录分析计算填列。

(3)"收到其他与经营活动有关的现金"项目,反映企业除了上述各项目外,收到的其他与经营活动有关的现金流入,如经营租赁收到的租金、罚款收入、流动资产损失中由个人赔偿的现金收入、除税费返还外的其他政府补助收入等。金额较大的其他现金流入应当单独列示。本项目可根据"库存现金""银行存款""其他应收款"等账户的记录分析计算填列。

需要指出的是,由于没有固定的账户对应关系,分析起来有一定难度。不过企业涉及此类现金流入的经济业务一般较少。

(4)"购买商品、接受劳务支付的现金"项目,反映企业购买商品、接受劳务实际支付的现金,包括本期购买商品、接受劳务实际支付的现金(包括支付的货款和增值税进项税额),以及本期支付前期购买商品、接受劳务的未付款项和本期预付款项,减去本期发生的购货退回收到的现金。企业购买材料和代购代销业务支付的现金,也在本项目反映。

确定本项目的金额通常可以在利润表上的"营业成本"项目为基础进行调整。

(a)由于本项目包括支付的增值税进项税额,应在营业成本的基础上加上本期的增值税进项税额。

(b)营业成本与购买商品并无直接联系,就商品流通企业而言,营业成本加上存货增加数或减去存货减少数,便可大致确定本期购进商品的成本。

(c)本期购进商品成本并不等于本期购进商品支付的现金,因为可能存在赊购商品或预付货款的情形。故应加上应付账款与应付票据的减少数,或减去应付账款与应付票据的增加数;应加上预付账款的增加数,减去预付账款的减少数。

(d)对于工业企业来说,存货包括材料、在产品与产成品等,也就是说存货的增加并不都与购进商品(材料)相联系,本期发生的应计入产品成本的工资费用、折旧费用等也会导致存货增加,但与商品购进无关,因而应进一步扣除计入本期生产成本的非材料费用。

(e)应调整与其他与商品购进和商品销售无关的存货增减变动,主要包括:存货盘亏与盘盈,用存货对外投资或接受存货投资等。

综上分析，可总结出如下计算公式：

购买商品、接受劳务支付的现金 = 营业成本 + 应交增值税(进项税额)发生额–(存货期初余额–存货期末余额) + 本期计提的存货跌价准备 + (经营性应付项目期初余额–经营性应付项目期末余额) + (预付账款期末余额–预付账款期初余额) + (存货盘亏–存货盘盈) + (用于投资的存货成本–受投资增加的存货)–计入本期生产成本的非材料费用

（5）"支付给职工以及为职工支付的现金"项目，反映企业实际支付给职工，以及为职工支付的现金，包括本期实际支付给职工的工资、奖金、各种津贴和补贴等职工薪酬（包括代扣代缴的职工个人所得税）。

需要指出的是，本项目不包括支付的离退休人员的各项费用和支付给在建工程人员的工资等。企业支付给离退休人员的各项费用，包括支付的统筹退休金以及未参加统筹的退休人员的费用，在"支付其他与经营活动有关的现金"项目中反映；支付给在建工程人员的工资等，应该在"购建固定资产、无形资产和其他长期资产支付的现金"项目反映。本项目可以根据"库存现金""银行存款""应付职工薪酬"等账户的记录分析计算填列。

（6）"支付的各项税费"项目，反映企业本期发生并支付、以前各期发生本期支付以及预交的各项税费，包括所得税、增值税、消费税、印花税、房产税、土地增值税、车船税、教育费附加等，不包括计入固定资产、在建工程、工程物资等长期资产成本中的有关税费，如实际支付的耕地占用税、购买工程物资支付的增值税等。本期退回的增值税、所得税等，在"收到的税费返还"项目中反映。本项目可根据"银行存款""应交税费"等账户的记录分析计算填列。

（7）"支付其他与经营活动有关的现金"项目，反映企业除上述各项目外，支付的其他与经营活动有关的现金，如支付的按简化处理的短期租赁付款额和低价值资产租赁付款额以及未纳入租赁负债计量的可变租赁付款额、支付的差旅费、业务招待费、保险费、罚款支出等，其他现金流出金额较大的应当单独列示。本项目可根据"销售费用"与"管理费用"两个项目的基础上进行分析调整，扣除折旧费用、无形资产摊销等无相应现金流出的项目。

2. 间接法下经营活动现金流量的列报内容与编制方法

间接法是以利润表上的净利润为出发点，调整确定经营活动产生的现金流量。在利润表中反映的净利润是按权责发生制确定的，其中有些收入、费用项目并没有实际发生经营活动的现金流入和流出，通过对这些项目的调整，即可将净利润调节为经营活动产生的现金流量。

具体需要调整的项目可以分为四大类：一是实际没有支付现金的费用；二是实际没有收到现金的收益；三是不属于经营活动的损益；四是经营性应收、应付项目的增减变动。

将净利润调节为经营活动的现金流量需要调整的项目如下。

（1）"资产减值损失和信用减值损失"项目，本项目可根据"资产减值损失"和"信用减值损失"账户的记录填列。

（2）"固定资产折旧"项目，反映企业本期计提的折旧。本项目可根据"累计折旧"

账户的贷方发生额分析填列。

（3）"无形资产摊销"和"长期待摊费用摊销"两个项目，分别反映企业本期摊入成本费用的无形资产的价值及长期待摊费用。这两个项目可根据"累计摊销""长期待摊费用"账户的贷方发生额分析填列。

（4）"处置固定资产、无形资产和其他长期资产的损失"项目，反映企业本期由于处置固定资产、无形资产和其他长期资产而发生的净损失。本项目可根据"资产处置损益""其他业务收入""其他业务成本"账户所属有关明细账户的记录分析填列；如为净收益，以"-"填列。

（5）"固定资产报废损失"项目，反映企业本期固定资产报废的净损失。本项目可根据"营业外支出""营业外收入"账户所属有关明细账户分析填列。

（6）"公允价值变动损失"项目反映企业本期公允价值变动净损失。本项目可根据利润表上的"公允价值变动收益"项目的数字填列，如为"净收益"，以"-"填列。

（7）"财务费用"项目，反映企业本期发生的应属于筹资活动或投资活动的财务费用。本项目可根据"财务费用"账户的本期借方发生额分析填列；如为收益，以"-"填列。

（8）"投资损失"项目，反映企业本期所发生的损失减去收益后的净损失。本项目可根据利润表上"投资收益"项目的数字填列；如为投资收益，以"-"填列。

（9）"递延所得税资产减少"和"递延所得税负债增加"项目，分别反映企业本期与净利润相关的递延所得税资产减少和递延所得税负债增加。可分别根据资产负债表"递延所得税资产""递延所得税负债"项目的期初、期末余额的差额分析填列。递延所得税资产的期末数小于期初数的差额，以及递延所得税负债的期末数大于期初数的差额，以正数填列；递延所得税资产的期末数大于期初数的差额，以及递延所得税负债的期末数小于期初数的差额，以"-"填列。

（10）"存货的减少"项目，反映企业本期存货的减少（减：增加）。本项目可根据资产负债表上"存货"项目的期初、期末余额的差额填列；期末数大于期初数的差额，以"-"填列。

（11）"经营性应收项目的减少"项目，反映企业本期经营性应收项目（包括应收账款、应收票据和其他应收款中与经营活动有关的部分及应收的增值税销项税额等）的减少（减：增加），如为增加，以"-"填列。

（12）"经营性应付项目的增加"项目，反映企业本期经营性应付项目（包括应付账款、应付票据、应交税费、其他应付款中与经营活动有关的部分以及应付的增值税进项税额等）的增加（减：减少），如为增加，以"-"填列。

（二）投资活动现金流量的列报内容与编制方法

现金流量表中的投资活动包括不属于现金等价物的短期投资和长期投资的购买与处置、固定资产的购建与处置、无形资产的购置与处置等。投资活动产生的现金流量应首先区分现金流入与现金流出，在此基础上再细分为若干项目。

1. 投资活动产生的现金流入项目

(1)"收回投资收到的现金"项目,反映企业出售、转让或到期收回除现金等价物以外的交易性金融资产、持有至到期投资、可供出售金融资产、长期股权投资、投资性房地产而收到的现金,不包括债权性投资收回的利息、收回的非现金资产以及处置子公司及其他营业单位收到的现金净额。本项目可根据"交易性金融资产""持有至到期投资""可供出售金融资产""长期股权投资""投资性房地产""银行存款"等账户的记录分析计算填列。

(2)"取得投资收益收到的现金"项目,反映企业因股权性投资而收到的现金股利或分回利润而收到的现金,因债权性投资而取得的现金利息收入,包括在现金等价物范围内的债券投资,所取得的现金利息收入也应在本项目反映。本项目可根据"应收股利""应收利息""投资收益""银行存款"等账户的记录分析计算填列。

(3)"处置固定资产、无形资产和其他长期资产收回的现金净额"项目,反映企业出售、报废固定资产、无形资产和其他长期资产所取得的现金(包括因固定资产毁损而收到的保险赔偿款),减去为处置这些资产而支付的有关费用后的净额。如处置固定资产、无形资产和其他长期资产所收回的现金净额为负数,则应作为投资活动产生的现金流量,在"支付的其他与投资活动有关的现金"项目中反映。本项目可根据"固定资产清理""银行存款"等账户的记录分析计算填列。

(4)"收到其他与投资活动有关的现金"项目,反映企业除了上述各个项目外收到的其他与投资活动有关的现金流入,收到其他与投资活动有关的现金,如果金额较大的,则应当单列项目反映。例如,企业对外作股权性投资支付价款中包含的已宣告尚未发放的现金股利、对外作债券投资所支付价款中包含的已到付息期但未领取的债券利息,在实际收回时就应当在本项目反映。本项目可根据"应收股利""应收利息""银行存款"等账户的记录分析计算填列。此外,当取得子公司及其他经营单位支付的现金净额为负数时,也应当在本项目反映。

2. 投资活动产生的现金流出项目

(1)"购建固定资产、无形资产和其他长期资产支付的现金"项目,反映企业购买、建造固定资产、取得无形资产和其他长期资产所支付的现金(含不允许抵扣的增值税款等),以及用现金支付的应由在建工程和无形资产负担的职工薪酬,不包括为购建固定资产而发生的借款利息资本化的部分,以及融资租入固定资产支付的租赁费。为构建固定资产、无形资产和其他长期资产而发生的借款利息资本化部分,在"分配股利、利润或偿付利息支付的现金"项目中反映;融资租入固定资产支付的租赁费,在"支付的其他与筹资活动有关的现金"项目中反映。本项目可根据"固定资产""在建工程""工程物资""研发支出——资本化支出""应付职工薪酬""银行存款"等账户的记录分析计算填列。

(2)"投资支付的现金"项目,反映企业取得除现金等价物以外的权益性、债权性投资所支付的现金以及支付的佣金、手续费等附加费用,还反映企业取得投资性房地产支付的现金。本项目可根据"交易性金融资产""持有至到期投资""可供出售金融资产""长期股权投资""投资性房地产""银行存款"等账户的记录分析计算填列。

企业购买股票和债券时，实际支付的价款中包含的已宣告但尚未领取的现金股利或已到付息期但尚未领取的债券利息，应在投资活动的"支付其他与投资活动有关的现金"项目反映；收回购买股票和债券时支付的已宣告但尚未领取的现金股利或已到付息期但尚未领取的债券利息，在投资活动的"收到其他与投资活动有关的现金"项目反映。

（3）"支付其他与投资活动有关的现金"项目，反映企业除了上述各项目以外，支付的其他与投资活动有关的现金流出。支付其他与投资活动有关的现金，如果金额较大的，则应当单列项目反映。本项目可根据"应收股利""应收利息""银行存款"等账户的记录分析计算填列。

（三）筹资活动产生的现金流量的列报内容与编制方法

现金流量表需要单独反映筹资活动产生的现金流量。筹资活动产生的现金流量应首先区分现金流入与现金流出，在此基础上再细分为若干项目。

1. 筹资活动产生的现金流入项目

（1）"吸收投资收到的现金"项目，反映企业收到的投资者投入的资金，包括企业以发行股票、债券等方式筹集资金时实际收到的款项净额（发行收入减去支付的佣金等发行费用后的净额）。以发行股票、债券等方式筹集资金而由企业直接支付的审计、咨询等费用，在"支付其他与筹资活动有关的现金"项目中反映，不从本项目内扣除。本项目可根据"实收资本"（或"股本"）"资本公积——资本溢价（或股本溢价）""银行存款"等账户的记录分析计算填列。

（2）"取得借款收到的现金"项目，反映企业借入各种短期、长期借款而收到的现金，以及发行债券实际收到的款项净额（发行收入减去支付的发行费用后的净额）。本项目可根据"短期借款""长期借款""应付债券""银行存款"等账户的记录分析填列。

（3）"收到其他与筹资活动有关的现金"项目，反映企业除上述各项目外，收到的其他与筹资活动有关的现金。收到其他与筹资活动有关的现金，如果金额较大，应当单列项目反映。本项目可根据有关账户的记录分析计算填列。

2. 筹资活动产生的现金流出项目

（1）"偿还债务支付的现金"项目，反映企业以现金偿还债务的本金，包括企业偿还金融企业的借款本金、偿还企业发行的债券到期的本金。企业支付的借款利息、债券利息不在本项目反映，而应在"分配股利、利润或偿付利息所支付的现金"项目反映。本项目可根据"短期借款""长期借款""应付债券""银行存款"等账户的记录分析填列。

（2）"分配股利、利润或偿付利息支付的现金"项目，反映企业实际支付的现金股利、支付给其他投资单位的利润或用现金支付的借款利息、债券利息。本项目可根据"应付股利""应付利息""利润分配""在建工程""财务费用""制造费用""研发支出""银行存款"等账户记录分析计算填列。

（3）"支付其他与筹资活动有关的现金"项目，反映企业除上述各项目外，支付的其他与筹资活动有关的现金，如以发行股票、债券等方式筹集资金而由企业直接支付的审计、咨询等费用，融资租赁各期支付的现金、以分期付款方式购买固定资产、无形资产等各期支付的现金等。其他与筹资活动有关的现金，如果金额较大，应当单列项目反映。本项目可根据有关账户的记录分析计算填列。

（四）附注披露补充资料的列报方法

附注披露补充资料的内容取决于"经营活动产生的现金流量"部分是采用直接法还是间接法编制。

1. 直接法

如果"经营活动产生的现金流量"部分采用直接法编制，则补充资料部分需要反映以下三类内容。

（1）将净利润调节为经营活动现金流量。相当于提供按间接法反映的经营活动产生的现金流量。

（2）不涉及现金收支的投资和筹资活动。该部分反映企业一定期间内影响资产或负债但不形成该期间现金收支的所有投资和筹资活动的信息。这些投资和筹资活动虽然不涉及现金收支，但对以后各期的现金流量有重大影响。不涉及现金收支的投资和筹资活动主要包括以下项目。

（a）"债务转资本"项目，反映企业本期转为资本的债务金额。

（b）"一年内到期的可转换公司债券"项目，反映企业一年内到期的可转换公司债券的金额。

（c）"融资租入固定资产"项目，反映企业本期融资租入固定资产"长期应付款"账户的金额。

（3）现金及现金等价物净增加的情况。其基本公式如下。

$$现金的期末余额 - 现金的期初余额 + 现金等价物的期末余额 - 现金等价物的期初余额 = 现金及现金等价物净增加额$$

2. 间接法

如果"经营活动产生的现金流量"部分采用间接法编制，则补充资料部分只需要反映以下两项内容。

（1）不涉及现金收支的投资与筹资活动。

（2）现金及现金等价物净增加情况。

这两项内容的具体列示方法与上述直接法相同。表12-4以天生公司20×1年现金流量表为例，展示了我国现行财务报表列报准则规定下现金流量表的具体格式。

表 12-4　现金流量表　　　　　　　　　　　　　　　会企 03 表

编制单位：天生公司　　　　　20×1 年度　　　　　　　　　单位：元

项目	本期金额
一、经营活动产生的现金流量	
销售商品、提供劳务收到的现金	1 659 000
收到的税费返还	—
收到其他与经营活动有关的现金	—
经营活动现金流入小计	1 659 000
购买商品、接受劳务支付的现金	612 377
支付给职工以及为职工支付的现金	627 000
支付的各项税费	282 250
支付其他与经营活动有关的现金	107 100
经营活动现金流出小计	1 628 727
经营活动产生的现金流量净额	30 273
二、投资活动产生的现金流量	
收回投资收到的现金	—
取得投资收益收到的现金	40 000
处置固定资产、无形资产和其他长期资产收回的现金净额	452 000
收到其他与投资活动有关的现金	—
投资活动现金流入小计	492 000
购建固定资产、无形资产和其他长期资产支付的现金	659 700
投资支付的现金	—
支付其他与投资活动有关的现金	20 000
投资活动现金流出小计	679 700
投资活动产生的现金流量净额	−187 700
三、筹资活动产生的现金流量	
吸收投资收到的现金	—
取得借款收到的现金	500 000
收到其他与筹资活动有关的现金	—
现金流入小计	500 000
偿还债务支付的现金	1 050 000
分配股利、利润或偿付利息支付的现金	10 000
支付其他与筹资活动有关的现金	—
筹资活动现金流出小计	1 060 000
筹资活动产生的现金流量净额	−560 000
四、汇率变动对现金及现金等价物的影响	—
五、现金及现金等价物净增加额	−717 427

五、现金流量表编制步骤

在具体编制现金流量表时，该表各项目的金额可以直接根据有关账户记录分析填列。在实际工作中，还可以运用其他技术手段，确定现金流量表各项目的金额。下面介绍两种常用的编制方法——工作底稿法和 T 形账户法的基本编制步骤。

（一）工作底稿法

采用工作底稿法编制现金流量表，是以工作底稿为手段，以利润表和资产负债表为基础，对每一项目进行分析并在工作底稿上编制调整分录，据以确定现金流量表各项目的金额，从而编制出现金流量表。

在直接法下，整个工作底稿在纵向上分为三段：第一段是资产负债表项目，该段又分为借方项目和贷方项目两部分；第二段是利润表项目；第三段是现金流量表项目。在横向上，整个工作底稿则分为五栏：①在资产负债表部分，第一栏是项目栏，填列资产负债表各项目名称；第二栏是期初数，用来填列资产负债表项目的期初数；第三栏是调整分录的借方；第四栏是调整分录的贷方；第五栏是期末数，用来填列资产负债表项目的期末数。②在利润表和现金流量表部分，第一栏也是项目栏，用来填列利润表和现金流量表项目名称；第二栏空置不填；第三栏、第四栏分别是调整分录的借方和贷方；第五栏是本期数，利润表部分这一栏数字应和本期利润表数字核对相符，现金流量表部分这一栏的数字可直接用来编制正式的现金流量表。运用工作底稿法可按以下步骤进行：

第一步，将资产负债表的期初数和期末数过入工作底稿的期初数栏和期末数栏；将利润表各项目的本期数过入工作底稿的本期数栏。

第二步，对当期业务进行分析并编制调整分录。调整分录大体有这样几类：第一类涉及利润表中的收入、成本和费用项目以及资产负债表中的资产、负债及所有者权益项目，通过调整，将权责发生制下的收入费用转换为收付实现制下经营活动的现金流入与流出；第二类是涉及资产负债表和现金流量表中的投资、筹资项目，反映投资和筹资活动的现金流量；第三类是涉及利润表和现金流量表中的投资和筹资项目，目的是将利润表中有关投资和筹资方面的收入和费用列入到现金流量表投资、筹资现金流量中。此外，还有一些调整分录并不涉及现金收支，只是为了核对资产负债表项目的期初数与期末数变动。

需要指出的是，在调整分录中，涉及现金增减的事项，并不直接借记或贷记现金，而是分别记入"经营活动产生的现金流量""投资活动产生的现金流量""筹资活动产生的现金流量"中的有关项目，借记表明现金流入，贷记表明现金流出。

第三步，将调整分录过入工作底稿中的相应部分。

第四步，核对调整分录，借方栏合计数与贷方栏合计数应当相等；资产负债表各项目期初数加减调整分录中的借贷方金额以后，应当等于期末数；利润表各项目的借贷方金额加减后的结果应当等于本期数。

第五步，根据工作底稿中现金流量表部分各项目的借贷方金额计算确定各项目的本期数，据以编制正式的现金流量表。

（二）T形账户法

T形账户法是以T形账户为手段，以利润表和资产负债表数据为基础，对每一项目进行分析并编制调整分录，从而编制出现金流量表。采用T形账户法编制现金流量表的程序如下。

第一步，为所有的非现金项目（包括资产负债表项目和利润表项目）分别开设T形账户，并将各自的期末期初变动数过入各相关账户。

第二步，开设一个大的"现金及现金等价物"T形账户，每边分为经营活动、投资活动和筹资活动三个部分，左边记现金流入，右边记现金流出。与其他账户一样，过入期末期初变动数。

第三步，以利润表项目为基础，结合资产负债表分析每一个非现金项目的增减变动，并据此编制调整分录。

第四步，将调整分录过入各T形账户，并进行核对，该账户借贷相抵后的余额与原先过入的期末期初变动数应当一致。

第五步，根据大的"现金及现金等价物"T形账户编制正式现金流量表。

第五节　所有者权益变动表

一、所有者权益变动表的性质与作用

所有者权益变动表，是反映企业在一定时期内构成所有者权益的各组成部分当期的增减变动情况的会计报表。对于股份公司而言，称为股东权益变动表。通过对以下三个方面的内容的反映，该表在一定程度上体现企业综合收益的特点：一是因资本业务而导致企业所有者权益总额发生变动的项目，即所有者投入资本和向所有者分配利润；二是所有者权益项目内部的变动，如提取盈余公积；三是综合收益导致的所有者权益的变动。综合收益又由净利润和其他综合收益两个部分构成。因此，所有者权益变动表不仅包括所有者权益总量的增减变动，还包括所有者权益增减变动的重要结构性信息，能够反映直接计入所有者权益的利得和损失，使报表使用者更加准确地理解所有者权益增减变动的根源。

二、所有者权益变动表的格式

企业所有者权益变动表的具体格式如表12-5所示。可以看到，为了清楚地表明所有者权益的各组成部分当期的增减变动情况，所有者权益变动表应以矩阵形式列示。

表 12-5　所有者权益变动表

20×1 年度

编制单位：天生公司　　　　　　　　　　　　　　　　　　　　　　　　　　　　　　　　　　　会企 04 表

单位：元

项目	本年金额									上年金额								
	实收资本（或股本）	其他权益工具	资本公积	减：库存股	其他综合收益	盈余公积	未分配利润	所有者权益合计	实收资本（或股本）	其他权益工具	资本公积	减：库存股	其他综合收益	盈余公积	未分配利润	所有者权益合计
一、上年末余额	1 000 000	0	3 428 800	0	4 500	150 000	90 000	4 673 300			3 428 800	0	0	139 100	11 900	4 579 800
加：会计政策变更																
前期差错更正																
其他																
二、本年初余额	1 000 000	0	3 428 800	0	4 500	150 000	90 000	4 673 300			3 428 800	0	0	139 100	11 900	4 579 800
三、本年增减变动金额（减少以"-"号填列）					7 500	21 567	41 308	70 375					4 500	10 900	78 100	93 500
（一）综合收益总额					7 500		144 020	151 520					4 500		109 000	113 500
（二）所有者投入和减少资本																
1. 所有者投入的普通股																
2. 其他权益工具持有者投入资本																
3. 股份支付计入所有者权益的金额																
4. 其他																
（三）利润分配						21 567	-102 712	-81 145						10 900	-30 900	-20 000
1. 提取盈余公积						21 567	-21 567	0						10 900	-10 900	0
2. 对所有者（或股东）的分配							-81 145	-81 145							-20 000	-20 000
3. 其他																

续表

项目	本年金额							上年金额						
	实收资本（或股本）	其他权益工具	资本公积	减：库存股	其他综合收益	盈余公积	未分配利润	所有者权益合计	实收资本（或股本）	其他权益工具	资本公积	减：库存股	其他综合收益	盈余公积	未分配利润	所有者权益合计
（四）所有者权益内部结转																
1. 资本公积转增资本（或股本）																
2. 盈余公积转增资本（或股本）																
3. 盈余公积弥补亏损																
4. 设定收益计划变动额结转留存收益																
5. 其他综合收益结转留存收益																
6. 其他																
四、本年末余额	1 000 000	0	3 428 800	0	12 000	171 567	131 308	4 743 675	1 000 000	0	3 428 800	0	4 500	150 000	90 000	4 673 300

一方面，列示导致所有者权益变动的交易或事项，改变以往仅仅按照所有者权益的各组成部分反映所有者权益变动情况，按所有者权益变动的来源对一定时期内所有者权益变动的情况进行全面反映，即当期损益、其他综合收益以及与所有者（或股东）的资本交易导致的所有者权益的变动分别列示。

另一方面，按照所有者权益各组成部分（包括实收资本或股本、资本公积、盈余公积、其他综合收益、未分配利润）及其总额列示交易或事项对所有者权益的影响。

此外，企业提供所有者权益变动的比较信息，所有者权益各项目分为"本年金额"和"上年金额"两栏分别填列。其中，"本年金额"栏内各项数字一般应根据"实收资本（或股本）""资本公积""盈余公积""利润分配""库存股"和"以前年度损益调整"等账户的发生额分析填报；"上年金额"栏内各项数字，应根据上年度所有者权益变动表"本年金额"栏内所列数字填列。如果上年度所有者权益变动表规定的各个项目的名称和内容同本年度不相一致，应对上年度所有者权益变动表各个项目的名称和数字按本年度的规定进行调整，填入所有者权益变动表"上年金额"栏内。

三、所有者权益变动表的列报内容与编制方法

（1）"上年末余额"栏各项目，反映企业上年资产负债表中实收资本（或股本）、其他权益工具、资本公积、库存股、其他综合收益、盈余公积、未分配利润的上年末余额。如果上年度所有者权益变动表规定的各个项目的名称和内容同本年度不一致，应对上年度所有者权益变动表各项目的名称和数字按本年度的规定进行调整，然后再填入本表"上年末金额"栏内。

（2）"会计政策变更"和"前期差错更正"项目，分别反映企业采用追溯调整法处理的会计政策变更的累积影响金额和采用追溯重述法处理的会计差错更正的累积影响金额。为了体现会计政策变更和前期差错更正的影响，企业应当在上期期末所有者权益余额的基础上进行调整，得出本期期末所有者权益，根据"盈余公积""利润分配""以前年度损益调整"等账户的发生额分析填列。

（3）"本年增减变动金额"项目分别反映如下内容。

（a）"综合收益总额"项目，反映企业在某一期间除与所有者以其所有者身份进行的交易之外的其他交易或事项所引起的所有者权益变动，其金额为净利润和其他综合收益扣除所得税影响后的净额相加后的合计金额。

（b）"所有者投入和减少资本"项目，反映企业当年所有者投入的资本或减少的资本。其中，"所有者投入的普通股"项目，反映企业接受投资者投入形成的股本和股本溢价，并对应列在"实收资本"和"资本或股本溢价"栏。"其他权益工具持有者投入资本"项目，反映企业发行的除普通股以外分类为权益工具的金融工具的持有者投入的资本金额。本项目应根据金融工具类账户的相关明细账户的发生额分析填列。

（c）"利润分配"项下各项目，反映当年对所有者（或股东）分配的利润（或股利）金额和按照规定提取的盈余公积金额，并对应列在"未分配利润"和"盈余公积"栏。其中，"提取盈余公积"项目，反映企业按照规定提取的盈余公积；"对所有者（或股东）

的分配"项目，反映对所有者（或股东）分配的利润（或股利）的金额。

（d）"所有者权益内部结转"项下各项目，反映不影响当年所有者权益总额的所有者权益各组成部分之间当年的增减变动，包括资本公积转增资本（或股本）、盈余公积转增资本（或股本）、盈余公积弥补亏损等项金额。为了全面反映所有者权益各组成部分的增减变动情况，所有者权益内部结转也是所有者权益变动表的重要组成部分，主要指不影响所有者权益总额、所有者权益的各组成部分当期的增减变动。其中，"资本公积转增资本（或股本）"项目，反映企业以资本公积转增资本（或股本）的金额；"盈余公积转增资本（或股本）"项目，反映企业以盈余公积转增资本（或股本）的金额；"盈余公积弥补亏损"项目，反映企业以盈余公积弥补亏损的金额；"其他综合收益结转留存收益"项目，主要反映：①企业指定为以公允价值计量且其变动计入其他综合收益的非交易性权益工具投资终止确认时，之前计入其他综合收益的累计利得或损失从其他综合收益中转入留存收益的金额。②企业指定为以公允价值计量且其变动计入当期损益的金融负债终止确认时，之前由企业自身信用风险变动引起而计入其他综合收益的累计利得或损失从其他综合收益中转入留存收益的金额。本项目应根据"其他综合收益"账户的相关明细账户的发生额分析填列。

第六节 财务报表附注

一、财务报表附注的性质与要求

附注是企业财务报表的不可或缺的组成部分，在保证财务报表正文简练、规范的基础上，按照一定的结构进行系统合理的排列与分类，对财务报表本身无法或难以充分表述的内容和项目所做的补充说明与详细解释。为此，财务报表附注披露需遵循如下基本要求。

（1）附注披露的信息应当是定量、定性信息的结合，从而能从量和质两个角度对企业经济事项完整地反映，也才能满足信息使用者的决策需求。

（2）附注的内容繁多，因此更应按逻辑顺序披露，分类披露，条理清晰，具有一定的组织结构，以便于使用者理解和掌握，也更好地实现财务报表的可比性。

（3）附注中的相关信息应当与资产负债表、利润表、现金流量表和所有者权益变动表等报表中列示的项目相互参照，以有助于使用者联系相关联的信息，并由此从整体上更好地理解财务报表。

需要说明的是，尽管附注与表内信息不可分割，共同组成财务报表的整体，但是财务报表附注的目的是在不影响报表明晰性的前提下，披露报表本身不能详细说明的信息。报表附注中的定量或定性说明都不能用来更正报表内的错误，也不能用来修改报表正文中正常的分类、计价或描述，或与财务报表正文数据发生矛盾。

二、财务报表附注的披露内容

企业应当按照规定披露财务报表附注信息，主要包括下列内容。

1. 企业的基本情况

（1）企业注册地、组织形式和总部地址。

（2）企业的业务性质和主要经营活动，如企业所处的行业、所提供的主要产品或服务、客户的性质、销售策略、监管环境的性质等。

（3）母公司以及集团最终母公司的名称。

（4）财务报告的批准报出者和财务报告的批准报出日，以及按照有关法律、行政法规等规定，企业所有者或其他方面有权对报出的财务报告进行修改的事实。

（5）营业期限有限的企业，还应当披露有关其营业期限的信息。

知识链接

2. 财务报表的编制基础

（1）会计年度。

（2）记账本位币。

（3）会计计量所运用的计量属性。

（4）现金和现金等价物的构成。

3. 遵循企业会计准则的声明

企业应当声明编制的财务报表符合企业会计准则体系的要求，真实、公允地反映了企业的财务状况、经营成果和现金流量等有关信息。

4. 重要的会计政策和会计估计

会计政策是指导企业进行会计核算的基础，即企业在会计核算时所遵循的具体原则以及企业所采纳的具体会计处理方法。会计估计是指企业对其结果不确定的交易或事项以最近可利用的信息为基础所做的判断。

企业应当披露采用的重要会计政策和会计估计，不重要的会计政策和会计估计可以不披露。在披露重要会计政策和会计估计时，应当披露重要会计政策的确定依据和财务报表项目的计量基础，以及会计估计中所采用的关键假设和不确定因素。

企业应当披露会计政策的确定依据。例如，如何判断持有的金融资产为持有至到期投资而不是交易性投资；对于拥有的持股不足 50%的企业，如何判断企业拥有控制权并因此将其纳入合并范围；如何判断与租赁资产相关的所有风险和报酬已转移给企业；投资性房地产的判断标准等。这些判断对报表中确认的项目金额具有重要影响。

企业披露会计估计中所采用的关键假设和不确定因素的确定依据。例如，固定资产可收回金额的计算需要根据其公允价值减去处置费用后的净额与预计未来现金流量的现值两者之间的较高者确定，在计算资产预计未来现金流量的现值时需要对未来现金流量进行预测，选择适当的折现率，并应当在附注中披露未来现金流量预测所采用的假设及其依据，所选择的折现率的合理性等。

企业应当披露的重要会计政策包括如下。

1）存货

（1）确定发出存货成本所采用的方法。

（2）可变现净值的确定方法。

（3）存货跌价准备的计提方法。

2）固定资产

（1）固定资产的确认条件和计量基础。

（2）固定资产的折旧方法。

3）无形资产

（1）使用寿命有限的无形资产使用寿命的估计情况。

（2）使用寿命不确定的无形资产使用寿命不确定的判断依据。

（3）无形资产的摊销方法。

（4）企业判断研发项目支出满足资本化条件的依据。

4）资产减值

（1）资产或资产组可收回金额的确定方法。

（2）可收回金额按照资产组的公允价值减去处置费用后的净额确定的，确定公允价值减去处置费用后的净额的方法、所采用的各关键假设及其依据。

（3）可收回金额按照资产组预计未来现金流量现值确定的，预计未来现金流量的各关键假设及其依据。

（4）分摊商誉到不同资产组采用的关键假设及其依据。

5）股份支付。权益工具公允价值的确定方法。

6）收入。收入确认所采用的会计政策，包括确定提供劳务交易完工进度的方法。

7）所得税。确认递延所得税资产的依据。

5. 会计政策和会计估计变更以及差错更正的说明

按照《企业会计准则第 28 号——会计政策、会计估计变更和差错更正》的规定，企业应当披露会计政策和会计估计变更以及差错更正的情况。

企业应当在附注中披露与会计政策变更有关的下列信息。

（1）会计政策变更的性质、内容和原因。

（2）当期和各个列报前期财务报表中受影响的项目名称和调整金额。

（3）无法进行追溯调整的，说明该事实和原因以及开始应用变更后的会计政策的时点、具体应用情况。

企业应当在附注中披露与会计估计变更有关的下列信息。

（1）会计估计变更的内容和原因。

(2)会计估计变更对当期和未来期间的影响数。

(3)会计估计变更的影响数不能确定的,披露这一事实和原因。

企业应当在附注中披露与前期差错更正有关的下列信息。

(1)前期差错的性质。

(2)各个列报前期财务报表中受影响的项目名称和更正金额。

(3)无法进行追溯重述的,说明该事实和原因以及对前期差错开始进行更正的时点、具体更正情况。

6. 重要报表项目的说明

企业应当尽可能以列表形式披露报表重要项目的构成或当期增减变动情况。对报表重要项目的明细说明,应当按照资产负债表、利润表、现金流量表、所有者权益变动表的顺序以及报表项目列示的顺序进行披露,采用文字和数字描述相结合进行披露。报表重要项目的明细金额合计应当与报表项目金额相衔接,相互参照。

7. 或有和承诺事项的说明

(1)预计负债的种类、形成原因以及经济利益流出不确定性的说明。

(2)与预计负债有关的预期补偿金额和本期已确认的预期补偿金额。

(3)或有负债的种类、形成原因及经济利益流出不确定性的说明。

(4)或有负债预计产生的财务影响,以及获得补偿的可能性;无法预计的,应当说明原因。

(5)或有资产很可能会给企业带来经济利益的,其形成原因、预计产生的财务影响等。

(6)在涉及未决诉讼、未决仲裁的情况下,披露全部或部分信息预期对企业造成重大不利影响的,该未决诉讼、未决仲裁的性质以及没有披露这些信息的事实和原因。

8. 资产负债表日后事项的说明

每项重要的资产负债表日后非调整事项的性质、内容,及其对财务状况和经营成果的影响。无法做出估计的,应当说明原因。

9. 关联方关系及其交易的说明

(1)母公司和子公司的名称。母公司不是该企业最终控制方的,还应当披露最终控制方名称。母公司和最终控制方均不对外提供财务报表的,还应当披露母公司之上与其最相近的对外提供财务报表的母公司名称。

(2)母公司和子公司的业务性质、注册地、注册资本(或实收资本、股本)及其当期发生的变化。

(3)母公司对该企业或者该企业对子公司的持股比例和表决权比例。

(4)企业与关联方发生关联方交易的,该关联方关系的性质、交易类型及交易要素。交易要素至少应当包括如下。

(a)交易的金额。

(b)未结算项目的金额、条款和条件,以及有关提供或取得担保的信息。

(c)未结算应收项目的坏账准备金额。

(d)定价政策。

(5)关联方交易应当分别关联方以及交易类型予以披露。

复习思考题

1. 何谓财务报告？财务会计报告的作用是什么？
2. 财务报告的编制原则和编制要求是什么？
3. 资产负债表能否反映企业的市场价值？为什么？
4. 利润表的性质及作用是什么？
5. 多步式利润表的计算步骤是什么？
6. 何谓现金流量表？编制现金流量表的作用是什么？
7. 现金流量表的编制基础是什么？现金流量如何分类？
8. 何谓现金流量表的直接法与间接法？两者的区别何在？
9. 什么是所有者权益变动表？如何编制所有者权益变动表？
10. 财务报表附注的作用是什么？其主要内容有哪些？

复习思考题参考答案

参考文献

毕茜，陈昌明，彭珏. 2015. 财务会计. 北京：科学出版社.
陈昌明，李华容. 2011. 中级财务会计. 北京：清华大学出版社.
戴德明，林刚，赵西卜. 2019. 财务会计学. 北京：中国人民大学出版社.
黄世忠. 2020a. 新经济对财务会计的影响与启示. 财会月刊，875（7）：3-8.
黄世忠. 2020b. 新经济时代财务分析的可比性问题研究——以腾讯为例. 财会月刊，881（13）：3-7.
黄世忠. 2021a. 共享经济的业绩计量和会计问题——基于Airbnb的案例分析和延伸思考. 财会月刊，893（1）：7-12.
黄世忠. 2021b-02-26. 新经济下无形资产崛起. 中国会计报，（015）.
刘永泽，陈立军. 2019. 中级财务会计. 6版. 大连：东北财经大学出版社.
马靖昊. 2020-12-21. 上市公司如何利用长期股权投资调节利润？. 财会信报，（B03）.
毛新述. 2020. 中级财务会计. 北京：清华大学出版社.
叶凡，叶钦华，黄世忠. 2021. 货币资金舞弊的识别与应对——基于豫金刚石的案例分析. 财务与会计，635（11）：37-42.